Economia Donut

Kate Raworth

Economia Donut

Uma alternativa ao crescimento a qualquer custo

Tradução:
George Schlesinger

2ª reimpressão

Tradução autorizada da primeira edição inglesa, publicada em 2017 por Random House Business Books, um selo de Penguin Random House, de Londres, Inglaterra

Grafia atualizada segundo o Acordo Ortográfico da Língua Portuguesa de 1990, que entrou em vigor no Brasil em 2009.

Título original
Doughnut Economics: Seven Ways to Think Like a 21st-Century Economist

Consultoria
Euchério Rodrigues

Capa
Sérgio Campante

Preparação
Diogo Henriques

Indexação
Gabriella Russano

Revisão
Carolina Sampaio
Eduardo Monteiro

CIP-Brasil. Catalogação na publicação
Sindicato Nacional dos Editores de Livros, RJ

R213e Raworth, Kate, 1970-
Economia Donut: uma alternativa ao crescimento a qualquer custo / Kate Raworth; tradução George Schlesinger. – 1ª ed. – Rio de Janeiro: Zahar, 2019.
il.

Tradução de: Doughnut Economics: Seven Ways to Think Like a 21st-Century Economist.
Apêndice
Inclui bibliografia e índice
ISBN 978-85-378-1828-2

1. Economia. 2. Economia – Séc.XXI. I. Schlesinger, George. II. Título.

CDD: 330.1
19-55214 CDU: 330.1"19"

Leandra Felix da Cruz – Bibliotecária – CRB-7/6135

[2021]

EDITORA SCHWARCZ S.A.
Praça Floriano, 19, sala 3001 – Cinelândia
20031-050 – Rio de Janeiro – RJ
Telefone: (21) 3993-7510
www.companhiadasletras.com.br
www.blogdacompanhia.com.br
facebook.com/editorazahar
instagram.com/editorazahar
twitter.com/editorazahar

A ferramenta mais poderosa em economia não é o dinheiro, nem mesmo a álgebra. É o lápis. Porque com um lápis pode-se redesenhar o mundo.

Sumário

Quem quer ser economista?

Em outubro de 2008, Yuan Yang chegou à Universidade de Oxford para estudar economia. Nascida na China e criada em Yorkshire, ela tinha a mentalidade de uma cidadã global: apaixonada por questões atuais, preocupada com o futuro e determinada a fazer a diferença no mundo. E acreditava que ser economista era a melhor maneira de se preparar para fazer essa diferença. Ela estava ávida, digamos assim, para se tornar o tipo de economista de que o século XXI necessita.

Mas Yuan logo ficou frustrada. Achava a teoria – e a matemática usada para prová-la – absurdamente estreita em suas premissas. E, como iniciou seus estudos num momento em que o sistema financeiro global rumava para a queda livre, não pôde deixar de notá-lo, ao contrário de seu programa de estudos na universidade. "O colapso foi um alerta", afirma ela. "Por um lado, éramos ensinados como se o sistema financeiro não fosse uma parte importante da economia. Por outro, seus mercados estavam claramente causando grandes estragos, então perguntamos: 'Por que existe essa separação?'" Era uma separação, percebeu ela, que ia muito além do setor financeiro, visível no abismo existente entre as preocupações da teoria financeira dominante e as crises cada vez mais fortes do mundo real, como a desigualdade global e as mudanças climáticas.

Quando apresentava suas questões aos professores, estes lhe garantiam que essa compreensão viria no próximo nível de estudo. Então, ela se matriculou no nível seguinte – um mestrado na prestigiosa London School of Economics – e esperou que a tal compreensão viesse. Em vez disso, intensificaram-se as teorias abstratas, multiplicaram-se as equações, e Yuan foi ficando cada vez mais insatisfeita. Mas, com os exames no horizonte, ela se deparou com uma escolha: "Em algum ponto", disse-me ela, "percebi que simplesmente precisava dominar aquela matéria, em vez de tentar questionar tudo. E acho que esse é um triste momento para se viver como estudante."

Muitos estudantes que chegam a essa percepção teriam ou se afastado da economia ou engolido a totalidade das suas teorias e construído uma carreira lucrativa a partir de suas qualificações. Yuan, não. Ela se propôs a encontrar estudantes rebeldes com mentalidade parecida com a sua nas universidades do mundo todo e logo descobriu que, desde a virada do milênio, um número cada vez maior deles havia começado a questionar publicamente o estreito quadro teórico que lhes era ensinado. Em 2000, alunos de economia em Paris tinham enviado uma carta aberta a seus professores, rejeitando o ensinamento dogmático da teoria dominante. "Desejamos fugir de mundos imaginários!", escreveram eles. "Conclamamos aos professores: acordem antes que seja tarde demais!"[1] Uma década depois, um grupo de alunos de Harvard organizou uma saída em massa de uma aula do professor Gregory Mankiw – autor dos manuais de economia mais ensinados do mundo – em protesto contra a perspectiva adotada pelo seu curso, que acreditavam ser limitada e ideologicamente tendenciosa. Os estudantes estavam, segundo disseram, "profundamente preocupados que esse viés afete os alunos, a universidade e a nossa sociedade como um todo".[2]

Quando chegou, a crise financeira estimulou a dissensão estudantil no mundo inteiro. E também inspirou Yuan e seus colegas rebeldes a lançar uma rede global conectando mais de oitenta grupos de estudantes em mais de trinta países – da Índia aos Estados Unidos, da Alemanha ao Peru –, que exigiam que a economia se colocasse em dia com a geração atual, com o século em que estamos, com os desafios que temos pela frente. "Não é só a economia mundial que está em crise", declararam eles numa carta aberta em 2014:

> O ensino da economia também está em crise, e essa crise tem consequências muito além dos muros da universidade. O que é ensinado molda as mentes da próxima geração de formuladores de políticas, e portanto as sociedades

> em que vivemos … Estamos insatisfeitos com o dramático estreitamento de currículo que tem ocorrido nas últimas décadas … Ele limita nossa habilidade de enfrentar os desafios multidimensionais do século XXI – desde a estabilidade financeira até a segurança alimentar e as mudanças climáticas.[3]

Os mais radicais entre esses estudantes rebeldes vêm tomando conferências de intelectuais renomados como alvo para suas críticas contraculturais. Em janeiro de 2015, quando ocorria o encontro anual da American Economic Association no Hotel Sheraton de Boston, estudantes do movimento Kick It Over colaram cartazes acusatórios nos corredores, elevadores e banheiros do hotel, projetaram gigantescas mensagens subversivas na fachada do centro de conferências e atordoaram os participantes do colóquio ocupando seu sereno painel de discussões e sequestrando o tempo para perguntas.[4] "A revolução da economia começou", declarava o manifesto dos estudantes. "De campus em campus nós perseguiremos vocês, seus bodes velhos, até tirá-los do poder. Então, nos meses e anos seguintes, começaremos o trabalho de reprogramar a máquina do Juízo Final."[5]

É uma situação extraordinária. Nenhuma outra disciplina acadêmica conseguiu provocar seus próprios alunos – precisamente as pessoas que optaram por dedicar anos de suas vidas a estudar suas teorias – a ponto de uma revolta mundial. Essa rebelião deixou clara uma coisa: a revolução na economia de fato começou. Seu sucesso depende não somente de derrubar as velhas ideias, mas também, e mais importante, de apresentar as ideias novas. Como disse certa vez Buckminster Fuller, o genial inventor do século XX: "Você nunca muda as coisas combatendo a realidade existente. Para mudar algo, construa um modelo novo que torne o modelo existente obsoleto."

Este livro assume esse desafio, propondo sete maneiras pelas quais, com uma mudança de mentalidade, podemos todos aprender a pensar como economistas do século XXI. Revelando as velhas ideias que têm nos aprisionado e substituindo-as por ideias novas e inspiradoras, ele propõe uma nova história econômica que é contada tanto em imagens quanto em palavras.

"O crescimento econômico está matando o planeta?" Em janeiro de 2015, estudantes de economia rebeldes tomaram a rua diante do Hotel Sheraton de Boston para saudar a conferência da American Economic Association com sua crítica contracultural.

O desafio do século XXI

A palavra "economia" foi cunhada pelo filósofo Xenofonte na Grécia Antiga. Combinando *oikos*, que significa "casa de família", "agregado familiar", com *nomos*, que significa regras ou normas, ele inventou a arte de gerir um lar, e isso não poderia ser mais relevante nos dias de hoje. Neste século, precisamos de alguns gestores perceptivos para guiar o nosso lar planetário, e que estejam prontos a prestar atenção às necessidades de todos os seus habitantes.

Nos últimos sessenta anos tem havido passos extraordinários no bem-estar humano. A criança média nascida no planeta Terra em 1950 podia esperar viver apenas 48 anos; hoje, essa criança pode esperar 71 anos de vida.[6] Desde 1990, o número de pessoas vivendo em extrema pobreza – menos de 1,90 dólar por dia – caiu para menos da metade. Mais de 2 bilhões de pessoas obtiveram pela primeira vez acesso a água potável e banheiros. Tudo isso enquanto a população humana cresceu quase 40%.[7]

Essa foi a notícia boa. O resto da história, é claro, até agora não deu tão certo. Muitos milhões de pessoas ainda levam uma vida de extrema privação. No mundo todo, um em cada nove indivíduos não tem o suficiente para comer.[8] Em 2015, 6 milhões de crianças com menos de cinco anos de idade morreram, mais da metade delas devido a condições fáceis de tratar como diarreia e malária.[9] Dois bilhões de pessoas vivem com menos de três dólares por dia e mais de 70 milhões de mulheres e homens jovens não conseguem encontrar trabalho.[10] Privações como essas têm sido exacerbadas por crescentes inseguranças e desigualdades. A crise financeira de 2008 enviou ondas de choque através da economia global, roubando empregos, moradias, economias e segurança de muitos milhões de pessoas. Ao mesmo tempo, o mundo se tornou extraordinariamente desigual: desde 2015, o grupo 1% mais rico detém mais riqueza que todos os outros 99% juntos.[11]

Acrescente-se a estas situações humanas extremas a degradação cada vez mais profunda do nosso lar planetário. A atividade humana está colocando uma pressão sem precedentes sobre os sistemas geradores de vida da Terra. A temperatura global média já aumentou em 0,8°C, e estamos a caminho de um crescimento de quase 4°C por volta de 2100, o que prenuncia inundações, secas, tempestades e aumento do nível do mar em uma escala e intensidade que a humanidade nunca antes presenciou.[12] Cerca de 40% das terras agrícolas do mundo estão agora seriamente degradadas, e por volta de 2025 duas pessoas em três viverão em regiões com problemas hídricos.[13] Ao mesmo tempo, mais de 80% das áreas de pesca do mundo estão plena ou excessivamente exploradas, e o equivalente a um caminhão de lixo de plástico é jogado no mar a cada minuto: nesse ritmo, por volta de 2050 haverá no oceano mais plástico que peixe.[14]

Estes já são fatos avassaladores, mas as projeções de crescimento aumentam ainda mais o desafio pela frente. A população global se encontra hoje na casa de 7,3 bilhões, e espera-se que atinja quase 10 bilhões em 2050, estabilizando-se, por fim, em cerca de 11 bilhões em 2100.[15] Espera-se que a produção econômica global – a se acreditar nas projeções de manutenção das condições de atividade atuais – cresça 3% por ano até 2050, duplicando o tamanho da economia global por volta de 2037 e quase o triplicando em 2050.[16] A classe média global – aqueles que gastam entre dez e cem dólares por dia – deve se expandir rapidamente, de 2 bilhões de pessoas hoje para 5 bilhões em 2030, provocando um surto de demanda por materiais de construção e produtos de consumo.[17] São essas as tendências que moldam as perspectivas da humanidade no começo do século XXI. Então, de que tipo de pensamento precisamos para a jornada que temos pela frente?

A autoridade da economia

Por mais que lidemos com esses desafios entrelaçados, uma coisa é clara: a teoria econômica desempenhará um papel decisivo. A economia é a língua-mãe da política pública, a linguagem da vida pública e a mentalidade que molda a sociedade. "Nestas primeiras décadas do século XXI, a principal história é econômica: crenças, valores e premissas econômicas estão moldando a forma como pensamos, sentimos e agimos", escreve F.S. Michaels em seu livro *Monoculture: How One Story is Changing Everything.*[18]

Talvez seja por isso que os economistas carreguem um ar de autoridade. Eles ocupam lugares na primeira fila como especialistas no palco da política internacional – desde o Banco Mundial até a Organização Mundial do Comércio – e raramente estão distantes do centro do poder. Nos Estados Unidos, por exemplo, o Conselho de Assessores Econômicos do presidente é de longe o mais influente, renomado e duradouro de todos os conselhos de assessoria da Casa Branca, enquanto seus irmãos para questões de qualidade ambiental e de ciência e tecnologia mal são conhecidos fora dos círculos governamentais. Em 1968, o prestígio de Prêmios Nobel concedidos para avanços científicos em física, química e medicina foi estendido em meio a controvérsias: o Banco Central sueco pressionou e pagou por um prêmio em memória de Alfred Nobel a ser concedido anualmente também no campo das "ciências econômicas", e seus laureados tornaram-se desde então celebridades acadêmicas.

Nem todos os economistas têm se sentido à vontade com esta aparente autoridade. Nos idos de 1930, John Maynard Keynes – o inglês cujas ideias viriam a transformar a economia do pós-guerra – já se preocupava com o papel desempenhado pela sua profissão. "As ideias de economistas e filósofos políticos, tanto quando estão certas como quando estão erradas, são mais poderosas do que habitualmente se entende. De fato, o mundo é regido por pouca coisa mais", diz um famoso texto seu. "Homens práticos, que se acreditam bastante isentos de quaisquer influências intelectuais, geralmente são escravos de algum economista defunto."[19] O economista austríaco Friedrich Hayek, mais conhecido como o pai do neoliberalismo dos anos 1940, discordava violentamente de Keynes em quase todas as questões de teoria e política, mas neste ponto ambos concordavam. Em 1974, quando ganhou o Prêmio Nobel, Hayek o aceitou com a ressalva de que, se tivesse sido consultado sobre a sua criação, a teria desaconselhado. Por quê? Porque, disse ele à plateia reunida, "o Prêmio Nobel confere ao indivíduo uma autoridade que em economia nenhum homem deveria possuir", particularmente, continuou, porque "a influência do economista que mais importa é uma influência sobre leigos: políticos, jornalistas, servidores civis e o público em geral".[20]

Apesar de todos esses receios dos dois economistas mais influentes do século XX, o domínio da perspectiva dos economistas sobre o mundo só se espalhou, até mesmo para a linguagem da vida pública. Em hospitais e clínicas de toda parte, pacientes e médicos têm sido transformados em clientes e provedores de serviços. Nos campos e florestas de cada continente, economistas estão calculando o valor monetário do "capital natural" e de "serviços do ecossistema", que vão do valor econômico das zonas úmidas do planeta (que dizem ser de 3,4 bilhões de dólares por ano) até o valor global dos serviços de polinização por insetos (equivalente a 160 bilhões de dólares por ano).[21] Ao mesmo tempo, a importância do setor financeiro é constantemente reforçada pela mídia, com matérias diárias no rádio e nos jornais anunciando os últimos resultados trimestrais das empresas, enquanto os preços das ações correm em legenda na tela durante os noticiários da TV.

Considerando o domínio da economia na vida pública, não surpreende que tantos estudantes universitários, quando têm a chance, optem por estudar um pouco dela como parte de sua educação. Todo ano, cerca de 5 milhões de universitários apenas nos Estados Unidos se graduam com ao menos uma disciplina de economia no currículo. Um curso introdutório padrão que se originou nos Estados Unidos – e que é amplamente conhecido como Econ 101 – é agora lecionado em todo o mundo, com estudantes da China até o Chile aprendendo a partir de traduções dos mesmíssimos manuais usados em Chicago e Cambridge, Massachusetts. Para todos esses estudantes, o Econ 101 tornou-se parte fundamental de uma educação mais ampla, mesmo que depois eles optem por se tornar empreendedores ou médicos, jornalistas ou ativistas políticos. Mesmo para aqueles que nunca estudaram economia, a linguagem e a mentalidade do Econ 101 permeia tanto o debate público que molda a maneira como todos pensamos sobre a economia: o que ela é, como funciona e para que serve.

E aqui está o problema. A jornada da humanidade através do século XXI será conduzida pelos responsáveis por políticas, empreendedores, professores, jornalistas, líderes comunitários, ativistas e eleitores que estão sendo educados hoje. Mas a esses cidadãos de 2050 está sendo ensinada uma mentalidade econômica enraizada nos manuais de 1950, que por sua vez têm suas raízes nas teorias de 1850. Dada a natureza rapidamente mutável do século XXI, isso está tomando a forma de um desastre. É claro que o século XX deu origem a pensamentos econômicos novos e revolucionários, com predominante influência na batalha de ideias entre Keynes e Hayek. Mas, embora tenham sustentado perspectivas opostas, esses icônicos pensadores herdaram pressupostos imperfeitos e pontos cegos comuns que permanecem, sem qualquer exame, na base de suas diferenças. O contexto do século XXI exige que explicitemos esses pressupostos e tornemos esses pontos cegos visíveis, para que possamos, mais uma vez, repensar a economia.

Afastar-se da economia – e voltar

Como adolescente na década de 1980, eu tentava compor um entendimento do mundo assistindo aos noticiários vespertinos. As imagens de TV exibidas diariamente em nossa sala de estar me levavam para muito além da minha vida de estudante londrina, e essas imagens ficaram gravadas em mim. O inesquecível olhar silencioso de crianças de barriga inchada nascidas em meio à fome na Etiópia. Filas de corpos caídos como palitos de fósforo pelo desastre de gás em Bhopal. Um buraco tingido de púrpura na camada de ozônio. Um enorme vazamento de petróleo escorrendo do *Exxon Valdez* nas águas pristinas do Alasca. No final da década, eu simplesmente sabia que queria trabalhar para uma organização como a Oxfam ou o Greenpeace – fazendo campanha para acabar com a miséria e a destruição ambiental –, e pensava que a melhor maneira de me equipar era estudar economia e pôr suas ferramentas a serviço dessas causas.

Então fui para a Universidade de Oxford a fim de adquirir as habilidades que eu acreditava que me preparariam para a tarefa. Mas a teoria econômica disponível me deixou frustrada porque fazia premissas estranhas acerca de como o mundo funcionava, ao mesmo tempo que minimizava precisamente as questões com as quais eu mais me preocupava. Tive a sorte de ter tutores inspiradores e de mente aberta, mas eles também estavam limitados demais pelo programa que se esperava que ensinassem e que nós devíamos dominar. Assim, depois de quatro anos de estudo, eu me vi me afastando da economia teórica, constrangida demais para algum dia chamar a mim mesma de "economista", e, em vez disso, mergulhei em desafios econômicos do mundo real.

Passei três anos trabalhando com empreendedores descalços nas aldeias de Zanzibar, com profunda admiração pelas mulheres que dirigiam microempresas enquanto criavam os filhos sem água corrente, eletricidade ou escola por perto. Saltei então para a muitíssimo diferente ilha de Manhattan, passando quatro anos na ONU (Organização das Nações Unidas), na equipe que redigia anualmente o emblemático *Relatório de desenvolvimento humano*, enquanto testemunhava descarados jogos de poder que bloqueavam o progresso nas negociações internacionais. Saí para realizar uma antiga ambição e trabalhei com a Oxfam por mais de uma década. Ali presenciei a precária existência de mulheres – de Bangladesh a Birmingham – que trabalhavam na linha de frente das cadeias de abastecimento mundiais. Pressionamos para mudar as distorcidas regras e os padrões duplos que governam os regulamentos do comércio internacional. E explorei as implicações das mudanças climáticas em termos de direitos humanos, reunindo-me com agricultores desde a Índia até a Zâmbia, cujos campos haviam se transformado em terra árida pelo fato de as chuvas nunca chegarem. Então me tornei mãe – de gêmeos, ainda por cima – e passei um ano em licença-maternidade, imersa na trabalhosa economia de criar bebês. Quando voltei ao trabalho, compreendi como nunca antes as pressões de pais que precisam conciliar emprego e família.

Ao longo de tudo isso, fui aos poucos percebendo o óbvio: que eu não podia simplesmente me afastar da economia, porque é ela quem molda o mundo em que vivemos, como certamente moldou a mim, mesmo que mediante a minha rejeição. Então decidi voltar a ela e virá-la de cabeça para baixo. E se começássemos a economia não com suas teorias há muito estabelecidas, mas com as metas a longo prazo da humanidade, e então buscássemos o pensamento econômico que nos permitisse atingi-las? Tentei fazer um desenho dessas metas, e, por mais ridículo que isso possa parecer, o resultado foi algo semelhante a uma rosquinha – sim, aquela rosquinha também chamada de donut, com um buraco no meio. O diagrama completo é apresentado no próximo capítulo, mas em essência trata-se de um par de anéis concêntricos. Dentro do anel interno – o alicerce social – estão as privações humanas críticas, como fome e analfabetismo. Fora do anel externo – o teto ecológico – está a degradação planetária crítica, como as mudanças climáticas e a perda de biodiversidade. Entre esses dois anéis está a rosquinha, o Donut em si, o espaço no qual podemos atender às necessidades de todos contando com os meios do planeta.

As rosquinhas açucaradas, fritas em imersão, dificilmente irão parecer uma metáfora razoável para as aspirações da humanidade; mas a imagem

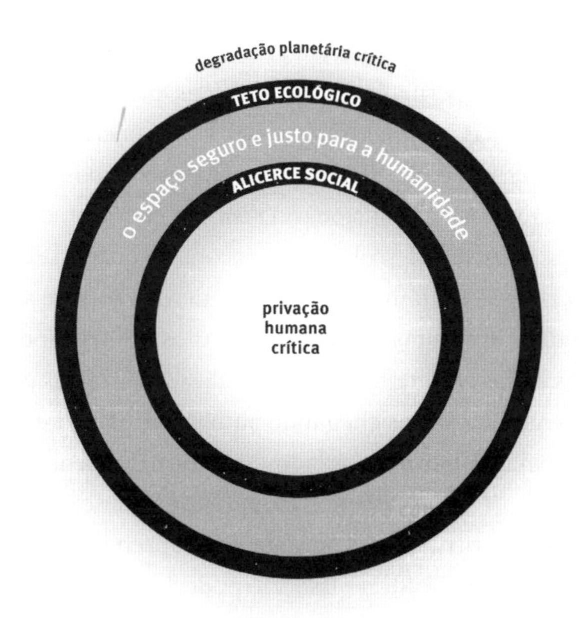

A essência do Donut: um alicerce social de bem-estar abaixo do qual ninguém deve cair e um teto ecológico de pressão planetária que não devemos transpor. Entre os dois encontra-se o espaço seguro e justo para todos.

tinha qualquer coisa que fez vibrar algo em mim e em outras pessoas, por isso pegou e deu origem a uma questão profundamente excitante:

Se a meta da humanidade no século XXI é entrar no Donut, que mentalidade econômica nos dará a maior chance de chegar lá?

Com o Donut na mão, pus de lado meus velhos manuais e procurei as melhores ideias emergentes que pude encontrar, explorando um novo pensamento econômico com universitários de mente aberta, líderes empresariais progressistas, acadêmicos inovadores e ativistas de primeira linha. Este livro reúne os insights fundamentais que descobri ao longo do trajeto – insights sobre formas de pensar que eu gostaria que tivessem cruzado meu caminho no início da minha própria educação econômica. Ele se baseia em diversas escolas de pensamento, como a economia da complexidade, a ecológica, a feminista, a institucional e a comportamental. Todas elas são ricas em ideias, mas ainda existe o risco de permanecerem separadas em compartimentos, cada uma aninhada em suas próprias publicações, conferências, blogs, manuais e cátedras, cultivando seu nicho de crítica ao pensamento do século passado. O avanço verdadeiramente revolucionário reside, é claro, em combinar o que cada uma tem a oferecer e descobrir o que acontece quando elas dançam no mesmo ritmo, o que é exatamente o que este livro se propõe a fazer.

A humanidade enfrenta formidáveis desafios, e em grande parte é graças aos pontos cegos e metáforas equivocadas de um pensamento econômico obsoleto que acabamos chegando aqui. Mas, para aqueles que estão prontos a se rebelar, olhar para os lados, questionar e pensar de novo, são tempos excitantes. "Os alunos precisam aprender a descartar velhas ideias, como e quando substituí-las... a aprender, desaprender e reaprender", escreveu o futurista Alvin Toffler.[22] Isso não poderia ser mais verdadeiro para aqueles que buscam a instrução econômica: agora é o grande momento de desaprender e reaprender os fundamentos da economia.

O poder das imagens

Todo mundo está dizendo: precisamos de uma nova história econômica, de uma narrativa do nosso futuro econômico partilhado que seja adequada ao século XXI. Eu concordo. Mas não esqueçamos uma coisa: as narrativas mais poderosas ao longo da história foram aquelas contadas com imagens. Se queremos reescrever a economia, precisamos também redesenhar suas imagens, porque temos pouca chance de contar uma história nova se nos apegarmos a ilustrações antigas. E se desenhar novas imagens parece frívolo – algo como uma brincadeira de criança –, acredite que não é. Melhor ainda, deixe-me provar.

Desde as pinturas pré-históricas nas cavernas até o mapa do metrô de Londres, imagens, diagramas e gráficos estão há muito no cerne da narração humana de histórias. A razão é simples: nossos cérebros estão programados para interpretar elementos visuais. "A visão surge antes das palavras. A criança olha e reconhece antes de falar", escreve o crítico de arte John Berger nas linhas de abertura do seu clássico de 1972, *Modos de ver*.[23] Desde então a neurociência confirmou o papel dominante da visualização na cognição humana. Metade das fibras nervosas no nosso cérebro estão ligadas à visão, e, quando os olhos estão abertos, ela é responsável por dois terços da atividade elétrica do cérebro. São necessários apenas 150 milissegundos para o cérebro reconhecer uma imagem e meros cem milissegundos para lhe atribuir um significado.[24] Embora tenhamos pontos cegos em ambos os olhos – os pontos onde o nervo óptico se liga à retina –, o cérebro habilmente se intromete para criar a ilusão de um todo sem emendas.[25]

Como resultado disso, nascemos como identificadores de padrões, vendo rostos nas nuvens, fantasmas nas sombras e animais míticos nas estrelas. E aprendemos melhor quando há imagens para se ver. Conforme explica a especialista em cultura visual Lynell Burmark, "a menos que nossas palavras, conceitos e ideias estejam presos a uma imagem, entrarão por um ouvido, viajarão através do cérebro e sairão pelo outro. Palavras são processadas pela nossa memória em curto prazo, onde podemos reter apenas cerca de sete bits de informação ... Imagens, por outro lado, vão diretamente para a memória em longo prazo, onde são indelevelmente gravadas".[26] Com muito menos palavrório e sem o peso da linguagem técnica, as imagens são imediatas – e quando texto e imagem enviam mensagens conflitantes, é a mensagem visual que costuma vencer.[27] Então, o velho adágio acaba sendo verdadeiro: uma imagem realmente vale por mil palavras.

Não é exatamente uma surpresa, então, que as imagens tenham desempenhado um papel tão central na maneira como os humanos aprenderam a dar sentido ao mundo. No século VI a.C., na Pérsia, foi gravado em argila, com um estilete afiado, o mais antigo mapa do mundo, o *Imago Mundi*, mostrando a Terra como um disco chato e com a Babilônia firmemente em seu centro. Euclides, o pai da geometria na Grécia Antiga, dominou a análise de círculos, triângulos, curvas e retângulos no espaço bidimensional, criando uma convenção diagramática que Isaac Newton mais tarde usou para apresentar suas revolucionárias leis do movimento, e que hoje em dia ainda é usada em aulas de matemática pelo mundo afora. Pouca gente ouviu falar do arquiteto romano Marcos Vitrúvio Polião, mas a representação visual feita por Leonardo da Vinci da sua teoria das proporções é reconhecida de imediato em todo o mundo na imagem do Homem Vitruviano, em pé, nu e de braços abertos, dentro ao mesmo tempo de um círculo e de um quadrado. Em 1837, quando desenhou pela primeira vez em seu caderno de apontamentos um pequeno diagrama irregular de uma árvore se ramificando – com as palavras "eu penso" anotadas em cima do desenho –, Charles Darwin captou o cerne de uma ideia que iria se tornar *A origem das espécies*.[28]

Através das culturas e ao longo do tempo, fica claro que as pessoas há muito entenderam o poder das imagens e sua capacidade de derrubar crenças profundamente arraigadas. As imagens ficam retidas na consciência e, sem palavras, dão nova forma à nossa visão de mundo. Não surpreende que Nicolau Copérnico – que passou a vida estudando o movimento dos planetas – tenha esperado até estar no seu leito de morte para publicar a seguinte imagem:

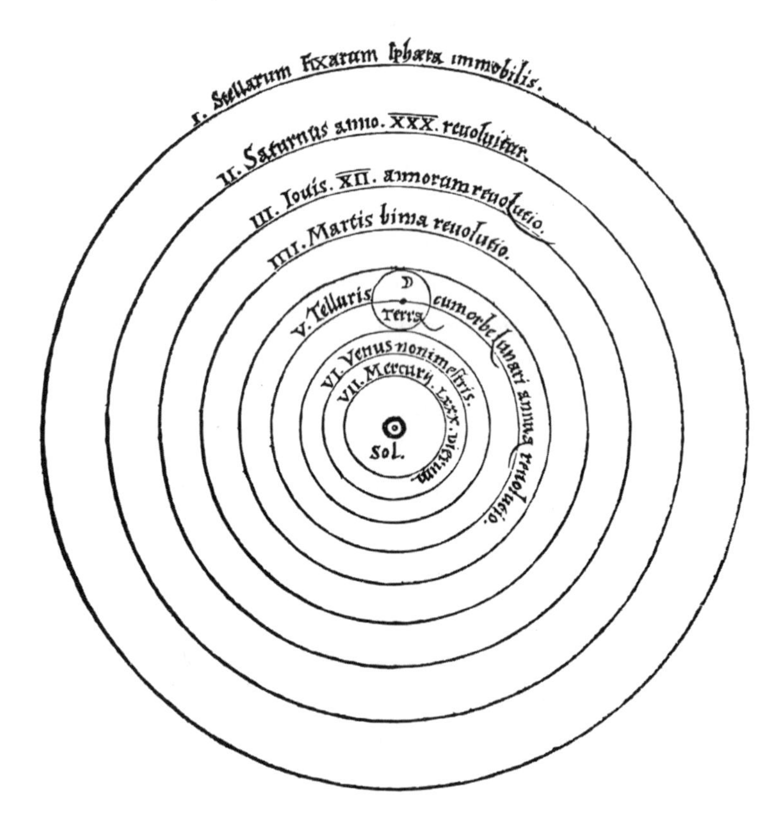

Descrição do Universo feita por Copérnico em 1543, que mostrava a Terra girando em torno do Sol.

Retratando o Sol – e não a Terra – no centro do nosso sistema solar, a imagem de Copérnico deflagrou uma revolução ideológica que questionaria a doutrina da Igreja, ameaçaria o poder papal e transformaria a compreensão da humanidade em relação ao cosmo e ao nosso lugar dentro dele. É extraordinário quanto estrago alguns círculos concêntricos podem causar.

Pense, então, nos círculos, parábolas, retas e curvas que compõem os diagramas centrais da economia – aquelas imagens aparentemente inócuas retratando o que é a economia, como ela se move e para que serve. Nunca subestime o poder de tais imagens: o que desenhamos determina o que podemos e o que não podemos ver, o que notamos e o que ignoramos, e assim molda tudo o que se segue. As imagens que desenhamos para descrever a economia invocam as verdades atemporais da matemática de Euclides e da física de Newton na sua simplicidade geométrica. Mas, ao fazê-lo, deslizam rapidamente para o fundo da nossa consciência, sussurrando sem palavras os mais profundos pressupostos da teoria econômica que nunca precisamos transpor em palavras, porque ficaram inscritos na imaginação. Elas apresentam um retrato muito parcial da economia, passando por cima dos pontos cegos peculiares da própria teoria econômica, incitando-nos a procurar por leis dentro de suas linhas e lançando-nos em busca de falsas metas. Além disso, perduram na mente, como grafites, muito depois que as palavras desvaneceram; tornam-se bagagem intelectual clandestina, alojada no nosso córtex visual sem que sequer nos demos conta de sua presença. E, da mesma forma que os grafites, são muito difíceis de remover. Assim, se uma imagem vale por mil palavras, então, pelo menos em economia, deveríamos prestar bem mais atenção às imagens que ensinamos, desenhamos e aprendemos.

Alguns talvez desprezem essa sugestão, refutando que a teoria econômica é ensinada não em imagens, mas em equações, páginas e mais páginas de equações. Os departamentos de economia, afinal, buscam recrutar matemáticos, não artistas, para engrossar suas fileiras. Mas, na verdade, a economia foi sempre ensinada com diagramas e equações, e os diagramas desempenharam um papel especialmente poderoso, graças a alguns personagens rebeldes e reviravoltas inesperadas no pouco conhecido, mas fascinante, passado do campo.

Imagens na economia: uma história oculta

Muitos dos pais fundadores da economia usaram imagens para expressar suas ideias seminais. Quando, em 1758, publicou seu *Tableau économique* – com suas linhas em zigue-zague descrevendo o fluxo de dinheiro conforme circulava entre proprietários de terras, trabalhadores e mercadores – o economista francês François Quesnay efetivamente desenhou o primeiro modelo econômico quantificado. Na década de 1780, o economista político britânico William Playfair começou a inventar novas maneiras de apresentar dados, usando o que hoje toda criança na escola conhece como diagramas, gráficos de barras e gráficos circulares. Com essas ferramentas, ele visualizou eficazmente as questões políticas do seu tempo, como o aumento vertiginoso do preço do trigo para o trabalhador diarista e o oscilante equilíbrio comercial da Inglaterra com o resto do mundo. Um século mais tarde, o economista britânico William Stanley Jevons desenhou um gráfico do que chamou de "lei da demanda", no qual representava mudanças incrementais em preço e quantidade ao longo de uma curva para mostrar que, quando o preço de um bem cai, as pessoas passam a querer comprar maiores quantidades desse bem. Com a aspiração de fazer com que sua teoria parecesse tão científica quanto a física, compôs seu desenho intencionalmente segundo o estilo dos diagramas utilizados por Newton para descrever as leis do movimento. E essa curva da demanda ainda aparece no primeiro diagrama com que o aluno novato de economia se depara nos dias de hoje.

A economia da primeira metade do século XX foi dominada pelos *Princípios de economia*, de Alfred Marshall, livro publicado em 1890 e usado como referência principal para ensinar a maioria dos estudantes. No prefá-

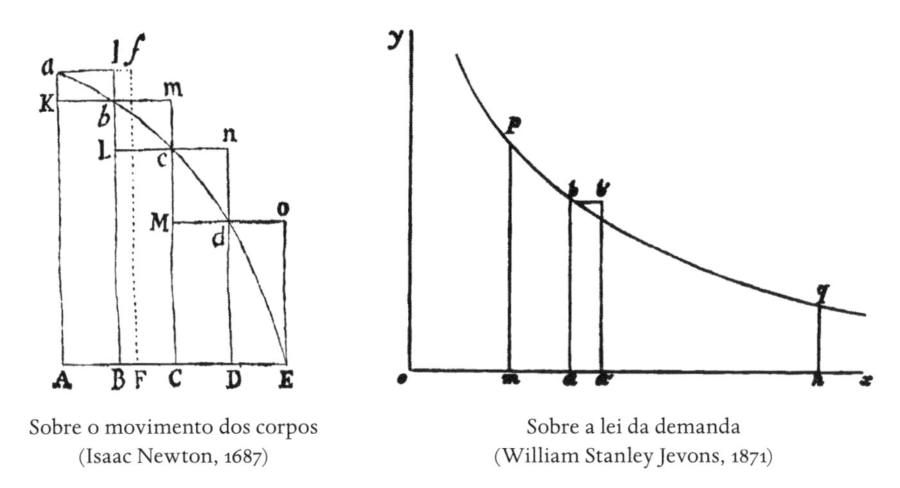

Sobre o movimento dos corpos
(Isaac Newton, 1687)

Sobre a lei da demanda
(William Stanley Jevons, 1871)

Pretendendo fazer com que a economia parecesse tão científica quanto a física, Jevons desenhou suas teorias segundo o estilo dos diagramas das leis do movimento elaborados por Newton.

cio, Marshall reflete sobre os méritos relativos de usar equações em oposição aos diagramas para elucidar o texto. Equações matemáticas, acreditava ele, eram extremamente úteis para "ajudar a pessoa a anotar de forma rápida, breve e exata alguns dos seus pensamentos para uso próprio ... Mas quando exigem o uso de uma quantidade muito grande de símbolos as equações tornam-se trabalhosas demais para qualquer um, exceto o próprio autor". O valor dos diagramas, acreditava ele, era muito maior. "A tese apresentada no texto nunca depende deles; e podem ser omitidos", escreveu, "mas a experiência parece mostrar que eles proporcionam uma compreensão mais firme de muitos princípios do que a que se pode obter sem o seu auxílio; e que há muitos problemas da teoria pura com os quais ninguém que algum dia aprendeu a usar diagramas estará disposto a lidar de outra maneira."[29]

Foi Paul Samuelson, porém, quem colocou de forma decisiva as imagens no cerne do pensamento econômico na segunda metade do século XX. Conhecido como o pai da economia moderna, Samuelson passou sua carreira de sete décadas no MIT e, quando morreu, em 2009, foi proclamado "um dos gigantes sobre cujos ombros se assenta todo economista contemporâneo".[30] Ele era apaixonado por equações e gráficos, e influenciou profundamente o uso de ambos na teoria e no ensino da economia. Mas, acima de tudo, acreditava que eram destinados a públicos muito diferentes: em resumo, equações eram para os especialistas; as imagens, para as massas.

A primeira grande obra de Samuelson foi o livro da sua tese de doutorado, *Fundamentos da análise econômica*. Publicado em 1947, era dirigido ao teórico puro, sendo impiedosamente matemático: equações, acreditava ele, deveriam ser a língua materna dos economistas profissionais, servindo para abrir caminho em meio ao emaranhado do pensamento e substituí-lo pela precisão científica. No entanto, Samuelson escreveu seu segundo livro para um público completamente diferente, e apenas graças a uma reviravolta do destino.

Paul Samuelson: o homem que desenhou a economia.

No fim da Segunda Guerra Mundial, houve um grande aumento no número de matrículas nas faculdades americanas, uma vez que centenas de milhares de soldados voltaram para casa em busca da educação que tinham perdido e dos empregos de que desesperadamente necessitavam. Muitos optaram por estudar engenharia – essencial para a construção no pós-guerra –, e foram solicitados a aprender um pouco de economia durante o processo. Na época, Samuelson era um professor do MIT de trinta anos e um autodeclarado "inexperiente metido a besta se fazendo de entendido em teoria esotérica". Mas seu chefe de departamento, Ralph Freeman, estava com um problema nas mãos: oitocentos alunos de engenharia no MIT haviam começado um curso obrigatório de um ano em economia, e a coisa não estava indo nada bem. Samuelson lembrou-se da conversa que teve com Freeman num dia em que este apareceu no seu escritório e fechou a porta atrás de si. "Eles estão detestando", confessou Freeman. "Tentamos de tudo. Eles continuam detestando... Paul, será que você topa continuar meio período por um ou dois semestres? Escreva um texto de que os alunos gostem. Se eles gostarem, a sua economia vai ser a boa. Deixe de fora o que quiser. Seja tão conciso quanto desejar. Qualquer coisa que você consiga fazer será uma grande melhoria em relação ao ponto em que estamos."[31]

Segundo Samuelson, era uma proposta que ele não podia recusar, e o texto que redigiu nos três anos seguintes – intitulado simplesmente *Economia* – tornou-se o manual clássico de 1948 que lhe valeu a fama pelo resto da vida. Um aspecto fascinante foi que a estratégia que ele adotou para escrevê-lo seguia exatamente os passos da Igreja católica romana medieval. Antes do advento da imprensa, a Igreja usara dois métodos distintos para difundir sua doutrina. Os poucos que tinham instrução – monges, padres e eruditos – eram solicitados a ler a Bíblia em latim, copiando seus versículos linha por linha. Em contraste, às massas iletradas, as histórias da Bíblia eram ensinadas através de imagens, pintadas como afrescos nas paredes das igrejas e iluminadas em vitrais. Esta acabou se revelando uma estratégia de comunicação de massa muito bem-sucedida. Samuelson foi igualmente esperto: deixando de lado as equações dos especialistas, abraçou de corpo e alma os diagramas, imagens e gráficos para criar seu curso de economia integral para as massas. E, como seu público básico era um batalhão de engenheiros, adotou um estilo visual que eles considerariam familiar, tirado da tradição da engenharia mecânica e da mecânica dos fluidos. A seguir, por exemplo, reproduzimos uma imagem da primeira edição do seu manual, mostrando como a renda circula pela economia, com novos investimentos no alto da trajetória. Esse desenho evoluiu para se tornar seu diagrama mais famoso – conhecido como Fluxo Circular –, e era claramente baseado na metáfora da água correndo através de uma instalação hidráulica.[32]

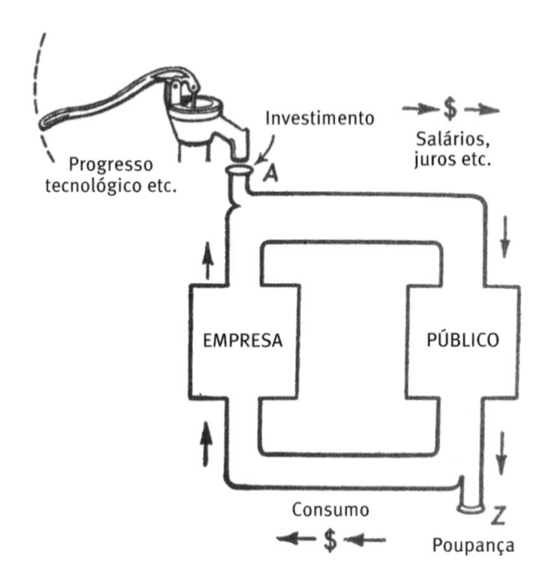

O diagrama do Fluxo Circular de Samuelson, de 1948, que mostrava a renda fluindo pela economia como se fosse água correndo por uma instalação hidráulica.

Seu manual cheio de ilustrações foi um sucesso, e o que funcionou para os engenheiros acabou funcionando também para os outros. *Economia* logo foi adotado por professores universitários em todo o país, e depois no exterior. Tornou-se o best-seller dos manuais americanos – em todas as matérias – durante quase trinta anos. Traduzido para mais de quarenta idiomas, vendeu 4 milhões de exemplares em todo o mundo ao longo de sessenta anos, provendo a gerações de estudantes tudo de que necessitavam saber sobre o Econ 101.[33] A cada nova edição eram acrescentadas novas imagens: os setenta diagramas da primeira edição haviam se multiplicado para quase 250 na 11ª, em 1980. Samuelson entendia e prezava profundamente essa influência, porque via a cabeça dos calouros universitários como uma página em branco. "Não me importa quem redige as leis de um país, ou elabora seus avançados tratados – contanto que eu possa escrever seus manuais de economia", declarou anos mais tarde. "O primeiro contato é o privilegiado, porque afeta a *tabula rasa* do iniciante no seu estado mais impressionável."[34]

Uma longa luta para fugir

Paul Samuelson não foi o único a apreciar a extraordinária influência exercida por aqueles que determinam a forma como começamos. Seu professor e mentor, Joseph Schumpeter, também percebeu que pode ser muito difícil nos livrarmos das ideias que nos são apresentadas, mas estava determinado a fazê-lo, a fim de abrir caminho para suas próprias percepções. Conforme escreveu em sua *História da análise econômica*, de 1954:

> Na prática, nós todos começamos nossa própria pesquisa a partir do trabalho de nossos predecessores, ou seja, dificilmente começamos da estaca zero. Mas, supondo que começássemos do zero, que passos deveríamos dar? Obviamente, para podermos postular a nós mesmos qualquer problema, primeiro precisaríamos visualizar um conjunto distinto de fenômenos coerentes como objeto digno do nosso esforço analítico. Em outras palavras, o esforço analítico é necessariamente precedido de um ato cognitivo pré-analítico que fornece o material bruto para o esforço analítico. Neste livro, esse ato pré-analítico será chamado Visão.

Ele deixou claro, porém, que criar uma nova visão pré-analítica jamais poderia ser um processo imparcial, acrescentando:

> A primeira tarefa é verbalizar a visão ou conceitualizá-la ... num esquema ou imagem mais ou menos ordenado ... Deve ficar perfeitamente claro que, nesse processo, existe uma larga porta por onde pode entrar a ideologia. Na verdade, ela já entra no próprio piso térreo, no ato cognitivo pré-analítico de que estivemos a falar. O trabalho analítico começa com material fornecido pela nossa visão das coisas, e essa visão é ideológica quase por definição.[35]

Outros pensadores têm usado palavras diferentes para apresentar um ponto similar. O conceito de visão pré-analítica de Schumpeter foi inspirado pelas ideias do sociólogo Karl Mannheim, cuja observação, no fim dos anos 1920, de que "todo ponto de vista é específico a uma situação social" o levou a popularizar a noção de que cada um de nós tem uma "visão de mundo" que atua como a lente através da qual interpretamos o mundo. Na década de 1960, Thomas Kuhn virou a pesquisa científica de cabeça para baixo ao apontar que "cientistas trabalham a partir de modelos adquiridos por meio da educação ... com frequência sem saber muito bem, ou sentir a necessidade de saber, que características deram a esses modelos o status de paradigmas comunitários".[36] Nos anos 1970, o sociólogo Erving Goffman introduziu o conceito de "enquadramento" – no sentido de que cada um de nós enxerga o mundo através de um quadro mental – para mostrar que a maneira como criamos sentido a partir da nossa mistura de experiências delineia aquilo que então podemos ver.[37]

Visão pré-analítica. Visão de mundo. Paradigma. Enquadramento. São todos conceitos vizinhos. Mais importante do que aquele que decidimos utilizar é perceber que, em primeiro lugar, adotamos um deles, porque então temos o poder de questioná-lo e mudá-lo. Em economia, esse é um convite aberto para um olhar renovado dos modelos mentais que empregamos ao descrevê-la e compreendê-la. Mas não é uma coisa fácil de se fazer, como Keynes descobriu. Chegar com sua teoria revolucionária na década de 1930 foi, como ele mesmo admitiu, "uma luta para fugir dos modos habituais de pensamento e expressão ... A dificuldade reside não nas ideias novas, mas nas antigas que se ramificam – para aqueles de nós que foram criados como a maior parte das pessoas – em cada canto de nossas mentes".[38]

A possibilidade de nos livrarmos de velhos modelos mentais é sedutora, mas a busca por modelos novos impõe algumas ressalvas. Primeiro, devemos sempre nos lembrar de que "o mapa não é o território", como afirma o filósofo Alfred Korzybski: todo modelo é sempre apenas um modelo, uma simplificação necessária do mundo, e nunca deve ser confundido com a coisa real. Segundo, não existe por aí visão pré-analítica correta, paradigma verdadeiro ou enquadramento perfeito a ser descoberto. Nas hábeis palavras do estatístico George Box, "todos os modelos são errados, mas alguns são úteis".[39] Repensar a economia não tem a ver com descobrir uma economia correta (porque não existe); trata-se de escolher ou criar aquela que melhor serve ao nosso propósito – refletir o contexto com que nos deparamos, os valores que sustentamos e os nossos objetivos. Como o contexto, os valores e os objetivos da humanidade evoluem, o mesmo deveria acontecer com o modo como encaramos a economia.

Pode não haver enquadramento perfeito à espera de ser descoberto, mas, como argumenta o linguista cognitivo George Lakoff, é absolutamente essencial dispor de um enquadramento alternativo convincente se temos a intenção de algum dia derrubar o velho. A simples refutação do enquadramento dominante servirá apenas, ironicamente, para reforçá-lo. E, sem uma alternativa para oferecer, há pouca chance de adentrar, que dirá vencer, a batalha de ideias.

Durante anos Lakoff chamou a atenção para o poder do enquadramento verbal na moldagem do debate político e econômico. Ele ressalta, a título de exemplo, a noção de "alívio fiscal", amplamente utilizada pelos conservadores nos Estados Unidos: em duas palavras apenas, ele enquadra impostos como uma aflição, um fardo a ser mitigado por um heroico salvador. Como devem responder os progressistas? Com certeza não argumentando "contra o alívio fiscal", porque repetir a expressão apenas fortalece o enquadramento (afinal, quem poderia ser contra um alívio?). Mas, como afirma Lakoff, os progressistas tentam com demasiada frequência expor os seus pontos de vista pessoais sobre tributos com longas explicações justamente porque não foi desenvolvido nenhum enquadramento alternativo conciso.[40] Eles precisam desesperadamente de uma expressão alternativa de duas palavras que resuma sua visão em oposição à outra. Na verdade, o enquadramento da "justiça fiscal" – que invoca, de imediato, comunidade, justiça e responsabilidade contábil – vem ganhando rapidamente tração internacional à medida que escândalos globais relacionados com paraísos fiscais e evasão de impostos por parte das empresas têm aparecido nas manchetes. Dispor de um modo poderoso de enquadrar o assunto sem dúvida ajudou a canalizar a indignação pública e mobilizar uma exigência generalizada por mudanças.[41]

Assim como o trabalho de Lakoff revelou o poder do enquadramento *verbal* no debate político e econômico, este livro pretende revelar o poder do enquadramento *visual* e usá-lo para transformar o pensamento econômico do século XXI. Só percebi o quanto o enquadramento visual pode ser poderoso em 2011, quando desenhei pela primeira vez o Donut e fui surpreendida pela resposta internacional a ele. Na arena do desenvolvimento sustentável, ele logo se tornou uma imagem icônica usada igualmente por ativistas, governos, empresas e acadêmicos para mudar os termos do debate. Em 2015, pessoas envolvidas no processo de negociação dos Objetivos de Desenvolvimento Sustentável da ONU – as dezessete metas globalmente acordadas para mapear o progresso humano – me disseram que, em reuniões tarde da noite para cravar o texto final, a imagem do Donut estava ali sobre a mesa como lembrete das amplas metas que estavam sendo visadas. Muitas pessoas me disseram que o Donut tornava visível o modo como sempre haviam pensado o desenvolvimento sustentável; elas simplesmente nunca o tinham visto desenhado antes. O que mais me impressionou foi o impacto que a imagem teve na promoção de novas maneiras de pensar: ela ajudou a revigorar velhos debates e instigar novas discussões, ao mesmo tempo oferecendo uma visão positiva de um futuro econômico pelo qual valia a pena lutar.

Aos poucos, fui percebendo que os enquadramentos visuais são tão importantes quanto os verbais. Essa compreensão me levou a olhar para trás, para as imagens que haviam dominado a minha própria formação em economia, e pela primeira vez vi com que vigor resumiam e reforçavam a maneira de pensar que me fora ensinada. No cerne do pensamento econômico da corrente dominante encontra-se um punhado de diagramas que enquadraram, sem palavras mas poderosamente, a maneira como fomos ensinados a compreender o mundo econômico – e são todos obsoletos, incompletos ou simplesmente errados. Eles podem estar ocultos da nossa visão, mas enquadram profundamente a maneira como pensamos sobre economia em sala de aula, no governo, na sala de reuniões, na mídia e na rua. Se quisermos escrever uma nova história econômica, precisamos desenhar novas imagens, que confinem as velhas aos manuais do século passado.

E o que acontece, então, se você nunca estudou economia, nunca pôs os olhos nas suas imagens mais poderosas? Para começar, não se iluda achando que é imune à influência delas: ninguém é. Esses diagramas enquadram tão intensamente a forma como economistas, políticos e jornalistas falam da economia que todos acabamos por invocá-los com as nossas palavras, mesmo que nunca os tenhamos visto com nossos próprios olhos. Mas, ao mesmo tempo, como novato em economia, considere-se feliz por Paul Samuelson nunca ter tido aquele primeiro contato com a sua *tabula rasa*. O fato de nunca ter assistido a uma aula de economia pode acabar se revelando, afinal, uma nítida vantagem: você tem menos bagagem para descarregar, menos grafites para apagar. Às vezes, não ter tido aulas pode constituir uma vantagem intelectual – e este é um desses momentos.

Sete maneiras de pensar como um economista do século XXI

Quer você se considere veterano ou novato em economia, agora é a hora de revelar o grafite econômico que paira na mente de todos nós – e, se você não gostar do que encontrar, pode simplesmente apagá-lo; ou, melhor ainda, cobri-lo com novas imagens, muito mais adequadas aos nossos tempos e necessidades. Nas páginas que se seguem, este livro propõe sete maneiras de pensar como um economista do século XXI, revelando em cada uma delas a imagem espúria que ocupou nossa mente, como ela veio a se tornar tão poderosa e a influência perniciosa que teve. Mas o tempo da mera crítica já passou, e é por isso que o foco aqui é a criação de novas imagens, que capturem os princípios essenciais para nos guiar a partir de agora. Os diagramas neste livro objetivam resumir esse salto do velho para o novo pensar econômico. Em conjunto, eles estabelecem – literalmente – um novo quadro geral para o economista do século XXI. Assim, eis uma excursão a jato pelas ideias e imagens no cerne da Economia Donut.

1. Mudar o objetivo. Por mais de setenta anos a economia esteve fixada no PIB (Produto Interno Bruto), ou produção nacional, como medida básica de progresso. Essa fixação tem sido usada para justificar desigualdades extremas de renda e riqueza conjugadas a uma destruição sem precedentes do mundo vivo. Para o século XXI, é necessária uma meta muito maior: atender aos direitos humanos de cada pessoa dentro dos meios do nosso planeta gerador de vida. E a meta está encapsulada no conceito do Donut. O desafio agora é criar economias – no âmbito local e global – que ajudem a trazer toda a humanidade para o espaço seguro e justo do Donut. Em vez de perseguir um PIB sempre crescente, é hora de descobrir como prosperar em equilíbrio.

2. Analisar o quadro geral. A corrente econômica dominante retrata a economia como um todo com apenas uma imagem, extremamente limitada: o diagrama do Fluxo Circular. Suas limitações, além disso, têm sido usadas para reforçar a narrativa neoliberal acerca da eficiência do mercado, a incompetência do Estado, a domesticidade do agregado familiar e a tragédia dos bens comuns. É hora de fazer um novo desenho da economia, integrando-a no seio da sociedade e da natureza, tendo o Sol como fonte de energia. Essa nova representação convida a novas narrativas – sobre o poder do mercado, a parceria do Estado, o papel central do agregado familiar e a criatividade dos bens comuns.

3. Estimular a natureza humana. No coração da economia do século XX encontra-se o retrato do homem econômico racional: ele nos diz que somos egoístas, solitários, calculistas, pouco afeitos a mudanças, e que dominamos a natureza – e moldou as pessoas em quem nos transformamos.

Mas a natureza humana é muito mais rica que isso, como revelam os primeiros esboços do nosso novo autorretrato: somos sociais, interdependentes, próximos, fluidos em matéria de valores e dependentes do mundo vivo. Além disso, é de fato possível estimular a natureza humana de maneiras que aumentem consideravelmente nossas chances de entrar no espaço seguro e justo do Donut.

4. Compreender o funcionamento dos sistemas. O icônico cruzamento das curvas de oferta e demanda do mercado é o primeiro diagrama com que todo estudante de economia se depara, mas tem como base metáforas equivocadas de equilíbrio mecânico do século XIX. Um ponto de partida muito mais inteligente para compreender o dinamismo da economia é o pensamento sistêmico, resumido por um simples par de circuitos de feedback. Colocar essa dinâmica no cerne da economia possibilita muitas percepções novas, da expansão e falência dos mercados financeiros à natureza autorreforçadora da desigualdade econômica e os pontos de inflexão das mudanças climáticas. É hora de parar de procurar pelas ilusórias alavancas de controle da economia e começar a administrá-la como um sistema complexo sempre em evolução.

5. Projetar para distribuir. No século XX, uma curva simples – a Curva de Kuznets – insinuava uma mensagem poderosa sobre a desigualdade: as coisas precisam piorar antes de melhorar, e o crescimento (eventualmente) a equilibrará. Mas acontece que a desigualdade não é uma necessidade econômica: é uma falha de projeto. Os economistas do século XXI reconhecerão que há muitas maneiras de projetar economias de modo que sejam muito mais distributivas do valor que geram – uma ideia mais bem representada como uma rede de fluxos. Isso significa ir além da redistribuição de renda para explorar modos de redistribuir a riqueza, em especial aquela que reside no controle de terras, empreendimentos, tecnologias, conhecimentos e no poder de criar dinheiro.

6. Criar para regenerar. A teoria econômica tem há muito retratado um meio ambiente "limpo" como um bem de luxo, acessível apenas aos mais

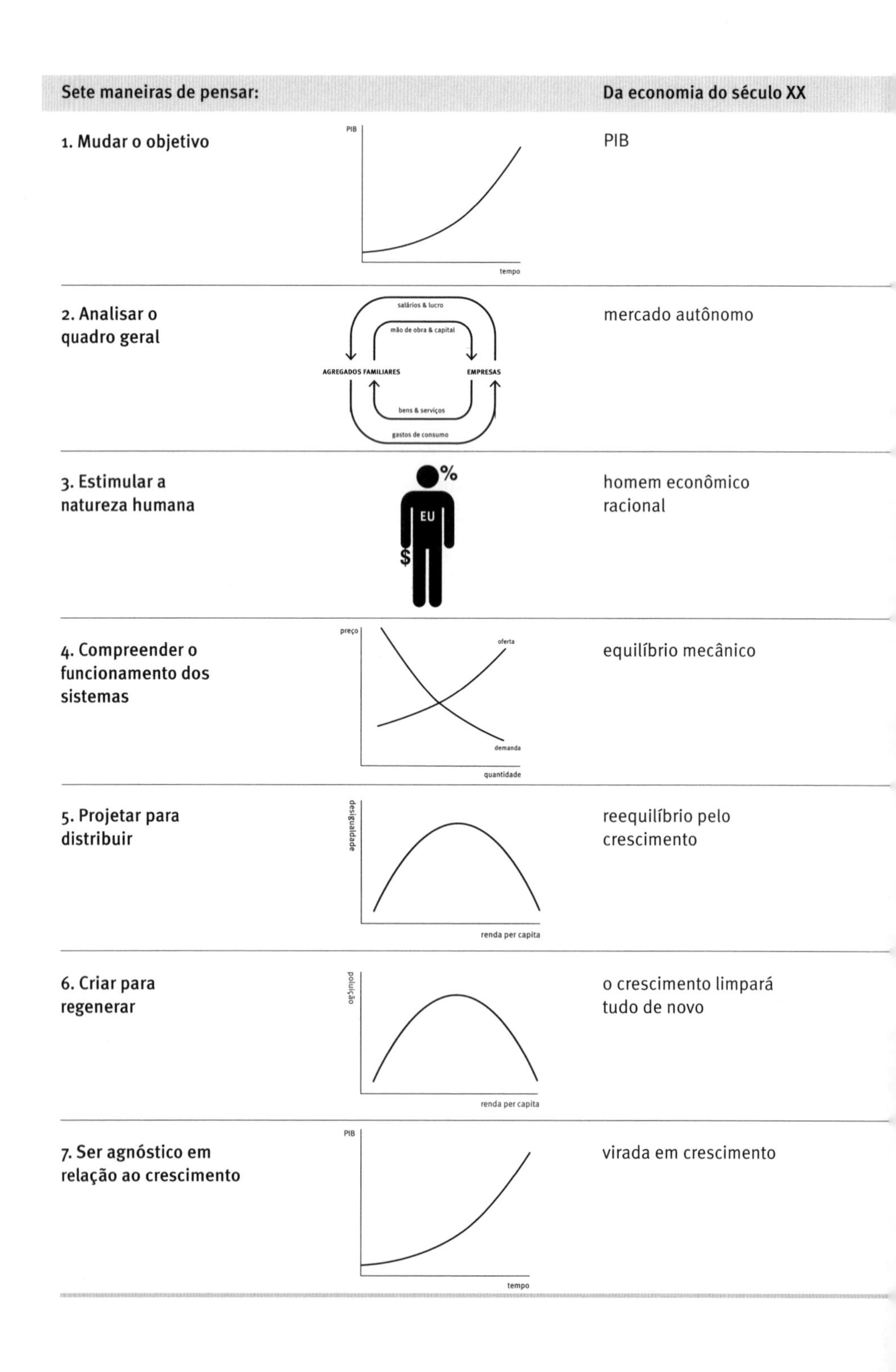

Sete maneiras de pensar:	Da economia do século XX
1. Mudar o objetivo	PIB
2. Analisar o quadro geral	mercado autônomo
3. Estimular a natureza humana	homem econômico racional
4. Compreender o funcionamento dos sistemas	equilíbrio mecânico
5. Projetar para distribuir	reequilíbrio pelo crescimento
6. Criar para regenerar	o crescimento limpará tudo de novo
7. Ser agnóstico em relação ao crescimento	virada em crescimento

Para a economia do século XXI

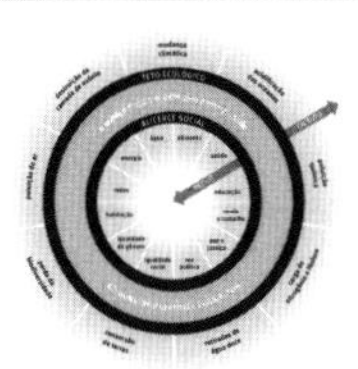

o Donut

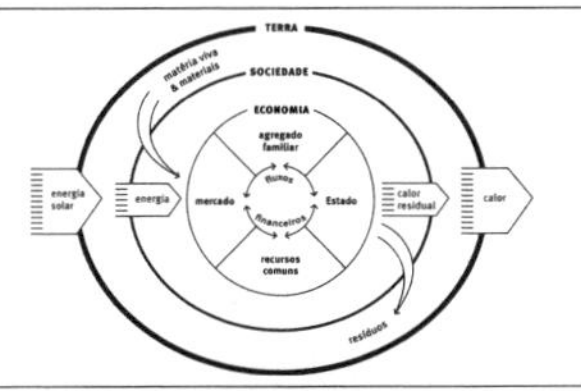

economia integrada

seres humanos sociais adaptáveis

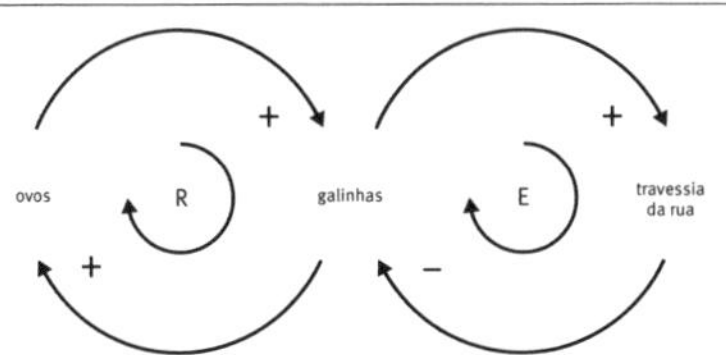

complexidade dinâmica

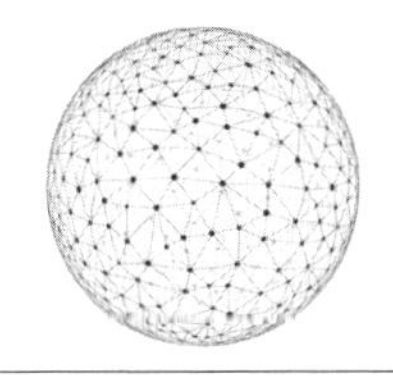

distributiva por concepção

regenerativa por concepção

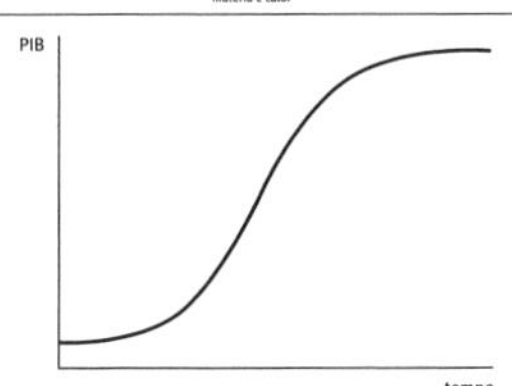

agnóstica em relação ao crescimento

abastados. Essa visão era reforçada pela Curva Ambiental de Kuznets, que mais uma vez insinuava que a poluição precisa piorar antes de poder melhorar, e que o crescimento (eventualmente) a limpará. Mas essa lei não existe: a degradação ecológica é simplesmente resultado de uma concepção industrial degenerativa. Este século precisa de um pensamento econômico que desencadeie uma concepção regenerativa para criar uma economia circular – não linear – e restaurar os seres humanos como participantes plenos no processo cíclico da vida na Terra.

7. **Ser agnóstico em relação ao crescimento.** Há um diagrama da teoria econômica que é tão perigoso que nunca é realmente desenhado: a trajetória de crescimento do PIB em longo prazo. A corrente dominante da economia vê o crescimento econômico interminável como uma obrigação, mas nada na natureza cresce para sempre, e a tentativa de impor essa tendência está levantando duras questões em países de alta renda mas baixo crescimento. Talvez não seja difícil desistir do crescimento do PIB como objetivo econômico, mas será muito mais difícil superar a dependência que temos em relação a ele. Hoje em dia, temos economias que precisam crescer, quer nos façam ou não prosperar: o que precisamos é de economias que nos façam prosperar, cresçam elas ou não. Essa mudança radical de perspectiva nos convida a nos tornarmos agnósticos em relação ao crescimento e a explorar como economias que hoje em dia estão financeira, política e socialmente dependentes do crescimento poderiam aprender a viver com ou sem ele.

Essas sete maneiras de pensar como um economista do século XXI não apresentam receitas específicas de políticas nem dilemas institucionais. Não prometem respostas imediatas para o que fazer em seguida e não são a resposta completa. Mas estou convencida de que são fundamentais para a maneira radicalmente diferente de pensar sobre economia que este século exige. Seus princípios e padrões equiparão novos pensadores econômicos – e o economista que existe em cada um de nós –, permitindo que eles comecem a criar uma economia que possibilite a prosperidade de todos. Dada a rapidez, escala e incerteza das mudanças que enfrentaremos nos próximos anos, seria temerário tentar prescrever agora todas as políticas e instituições que serão adequadas para o futuro: a próxima geração de pensadores e executantes estará muito mais bem posicionada para experimentar e descobrir o que funciona à medida que o contexto for mudando. O que podemos fazer agora – e devemos fazer bem – é reunir o melhor das ideias que emergem, e assim criar uma nova mentalidade econômica que nunca será estática, mas estará sempre em evolução.

A tarefa para os pensadores econômicos nas décadas por vir será juntar na prática essas sete maneiras de pensar, e acrescentar a elas muitas outras. Mal começamos nossa aventura de repensar a economia. Junte-se à tripulação.

1. Mudar o objetivo

Do PIB ao Donut

Uma vez por ano, os líderes dos países mais poderosos do mundo reúnem-se para discutir a economia global. Em 2014, por exemplo, encontraram-se em Brisbane, Austrália, onde discutiram comércio global, infraestrutura, empregos e reforma financeira, acariciaram coalas para as câmeras e depois se juntaram para perseguir uma ambição primordial. "Os líderes do G20 se comprometem a fazer crescer suas economias em 2,1%", trombetearam as manchetes no mundo todo, acrescentando que essa taxa era mais ambiciosa que os 2,0% que haviam pretendido inicialmente mirar.[1]

Como foi que se chegou a isso? O compromisso do G20 foi anunciado apenas alguns dias depois de o Painel Intergovernamental sobre Mudanças Climáticas ter advertido que o mundo enfrenta danos "graves, generalizados e irreversíveis" devido a crescentes emissões de gases do efeito estufa. Mas o anfitrião australiano da reunião de cúpula, o então primeiro-ministro, Tony Abbott, mostrara-se determinado a impedir que a agenda do encontro ficasse "atravancada" pelas mudanças climáticas e outros temas que pudessem desviar da sua prioridade maior, o crescimento econômico – também conhecido como crescimento do PIB.[2] Medido como o valor de mercado de bens e serviços produzidos dentro das fronteiras de uma nação no espaço de um ano, o PIB vem há muito sendo utilizado como o principal índice de saúde econômica. Mas, no contexto das atuais crises social e ecológica, como pode essa métrica simples e limitada ainda comandar tanta atenção internacional?

Para qualquer ornitólogo, a resposta seria óbvia: o PIB é um cuco no ninho da economia. E, para compreender o motivo, é preciso saber uma ou duas coisas sobre os cucos, porque eles são pássaros astutos. Em vez de criar os próprios filhotes, eles sub-repticiamente põem seus ovos nos ninhos desguarnecidos de outros pássaros. Os desavisados pais adotivos chocam devidamente o ovo do intruso junto com os seus. Mas o filhote de cuco nasce mais cedo, chuta os outros ovos e filhotes para fora do ninho, depois emite rápidos chamamentos de forma a imitar um ninho cheio de crias esfomeadas. Essa tática de conquista dá certo: os pais adotivos alimentam diligentemente o avantajado inquilino à medida que ele vai se tornando absurdamente grande, extrapolando os limites do pequeno ninho que ocupou. Trata-se de uma poderosa advertência para outros pássaros: deixe o seu ninho desguarnecido e ele poderá muito bem ser sequestrado.

Trata-se também de uma advertência para a economia: perca de vista os seus objetivos e alguma outra coisa pode muito bem tomar sub-repticiamente o seu lugar. E foi exatamente isso que aconteceu. No século XX, a economia perdeu o desejo de articular seus objetivos: na ausência deles, o ninho econômico foi sequestrado por um cuco, a meta do crescimento do PIB. Já passou a hora de esse cuco voar e abandonar o ninho, para que a economia possa se reconectar com o propósito a que deveria estar servindo. Assim, vamos expulsar o cuco e substituí-lo por uma meta clara para a economia do século XXI, uma meta que assegure prosperidade para todos no âmbito dos meios do nosso planeta. Em outras palavras, entremos no Donut, o ponto ideal para a humanidade.

Como a economia perdeu de vista seu objetivo

Na Grécia Antiga, quando usou pela primeira vez o termo *economia*, Xenofonte descreveu a prática da administração doméstica como uma arte. Seguindo por esse caminho, Aristóteles estabeleceu uma diferença entre *economia* e *crematística*, a arte de adquirir riqueza – uma distinção que hoje parece totalmente perdida. A ideia de economia, e até mesmo de crematística, como uma arte pode ter servido para Xenofonte, Aristóteles e sua época, mas, 2 mil anos mais tarde, quando Isaac Newton descobriu as leis do movimento, o fascínio do status científico tornou-se muito maior.

Talvez tenha sido por isso que, em 1767 – apenas quarenta anos depois da morte de Newton –, ao propor pela primeira vez o conceito de "economia política", o advogado escocês James Steuart a tenha definido não mais como uma arte, mas como "a ciência da política interna nas nações livres". Mas apresentá-la como ciência não o impediu de explicitar seu propósito:

> O principal objeto dessa ciência é garantir um certo fundo de subsistência para todos os habitantes, prevenindo qualquer circunstância que possa torná-lo precário; prover tudo o que for necessário para suprir as vontades da sociedade e empregar os habitantes (supondo que sejam homens livres) de uma forma tal que se criem naturalmente relações e dependências recíprocas entre eles, fazendo com que seus interesses diversos os levem a suprir-se mutuamente com suas vontades recíprocas.[3]

Sustento e empregos garantidos a todos numa comunidade que prospera mutuamente: nada mau para uma primeira tentativa de definir o objetivo (apesar da indiferença tácita em relação a mulheres e escravos própria da época). Uma década depois, Adam Smith tentou sua própria definição, mas seguiu o exemplo de Steuart ao considerar a economia política uma ciência orientada para objetivos. Ela possuía, escreveu, "dois objetivos distintos: prover uma renda ou subsistência farta para as pessoas, ou, mais apropriadamente, possibilitar-lhes o provimento de tal renda ou subsistência para si próprias; e, em segundo lugar, prover o Estado ou a comunidade com uma renda suficiente para os serviços públicos".[4] Essa definição não só desafia a reputação moderna e imerecida de Smith como defensor do livre mercado, mas também mantém os olhos firmes no prêmio ao articular um objetivo para o pensamento econômico. Mas era uma abordagem que não iria durar.

Setenta anos depois de Smith, a definição de economia política de John Stuart Mill começou a mudar o foco, reformulando-a como "uma ciência que traça as leis de fenômenos da sociedade tais como surgem das operações combinadas da humanidade para a produção de riqueza".[5] Com isso, Mill deu início a uma tendência que outros levariam adiante: desviar a atenção da enumeração dos objetivos da economia e voltá-la para a descoberta de suas leis aparentes. A definição de Mill veio a ser amplamente usada, mas em nenhum momento de forma exclusiva. Na verdade, por quase um século a emergente ciência da economia foi definida de maneira bastante imprecisa, levando Jacob Viner, economista dos primórdios da Escola de Chicago, a simplesmente gracejar que "economia é o que os economistas fazem".[6]

Nem todo mundo achou essa resposta satisfatória. Em 1932, Lionel Robbins, da London School of Economics, avançou numa tentativa de esclarecer a questão, nitidamente irritado com o fato de que "todos nós falamos da mesma coisa, mas ainda não chegamos a um acordo sobre o que estamos falando". Ele afirmava ter uma resposta definitiva. "Economia", declarou, "é a ciência que estuda o comportamento humano como uma relação entre fins e meios escassos que possuem usos alternativos."[7] Apesar de suas contorções, essa definição parecia encerrar o debate, e pegou: muitos manuais da principal corrente econômica hoje em dia ainda começam com algo muito similar. Mas, embora enquadre a economia como uma ciência do comportamento humano, ela dedica pouco tempo a inquirir acerca desses fins, e muito menos sobre a natureza dos escassos meios envolvidos. No manual contemporâneo amplamente utilizado de Gregory Mankiw, *Introdução à economia*, a definição torna-se ainda mais concisa. "Economia é o estudo de como a sociedade administra seus escassos recursos", declara o livro – deixando totalmente de fora a questão dos fins e objetivos.[8]

É bastante irônico que a economia do século XX tenha decidido definir a si própria como uma ciência do comportamento humano e então adotado uma teoria do comportamento – resumida no homem econômico racional – que, durante décadas, eclipsou qualquer estudo real dos seres humanos, como veremos no capítulo 3. Porém, ainda mais importante, durante esse processo, a discussão dos objetivos da economia simplesmente desapareceu de vista. Alguns influentes economistas, liderados por Milton Friedman e a Escola de Chicago, afirmaram que esse era um importante passo à frente, uma demonstração de que a economia havia se tornado uma zona despida de valores, livrando-se de quaisquer reivindicações normativas daquilo que deveria ser e emergindo, por fim, como ciência "positiva" focalizada em simplesmente descrever aquilo que é. Mas isso criou um vácuo de objetivos e valores, deixando um ninho desguarnecido no cerne do projeto econômico. E, como todo cuco sabe, um ninho assim precisa ser ocupado.

Cuco no ninho

Essa abordagem positiva à economia foi a teoria dos manuais que me recebeu quando cheguei na universidade no fim da década de 1980. Como muitos economistas novatos, eu estava tão ocupada me familiarizando com a lei de oferta e demanda, tão determinada a entender as muitas definições de moeda, que não identifiquei os valores ocultos que haviam ocupado o ninho da economia.

Embora se afirme despida de valores, a teoria econômica dominante não pode fugir ao fato de que o valor está entranhado no seu cerne, embrulhado com a ideia de *utilidade*, que é definida como a satisfação ou felicidade que uma pessoa obtém ao consumir um determinado conjunto de bens.[9] Qual é a melhor maneira de medir a utilidade? Deixemos de lado, por ora, o senão de que bilhões de pessoas carecem do dinheiro necessário para manifestar suas vontades e necessidades no mercado, e de que muitas das coisas que mais valorizamos não estão à venda. A teoria econômica é rápida – rápida demais – em afirmar que o preço que as pessoas estão dispostas a pagar por um produto ou serviço é uma representação de mercado boa o suficiente para calcular a utilidade que dele retiram. Some-se a isso a premissa aparentemente razoável de que os consumidores preferem sempre mais a menos e estamos a um pequeno passo de concluir que o crescimento contínuo da renda (e, portanto, o crescimento da produção) é uma representação adequada para o bem-estar humano em eterno processo de melhoramento. E, com isso, o cuco saiu da casca.

Como mães-pássaros ludibriadas, nós, os estudantes de economia, alimentamos fielmente o objetivo de crescimento do PIB, debruçando-nos sobre as mais novas teorias concorrentes em relação ao que faz crescer a produção econômica: seria a adoção de novas tecnologias por uma nação, seu crescente acervo de maquinários e fábricas, ou até seu estoque de capital humano? Sim, essas eram todas questões fascinantes, mas nem uma única vez paramos seriamente para nos perguntar se o crescimento do PIB era sempre necessário, desejável ou mesmo possível. Foi apenas quando optei por estudar um tema obscuro na época – a economia dos países em desenvolvimento – que a questão dos objetivos veio à tona. A primeiríssima pergunta de um ensaio que fui solicitada a escrever confrontou-me de imediato: *Qual é a melhor maneira de avaliar o êxito no desenvolvimento?* Fiquei fascinada e chocada. Depois de dois anos estudando economia, a questão da finalidade aparecia pela primeira vez. Pior, eu nem sequer tinha percebido que ela estivera ausente.

Vinte e cinco anos depois, perguntei-me se o ensino da economia tinha avançado e reconheci a necessidade de começar com uma discussão sobre qual a finalidade disso tudo. Assim, no começo de 2015, a curiosidade me levou a assistir à primeira aula de macroeconomia – o estudo da economia como um todo – ministrada à mais recente safra de alunos de economia da Universidade de Oxford, muitos deles sem dúvida planejando estar entre os principais formuladores de políticas e líderes empresariais do mundo em 2050. Como lance de abertura, o professor sênior apresentou na tela o que chamou de "As grandes questões da macroeconomia". As quatro principais?

1. O que leva a produção econômica a crescer e a flutuar?
2. O que causa o desemprego?
3. O que causa a inflação?
4. Como são determinadas as taxas de juros?

Sua lista ficava mais longa, mas as perguntas nunca miravam mais alto, incentivando os alunos a considerar o propósito da economia. Como é que o cuco do crescimento do PIB conseguira sequestrar o ninho econômico com tanto sucesso? A resposta pode ser encontrada em meados da década de 1930 – no momento em que os economistas começavam a chegar a um acordo quanto a uma definição desprovida de objetivos para sua disciplina –, quando o Congresso dos Estados Unidos pela primeira vez encarregou o economista Simon Kuznets de conceber uma medida da renda nacional americana. O cálculo que ele fez veio a ser conhecido como Produto Nacional Bruto, e baseava-se na renda gerada pelos moradores do país. Pela primeira vez, graças a Kuznets, foi possível atribuir um valor em dólares à produção anual americana – e, portanto, sua renda – e compará-lo ao do ano anterior. A métrica provou-se extremamente útil, e caiu em mãos que a receberam muito bem. Durante a Grande Depressão, ela permitiu que o presidente Roosevelt monitorasse o estado da economia americana, em constante transformação, e assim avaliasse o impacto e a efetividade de suas novas políticas do New Deal. Alguns anos depois, quando o país se preparava para entrar na Segunda Guerra Mundial, os dados subjacentes aos cálculos do PNB provaram-se inestimáveis para converter sua economia industrial competitiva numa economia militar planejada, apoiando ao mesmo tempo um consumo interno suficiente para continuar a gerar mais produção.[10]

Outras razões para buscar um PNB crescente foram logo apresentadas, e cálculos nacionais similares foram criados em âmbito internacional; assim, por volta do final da década de 1950, o crescimento da produção havia se tornado o principal objetivo das políticas nos países industrializados. De olho na ascensão da União Soviética, os Estados Unidos buscaram o crescimento da segurança nacional mediante o poderio militar, e ambos os lados ficaram encerrados numa feroz disputa ideológica para provar qual ideologia econômica – o "livre mercado" ou o planejamento central – podia, em última análise, produzir mais. O crescimento também parecia proporcionar um fim para o desemprego, segundo Arthur Okun, chefe do Conselho de Assessores Econômicos do presidente Johnson. Sua análise descobriu que um crescimento anual de 2% na produção nacional dos Estados Unidos correspondia a uma queda de 1% no desemprego – correlação que parecia tão promissora que veio a ser conhecida como Lei de Okun. Em pouco tempo, o crescimento passou a ser retratado como uma panaceia para muitas enfermidades sociais, econômicas e políticas: uma cura para a dívida pública e desequilíbrios comerciais, uma chave para a segurança nacional, um meio para neutralizar a luta de classes e uma rota para atacar a pobreza sem enfrentar a questão politicamente carregada da redistribuição.

Em 1960, o senador John Kennedy concorreu na eleição presidencial americana com a promessa de uma taxa de crescimento de 5%. Quando ganhou, a primeira pergunta que fez ao seu principal assessor econômico foi: "Você acha que podemos cumprir aquela promessa de crescimento de 5%?"[11] Naquele mesmo ano, os Estados Unidos se uniram a outros países industriais para estabelecer a Organização para a Cooperação e Desenvolvimento Econômico (OCDE), cuja primeira prioridade seria atingir "o mais alto crescimento econômico sustentável" – visando a sustentar não o meio ambiente, mas o crescimento da produção. E essa ambição foi logo respaldada por tabelas classificativas internacionais do PNB, mostrando o país cujo crescimento estava na liderança.[12] Nas últimas décadas do século XX, o foco mudou da medição do PNB para o PIB – a receita gerada dentro das fronteiras de um país –, mais familiar hoje em dia. Mas a insistência no crescimento da produção se manteve. Na verdade, aprofundou-se, na medida em que governos, corporações e mercados financeiros passaram, de modo idêntico, a esperar, exigir e depender do crescimento contínuo do PIB – um vício que permanece até hoje, como veremos melhor no capítulo 7.

Talvez não seja surpresa que o cuco do PIB tenha ocupado com tanta habilidade o ninho econômico. Por quê? Porque a ideia de uma produção sempre em crescimento se encaixa de maneira confortável na metáfora amplamente usada do progresso como sendo movimento para a frente e para cima. Se você algum dia observou uma criança aprendendo a andar, saberá exatamente o quanto essa jornada é emocionante. De um engatinhar desajeitado, no começo geralmente para trás, depois satisfatoriamente para a frente, ela aos poucos vai se pondo de pé, até dar aqueles primeiros passos triunfais. O domínio desse movimento – para a frente e para cima – mapeia o desenvolvimento individual da criança, mas também ecoa a história de progresso que contamos a nós mesmos como espécie. Dos nossos desajeitados ancestrais de quatro patas evoluiu o *Homo erectus* – finalmente de pé, ereto –, que deu origem ao *Homo sapiens*, sempre retratado andando a meio passo.

Como ilustram vividamente George Lakoff e Mark Johnson em seu clássico *Metáforas da vida cotidiana*, metáforas orientacionais como "bom é para cima" e "bom é para a frente" estão profundamente entranhadas na cultura ocidental, moldando a maneira como pensamos e falamos.[13] "Por que ela está tão para baixo? Porque teve um revés e ficou no fundo do poço", poderíamos dizer – ou "As coisas estão se levantando: a vida dela voltou a andar para a frente". Assim, não surpreende que tenhamos aceitado com boa disposição a ideia de que o sucesso econômico também repousa numa receita nacional sempre crescente. Segundo afirma Paul Samuelson em seu manual, isso se encaixa na profunda crença de que, "ainda que os bens materiais não sejam por si sós o mais importante, apesar de tudo a sociedade é mais feliz quando está andando para a frente".[14]

Que aspecto teria essa visão de sucesso se desenhada numa página? Curiosamente, é raro que os economistas desenhem o objetivo de crescimento econômico por eles adotado (no capítulo 7, voltaremos a este ponto para examinar por que isso ocorre). Mas, se o fizessem, a imagem seria uma linha ascendente do PIB: uma curva de crescimento exponencial subindo e avançando através da página, em perfeita harmonia com a nossa metáfora favorita para o progresso humano e pessoal.

O próprio Kuznets, porém, não teria escolhido essa representação como a imagem do progresso econômico, porque desde o início ele estava bem ciente dos limites de seus engenhosos cálculos. Enfatizando que a receita nacional capturava somente o valor de mercado dos bens e serviços produzidos numa economia, ele ressaltava que ela, portanto, excluía o enorme valor dos bens e serviços produzidos pelos e para os agregados familiares e pela sociedade no decurso da vida cotidiana. Além disso, reconhecia que não dava nenhuma indicação de como renda e consumo efetivamente se distribuíam entre as famílias. E, como a receita nacional é uma medida de fluxo (registrando apenas o montante gerado a cada ano), Kuznets sabia que ela precisava ser complementada por uma medida de estoque, dando conta da riqueza a partir da qual a receita era gerada, e de sua distribuição. De fato, quando o PNB atingiu o auge de sua popularidade, no começo dos anos 1960, Kuznets tornou-se um dos seus mais

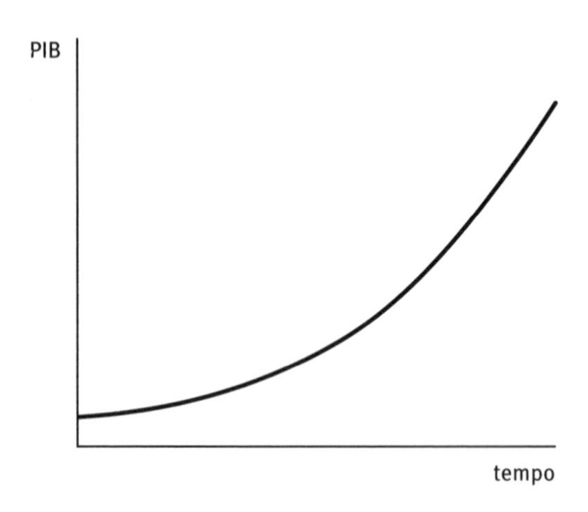

Crescimento do PIB: para a frente e para cima.

sonoros críticos, tendo advertido desde o início que "o bem-estar de uma nação dificilmente pode ser inferido de uma medida da receita nacional".[15]

O próprio criador da métrica pode ter apresentado essa restrição, mas tanto economistas como políticos a guardaram discretamente num dos bolsos: o apelo de um indicador único de ano em ano para medir o progresso econômico havia se tornado forte demais. Assim, ao longo de meio século, o crescimento do PIB se transformou de opção política em necessidade política e na meta política *de facto*. Questionar se o crescimento contínuo era sempre desejável, necessário ou realmente possível tornou-se irrelevante, ou suicídio político.

Uma pessoa que se dispôs a arriscar um suicídio desse tipo foi a visionária pensadora de sistemas Donella Meadows – uma das principais autoras do relatório *Limites do crescimento*, de 1972 –, e ela não mediu suas palavras. "O crescimento é um dos objetivos mais estúpidos já inventados por qualquer cultura", declarou no final da década de 1990; "é preciso que baste em algum momento." Em resposta à constante exortação por mais crescimento, argumentava ela, deveríamos sempre perguntar: "Crescimento de quê, por que e para quem, e quem paga a conta, e quanto tempo pode durar, e qual é o custo para o planeta, e quanto é o suficiente?"[16] Durante décadas, economistas da corrente dominante desprezaram suas opiniões como sendo tolamente radicais, mas elas na verdade ecoam as de Kuznets, o venerado criador do próprio conceito de receita nacional. "Devemos ter em mente as distinções", advertiu ele já nos anos 1960, "entre quantidade e qualidade de crescimento, entre seus custos e benefícios e entre curto e longo prazo … Os objetivos devem ser explícitos: as metas de 'mais' crescimento devem especificar mais crescimento de que e para quê."[17]

Expulsando o cuco

Surpreendidos pela crise financeira de 2008, alarmados pela ressonância global do movimento Occupy e sob pressão cada vez maior para tomar medidas em relação às mudanças climáticas, não é de admirar que os políticos tenham começado, hoje em dia, a buscar palavras para expressar visões mais inspiradoras do progresso social e econômico. Mas eles parecem voltar sempre à mesma resposta: crescimento, o onipresente substantivo, enfeitado com um esplêndido sortimento de adjetivos ambiciosos. Na esteira da crise financeira (mas ainda em meio a crises de pobreza, mudanças climáticas e desigualdades crescentes), as visões oferecidas por líderes políticos começaram a me fazer sentir como se eu tivesse entrado numa delicatessen em Manhattan, esperando comer um simples sanduíche, apenas para ser confrontada por uma interminável escolha de recheios. *Que tipo de crescimento deseja hoje?* Angela Merkel sugeriu o "crescimento sustentado". David Cameron propôs o "crescimento equilibrado". Barack Obama foi a favor do "crescimento duradouro, em longo prazo". José Manuel Durão Barroso, da Comissão Europeia, apoiava o "crescimento inteligente, sustentável, inclusivo, resiliente". O Banco Mundial prometia o "crescimento verde inclusivo". Outros sabores em oferta? Equitativo, bom, mais verde, de baixo carbono, responsável ou forte. Você pode escolher – contanto que escolha o crescimento.

É para rir ou chorar? Primeiro, chorar, pela falta de visão num ponto tão crítico da história humana. E depois rir. Porque quando políticos se sentem obrigados a enfeitar o crescimento do PIB com tantos termos qualificativos para lhe dar legitimidade, fica claro que esse objetivo-cuco está pronto para ser expulso do ninho. Evidentemente, queremos mais do que apenas crescimento, mas nossos políticos não conseguem encontrar as palavras para isso e os economistas há muito declinaram de fornecê-las. Então é hora de chorar e de rir, mas, acima de tudo, de falar de novo daquilo que importa.

Como vimos, os pais fundadores da economia política tiveram a ousadia de falar do que pensavam que era importante e de articular suas opiniões sobre o propósito da economia. Mas, quando foi dividida em filosofia política e ciência econômica, no fim do século XIX, a economia política abriu o que o filósofo Michael Sandel chamou de "vazio moral" no cerne da elaboração de políticas públicas. Hoje, os economistas e políticos discutem com confiante tranquilidade em nome da eficiência econômica, da produtividade e do crescimento – como se esses valores fossem autoexplicativos –, enquanto hesitam em falar de justiça, correção e direitos. Falar de valores e objetivos é uma arte perdida a ser revivida. Com toda a falta de jeito de adolescentes aprendendo a falar dos seus sentimentos pela primeira vez, economistas e políticos – junto com o resto de nós – estão buscando as palavras (e, é claro, as imagens) para articular um propósito econômico maior do que o crescimento. Como podemos aprender a falar novamente sobre valores e objetivos e colocá-los no âmago de uma mentalidade econômica adequada para o século XXI?

Um lugar promissor por onde começar é olhando a longa linhagem de pensadores desconhecidos cujo objetivo era devolver a humanidade ao cerne do pensamento econômico. Nos idos de 1819, o economista suíço Jean Sismondi procurou definir uma nova abordagem à economia política tendo como objetivo o bem-estar humano, e não a acumulação de riqueza. O pensador social inglês John Ruskin o seguiu nos anos 1860, investindo contra o pensamento econômico de sua época e declarando que "não existe riqueza a não ser a vida ... O país mais rico é aquele que alimenta o maior número de seres humanos nobres e felizes".[18] Quando Mohandas Gandhi descobriu o livro de Ruskin, no começo da década de 1900, decidiu dar vida a suas ideias numa fazenda coletiva na Índia, em nome da criação de uma economia que elevasse o ser moral. Nas últimas décadas do século XX, E.F. Schumacher – mais conhecido por argumentar que "pequeno é bonito" – buscou colocar a ética e a escala humana no cerne do pensamento econômico. E o economista chileno Manfred Max-Neef propôs que o desenvolvimento fosse focado em atender a um conjunto de necessidades humanas fundamentais – como a subsistência, a participação, a criatividade e um senso de pertencimento – mediante formas adaptadas ao contexto e cultura de cada sociedade.[19] Pensadores como esses, capazes de ver o quadro maior, vêm oferecendo há séculos visões alternativas para o objetivo da economia, mas suas ideias têm sido mantidas longe dos olhos e ouvidos dos estudantes da disciplina, menosprezadas como a escola piegas da "economia humanista" (o que nos leva a perguntar o que tem sido o resto dela).

A concepção humanista finalmente recebeu atenção e credibilidade mais amplas. Poderíamos dizer que ela começou a fazer parte da corrente dominante com o trabalho do economista e filósofo Amartya Sen – trabalho pelo qual ganhou um Prêmio Nobel. O foco do desenvolvimento, argumenta Sen, deveria estar em "fazer avançar a riqueza da vida humana, e não da economia na qual os seres humanos vivem".[20] Em vez de priorizar métricas como o PIB, o objetivo deveria ser ampliar as aptidões das pessoas – tais como serem saudáveis, empoderadas e criativas –, de modo que elas possam decidir ser e fazer, na vida, as coisas que valorizam.[21] E a realização dessas aptidões depende de as pessoas terem acesso aos artigos básicos da vida – adaptados ao contexto de cada sociedade –, que vão de uma alimentação nutritiva, saúde pública e educação até segurança pessoal e voz política.

Em 2008, o presidente francês Nicolas Sarkozy convidou 25 pensadores econômicos internacionais, encabeçados por Sen e Joseph Stiglitz, outro ganhador do Nobel, para avaliar as medidas de progresso econômico e social que atualmente guiam a formulação de políticas. Ao examinar o estado dos indicadores em uso, eles chegaram a uma conclusão contundente: "Aqueles que estão tentando guiar a economia e nossas sociedades", escreveram, "são como pilotos tentando percorrer uma rota sem uma bússola confiável."[22] Nenhum de nós quer ser passageiro nessa nave sem direção. Precisamos urgentemente de um jeito de ajudar formuladores de políticas, ativistas, líderes empresariais e cidadãos a traçar uma rota sensata através do século XXI. Então, aqui está a bússola para a viagem que temos pela frente.

Uma bússola para o século XXI

Em primeiro lugar, para nos orientarmos, deixemos de lado o crescimento do PIB e comecemos de novo com uma pergunta fundamental: o que permite que os seres humanos se desenvolvam? Um mundo em que todos possam viver suas vidas com dignidade, oportunidades e comunidade – e onde todos possam fazê-lo na medida dos recursos oferecidos pelo planeta que nos dá a vida. Em outras palavras, precisamos entrar no Donut. Trata-se do conceito visual que elaborei pela primeira vez em 2011, enquanto trabalhava na Oxfam, e que se inspira na inovadora ciência do sistema terrestre. Durante os últimos cinco anos, por meio de conversas com cientistas, ativistas, acadêmicos e formuladores de políticas, tenho renovado e atualizado a imagem para que reflita a última palavra tanto em metas de desenvolvimento global como entendimento científico. Assim, permita-me apresentá-lo ao único donut que pode realmente ser bom para nós.

O que é exatamente o Donut? Em poucas palavras, é uma bússola radicalmente nova para guiar a humanidade neste século. E aponta na direção de um futuro capaz de prover as necessidades de cada pessoa e ao mesmo tempo salvaguardar o mundo vivo do qual todos nós dependemos. Abaixo do alicerce social do Donut encontram-se déficits no bem-estar humano, enfrentados por aqueles que carecem de bens essenciais para a vida, como alimento, educação e moradia. Para além do teto ecológico encontra-se um excesso de pressão nos sistemas geradores de vida da Terra, como mudanças climáticas, acidificação dos oceanos e poluição química. Mas entre esses dois conjuntos de limites existe um ponto ideal – com a forma inequívoca de um donut – que é um espaço ao mesmo tempo ecologicamente

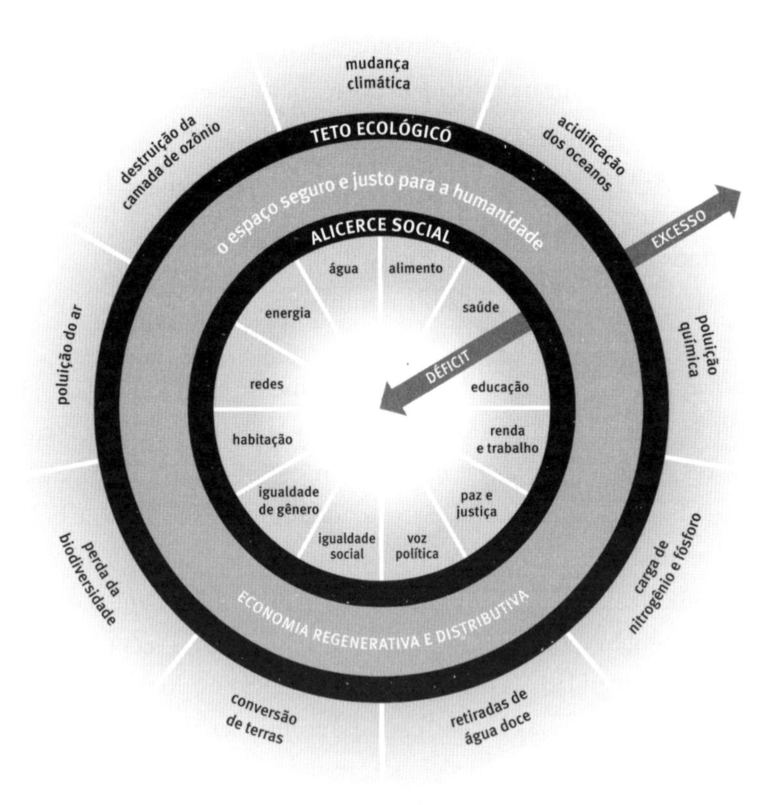

O Donut: uma bússola para o século XXI. Entre seu alicerce social de bem-estar humano e o teto ecológico da pressão planetária encontra-se o espaço seguro e justo para a humanidade.

seguro e socialmente justo para a humanidade. A tarefa do século XXI é sem precedentes: trazer toda a humanidade para esse lugar seguro e justo.

O anel interno do Donut – seu alicerce social – estabelece os elementos básicos da vida dos quais ninguém deveria sofrer escassez. Esses doze elementos incluem: alimento suficiente; água potável e saneamento adequados; acesso a energia e instalações limpas para cozinhar; acesso a educação e assistência médica; habitação digna; uma renda mínima e trabalho decente; e acesso a redes de informação e a redes de apoio social. Além disso, exige-se que esses elementos sejam adquiridos com igualdade de gênero, igualdade social, voz política, paz e justiça. Desde 1948, as normas e leis internacionais de direitos humanos têm buscado estabelecer o direito de todas as pessoas à grande maioria desses bens essenciais, qualquer que seja a sua situação em termos de dinheiro ou de poder. Fixar uma data para que cada pessoa no planeta disponha de todos eles pode parecer uma ambição extraordinária, mas agora é uma ambição oficial. Eles estão todos incluídos nos Objetivos de Desenvolvimento Sustentável das Nações Unidas – acordados por 193 países-membros em 2015 –, e a vasta maioria deles deve ser atingida até 2030.[23]

Desde meados do século XX, o desenvolvimento econômico global já ajudou milhões de pessoas em todo o mundo a sair da miséria. Elas se tornaram as primeiras em suas famílias a levar vidas longas, saudáveis e instruídas, com alimento suficiente, água potável, eletricidade em casa e dinheiro no bolso – e, para muitas, essa transformação veio acompanhada de maior igualdade entre mulheres e homens e mais voz política. Mas o desenvolvimento econômico global também gerou um dramático aumento no uso dos recursos da Terra por parte da humanidade, a princípio impelido pelo estilo de vida exigente dos atuais países de renda elevada, e, mais recentemente, redobrado pelo rápido crescimento da classe média global. Trata-se de uma era econômica que veio a ser conhecida como a Grande Aceleração, graças ao seu extraordinário aumento de atividade humana. Entre 1950 e 2010, a população global quase triplicou de tamanho e o Produto Mundial Bruto (PMB) real cresceu sete vezes. Em todo o mundo, o uso de água doce mais que triplicou, o uso de energia quadruplicou e o uso de fertilizantes mais que decuplicou.

Os efeitos dessa dramática intensificação da atividade humana são claramente visíveis num grupo de indicadores que monitoram os sistemas vivos da Terra. Desde 1950, tem havido um aumento paralelo nos impactos ecológicos, desde o acúmulo dos gases do efeito estufa na atmosfera até a acidificação dos oceanos e a perda de biodiversidade.[24] "É difícil superestimar a escala e a velocidade das mudanças", afirma Will Steffen, o cientista que dirigiu o estudo no qual essas tendências foram documentadas. "Numa única geração, a humanidade se tornou uma força geológica em escala planetária ... Esse é um fenômeno novo e indica que os seres humanos têm uma nova responsabilidade em nível global com o planeta."[25]

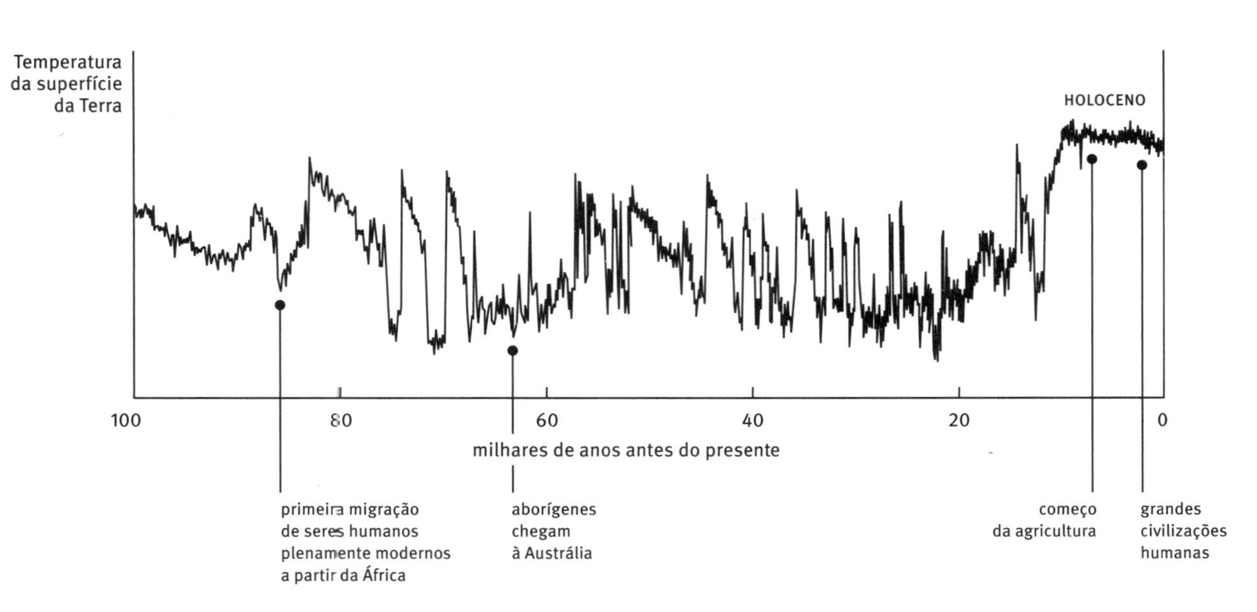

Lar, doce lar do Holoceno. O gráfico mostra as alterações na temperatura da Terra ao longo dos últimos 100 mil anos, com base em dados do núcleo de gelo da Groenlândia. Os últimos 12 mil anos têm sido inusitadamente estáveis.[26]

Não há dúvida de que essa Grande Aceleração na atividade humana pôs nosso planeta sob pressão. Mas exatamente quanta pressão ele pode suportar antes que os próprios sistemas geradores de vida que nos sustentam comecem a desmoronar? Em outras palavras, o que determina o teto ecológico do Donut? Para responder a essa pergunta, temos de olhar para trás, para os últimos 100 mil anos de vida na Terra. Durante quase todo esse tempo – quando os primeiros humanos saíram da África e abriram uma trilha através dos continentes –, a temperatura média da Terra oscilou entre altos e baixos. Mas, durante os últimos 12 mil anos, mais ou menos, ela vem ficando mais quente e também muito mais estável. Esse período recente da história da Terra é conhecido como Holoceno. E trata-se de uma palavra que vale a pena conhecer, porque nos deu o melhor lar que jamais tivemos.

A agricultura foi inventada simultaneamente em muitos continentes durante o Holoceno, e os cientistas acreditam que isso não foi coincidência. A recente estabilidade do clima da Terra permitiu que os descendentes dos caçadores-coletores se assentassem e vivessem de acordo com as estações do ano: prevendo as chuvas, selecionando e plantando sementes e fazendo a colheita.[27] Da mesma forma, não é coincidência que todas as grandes civilizações humanas – do vale do Indo, do antigo Egito e da dinastia Shang, na China, até os maias, gregos e romanos – tenham surgido e florescido nessa época geológica. Trata-se da única fase conhecida na história do nosso planeta em que bilhões de seres humanos puderam prosperar.

De maneira ainda mais extraordinária, os cientistas sugerem que, não havendo perturbações, as benevolentes condições do Holoceno provavelmente continuariam por mais 50 mil anos, devido à órbita inusitadamente circular que a Terra descreve no momento em torno do Sol – um fenômeno tão raro que ocorreu pela última vez 400 mil anos atrás.[28] Isso é sem dúvida algo que nos deve fazer parar e pensar. Aqui estamos nós, no único planeta vivo conhecido, nascidos na sua era mais hospitaleira, que, graças à maneira estranha pela qual estamos no momento girando em torno do Sol, está destinada a continuar. Teríamos de ser loucos para nos expulsarmos desse ponto ideal do Holoceno. Mas é exatamente isso, é claro, que estamos fazendo. Nossa crescente pressão sobre o planeta fez de nós, a humanidade, o maior propulsor isolado das alterações planetárias. Graças à escala do nosso impacto, agora deixamos para trás o Holoceno e entramos em território não mapeado, conhecido como Antropoceno: a primeira era geológica moldada pela atividade humana.[29] O que será necessário, agora que estamos no Antropoceno, para sustentar as condições benevolentes que conhecemos no nosso lar do Holoceno: seu clima estável, água potável em abundância, biodiversidade próspera e oceanos saudáveis?

Em 2009, um grupo internacional de cientistas do sistema terrestre encabeçados por Johan Rockström e Will Steffen enfrentou essa pergunta e identificou nove processos críticos – como o sistema climático e o ciclo da água – que, juntos, regulam a capacidade da Terra de manter condições semelhantes às do Holoceno (todos eles são descritos em maiores detalhes no Apêndice). Para cada um desses nove processos, eles indagaram quanta pressão o planeta é capaz de suportar antes que a estabilidade que permitiu à humanidade prosperar por milhares de anos seja posta em risco, levando a Terra para um estado desconhecido no qual mudanças novas e inesperadas têm grande chance de ocorrer. O problema, claro, é que não é possível identificar exatamente onde mora o perigo, e, considerando que muitas das mudanças podem ser irreversíveis, seria sensato não tentarmos descobrir do jeito mais difícil. Assim, os cientistas propuseram um conjunto de nove limites, à maneira de grades de proteção, a partir dos quais acreditam que começa cada zona de perigo – o equivalente a afixar placas de advertência ao longo de um rio avisando da existência de quedas-d'água traiçoeiras, mas ocultas.

O que dizem essas placas de advertência? Que devemos, por exemplo, evitar alterações climáticas perigosas, mantendo a concentração de dióxido de carbono na atmosfera abaixo de 350 partes por milhão. Que devemos, no tocante à conversão de terras, assegurar que pelo menos 75% das florestas permaneçam arborizadas. E que devemos, no que diz respeito ao uso de fertilizantes químicos, adicionar no máximo 62 milhões de toneladas de nitrogênio e 6 milhões de toneladas de fósforo ao solo a cada ano. Existem, é claro, muitas incertezas por trás desses números máximos – inclusive questões referentes às implicações em âmbito regional desses limites globais –, e a ciência está em contínua evolução. Em essência, porém, os nove limites planetários constituem a melhor ilustração que vimos até agora daquilo que será necessário fazer para permanecermos no lar, doce lar do Holoceno, mas agora já na era do Antropoceno, dominada pelo homem. E são esses nove limites planetários que definem o teto ecológico do Donut: os limites além dos quais não devemos colocar mais pressão sobre o planeta, se quisermos salvaguardar a estabilidade do nosso lar.[30]

Juntos, o alicerce social de direitos humanos e o teto ecológico de limites planetários criam os limites interno e externo do Donut. E eles estão, é claro, profundamente interconectados. Se você está se coçando de vontade de pegar uma caneta e começar a desenhar setas sobre o Donut para explorar como cada limite pode afetar os outros, então você captou a ideia – e o Donut logo começará a ficar mais parecido com uma tigela de espaguete.

Vejamos, por exemplo, o que acontece quando as encostas dos morros são desmatadas. Esse tipo de conversão de terras provavelmente acelera a perda de biodiversidade, enfraquece o ciclo da água e exacerba as mudanças climáticas – e esses impactos, por sua vez, aumentam a pressão sobre as florestas remanescentes. Além disso, a perda de florestas e suprimentos de água seguros pode deixar as comunidades locais mais vulneráveis a surtos de doença e menor produção de alimentos, o que resultará em abandono escolar por parte das crianças. E, quando as crianças abandonam a escola, a pobreza em todas suas formas pode ter efeitos em cadeia por gerações.

Os efeitos em cadeia também podem, é claro, gerar reforços positivos. Reflorestar as encostas tende a enriquecer a biodiversidade, aumentar a fertilidade do solo e a retenção de água e ajudar a fixar o dióxido de carbono. E os benefícios para as comunidades locais podem ser muitos: alimentos e fibras florestais mais diversificados para colher; maior segurança de fornecimento de água; melhora na alimentação e na saúde; e meios de subsistência mais resilientes. Pode ser tentador, em nome da simplicidade, procurar conceber políticas dirigidas, de maneira isolada, a cada um dos limites planetários e sociais, mas isso simplesmente não funciona: a sua interconexão exige que cada um deles seja entendido como parte de um sistema socioecológico complexo e, portanto, abordado no contexto de um todo maior.[31]

Se nos concentrarmos nessas muitas interconexões ao longo do Donut, fica claro que a prosperidade humana depende da prosperidade do planeta. Produzir alimentos nutritivos e suficientes para todos requer solos saudáveis, ricos em nutrientes, água doce abundante, colheitas biodiversificadas e um clima estável. Assegurar água limpa e segura para beber depende de um ciclo hidrológico que gere chuvas abundantes, em âmbito local e

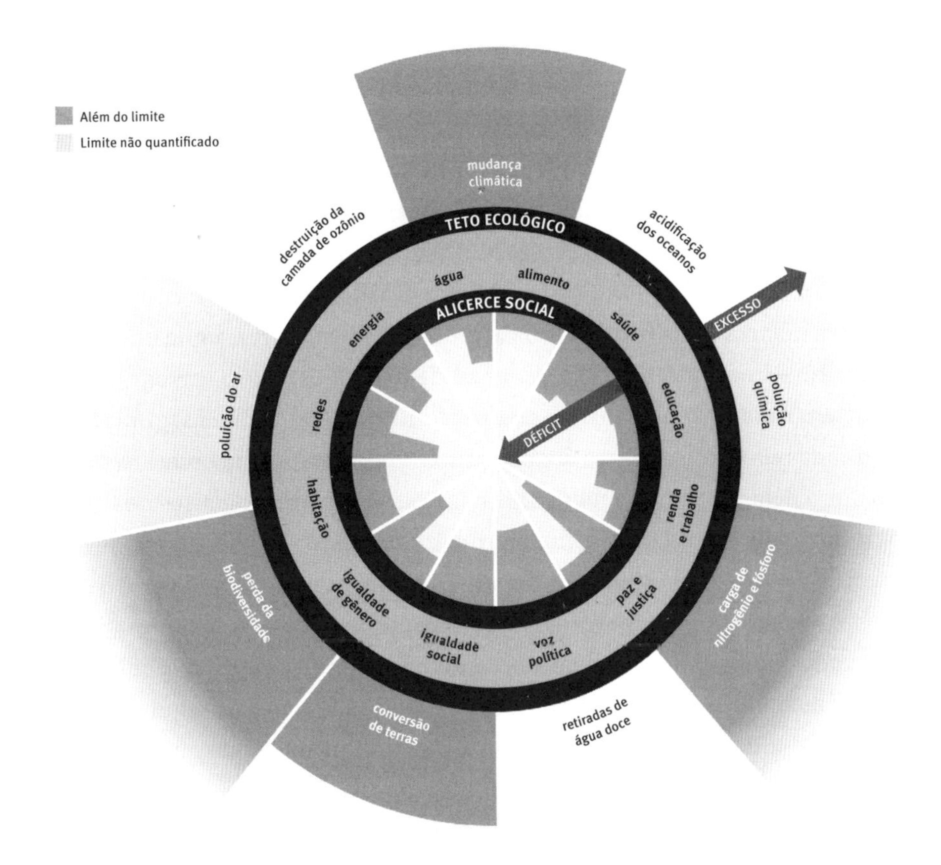

Transgredindo os limites do Donut de ambos os lados. As áreas escuras abaixo do alicerce social mostram a proporção de pessoas no mundo que carecem dos bens essenciais à vida. As áreas escuras que irradiam para além do teto ecológico mostram a transgressão dos limites planetários (para os dados completos, ver o Apêndice).

global, de modo a recarregar continuamente os rios e aquíferos da Terra. Dispor de ar puro para respirar significa pôr fim às emissões de partículas tóxicas que asfixiam os pulmões. Gostamos de sentir o calor do Sol nas costas, mas apenas se estivermos protegidos de sua radiação ultravioleta pela camada de ozônio, e apenas se os gases do efeito estufa na atmosfera não o estiverem transformando num catastrófico aquecimento global.

Se a mudança para o espaço seguro e justo entre os limites interno e externo do Donut é o nosso desafio do século XXI, a questão óbvia que se impõe é a seguinte: como estamos nos saindo? Graças ao progresso dos dados tanto em matéria de direitos humanos quanto em ciência do sistema terrestre, temos uma imagem mais clara do que nunca. Apesar do progresso sem precedentes no bem-estar humano nos últimos setenta anos, estamos muito além dos limites do Donut de ambos os lados.

Muitos milhões de pessoas ainda vivem abaixo de cada uma das dimensões do alicerce social. Em todo o mundo, uma em cada nove pessoas não tem o suficiente para comer. Uma em cada quatro vive com menos de três dólares por dia e um em cada oito jovens não consegue encontrar trabalho. Uma em cada três pessoas ainda não tem acesso a um banheiro e uma em cada onze não dispõe de uma fonte de água potável segura. Uma em cada seis crianças entre doze e quinze anos não está na escola, sendo a maioria delas meninas. Quase 40% das pessoas vivem em países nos quais a renda é distribuída de forma altamente desigual. E mais da metade da população mundial vive em países em que as pessoas sofrem de grave falta de voz política. É extraordinário que tais privações de bens essenciais à vida continuem a limitar o potencial de tanta gente em pleno século XXI.

A humanidade, ao mesmo tempo, vem colocando os sistemas geradores de vida da Terra sob uma pressão sem precedentes. Na verdade, transgredimos pelo menos quatro limites planetários: os das mudanças climáticas, conversão de terras, carga de nitrogênio e fósforo e perda de biodiversidade. A concentração de dióxido de carbono na atmosfera atualmente excede de longe o limite de 350 partes por milhão (ppm): está acima de 400ppm e continua a subir, empurrando-nos para um clima mais quente, mais seco e mais hostil, junto com um aumento no nível dos oceanos que ameaça o futuro de ilhas e cidades costeiras ao redor do mundo. Fertilizantes sintéticos contendo nitrogênio e fósforo estão sendo adicionados ao solo em quantidades acima do dobro dos níveis seguros. Seus vazamentos tóxicos já levaram ao colapso da vida aquática em muitos lagos, rios e oceanos, incluindo uma zona morta do tamanho de Connecticut no golfo do México. Apenas 62% da terra que poderia ser florestada ainda se mantêm como floresta, e até mesmo essa área continua encolhendo, reduzindo significativamente a capacidade da Terra de atuar como um escoadouro de carbono. A escala da perda de biodiversidade é séria: a extinção de espécies está ocorrendo pelo menos dez vezes mais depressa do que o limite considerado seguro. Não é de admirar que, desde 1970, o número de mamíferos, aves, répteis, anfíbios e peixes pelo mundo tenha caído pela metade.[32] Embora ainda não tenha sido quantificada, a escala global de poluição química é causa de grande preocupação para muitos cientistas. E a pressão humana sobre outros processos críticos do sistema terrestre – como as retiradas de água doce e a acidificação dos oceanos – continua a crescer rumo a zonas de perigo em escala planetária, ocasionando crises ecológicas locais e regionais.

Essa imagem desoladora da humanidade e do nosso lar planetário no começo do século XXI constitui uma crítica vigorosa ao caminho que o desenvolvimento econômico global vem trilhando até hoje. Bilhões de pessoas ainda têm enorme carência no que diz respeito às suas necessidades mais básicas, mas entramos em zonas de perigo ecológico global que arriscam profundamente minar a benevolente estabilidade da Terra. Nesse contexto, que aspecto poderia ter o progresso?

Do crescimento sem fim para a prosperidade no equilíbrio

"Para a frente e para cima" pode ser uma metáfora extremamente familiar para o progresso, mas, em termos da economia que conhecemos, tem nos conduzido para um terreno perigoso. "A humanidade pode afetar o funcionamento de seus próprios sistemas de apoio à vida", diz a oceanógrafa Katherine Richardson. "Há pontos de inflexão que estamos forçando. Como isso altera a nossa definição de progresso?"[33]

Por mais de sessenta anos, o pensamento econômico nos disse que o crescimento do PIB era uma representação bastante boa do progresso, e que tinha o aspecto de uma curva sempre crescente. Mas este século exige uma forma e direção do progresso bem diferentes. Nesse ponto da história humana, o movimento que melhor descreve o progresso de que necessitamos é *alcançar um equilíbrio dinâmico*, passando para dentro do espaço seguro e justo do Donut, eliminando ao mesmo tempo tanto a escassez quanto o excesso. Isso requer uma profunda mudança em nossas metáforas: de "o bom é para a frente e para cima" para "o bom é o equilíbrio". E isso muda a imagem do progresso econômico de um interminável crescimento do PIB para a prosperidade no equilíbrio dentro do Donut.

A imagem do Donut, e a ciência por trás dela, pode ser nova, mas o senso de equilíbrio dinâmico que ela invoca está em sintonia com décadas de pensamento sobre desenvolvimento sustentável. A ideia da Terra como uma espaçonave – uma cápsula viva autossuficiente – ganhou popularidade na década de 1960, levando o economista Robert Heilbroner a ressaltar que, "como em todas as espaçonaves, a vida sustentada exige que se mantenha um meticuloso equilíbrio entre a capacidade do veículo de sustentar a vida e as demandas feitas pelos habitantes da nave".[34] Na década de 1970, a economista Barbara Ward – uma pioneira do desenvolvimento sustentável – clamou por uma ação global para abordar tanto os "limites internos" das necessidades e dos direitos humanos quanto os "limites externos" da pressão ambiental que a Terra é capaz de suportar: ela estava efetivamente desenhando o Donut com palavras, em vez de uma caneta.[35] Mais tarde, nos anos 1990, a organização ativista Friends of the Earth advogou o conceito de "espaço ambiental", argumentando que todas as pessoas têm direito a uma porção equitativa de água, alimento, ar, terra e outros recursos dentro da capacidade de sustentação da Terra.[36]

Em algumas culturas, a ideia de prosperar em equilíbrio remonta a muito mais tempo. *Pan metron Ariston*, diziam os gregos antigos: "tudo com moderação é melhor". Na cultura maori, o conceito de bem-estar combina bem-estar espiritual, ecológico, familiar e econômico entrelaçados como dimensões interdependentes. Nas culturas andinas, *buen vivir* –

literalmente "viver bem" – é uma visão de mundo que valoriza "uma plenitude de vida em comunidade com os outros e com a natureza".[37] Em anos recentes, a Bolívia incorporou o *buen vivir* em sua Constituição como princípio ético para guiar o Estado, enquanto a Constituição do Equador tornou-se a primeira do mundo, em 2008, a reconhecer que a natureza, ou *Pachamama*, "tem o direito de existir, persistir, manter e regenerar seus ciclos vitais".[38] Essas concepções holísticas e equilibradas de bem-estar também estão refletidas nos símbolos tradicionais de muitas culturas antigas. Do *yin-yang* do taoismo e do *takarangi* maori até o nó infinito do budismo e a dupla espiral celta, cada desenho invoca uma dança dinâmica e contínua entre forças complementares.

As culturas ocidentais que pretendam expulsar do ninho econômico o cuco do crescimento do PIB não podem simplesmente colocar em seu lugar a visão de mundo andina ou maori, mas precisam encontrar novas palavras e imagens para articular uma visão equivalente. Quais poderiam ser as palavras para essa nova visão? Uma primeira sugestão: *prosperidade humana numa teia de vida florescente*. Sim, é uma expressão um pouco grande – e é revelador que não disponhamos de formas mais concisas para expressar algo tão fundamental quanto nosso bem-estar. Mas e a nova imagem? O Donut, descobri, tem um papel a desempenhar.

No fim de 2011, durante os preparativos para uma importante conferência das Nações Unidas sobre desenvolvimento sustentável, dirigi-me à ONU em Nova York para apresentar o Donut a representantes de uma ampla gama de países, a fim de avaliar sua reação ao modelo. Primeiro, reuni-me com os argentinos, uma vez que presidiam, na época, o Grupo dos 77, o maior bloco negociador de países em desenvolvimento

Símbolos antigos de equilíbrio dinâmico: o *yin-yang* taoista, o *takarangi* maori, o nó infinito budista e a dupla espiral celta.

na ONU. Enquanto explicava o Donut à negociadora argentina, ela bateu firmemente com o dedo na imagem e disse: "Sempre pensei no desenvolvimento sustentável dessa maneira. Só gostaria que os europeus também o vissem dessa forma." Então, no dia seguinte, fui com curiosidade apresentar o Donut a uma sala cheia de representantes europeus. Uma vez projetado o Donut na tela e explicada sua ideia central, o oficial britânico pediu a palavra. "Isto é interessante", disse ele. "Estamos sempre ouvindo os latino-americanos falar em *Pachamama* e achamos tudo isso um pouco fofo demais", prosseguiu, gesticulando com as mãos como que para ilustrar. "Mas percebo que essa é uma maneira com base científica de dizer algo que na realidade não é tão diferente." Às vezes as imagens podem servir de ponte sobre um fosso que as palavras não conseguem cruzar.

Considerando o quanto já estamos longe do equilíbrio – transgredindo ambos os lados do Donut –, recuperá-lo é uma tarefa desencorajadora. "Somos a primeira geração a saber que estamos minando a capacidade do sistema terrestre de sustentar o desenvolvimento humano", afirma Johan Rockström. "Esta é uma percepção nova e profunda, e é potencialmente muito, muito assustadora ... É também um enorme privilégio, porque isso significa que somos a primeira geração a saber que agora precisamos conduzir uma transformação para navegar rumo a um futuro globalmente sustentável."[39]

Imagine, então, se a nossa geração pudesse ser a geração da virada, aquela que começasse a colocar a humanidade nos trilhos para esse futuro. E se cada um mapeasse mentalmente sua própria vida com base no Donut, perguntando a si mesmo: como é que a maneira através da qual faço compras, como viajo, ganho a vida, uso o banco, voto e atuo como voluntário afeta o meu impacto pessoal sobre os limites sociais e planetários? E se toda empresa concebesse sua estratégia em torno de uma mesa Donut, perguntando a si mesma: nossa marca é uma marca Donut, cujo negócio central ajuda a trazer a humanidade para dentro desse espaço seguro e justo? Imagine se os ministros da Economia dos países do G20 – representando as economias mais poderosas do mundo – se reunissem em torno de uma mesa de conferências em forma de Donut para discutir como projetar um sistema financeiro global que servisse para trazer a humanidade para esse ponto ideal. Seriam conversações capazes de mudar o mundo.

Em alguns países, empresas e comunidades, tais conversações estão efetivamente em andamento. Do Reino Unido à África do Sul, a Oxfam tem publicado relatórios Donut nacionais, revelando o quanto cada nação está longe de viver dentro de um espaço seguro e justo nacionalmente definido.[40] Na província de Yunnan, na China, cientistas pesquisadores fizeram uma análise Donut dos impactos sociais e ecológicos da indústria e da lavoura em torno do lago Erhai, a principal fonte de água da região.[41] Empresas que vão desde a Patagonia, fabricante americana de roupas para atividades ao ar livre, aos supermercados Sainsbury's, no Reino Unido, têm usado o Donut para ajudar a repensar suas estratégias corporativas. E em Kokstad, na África do Sul – a cidade de crescimento mais rápido da província de KwaZulu-Natal –, a municipalidade formou uma equipe junto com planejadores urbanos e grupos comunitários usando o Donut para visualizar um futuro sustentável e equitativo para a cidade.[42]

Iniciativas como essas são experimentos ambiciosos visando reorientar o desenvolvimento econômico, mas será que a escala planetária do Donut é simplesmente ambiciosa demais para a economia se incumbir dela? De maneira alguma: é uma escala cujo momento chegou. Na Grécia Antiga, quando formulou pela primeira vez a questão econômica "Qual é a melhor maneira de uma família gerir seus recursos?", Xenofonte estava literalmente pensando numa família única. Perto do fim da vida, ele voltou sua atenção para o nível seguinte, a economia da cidade-Estado, e propôs um conjunto de políticas comerciais, tributárias e de investimentos públicos para Atenas, sua cidade natal. Dois mil anos depois, na Escócia, Adam Smith alçou decisivamente o foco da economia para um novo nível, o Estado-nação, indagando por que as economias de alguns países prosperavam enquanto as de outros estagnavam. A lente econômica do Estado-nação de Smith captou a atenção das políticas públicas por mais de 250 anos, e está entranhada nas comparações estatísticas anuais do PIB das nações. Mas agora, confrontados com uma economia globalmente conectada, é hora de esta geração de pensadores dar o inevitável passo seguinte. Estamos na era da família planetária – e a arte da administração familiar é mais do que nunca necessária para o nosso lar comum.

Podemos viver dentro do Donut?

O Donut nos fornece uma bússola para o século XXI, mas o que determina se podemos ou não realmente entrar nesse espaço seguro e justo? Cinco fatores sem dúvida desempenham papéis centrais: população, distribuição, aspiração, tecnologia e governança.

A população é importante, e de maneira óbvia: quanto mais de nós houver, mais recursos serão necessários para atender às necessidades e aos direitos de todos, e por isso é essencial que o tamanho da população humana se estabilize. Mas eis a boa notícia: embora a população global ainda esteja crescendo, desde 1971 sua taxa de crescimento vem caindo acentuadamente. E, pela primeira vez na história da humanidade, essa queda não se deveu a fome, doença ou guerra, mas ao sucesso.[43] Décadas de investimento público na saúde infantil, na educação de meninas, nos cuidados de saúde reprodutiva e no empoderamento das mulheres possibilitaram que estas administrassem o tamanho de suas famílias. Vista pela lente do Donut, a mensagem é clara: a maneira mais efetiva de estabilizar o tamanho da população humana é garantir que todas as pessoas possam levar uma vida livre de privações, acima do alicerce social.

Se a população é importante, a distribuição tem igual importância, porque extremos de desigualdade empurram a humanidade para além de ambos os limites do Donut. Devido à escala da desigualdade da receita mundial, a responsabilidade pela emissão global de gases do efeito estufa é altamente distorcida: os 10% responsáveis pelas maiores emissões – pense neles como os carbonistas globais que vivem em cada continente – geram cerca de 45% das emissões do mundo, enquanto os 50% inferiores contribuem apenas com 13%.[44] O consumo de alimentos também é profundamente distorcido. Cerca de 13% das pessoas em todo o mundo estão subnutridas. Quanto alimento seria necessário para atender as suas necessidades calóricas? Apenas 3% da oferta global de alimentos. Para pôr esses números em contexto, considerando que algo entre 30% e 50% da produção mundial de alimentos é perdida após a colheita, desperdiçada em cadeias de abastecimento ou descartada para as latas de lixo da cozinha após o jantar,[45] a fome poderia, com efeito, ser erradicada com apenas 10% do alimento que nunca chega a ser comido. A partir desses exemplos fica claro que entrar no Donut exige uma distribuição muito mais equitativa do uso de recursos da humanidade.

Um terceiro fator é aspiração: o que quer que as pessoas considerem necessário para uma vida boa. E uma das maiores influências nas nossas aspirações é como e onde vivemos. Em 2009, a humanidade tornou-se urbana, com mais da metade das pessoas vivendo em cidades de maior ou menor porte pela primeira vez na história, e espera-se que 70% sejam citadinos em 2050. A vida na cidade tende a amplificar a influência das massas circundantes e de cartazes de propaganda cujas imagens prometem que uma vida melhor está apenas à distância de uma compra, alimentando o desejo por carros mais rápidos e laptops menores, férias exóticas e aparelhos da última moda. Como afirma com sagacidade o economista Tim Jackson, somos "persuadidos a gastar dinheiro que não temos em coisas de que não precisamos para transmitir impressões efêmeras a pessoas com as quais não nos importamos".[46] Dado o rápido crescimento da classe média global, os estilos de vida a que as pessoas aspiram terão claras ramificações para a nossa pressão coletiva sobre os limites planetários.

A urbanização pode alimentar o consumismo, mas também proporciona uma oportunidade para satisfazer muitas das necessidades das pessoas – como as de habitação, transporte, água, saneamento, comida e energia – de maneiras muito mais efetivas. Cerca de 60% da área que se espera que venha a ser urbana em 2030 ainda precisa ser construída, de modo que as tecnologias usadas para criar essa infraestrutura terão implicações sociais e ecológicas de alcance muito maior.[47] Novos sistemas de transporte poderão substituir as filas de carros particulares no trânsito por transporte público rápido e acessível? Sistemas de energia urbanos e modernos poderão substituir a energia proveniente de combustíveis fósseis por redes de energia solar nos telhados? Os prédios poderão ser projetados de maneira a utilizar sistemas próprios de autoaquecimento e autorresfriamento? Poderá o alimento para a cidade ser produzido de maneiras que ajudem a fixar mais carbono no solo, provendo ao mesmo tempo bons empregos? Tudo isso depende em grande parte das escolhas tecnológicas que forem feitas.

A governança também desempenha um papel crucial, de escalas locais e municipais a regionais, nacionais e globais. Projetar uma governança adequada aos desafios com que nos deparamos suscita profundas questões políticas, que confrontam interesses e expectativas de longa data igualmente em países, corporações e comunidades. A escala global, por exemplo, requer estruturas de governança capazes de reduzir a pressão da humanidade sobre os limites planetários de formas que sejam equitativas, respeitando a distribuição de seus impactos regionais e nacionais. Ao mesmo tempo, devem ser capazes de levar em consideração interações complexas, como as inextricáveis ligações entre os setores de alimentos, água e energia. E devem ser capazes de responder de maneira muito mais efetiva a acontecimentos inesperados, como as crises globais nos preços dos alimentos, ao mesmo tempo tomando um rumo sensato no tocante ao uso de tecnologias emergentes. Muita coisa vai depender de o século XXI criar formas de governança bem mais efetivas, em todas as escalas, do que vimos até hoje.

Todos esses cinco fatores – população, distribuição, aspiração, tecnologia e governança – moldarão significativamente as perspectivas da humanidade de entrar no espaço seguro e justo do Donut, e é por isso que estão no cerne dos debates sobre políticas atualmente em curso. Mas eles não poderão realizar a escala de transformação necessária a menos que também transformemos nossa maneira de pensar a economia. Deixamos essa transformação para muito tarde – alguns dizem tarde demais. Mas os estudantes de economia de hoje podem muito bem ser a última geração capaz de alcançar a nossa meta do século XXI. Eles merecem, no mínimo, estar equipados com uma mentalidade econômica que lhes dê a melhor chance possível de sucesso. Assim como todos nós.

O OBJETIVO-CUCO DO CRESCIMENTO do PIB surgiu em uma época de depressão econômica, guerra mundial e rivalidade da Guerra Fria, mas dominou o pensamento econômico por mais de setenta anos. Em poucas décadas olharemos para trás, sem dúvida, e acharemos estranho que um dia tenhamos tentado monitorar e administrar nosso complexo lar planetário com uma métrica tão instável, parcial e superficial como o PIB. As crises do nosso tempo exigem um objetivo muito diferente, e ainda estamos no início do processo de reimaginar e renomear exatamente qual deveria ser esse objetivo.

Se o objetivo é alcançar *prosperidade humana numa teia de vida florescente* – e isso se parece muito com um donut –, então qual será a melhor forma de pensar (e desenhar) a economia em relação ao todo? Como descobriremos, a maneira como os economistas conceberam tradicionalmente a economia – determinando o que é incluído e o que é deixado de fora da história econômica – teve profundas consequências para tudo que se segue.

2. Analisar o quadro geral

Do mercado autônomo à economia integrada

HÁ QUATROCENTOS ANOS as peças de William Shakespeare cativam os amantes do teatro no mundo todo, graças a seus personagens inesquecíveis, enredos apaixonantes e versos poéticos. Para manter seus atores alertas, Shakespeare entregava a cada membro da trupe apenas suas próprias falas e deixas para decorar, deixando-os intencionalmente no escuro quanto ao desenrolar da trama.[1] Pouco tempo depois da sua morte, porém, editores ultrazelosos acrescentaram listas completas de personagens e, em peças como *A tempestade*, apresentaram muitos papéis junto com as suas características reveladoras:[2]

PRÓSPERO, legítimo duque de Milão
ANTÔNIO, seu irmão, usurpador que se declarou duque de Milão
GONZALO, um velho e honesto conselheiro
CALIBÃ, um escravo selvagem e deformado
ESTÉFANO, um mordomo bêbado
MIRANDA, filha de Próspero
ARIEL, um espírito etéreo

Descreva o personagem como um "duque usurpador" e os atores já desconfiam que más ações passadas esperam para ser corrigidas. Nomeie outro como "velho e honesto conselheiro" e os atores já sabem que se deve confiar nas suas palavras. Apresente um terceiro como "mordomo bêbado" e os atores ficam à espera de uma comédia-pastelão. Com uma lista de personagens como essa, a peça está repleta de intriga e a história pela frente quase que se realiza por si só.

O que isso tem a ver com a economia? Tudo. "O mundo inteiro é um palco", afirma Shakespeare em uma frase famosa, "e todos os homens e mulheres não passam de meros atores." Ele tinha razão: os atores da economia de hoje representam seus papéis no palco internacional, e assim encenam o drama econômico dos nossos tempos. Mas a quem coube montar esse palco, quem definiu os traços reveladores dos papéis principais? E como podemos agora reescrever a história?

Este capítulo revela o elenco de personagens, o roteiro e os dramaturgos por trás da história econômica que veio a dominar o século XX – aquela que nos empurrou para a beira do colapso. Mas também prepara o palco para uma peça econômica do século XXI – uma peça cujos personagens e roteiro podem nos ajudar a recuar e a encontrar um equilíbrio próspero.

A economia pode ser um teatro, mas os papéis principais da peça nunca são explicitados nas páginas de abertura dos textos. Pelo contrário, os principais personagens são nomeados de modo tácito pelo mais icônico diagrama da macroeconomia, o Fluxo Circular. Desenhado pela primeira vez por Paul Samuelson, destinava-se originalmente apenas a ilustrar como a renda flui na economia, mas logo veio a definir a própria economia, determinando quais atores econômicos ocupavam o centro do palco e quais eram relegados para as laterais. Intencionalmente ou não, Samuelson elaborou a lista de personagens do século XX. Mas foram seus rivais neoliberais Friedrich Hayek e Milton Friedman que, como os editores de Shakespeare, imbuíram cada papel com traços de tal modo reveladores que o resto do roteiro praticamente se escreveu sozinho. Na história de *laissez-faire* que daí resultou, e que nos diz quem são os atores da economia e qual a melhor maneira de deixá-los trabalhar, o enredo já nasceu tendencioso.

Somos todos bem versados na escalação dos personagens, tendo sido nos dito que o mercado é eficiente, que o comércio é uma situação em que todos ganham e que os bens comuns são uma tragédia. Considerando tal elenco, o triunfo do mercado parece quase inevitável no desenrolar da trama. No entanto, também nos dizem que as finanças são infalíveis – mas essa parte da história se desenredou tão publicamente durante o colapso financeiro de 2008 que até mesmo os autores da peça tiveram de admitir que ela soava falsa. Tornou-se cada vez mais claro que o enredo econômico neoliberal – num irônico eco da própria *Tempestade* – nos precipitou em uma perfeita tormenta de desigualdade extrema, mudanças climáticas e colapso financeiro.

Essas crises globais proporcionaram uma rara chance de reescrever todo o roteiro e montar uma nova peça econômica. Devemos começar essa tarefa revisitando o elenco de personagens que participam do Fluxo Circular. É hora de sacudir a macroeconomia – armados com nada mais que um lápis – redesenhando a sua imagem mais apreciada.

Preparando o palco

Quando Samuelson lançou em 1948 seu clássico *Economia*, uma de suas muitas novidades em termos de contribuição foi o diagrama do Fluxo Circular, que acabou se revelando um sucesso para o ensino das massas. Não é de admirar que desde então ele tenha dado origem a 1 milhão de imitações, com uma variante sua em quase todo manual de economia.

Como primeiro modelo da macroeconomia com que se depara todo estudante de economia, esse diagrama consegue o privilegiado "primeiro contato" com a *tabula rasa* do principiante, como afirma um satisfeitíssimo Samuelson. Assim, que mensagem transmite esse modelo sobre quais atores contam e quais devem ser ignorados quando se trata de análise econômica? O centro do palco é tomado pela relação de mercado entre agregados familiares e empresas. Os primeiros fornecem sua mão de obra e capital em troca de salários e lucros, e então gastam essa renda comprando bens e serviços de empresas. É essa interdependência de produção e consumo que cria o fluxo circular de renda. E esse fluxo seria ininterrupto não fossem três alças externas – envolvendo bancos comerciais, governo e comércio internacional – que desviam parte da renda para outros usos. O modelo mostra os bancos sugando renda na forma de poupança e então devolvendo-a na forma de investimento. O governo extrai renda na forma de impostos, porém a reinjeta na forma de gastos públicos. Os comerciantes

O diagrama do Fluxo Circular, que por setenta anos foi o retrato definidor da macroeconomia.

estrangeiros precisam ser pagos pelas importações do país, mas em troca pagam pelas exportações. Todos esses desvios criam vazamentos e injeções no fluxo circular do mercado, mas, tomado como um todo, o sistema é fechado e completo – em nada diferindo de um conjunto circular de canos hidráulicos com água fluindo ininterruptamente, conforme Samuelson o descreveu pela primeira vez.

Na verdade, no mesmo ano em que foi publicado o livro de Samuelson, essa semelhança inspirou Bill Phillips, um inventivo engenheiro que virou economista, a realmente construir uma máquina hidráulica assim. Sua máquina, conhecida como Moniac (acrônimo de Monetary National Income Analogue Computer, ou Computador Analógico de Renda Monetária Nacional), era composta por um conjunto de tanques de água trans-

Bill Phillips e o Moniac.

parentes interligados por tubos nos quais corria água rosada. Projetados para dar vida ao diagrama do Fluxo Circular, os tanques e tubos do Moniac representavam o fluxo de renda através da economia do Reino Unido. Foi o primeiro modelo computadorizado já feito de uma economia, e era absolutamente brilhante, valendo a Phillips um posto de ensino na London School of Economics.[3] Mas, como modelo, também era completamente imperfeito, como ficará claro.

Os engenheiros podem ter se impressionado com os canos da instalação hidráulica, mas o diagrama do Fluxo Circular merece algum crédito, afinal há bons motivos para ter se tornado um clássico. O diagrama era, para iniciantes, a primeira tentativa de retratar a economia como um todo, e assim ajudar a estabelecer o campo da modelagem macroeconômica.

Samuelson pretendia que ele ilustrasse a visão de Keynes de como as economias podem entrar em espiral até uma recessão: se os gastos das famílias começam a cair (digamos, devido ao medo de tempos difíceis pela frente), então as empresas precisam de menos trabalhadores; quando demitem funcionários, cortam a massa salarial do país, reduzindo ainda mais a demanda. O resultado é uma recessão que se autorrealiza, o que, segundo Keynes, podia ser evitado aumentando os gastos governamentais até que as coisas voltassem a se mover e a confiança fosse restaurada. Além disso, o diagrama também fornece a base para diferentes formas de mensurar a renda nacional numa configuração contábil que ainda é usada hoje no mundo inteiro. Trata-se, evidentemente, de uma imagem útil, que torna visíveis muitas ideias macroeconômicas básicas.

O problema, no entanto, encontra-se naquilo que o diagrama deixa de mostrar. Nas palavras do pensador de sistemas John Sterman, "as premissas mais importantes de um modelo não estão nas equações, mas naquilo que não está nelas; não na documentação, mas no que não é declarado; não nas variáveis na tela do computador, mas nos espaços em branco em torno delas".[4] O diagrama do Fluxo Circular precisa, sem dúvida, ser apresentado com essa ressalva. Ele não faz menção à energia e aos materiais dos quais a atividade econômica depende, nem à sociedade dentro da qual essas atividades têm lugar: eles simplesmente estão ausentes do elenco de personagens. Será que Samuelson os omitiu de propósito? É pouco provável: afinal, ele pretendia apenas ilustrar o fluxo de renda, de modo que esses aspectos literalmente não entraram na imagem. Mas, com isso, o palco estava montado.

Elaborando o roteiro da peça

Em 1947, um ano antes de Samuelson publicar seu icônico diagrama do Fluxo Circular, um pequeno grupo de partidários do *laissez-faire* e aspirantes a roteiristas econômicos – incluindo Friedrich Hayek, Milton Friedman, Ludwig von Mises e Frank Knight – reuniu-se na estância suíça de Mont

Pèlerin para começar a redigir um rascunho do que esperavam que um dia viesse a se tornar o enredo econômico dominante. Inspirados pelos escritos pró-mercado de liberais clássicos como Adam Smith e David Ricardo, eles estabeleceram o que chamaram de agenda "neoliberal". Seu objetivo, disseram, era revidar com força a ameaça do totalitarismo estatal, que se espalhava com rapidez graças à crescente influência da União Soviética. Mas o objetivo foi pouco a pouco tomando a forma de um forte empurrão a favor do fundamentalismo de mercado, e o significado de "neoliberal" foi se transformando junto. Além disso, quando o diagrama de Paul Samuelson apareceu – retratando quais atores estavam no centro da economia e quais eram empurrados para as laterais –, constituiu o cenário perfeito para a peça que queriam escrever.

A roteirização começou no final da década de 1940 com o lançamento da Sociedade Mont Pèlerin, que existe até hoje.[5] Mas Friedman, Hayek e outros esperançosos dramaturgos sabiam que talvez tivessem de esperar algumas décadas até que a peça pudesse ser encenada. Eles adotaram a visão em longo prazo: com o apoio de empresas e bilionários, financiaram cátedras e bolsas universitárias, construindo uma rede internacional de fábricas de ideias sobre "livre mercado", inclusive o American Enterprise Institute e o Cato Institute em Washington, DC, e o Institute of Economic Affairs em Londres.[6]

O grande momento finalmente chegou em 1980, quando Margaret Thatcher e Ronald Reagan se juntaram para trazer o roteiro neoliberal ao palco internacional. Ambos recém-eleitos, estavam cercados de participantes da Mont Pèlerin: a equipe eleitoral de Reagan incluía mais de vinte membros da sociedade, e o primeiro-ministro das Finanças de Thatcher, Geoffrey Howe, também era membro. Tal como os espetáculos mais duradouros da Broadway, a peça neoliberal vem sendo encenada desde então, enquadrando vigorosamente o debate econômico dos últimos trinta anos.[7] Está mais do que na hora de conhecermos o elenco de personagens que protagonizam a história, cada um acompanhado, aqui, por uma nota biográfica e um brevíssimo resumo sobre o personagem – que, num verdadeiro estilo shakespeariano, vicia a trama desde o início.

Economia: a história neoliberal do século XX

(na qual chegamos à beira do colapso)

Montagem de Paul Samuelson
Roteiro da Sociedade Mont Pèlerin

Elenco, por ordem de entrada:

O MERCADO, *que é eficiente – portanto, que tenha rédeas livres.* Nas famosas palavras de Adam Smith, "não é da benevolência do açougueiro, do cervejeiro ou do padeiro que esperamos nosso jantar, mas da consideração que eles têm pelo seu próprio interesse".[8] Quando é deixada livre para realizar sua magia de eficiência distributiva, a mão invisível do mercado atrela o interesse próprio de agregados familiares e empresas de modo a prover todos os bens e empregos que são desejados.

AS EMPRESAS, *que são inovadoras – portanto, que tenham o comando.* "O negócio da empresa é o negócio", resumia a influente filosofia de Milton Friedman na década de 1970. As empresas reúnem mão de obra e capital para produzir bens e serviços e maximizar seus lucros. Não há necessidade de olhar o que se passa nas fábricas e fazendas, contanto que elas joguem dentro das regras legais do jogo.

AS INSTITUIÇÕES FINANCEIRAS, *que são infalíveis – portanto, que se confie nos seus métodos.* Os bancos pegam as economias das pessoas e as transformam devidamente em investimentos lucrativos. Além disso, segundo a "hipótese do mercado eficiente" de Eugene Fama, de 1970, o preço dos ativos financeiros sempre reflete plenamente toda a informação relevante.[9] Daí os mercados financeiros estarem sempre se ajustando, mas sempre "certos" – e seu modo suave de operar não deve ser distorcido pela regulação.

O COMÉRCIO, *onde todos sempre ganham – portanto, abra suas fronteiras.* A teoria da vantagem comparativa de David Ricardo, proposta no século XIX, demonstra que os países deveriam se concentrar naquilo em que são relativamente bons e então comerciar: ambas as partes ganharão com isso, por mais desiguais que sejam.[10] Portanto, barreiras comerciais devem ser desmanteladas, porque servem apenas para distorcer o funcionamento eficiente do mercado internacional.

O ESTADO, *que é incompetente – portanto, que não se intrometa.* Quando um governo tenta intervir no mercado, geralmente piora as coisas, distorcendo incentivos e escolhendo elefantes brancos em vez de vencedores. Se ele tenta aplainar o ciclo dos negócios, no clássico estilo keynesiano, estará inevitavelmente dessincronizado, e o mercado se antecipará aos seus efeitos.[11] Tirando a defesa das fronteiras do país e da propriedade privada dos seus cidadãos, é pura e simplesmente melhor que o Estado deixe o mercado agir de forma livre.

Outros personagens não necessários no palco:

O AGREGADO FAMILIAR, *que é doméstico – portanto, que fique para as mulheres.* As famílias fornecem mão de obra e capital para o mercado, mas não há necessidade de perguntar o que se passa em seu seio: esposas e filhas gentilmente tomam conta dos assuntos domésticos e o seu lugar é em casa, assim como toda essa questão.

OS BENS COMUNS, *que são trágicos – portanto, que sejam liquidados.* Na década de 1960, Garrett Hardin descreveu "a tragédia dos bens comuns", em que recursos compartilhados – como pastagens e áreas de pesca – tendem a ser superexplorados por usuários individuais e se esgotam para todos.[12] Administrar tais recursos de maneira sustentável, portanto, requer regulação governamental ou, melhor ainda, a propriedade privada.

A SOCIEDADE, *que é inexistente – portanto, que seja ignorada.* "Essa coisa de sociedade não existe", disse Margaret Thatcher nos anos 1980, numa declaração que ficou famosa. "O que existe são homens e mulheres, indivíduos, e famílias."[13] E é o mercado quem estabelece a ligação entre eles, como trabalhadores e consumidores.

A TERRA, *que é inesgotável – portanto, que se pegue tudo o que se quiser.* Não haverá escassez dos recursos da Terra, afirmava Julian Simon, economista do *laissez-faire*, na década de 1980, caso se permita que os mercados façam seu trabalho. Uma escassez, digamos, de cobre ou petróleo fará seu preço subir, obrigando que as pessoas passem a utilizá-los de maneira mais parcimoniosa, busquem novas fontes e descubram substitutos.[14]

O PODER, *que é irrelevante – portanto, que não seja mencionado.* O único poder econômico a ser temido, argumentava Friedman, é o poder de monopólio concedido pelo Estado quando se intromete no mercado e o poder de distorção dos sindicatos. A melhor maneira de combatê-lo reside (e não há aqui nenhuma surpresa) no mercado livre e no livre-comércio.[15]

Tratava-se, inegavelmente, de uma escalação brilhante – e quase inquestionável. O mercado, prometia o roteiro neoliberal, é o caminho para a liberdade, e quem poderia se opor a isso? Mas fé cega nos mercados – ao mesmo tempo ignorando o mundo vivo, a sociedade e o desenfreado poder dos bancos – nos levou à beira do colapso ecológico, social e financeiro. É hora de o espetáculo neoliberal deixar o palco: uma história muito diferente está emergindo.

Novo século, novo espetáculo

Para contar uma história nova, comecemos com uma imagem nova da economia. Samuelson desenhou seu icônico diagrama no fim dos anos 1940 – na esteira da Grande Depressão e da Segunda Guerra Mundial –, e assim estava compreensivelmente focado na questão de como fazer a renda voltar a fluir pela economia. Não é de admirar que seu diagrama definisse a economia apenas em termos de fluxo monetário. Ao fazê-lo, porém, oferecia um palco extremamente pequeno para o pensamento econômico, bem como um elenco de personagens reduzido. Então comecemos de novo com uma pergunta econômica mais apropriada para os nossos tempos: do que dependemos para suprir as nossas necessidades? Eis uma resposta visual a essa pergunta, resumida num diagrama que chamei de Economia

Integrada, que reúne numa só imagem importantes percepções de diversas escolas de pensamento econômico.[16]

O que a imagem mostra? Primeiro, a Terra – o mundo vivo – alimentada pela energia do Sol. Dentro da Terra está a sociedade humana e, dentro desta, a atividade econômica, na qual o agregado familiar, o mercado, os bens comuns e o Estado são todos domínios importantes de provisão para as necessidades e vontades humanas, e possibilitados por fluxos financeiros. Se este diagrama prepara um palco novo, então eis o elenco de personagens que ele requer.

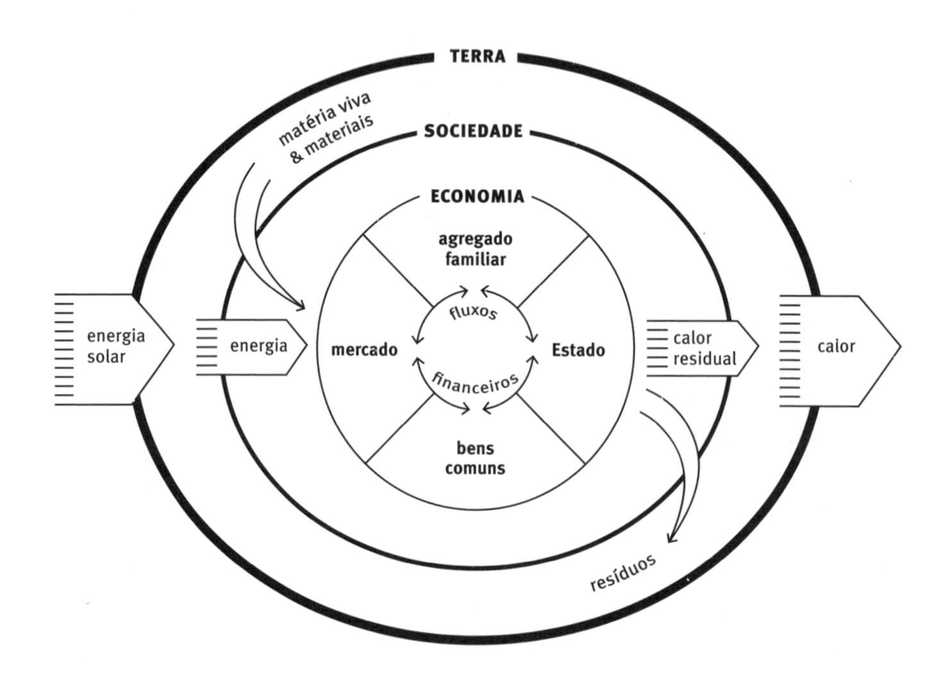

A Economia Integrada, que aninha a economia dentro da sociedade e do mundo vivo, reconhecendo ao mesmo tempo as diversas maneiras pelas quais pode satisfazer as necessidades e vontades das pessoas.

Economia: a história do século XXI

(na qual criamos um equilíbrio próspero)

Montagem e roteiro: obra em progresso realizada por pessoas que repensam a economia em toda parte

Elenco, por ordem de entrada:

A TERRA, *que dá a vida – portanto, respeite seus limites*
A SOCIEDADE, *que é fundacional – portanto, alimente suas conexões*
A ECONOMIA, *que é diversificada – portanto, apoie seus sistemas*
O AGREGADO FAMILIAR, *que é nuclear – portanto, valorize sua contribuição*
O MERCADO, *que é poderoso – portanto, integre-o com sabedoria*
OS BENS COMUNS, *que são criativos – portanto, libere seu potencial*
O ESTADO, *que é essencial – portanto, torne-o responsável*
AS INSTITUIÇÕES FINANCEIRAS, *que estão a serviço – portanto, faça-as servir à sociedade*
AS EMPRESAS, *que são inovadoras – portanto, dê um propósito a elas*
O COMÉRCIO, *que tem dois lados – portanto, torne-o justo*
O PODER, *que permeia tudo – portanto, vigie seus abusos*

O que se segue é uma biografia de cada um desses papéis – mais longa do que as do século XX, porque eles ainda não nos são tão familiares. É hora de reencontrar os atores econômicos do século XX.

A TERRA, *que dá a vida – portanto, respeite seus limites*

Longe de flutuar contra um fundo branco, a economia existe dentro de uma biosfera, essa delicada zona viva de terra, águas e atmosfera. E extrai continuamente sua energia e matéria dos materiais e sistemas vivos da Terra, ao mesmo tempo que expele calor e matéria residuais de volta para o planeta. Tudo que é produzido – de tijolos de argila a blocos de Lego, de websites a canteiros de obras, de patê de fígado a mobiliário exterior, de creme de leite a vidros duplos – depende desse interfluxo de energia e matéria, de biomassa e combustíveis fósseis a minérios e minerais metálicos. Nada disso é novidade. Mas se a economia está tão evidentemente integrada na biosfera, como ignorou esse fato de maneira tão ostensiva?

A importância da Terra para a economia era evidente por si mesma para os primeiros economistas. No século XVIII, François Quesnay e seus colegas fisiocratas retiraram o seu nome da convicção de que as terras agrícolas eram a chave para a compreensão do valor econômico. Sim, esses primeiros economistas baseavam seu pensamento ecológico estritamente em terras agrícolas, mas ao menos o mundo vivo recebia alguma menção. A partir daí, porém, as coisas começaram a desandar, e há muitas teorias que tentam explicar por quê.

Adam Smith, pai do pensamento econômico clássico, recorreu ao trabalho dos fisiocratas, acreditando que o potencial de uma nação para a riqueza dependia, em última instância, do seu clima e do seu solo. Mas ele também pensava que o segredo da produtividade residia na divisão do trabalho, e então focou sua atenção nisso. David Ricardo também acreditava que os "poderes originais e indestrutíveis do solo" faziam com que as terras agrícolas escassas se tornassem um determinante-chave do valor econômico.[17] Mas à medida que novas terras foram sendo cultivadas nas colônias britânicas, ele concluiu que a escassez de terras não constituía mais uma ameaça tão grande, e então, como Smith, voltou sua atenção para o trabalho. John Stuart Mill também viu claramente a importância dos materiais e da energia da Terra em toda a produção econômica, mas queria distinguir a ciência social da ciência natural e, assim (de forma bastante inútil), propôs que o campo da economia política se concentrasse nas leis da mente, não nas leis da matéria.[18] Na década de 1870, o pensador americano radical Henry George assinalou que a terra ganhava valor para seus proprietários mesmo que eles não fizessem nada para melhorá-la, e por isso defendia um imposto sobre o valor da terra – o que levou seus influentes opositores (e proprietários de terras) a minimizar daí em diante a importância da terra na teoria econômica.[19]

O resultado de tudo isso? Os economistas clássicos, encabeçados por Smith e Ricardo, haviam reconhecido mão de obra, terra e capital como três fatores distintos de produção. Mas, no fim do século XX, a corrente principal da economia reduzira o foco para apenas dois: mão de obra e capital – e se em algum momento a terra merecia menção, era apenas como outra forma de capital, intercambiável com todo o resto.[20] Em consequência disso, a economia dominante continua a ser ensinada nos dias de hoje com escassa atenção ao planeta vivo que nos sustenta e à flamejante estrela de cuja energia todos dependemos.[21] Ela relega tensões ecológicas tais como as mudanças climáticas, o desmatamento e a degradação do solo à periferia do pensamento econômico, até que se tornem tão graves que seus impactos econômicos nocivos exijam atenção.

Então restauremos o sentido inicial e reconheçamos que, longe de ser um laço circular, fechado, a economia é um *sistema aberto* com fluxos de matéria e energia entrando e saindo. A economia depende da Terra como *fonte* – extraindo recursos finitos, como petróleo, argila, cobalto e cobre, e cultivando outros renováveis, como madeira, produtos agrícolas, peixe e água doce. Da mesma maneira, a economia depende da Terra como *escoadouro* para seus dejetos – tais como gases do efeito estufa, fertilizantes e plásticos. A Terra em si, porém, é um sistema fechado, porque quase nenhuma matéria sai deste planeta ou chega a ele: a energia do Sol pode fluir através dela, mas os materiais podem apenas circular em seu interior.[22]

Redesenhar a economia como um subsistema aberto do sistema fechado da Terra é uma mudança conceitual básica introduzida por economistas ecológicos tais como Herman Daly na década de 1970. E é uma mudança de paradigma que foi se tornando cada vez mais importante, dada a escala sempre crescente da economia. Quando Adam Smith publicou *A riqueza das nações*, em 1776, havia menos de 1 bilhão de pessoas vivendo na Terra, e, em termos monetários, o tamanho da economia global era trezentas vezes menor do que é hoje. Quando Paul Samuelson publicou *Economia*, em 1948, ainda não havia 3 bilhões de pessoas na Terra e a economia global ainda era dez vezes menor do que é hoje. No século XXI, deixamos para trás a era do "Mundo Vazio", em que o fluxo de energia e matéria através da economia global era pequeno em relação à capacidade das fontes e dos escoadouros da natureza. Agora, afirma Daly, vivemos num "Mundo Cheio", com uma economia que excede a capacidade de regeneração e absorção da Terra devido a fontes excessivamente utilizadas, tais como peixe e florestas, e escoadouros excessivamente cheios, tais como a atmosfera e os oceanos.[23]

A isso acrescente-se uma segunda mudança de perspectiva: o fluxo de recursos fundamental da economia não é um carrossel de dinheiro, mas uma via de energia de mão única – e nada pode se mover, crescer ou trabalhar sem usar essa energia. Era aqui que o Moniac, a máquina de Bill Phillips, apresentava sua falha fundamental. Ainda que demonstrasse de forma brilhante o fluxo circular de renda da economia, ela desprezava completamente seu fluxo de energia. Para pôr seu computador hidráulico em funcionamento, Phillips precisava acionar um interruptor na parte de trás da máquina para ligar a eletricidade da bomba. Como qualquer economia real, o computador dependia de uma fonte externa de energia para funcionar, mas nem Phillips nem seus contemporâneos perceberam que a fonte de energia da máquina era uma parte essencial do que fazia o modelo funcionar. Essa lição tirada do Moniac aplica-se a toda a macroeconomia: o papel da energia merece um lugar muito mais proeminente nas teorias econômicas que pretendem explicar o que impele a atividade econômica.

A vasta maioria da energia que alimenta a economia global de hoje provém do Sol. Parte dessa energia solar, tal como a luz do Sol e o vento, chega todos os dias em tempo real. Parte vem sendo armazenada em tempos recentes, como a energia acumulada nos cultivos agrícolas, rebanhos e árvores. E parte vem sendo armazenada desde tempos antigos, sobretudo os combustíveis fósseis: petróleo, carvão e gás. Cada uma dessas fontes de energia solar utilizadas pela economia tem grande importância, e eis a razão: foi graças ao equilíbrio entre a energia solar em tempo real penetrando na atmosfera terrestre e o calor escapando de volta para o espaço que a Terra manteve uma temperatura média constante e benevolente durante o Holoceno. Nos últimos duzentos anos, porém, e especialmente desde 1950, o uso que a humanidade tem feito dos combustíveis fósseis liberou na atmosfera dióxido de carbono e outros gases do efeito estufa numa taxa sem precedentes, com consequências potencialmente perigosas. A maioria desses gases ocorre naturalmente na atmosfera e, junto com o vapor-d'água, atua como um cobertor em volta da Terra, mantendo sua superfície muito mais aquecida do que seria sem eles. Liberar mais dióxido de carbono, porém, torna esse cobertor mais grosso, e aumenta ainda mais a temperatura terrestre, resultando no aquecimento global induzido pelo homem.[24]

Essa perspectiva mais ampla do fluxo de energia e materiais convida-nos a imaginar a economia como um superorganismo – pense numa lesma gigante – que exige uma contínua ingestão de matéria e energia das fontes da Terra e libera uma contínua corrente de matéria e calor residuais para seus escoadouros. Num planeta com um ecossistema de estrutura intricada e um clima com equilíbrio delicado, isso suscita uma pergunta que agora é óbvia: a que tamanho pode chegar o fluxo de matéria e energia da economia global em relação à biosfera antes que afete os próprios sistemas planetários de apoio à vida, dos quais depende o nosso bem-estar? Os nove limites planetários fornecem uma primeira resposta convincente para essa pergunta, e no capítulo 6 veremos em maiores detalhes como o uso de matéria e energia na economia pode ser replanejado para que funcione junto com, e não contra, os ciclos vitais que esses limites buscam proteger.

A SOCIEDADE, *que é fundacional – portanto, alimente suas conexões*

Quando Thatcher declarou que não existe essa coisa de sociedade, isso veio como uma surpresa para muita gente – e não menos para a sociedade. Teóricos políticos como Robert Putnam usam o termo "capital social" para descrever a riqueza da confiança e reciprocidade que é criada dentro de grupos sociais como resultado de sua rede de relações.[25] Seja por meio de equipes esportivas locais ou por meio de festivais internacionais, grupos religiosos ou clubes sociais, construímos normas, regras e relações que nos possibilitam cooperação e dependência mútuas. Essas conexões constroem a coesão social e ajudam a satisfazer nossas necessidades humanas fundamentais em matéria de participação, lazer, proteção e pertencimento. "A conexão com a comunidade não tem a ver apenas com acalorados e confusos relatos de triunfo cívico", escreve Putnam. "Em termos mensuráveis e bem documentados ... o capital social nos torna mais espertos, saudáveis, seguros, ricos e capazes de governar uma democracia justa e estável."[26]

É claro que a vitalidade de uma economia depende da confiança, de normas e do sentimento de reciprocidade alimentados no seio da sociedade – tal como qualquer esporte depende do respeito de seus jogadores a um conjunto estabelecido de regras. Mas a vitalidade de uma sociedade é, por sua vez, moldada pela estrutura de sua economia: as relações que ela constrói ou enfraquece; o espírito público que alimenta ou erode; e a distribuição de riqueza que gera, como veremos em maiores detalhes no capítulo 5.

Uma sociedade próspera, além disso, tem maior probabilidade de construir um engajamento político forte, a começar por reuniões comunitárias, organização de bases populares, votação em eleições e adesão a movimentos sociais e políticos que constituam representantes para prestar contas. "Mudanças significativas acontecem quando movimentos sociais alcançam um ponto de poder crítico capaz de mover políticos cautelosos para além da sua tendência de manter as coisas como estão", escreve o historiador americano Howard Zinn, apontando o movimento antiescravagista do século XIX e o movimento pelos direitos civis do século XX em seu próprio país.[27] A governança democrática da sociedade e da economia se assenta sobre o direito e a capacidade do cidadão de se engajar no debate público – daí a importância da "voz política" dentro do alicerce social do Donut.

A ECONOMIA, *que é diversificada – portanto, apoie seus sistemas*

Integrada nessa rica teia da sociedade está a economia em si, o reino no qual as pessoas produzem, distribuem e consomem produtos e serviços que atendam às suas vontades e necessidades. Uma característica básica da economia raramente é apontada no Econ 101: o fato de que ela costuma ser constituída por quatro domínios de abastecimento – o agregado familiar, o mercado, os bens comuns e o Estado, como mostra o diagrama da

Economia Integrada. Todos quatro são meios de produção e distribuição, mas se comportam de maneiras muito diferentes. Os agregados familiares produzem bens "nucleares" para seus próprios membros; o mercado produz bens privados para aqueles dispostos e aptos a pagar; os bens comuns produzem bens criados em conjunto para as comunidades envolvidas; e o Estado produz bens públicos para toda a população. Eu não gostaria de viver numa sociedade cuja economia carecesse de qualquer um desses quatro domínios de abastecimento, porque cada um tem qualidades distintas, e muito de seu valor surge por intermédio de suas interações. Em outras palavras, eles funcionam melhor quando juntos.

Além disso, enquanto o diagrama do Fluxo Circular identifica as pessoas basicamente como trabalhadores, consumidores e detentores de capital, o diagrama da Economia Integrada nos convida a reconhecer as nossas muitas outras identidades sociais e econômicas. No agregado familiar podemos ser pais, cuidadores e vizinhos. Na relação com o Estado, somos membros do público, que usam serviços públicos e pagam impostos em troca. No âmbito dos bens comuns, somos criadores colaborativos e administradores da riqueza compartilhada. Na sociedade somos cidadãos, eleitores, ativistas e voluntários. Todo dia transitamos quase imperceptivelmente entre esses diferentes papéis e relações: de cliente para criador, do mercado para o espaço de reuniões, da negociação para o voluntariado. Então consideremos um reino de cada vez.

O AGREGADO FAMILIAR, *que é nuclear – portanto, valorize sua contribuição*

O diagrama do Fluxo Circular retrata o trabalhador aparecendo – num passe de mágica – arrumado e pronto para o trabalho todo dia à porta do escritório ou da fábrica. Então quem cozinha, limpa e arruma para que isso seja possível? Quando Adam Smith, exaltando o poder do mercado, observou que "não é da benevolência do açougueiro, do cervejeiro ou do padeiro que esperamos nosso jantar", esqueceu de mencionar a benevolência de sua própria mãe, Margaret Douglas, que criou o filho sozinha desde o nascimento. Smith nunca se casou, então não teve esposa de quem depender (nem seus próprios filhos para criar). Aos 43 anos, quando começou a escrever sua grande obra, *A riqueza das nações*, mudou-se de volta para a casa de sua velha e querida mamãe, de quem podia esperar o jantar todos os dias. Mas o papel dela nisso tudo nunca mereceu uma menção em sua teoria econômica e, assim, permaneceu invisível durante séculos.[28]

Como resultado, a teoria econômica dominante é obcecada com a produtividade da mão de obra assalariada ao mesmo tempo que passa por cima do trabalho não remunerado que torna tudo possível, como há décadas deixaram claro as economistas feministas.[29] Esse trabalho é conhecido por muitos nomes: trabalho de cuidar não remunerado, economia reprodutiva, economia do amor, segunda economia. No entanto, como assinalou a economista Neva Goodwin, longe de ser secundária, esta é na verdade a "economia nuclear", e vem em primeiro lugar todos os dias, sustentando o essencial da família e da vida social com os recursos humanos universais de tempo, conhecimento, habilidade, cuidado, empatia, ensino e reciprocidade.[30] E se você realmente nunca pensou nisso antes, então é hora de conhecer a sua dona de casa interior (pois todos temos uma). Ela vive nas tarefas diárias, como preparar o café da manhã, lavar pratos, arrumar a casa, fazer compras na mercearia, ensinar as crianças a andar e compartilhar, lavar roupa, cuidar de pais idosos, pôr o lixo para fora, pegar as crianças na escola, ajudar os vizinhos, fazer o jantar, varrer o chão e escutar. Ela realiza todas essas tarefas – algumas de braços abertos, outras rangendo os dentes – que caracterizam o bem-estar pessoal e familiar e sustentam a vida social.

Todos nós temos uma participação nessa economia nuclear, mas algumas pessoas (como a mãe de Adam Smith) passam muito mais tempo nela do que outras. O tempo pode ser um recurso humano universal, mas varia enormemente no que diz respeito a como cada um nós o experimenta e o utiliza, até onde podemos controlá-lo e como é valorizado.[31] Na África subsaariana e no sul da Ásia, o tempo gasto com a economia nuclear é particularmente visível, porque, quando o Estado falha em prover e o mercado está fora de alcance, os membros da família precisam se encarregar do provimento de suas próprias necessidades de maneira muito mais direta. Milhões de mulheres e meninas caminham vários quilômetros todos os dias, carregando na cabeça o peso do próprio corpo em água, alimento e lenha, muitas vezes com um bebê amarrado nas costas – e tudo isso sem pagamento. Mas essa divisão sexual entre trabalho remunerado e não remunerado é prevalecente em todas as sociedades, embora às vezes menos visível. E, como o trabalho na economia nuclear é gratuito, costuma ser subvalorizado e explorado, gerando desigualdades perenes de posição social, oportunidades de emprego, renda e poder entre mulheres e homens.

Ao ignorar em grande medida a economia nuclear, a corrente dominante também deixou de perceber até que ponto a economia remunerada depende dela. Sem todo esse trabalho de cozinhar, lavar, alimentar e varrer, não haveria trabalhadores – hoje ou no futuro – que fossem saudáveis, bem alimentados e prontos para o trabalho a cada manhã. Como o futurista Alvin Toffler gostava de perguntar em reuniões elegantes de executivos: "Quão produtiva seria a sua força de trabalho se não tivesse sido treinada para ir ao banheiro na hora certa?"[32] A escala da contribuição da economia nuclear tampouco deve ser desprezada levianamente. Num estudo de 2002 realizado na Basileia, uma rica metrópole suíça, o valor estimado dos cuidados não remunerados providos nos lares da cidade excedia o custo total dos salários pagos em todos os hospitais, creches e escolas locais, de diretores a zeladores.[33] Da mesma forma, um levantamento feito em 2014 junto a 15 mil mães nos Estados Unidos calculou que, se as mulheres fossem pagas pelos salários por hora vigentes para cada um dos papéis que desempenham – de governanta e educadora infantil a motorista de van e faxineira –, então as mães que ficam em casa receberiam cerca de 120 mil dólares por ano. Até mesmo as mães que trabalham fora todos os dias receberiam um extra de 70 mil dólares acrescido aos seus salários efetivos, considerando todos os cuidados não remunerados que também proporcionam em casa.[34]

Por que é importante que essa economia nuclear seja visível na economia? Porque a prestação de cuidados pelo agregado familiar é essencial para o bem-estar humano, e a produtividade na economia remunerada depende diretamente dela. Ela é importante porque, quando os governos, em nome da austeridade e da economia no setor público, cortam orçamentos para creches, serviços comunitários, licença parental e clubes de jovens, a necessidade da creche não desaparece: ela simplesmente é empurrada para dentro de casa. A pressão, particularmente sobre o tempo das mulheres, pode forçá-las a deixar o trabalho e aumentar o estresse social e a vulnerabilidade. Isso acaba por minar tanto o bem-estar quanto o empoderamento feminino, com muitos efeitos indiretos para a sociedade e a economia. Em suma, incluir a economia doméstica no novo diagrama da macroeconomia é o primeiro passo para o reconhecimento do seu caráter central e para a redução e redistribuição do trabalho feminino não remunerado.[35]

O MERCADO, *que é poderoso – portanto, integre-o com sabedoria*

A grande sacada de Adam Smith foi mostrar que o mercado pode mobilizar informações difusas sobre os desejos das pessoas e o custo de atendê-los, coordenando, assim, bilhões de compradores e vendedores mediante um sistema global de preços – tudo sem a necessidade de um grande plano centralizado. Essa eficiência distribuída do mercado é de fato extraordinária, e tentar dirigir uma economia sem ele costuma levar a uma escassez de suprimentos e longas filas. Foi a partir do reconhecimento desse poder que os roteiristas neoliberais colocaram o mercado como protagonista de sua peça econômica. Há, porém, um lado secundário no poder do mercado: ele só valoriza o que tem preço e só entrega àqueles que podem pagar. Como o fogo, é extremamente eficiente no que faz, mas perigoso se foge do controle. Quando não tem restrições, degrada o mundo vivo, forçando exageradamente as fontes e os escoadouros da Terra. E também não consegue entregar bens públicos essenciais – desde educação e vacinas até estradas e ferrovias – dos quais seu próprio sucesso depende. Ao mesmo tempo, como veremos no capítulo 4, sua dinâmica inerente tende a ampliar as desigualdades sociais e gerar instabilidade econômica, no sentido de definir e delimitar seu terreno.

É também por isso que, sempre que ouço uma pessoa louvar o "livre mercado", peço que me leve até lá, porque nunca o vi funcionando em nenhum país que visitei. Os economistas institucionais – de Thorstein Veblen a Karl Polanyi – há muito vêm apontando que os mercados (e portanto seus preços) são fortemente moldados pelo contexto de leis, instituições, regulações, políticas e cultura de uma sociedade. Como escreve Ha-Joon Chang, "um mercado só parece livre porque aceitamos tão incondicionalmente suas restrições subjacentes que somos incapazes de vê-las".[36] De passaportes a medicamentos e fuzis AK-47, há muita coisa que não pode ser comprada legalmente ou vendida sem uma licença oficial. Sindicatos, políticas de imigração e leis de salário mínimo, tudo isso tem um efeito sobre o nível dos salários de um país. As exigências de relatórios corporativos, a cultura de primazia do acionista e "salvamentos" financiados pelo Estado, tudo isso influencia o nível de lucro das empresas. Esqueça o livre mercado: pense no mercado integrado. E, por mais estranho que possa soar, isso significa que não existe esse negócio chamado desregulação, mas apenas uma *re-regulação* que integra o mercado num conjunto diferente de regras políticas, legais e culturais, simplesmente trocando quem assume os riscos e custos e quem embolsa os ganhos.[37]

OS BENS COMUNS, *que são criativos – portanto, libere seu potencial*

Os bens comuns são recursos compartilháveis da natureza ou da sociedade que as pessoas optam por usar e gerir mediante a auto-organização, em vez de esperar que o Estado ou o mercado o façam. Pense em como a população de uma aldeia poderia administrar seu único poço de água doce e a floresta das proximidades, ou como usuários da internet no mundo todo fazem coletivamente a gestão da Wikipédia. Os bens comuns naturais surgiram tradicionalmente em comunidades que buscavam gerir os recursos da "fonte comum" da Terra, tais como pastos, áreas de pesca, bacias hidrográficas e florestas. Os bens comuns culturais servem para manter vivos a língua, a herança e os rituais, os mitos e a música, o conhecimento e as práticas tradicionais de uma comunidade. E os bens comuns digitais, em rápido crescimento, são geridos colaborativamente online, cocriando softwares de código aberto, redes sociais, informação e conhecimento.

A descrição que Garrett Hardin faz dos bens comuns como "trágicos" – que se encaixava tão bem no roteiro neoliberal – surgiu da crença de que, se o acesso fosse livre a todos, então pastos, florestas e áreas de pesca inevitavelmente seriam usados em excesso e esgotados. Ele provavelmente estava certo em relação a isso, mas o "livre acesso" é algo muito distante do modo como os bens comuns bem-sucedidos são realmente geridos. Nos anos 1970, a pouco conhecida cientista política Elinor Ostrom começou a procurar exemplos na vida real de recursos naturais comuns bem administrados para descobrir o que os fazia funcionar – e acabou recebendo um Prêmio Nobel por suas descobertas. Em vez de contarem com "livre acesso", esses bens comuns eram geridos por comunidades claramente definidas, com regras e sanções punitivas para aqueles que as desrespeitassem, acordadas coletivamente.[38] Longe de trágicos, ela percebeu, os bens comuns podem se revelar um triunfo, ultrapassando o Estado e o mercado na gestão sustentável e na extração equitativa dos recursos da Terra, como veremos nos capítulos 5 e 6.

O triunfo dos bens comuns é sem dúvida evidente nos bens comuns digitais, que estão se transformando rapidamente em uma das mais dinâmicas arenas da economia global. Essa transformação é possibilitada, segundo o analista econômico Jeremy Rifkin, pela progressiva convergência de redes de comunicação digital, energia renovável e impressão 3D, criando o que ele chamou de "bens comuns de colaboração". O que torna a convergência dessas tecnologias tão poderosamente perturbadora é o seu potencial para promover a propriedade distribuída, a colaboração em rede e os custos mínimos de funcionamento. Uma vez instalados os painéis solares, as redes de computadores e as impressoras 3D, o custo de produzir um joule extra de energia, um download extra, um componente extra impresso em 3D é próximo de zero, o que levou Rifkin a chamá-la de "a revolução do custo marginal zero".[39]

O resultado é que uma gama crescente de produtos e serviços pode ser produzida em abundância, praticamente de graça, desencadeando potencial como modelos de código aberto, educação gratuita online e manufatura distribuída. Em alguns setores fundamentais, os recursos colaborativos do século XXI começaram a complementar e competir com o mercado, e até mesmo a tomar o seu lugar. Além disso, o valor gerado é desfrutado diretamente por aqueles que cocriam nos bens comuns, e talvez nunca seja monetizado – com implicações intrigantes para o futuro do crescimento do PIB, como veremos no capítulo 7.

Apesar do seu potencial criativo – e por vezes em razão dele –, os bens comuns foram, ao longo dos séculos, usurpados igualmente pelo mercado e pelo Estado, mediante a anexação de terras comuns, a divisão da empresa em trabalhadores e proprietários e a ascensão da rivalidade que opõe mercado e Estado. Tudo isso foi ajudado pela teoria econômica que pretendia mostrar que os bens comuns estavam destinados ao fracasso. Mas, graças a Ostrom, evidências amplamente documentadas de sucesso nos bens comuns têm gerado crescente interesse no seu ressurgimento – e é por isso que precisam ser desenhadas claramente no diagrama da Economia Integrada.

O ESTADO, *que é essencial – portanto, torne-o responsável*

Como principal autor do roteiro neoliberal, Milton Friedman estava determinado a limitar o papel econômico do Estado a defender a nação, policiar suas ruas e fazer vigorar suas leis. Seu propósito legítimo, acreditava ele, era simplesmente assegurar a propriedade privada e os contratos legais, que ele via como pré-requisitos para que os mercados funcionassem tranquilamente.[40] Com efeito, ele buscava relegar o Estado a um papel sem falas na peça econômica: mencionado no enredo, visto fugazmente no palco, mas com pouca ação permitida. O rival de Friedman, Paul Samuelson, discordava veementemente dessa visão. "O papel criativo do governo na vida econômica é vasto e inescapável num mundo interdependente e superpovoado", escreveu ele em edições posteriores do seu manual. Mas a postura de Friedman prevaleceu entre os ansiosos pela "redução" do Estado.[41]

Para o enredo econômico do século XXI, é preciso repensar o papel do Estado. Encaremos da seguinte maneira: no filme baseado na peça, o Estado deveria se empenhar ao máximo para ganhar o Oscar de Melhor Ator Coadjuvante – no papel do parceiro econômico que tanto apoia o agregado familiar como os bens comuns e o mercado. Primeiro, provendo bens públicos – de educação e saúde até estradas e iluminação das ruas – acessíveis a todos, não só àqueles que podem pagar, permitindo assim que a sociedade e sua economia prosperem. Segundo, apoiando o papel nuclear de cuidador do agregado familiar, no tocante a políticas de licença parental que empoderam ambos os progenitores, a investimentos em educação nos primeiros anos e a assistência para idosos. Terceiro, acionando o dinamismo dos bens comuns, com leis e instituições que possibilitem seu potencial colaborativo e os protejam de usurpação. Quarto, domando o poder do mercado por meio de instituições e regulações que promovam o bem comum – desde a proibição de poluentes tóxicos e o abuso de informações de mercado privilegiadas até a proteção da biodiversidade e dos direitos dos trabalhadores.

Como todos os melhores atores coadjuvantes, o Estado também pode ocupar o centro do palco, assumindo o risco de empreendimentos que o mercado e os bens comuns não podem ou não se dispõem a assumir. O extraordinário sucesso de empresas de tecnologia como a Apple por vezes é mostrado como evidência do dinamismo do mercado. Mas Mariana Mazzucato, especialista na economia da inovação dirigida pelo Estado, ressalta que a pesquisa básica por trás de toda inovação que torna um smartphone "inteligente" – GPS, microchips, telas sensíveis ao toque e a própria internet – foi financiada pelo governo americano. O Estado, não o mercado, acabou por se revelar o parceiro inovador, que assume riscos, não "excluindo" mas "dinamizando inclusivamente" a iniciativa privada – e essa tendência vale também para outras indústrias de alta tecnologia, tais como a farmacêutica e a biotecnológica.[42] Nas palavras de Ha-Joon Chang, "se continuarmos obcecados com a ideologia de livre mercado que nos diz que apenas aqueles que apostam no setor privado podem ter êxito, acabaremos ignorando uma imensa gama de possibilidades de desenvolvimento econômico por meio do poder público ou de parcerias público-privadas".[43] Essa liderança por parte do Estado é agora necessária em todo o mundo para catalisar investimentos públicos, privados, de agregados familiares e bens comuns num futuro de energia renovável.

O Estado como parceiro econômico capacitador e empoderador: soa tão bem... será bom demais para ser verdade? Isso depende crucialmente, argumentam o economista Daron Acemoglu e o cientista político James Robinson, de as instituições políticas e econômicas estatais serem, em cada país, inclusivas ou extrativas. Em termos simples, instituições inclusivas dão voz a muitas pessoas na tomada de decisões, ao contrário das extrativas, que privilegiam a voz de poucos e lhes permitem explorar e governar os demais.[44] A ameaça do Estado autoritário é muito real, mas o mesmo se passa com o perigo do fundamentalismo do mercado. Para evitar tanto a tirania do Estado quanto a do mercado, a chave está na política democrática – reforçando, assim, o papel fundamental desempenhado pela sociedade na geração do engajamento cívico necessário para a participação e responsabilização na vida pública e política.

AS INSTITUIÇÕES FINANCEIRAS, *que estão a serviço – portanto, faça-as servir à sociedade*

Três mitos muito antigos compõem a história tradicional das instituições financeiras: que os bancos comerciais trabalham transformando a poupança das pessoas em investimentos; que as transações financeiras estabilizam as flutuações da economia; e que, portanto, o setor financeiro provê um serviço valioso para a economia produtiva. Todos esses três mitos foram derrubados publicamente pela crise financeira de 2008. Longe de apenas emprestarem dinheiro poupado por outras pessoas, os bancos criam magicamente dinheiro como crédito. Longe de promoverem estabilidade, os mercados financeiros inerentemente geram fluxo. E, longe de proverem um serviço valioso para a economia produtiva, as instituições financeiras transformaram-se no rabo que balança o cachorro.

Em primeiro lugar, ao contrário do que dizem a história dos manuais e o diagrama do Fluxo Circular, os bancos não apenas emprestam dinheiro que foi depositado pelos poupadores. Eles criam dinheiro do nada toda vez que emitem empréstimos – registrando em seus livros tanto um passivo (uma vez que o empréstimo é retirado pelo tomador) como um crédito (uma vez que o empréstimo será pago com juros ao longo do tempo). Essa criação de crédito não é nova – teve início vários milhares de anos atrás –, e pode desempenhar um papel inestimável, mas sua escala cresceu enormemente desde os anos 1980. Essa expansão foi deflagrada pela desregulação financeira (pense em *re-regulação*) – incluindo-se aí o Big Bang de 1986 no Reino Unido e a revogação da Lei Glass-Steagall nos Estados Unidos em 1999 –, que pôs fim à exigência de que os bancos mantenham as poupanças e os empréstimos dos clientes separados de seus próprios investimentos especulativos.

Em segundo lugar, os mercados financeiros não tendem a promover a estabilidade econômica, apesar de afirmarem isso. Graças à desregulação financeira, afirmou em 2004 o presidente do Federal Reserve dos Estados Unidos, Alan Greenspan, "não só as instituições financeiras individualmente se tornaram menos vulneráveis a choques ocasionados por fatores de risco subjacentes, mas também o sistema financeiro como um todo se tornou mais resiliente".[45] Quatro anos depois, o colapso financeiro refutou essa afirmação de maneira bastante decisiva. Ao mesmo tempo, a hipótese do mercado eficiente de Eugene Fama – de que os mercados financeiros são inerentemente eficientes – perdeu credibilidade e tem sido contradita pela hipótese da instabilidade financeira de Hyman Minsky – de que os mercados financeiros são inerentemente voláteis –, como veremos no capítulo 4.

Por fim, longe de desempenharem um papel coadjuvante na economia produtiva, as instituições financeiras vieram a dominá-la. Em muitos países, uma pequena elite financeira – baseada em apenas um punhado de instituições bancárias e financeiras – controla o bem público da criação de dinheiro e lucra muitíssimo com ele, ao mesmo tempo que desestabiliza, com demasiada frequência, grande parte da economia mais ampla. É hora de endireitar esse cenário e replanejar as instituições financeiras para que fluam a serviço da economia e da sociedade. Esse replanejamento também convida a repensar de que modo o dinheiro poderia ser criado – não apenas pelo mercado, mas também pelo Estado e pelos bens comuns; e os capítulos 5, 6 e 7 exploram algumas possibilidades para isso.

AS EMPRESAS, *que são inovadoras – portanto, dê um propósito a elas*

Operando no âmbito do mercado, as empresas podem ser extraordinariamente efetivas em conjugar pessoas, tecnologia, energia, materiais e meios financeiros para inovar. A narrativa neoliberal afirmava que o mecanismo do mercado é o que torna as empresas eficientes, ignorando assim o que se passa dentro delas, da mesma forma como fazia com o agregado familiar. Mas também aqui é essencial levantar a tampa e dar uma olhada dentro da caixa-preta da produção.

O poder está sempre em jogo entre os trabalhadores assalariados de uma empresa e seus acionistas, devido à vasta desigualdade entre eles, como testemunharam Friedrich Engels e Karl Marx nas esquálidas fábricas da Inglaterra vitoriana. Essas condições ainda podem ser encontradas hoje em dia em fábricas e fazendas de todo o mundo, onde, em nome do lucro, os administradores com frequência desrespeitam a lei, por exemplo trancafiando trabalhadores, dificultando pausas para ir ao banheiro ou despedindo mulheres quando engravidam. Mas, até mesmo quando operam dentro da lei, as empresas podem, em muitos países, empregar trabalhadores com contratos inseguros, sem definição de horário de trabalho, enquanto lhes pagam o salário mínimo legal, o que faz com que vivam abaixo da linha da pobreza.[46]

Garantir o direito dos trabalhadores de se organizar e negociar coletivamente é um meio de compensar esses profundos desequilíbrios de poder; outro é mudar a estrutura de propriedade da própria empresa, pondo fim à secular divisão entre trabalhadores e donos, como veremos no capítulo 5. Além disso, a visão estreita de Friedman sobre o negócio da empresa perdeu credibilidade: em face dos desafios do século XXI, as empresas precisam de um propósito muito mais inspirador do que apenas maximizar o valor das ações, e, como ilustra o capítulo 6, um número cada vez maior de empreendimentos está encontrando maneiras de fazer isso.

O COMÉRCIO, *que tem dois lados – portanto, torne-o justo*

O diagrama da Economia Integrada poderia ser usado para retratar a economia de uma única nação, mas também pode servir para a economia global, e por isso inclui o comércio internacional. A globalização tem levado a uma rápida expansão de fluxos transfronteiriços nos últimos vinte anos, graças aos contêineres de carga e à redução dos custos internacionais de transporte e comunicação possibilitada pela internet; e também, desde 1995, graças ao programa de liberalização da Organização Mundial do Comércio.

A influente teoria do comércio de Ricardo, como um jogo em que todos ganham, baseava-se em produtos como vinho e tecidos, e presumia que os fatores de produção – terra, mão de obra e capital – não podiam se mover além das fronteiras nacionais. Hoje, tudo se move, exceto a terra, com fluxos transfronteiriços que incluem comércio de produtos e serviços (desde fruta fresca até assessoria legal); investimento estrangeiro (em empresas e imóveis); fluxos financeiros (de empréstimos bancários a participações acionárias); e a migração de pessoas à procura de um meio de subsistência.

Todos esses fluxos transfronteiriços têm o potencial de proporcionar benefícios, mas também implicam riscos. Quando é mais barato importar alimentos de primeira necessidade como arroz e trigo do que cultivá-los, o comércio entre países pode reduzir significativamente os preços dos alimentos para os consumidores. Ao mesmo tempo, pode minar a produção interna de alimentos e deixar o país altamente vulnerável às flutuações internacionais de preços – como mostraram as revoltas do pão, do Egito a Burkina Faso, quando o preço global do trigo, do milho e do arroz triplicou durante a crise dos preços dos alimentos em 2007-8. Quando trabalhadores especializados migram – como os médicos e enfermeiros da África subsaariana que trabalham na Europa –, eles levam consigo valiosas habilidades e enviam remessas extremamente necessárias para suas famílias em casa, mas isso também pode ocasionar uma escassez dessas habilidades nos serviços essenciais de seu próprio país. Quando as empresas fabricam no exterior, isso muitas vezes resulta em produtos mais baratos para os consumidores e cria novos empregos no estrangeiro. Mas também pode resultar em perda de empregos internos, dizimando comunidades inteiras – como aconteceu no "cinturão da ferrugem" dos Estados Unidos, o antigo centro industrial do país. Da mesma forma, os influxos financeiros podem impulsionar o incipiente mercado de ações de uma economia emergente, mas, quando esses meios saem do país ainda mais depressa do que entraram, isso pode levar a um quase colapso da moeda, como descobriram da pior maneira possível países como Tailândia, Indonésia e Coreia do Sul durante a crise financeira asiática no final dos anos 1990. Fluxos transfronteiriços têm sempre dois lados, e portanto precisam ser vigiados.

Ricardo estava certo em pensar que nações muito diferentes podem ser capazes de comerciar com ganhos mútuos, mas a vantagem comparativa não é somente aquilo com que somos abençoados: é algo que podemos construir. No entanto, como afirma Ha-Joon Chang, os países de alta renda dos dias de hoje estão "chutando para longe a escada" pela qual um dia subiram, recomendando que países de baixa e média renda abram suas fronteiras e sigam uma estratégia comercial que eles próprios estrategicamente evitaram. Apesar de sua retórica corrente de "livre-comércio", no que diz respeito a negociações comerciais quase todos os atuais países de alta renda – inclusive o Reino Unido e os Estados Unidos – tomaram o caminho oposto para garantir seu próprio sucesso industrial, optando por proteção tarifária, subsídios industriais e empresas estatais sempre que isso se mostrou vantajoso do ponto de vista nacional. E, hoje em dia, eles ainda mantêm um rígido controle sobre seus principais ativos comercializados, como, por exemplo, a propriedade intelectual.[47]

Assim como não existe uma coisa chamada livre mercado, também não existe uma coisa chamada livre-comércio: todos os fluxos transfronteiriços se desenrolam contra o pano de fundo de história nacional, instituições correntes e relações de poder internacionais. Conforme ilustra a crise dos preços dos alimentos de 2007-8, seguida pela crise financeira de 2008-10, é necessária uma cooperação efetiva entre governos para assegurar que os benefícios dos fluxos transfronteiriços sejam amplamente compartilhados.

O PODER, *que permeia tudo – portanto, vigie seus abusos*

Procure a palavra "poder" no índice remissivo de um manual moderno de economia e ela dificilmente será encontrada. Mas o poder está em jogo numa miríade de âmbitos por toda a economia e a sociedade: nas decisões domésticas cotidianas sobre quem vai tomar conta dos filhos; nas negociações salariais patrão-empregado; nas discussões internacionais sobre comércio e mudanças climáticas; e no domínio dos seres humanos sobre as outras espécies do planeta. Onde quer que haja pessoas presentes, aí também estarão as relações de poder: pense nelas atravessando todo o diagrama da Economia Integrada, dentro de cada um de seus domínios e também na interface entre eles.

Dentre todas essas relações de poder, quando se trata do funcionamento da economia, uma em particular exige atenção: o poder dos ricos de reformular as regras da economia em seu favor. O diagrama do Fluxo Circular de Samuelson inadvertidamente ajudou a encobrir essa questão ao retratar os agregados familiares como um grupo homogêneo, cada família oferecendo sua mão de obra e capital em troca de salários e uma participação nos lucros – que são, por sua vez, pagos por um conglomerado de empresas homogêneas. Mas, como o movimento Occupy deixou claro com o seu meme do 1% e dos 99%, essa imagem estilizada não faz realmente justiça à realidade que viemos a conhecer. A desigualdade tanto entre agregados familiares quanto entre empresas aumentou vertiginosamente em muitos países nas últimas décadas. E a extrema concentração de renda e riqueza – nas mãos tanto de bilionários como de conselhos de administração de empresas – transforma-se rapidamente em poder sobre o modo como a economia é gerida e para quem.

Em política, o dinheiro fala – quando é preciso, em público; mas preferivelmente em privado, com apertos de mão às escondidas, reuniões a portas fechadas e subornos pagos por baixo da mesa. Essas relações obedecem a uma poderosa "regra de ouro", afirma o cientista político Thomas Ferguson, com base em sua longa análise do financiamento político nos Estados Unidos. As empresas efetivamente investem em candidatos a cargos políticos e esperam um retorno para esse investimento na forma de políticas favoráveis. "Para descobrir quem manda, siga o dinheiro", aconselha ele: basta rastrear o dinheiro que financia qualquer campanha política importante para ver o que guia a sua agenda.[48]

Nos Estados Unidos, o financiamento eleitoral por pessoas físicas e jurídicas aumentou mais de vinte vezes desde 1976, ultrapassando os 2,5 bilhões de dólares durante a disputa presidencial Obama-Romney em 2012.[49] Desde 2005, somente a indústria de combustíveis fósseis gastou 1,7 bilhão de dólares nos Estados Unidos em lobby e contribuições de campanha, o que explica o seu entranhado apoio político. Na Europa, a Parceria Transatlântica de Comércio e Investimento (TTIP, na sigla em ingês) – uma proposta de acordo comercial que promete audiências privadas em tribunal para empresas americanas e europeias que desejem processar os governos umas das outras – foi elaborada sob forte influência das grandes companhias. Em 2012-13, quando estavam sendo encaminhadas as discussões do tratado, mais de 90% das reuniões realizadas pela União Europeia – 520 em 560 – foram com lobistas de empresas.[50] Exemplos como esse apenas reforçam a necessidade de que, na história do século XXI, a economia seja planejada para ser mais distributiva não só quanto à renda, mas também quanto à riqueza, como explora o capítulo 5, de modo a contrapor o poder da elite com o empoderamento do cidadão.

Subindo a cortina para uma história do século XXI

Dê um passo para trás, examine todo o palco e o novo elenco de personagens que este capítulo apresentou: que diferença faz tudo isso? O simples fato de deixarmos de lado o diagrama do Fluxo Circular e desenharmos em seu lugar o diagrama da Economia Integrada transforma o ponto de partida da análise econômica. Esse novo diagrama põe fim ao mito do mercado autônomo e autossuficiente, substituindo-o pelo abastecimento por parte do agregado familiar, do mercado, dos bens comuns e do Estado – todos integrados e dependentes da sociedade, que por sua vez está integrada no mundo vivo. E desvia a nossa atenção do mero acompanhamento do fluxo de renda para as muitas fontes distintas de riqueza – natural, social, humana, física e financeira – das quais depende o nosso bem-estar.

Essa nova visão suscita novas perguntas. Em vez de nos concentrarmos imediatamente em fazer os mercados funcionarem com mais eficiência, podemos começar considerando: quando é que cada um dos nossos quatro domínios de abastecimento – agregado familiar, bens comuns, mercado e Estado – é mais adequado para satisfazer as vontades e necessidades da humanidade? Que mudanças em tecnologia, cultura e normas sociais poderia alterar isso? Como esses quatro domínios podem funcionar de maneira mais eficiente em conjunto – por exemplo, o mercado com os bens comuns, os bens comuns com o Estado, ou o Estado com o agregado familiar? Da mesma forma, em vez de nos concentrarmos, por predefinição, em como aumentar a atividade econômica, devemos nos perguntar de que modo o conteúdo e a estrutura dessa atividade poderiam moldar a sociedade, a política e o poder. E até onde pode crescer a economia, dada a capacidade ecológica da Terra?

No final de *A tempestade*, de Shakespeare – quando todos os males foram reparados –, a filha de Próspero, Miranda, que viveu em clausura na ilha com o pai, vê pela primeira vez os nobres intriguistas de Milão que naufragaram durante a tempestade. "Ó maravilha!", exclama ela. "Quantas adoráveis criaturas aqui estão! Como é bela a humanidade! Ó admirável mundo novo/ Que possui gente assim!" Os economistas do século XXI poderiam partilhar a admiração de Miranda, mas sem a sua ingenuidade política. Tendo estado enclausurados por setenta anos, confinados no insular diagrama do Fluxo Circular de Samuelson e no estreito roteiro neoliberal da Sociedade Mont Pèlerin, podemos agora começar a escrever uma nova história simplesmente pegando um lápis e desenhando o diagrama da Economia Integrada. E uma vez que essa perspectiva de visão de conjunto coloca a economia em contexto, é muito mais fácil ver algumas das grandes questões que o economista do século XXI precisa abordar. Há apenas uma coisa que continua a faltar, e trata-se do protagonista da peça: a humanidade.

3. Estimular a natureza humana

Do homem econômico racional a seres humanos sociais adaptáveis

Pense no mais famoso retrato já pintado. Só pode ser a *Mona Lisa*, o enigmático quadro de Leonardo da Vinci que é reproduzido em cartões-postais e ímãs de geladeira no mundo inteiro. Leonardo era um mestre da pintura a óleo, mas também foi pioneiro em desenhos a bico de pena. Enquanto observava pessoas nas ruas de Milão, inventou a arte da caricatura, esses retratos "carregados" que intencionalmente exageram os traços mais característicos da pessoa – seja um nariz abatatado ou um queixo protuberante – para produzir uma imagem que, cômica ou grotesca, apresenta uma inequívoca semelhança com seu modelo.

A *Mona Lisa* pode encabeçar a lista de retratos famosos, mas está longe de ser o mais influente. Essa honra cabe a um personagem igualmente enigmático, mas inteiramente distinto, que se parece mais com uma das caricaturas de Leonardo. É, sem dúvida, o homem econômico racional, a egocêntrica representação da humanidade no cerne da teoria econômica, também conhecido como *Homo economicus* (repare como o toque de latim lhe empresta um ar de credibilidade científica). Sua imagem tem sido desenhada e redesenhada ao longo dos últimos dois séculos por sucessivas gerações de economistas, e com o tempo tornou-se tão exagerada e embelezada que aquilo que começou como um retrato se transformou numa caricatura e terminou como um cartum.[1] Apesar dos seus absurdos, porém, a influência do homem econômico racional vai muito além dos ímãs de geladeira. Ele é o protagonista de todos os manuais de economia dominantes; informa a tomada de decisões políticas no mundo inteiro; molda a maneira como falamos sobre nós mesmos; e nos diz, sem palavras, como nos comportar. E é precisamente por isso que ele é tão importante.

O *Homo economicus* pode ser a menor unidade de análise na teoria econômica – equivalente ao átomo na física –, mas, assim como o átomo, sua composição tem consequências profundas. Em 2100, muito provavelmente, seremos mais de 10 bilhões de pessoas. Se caminharmos para esse futuro continuando a nos imaginar, comportar e justificar como *Homo economicus* – solitários, calculistas, competitivos e insaciáveis –, então teremos pouca chance de satisfazer os direitos humanos de todos na medida dos meios de nosso planeta vivo. Assim, é hora de termos um novo encontro com nós mesmos, desde o começo, retirando essa imagem caricatural da galeria econômica e pintando, em seu lugar, um novo retrato da humanidade. Ele se revelará o mais importante retrato encomendado no século XXI, mostrando-se importante não só para os economistas, mas para todos nós. Seus esboços preliminares estão sendo preparados, e, exatamente como no ateliê de Leonardo, muitos artistas estão colaborando na sua montagem, desde psicólogos, cientistas comportamentais e neurologistas até sociólogos, cientistas políticos e, sim, economistas.

Este capítulo acompanha o retrato em evolução do homem econômico racional que acabou por definir a nossa identidade econômica e revela o profundo impacto que ele tem tido sobre nós. Mas também olha para a frente, para o nosso novo retrato que está surgindo, explorando cinco grandes alterações na representação de quem nós somos. Cada uma dessas alterações ilumina um aspecto crítico da natureza humana que, uma vez compreendido, pode ser cultivado de maneira a nos ajudar a entrar no espaço seguro e justo para a humanidade.

A história do nosso autorretrato

O homem econômico racional se encontra no cerne da teoria econômica dominante, mas a história de sua origem tem sido apagada dos manuais. Seu retrato é pintado em palavras e equações, não em imagens. Se fosse desenhado, porém, teria mais ou menos o seguinte aspecto: parado em pé, sozinho, dinheiro na mão, calculadora na cabeça e ego no coração.

Homem econômico racional:
o personagem humano que se encontra
no cerne da teoria econômica dominante.

De onde veio esse infame personagem? Seu primeiro retrato mais íntimo foi criado por Adam Smith em duas importantes obras, *A teoria dos sentimentos morais*, de 1759, e seu livro de 1776 conhecido como *A riqueza das nações*. Hoje, Smith é mais lembrado por ter notado a propensão humana para "permutar, negociar e trocar", além do papel desempenhado pelo interesse próprio no bom funcionamento dos mercados.[2] Mas embora julgasse que o interesse próprio era, "de todas as virtudes, a mais útil para o indivíduo", Smith também acreditava que estava longe de ser a mais admirável de nossas características, as quais seriam nossa "humanidade, justiça, generosidade e espírito público ... as qualidades mais úteis para os outros". Será que ele achava que a humanidade era motivada apenas pelo interesse próprio? De modo algum. "Por mais egoísta que se possa supor o homem", escreveu ele, "há evidentemente alguns princípios na sua natureza que o fazem interessar-se pela boa fortuna dos outros, e com que a felicidade destes lhe seja necessária, embora não retire nada dela exceto o prazer de vê-la."[3] Além disso, Smith acreditava que o interesse próprio do indivíduo e a preocupação com os outros se conjugavam com os seus diversos talentos, motivações e preferências para produzir um personagem moral complexo cujo comportamento não podia ser predito com facilidade.

Na falta de um personagem simplificado e previsível no seu cerne, a economia política parecia destinada a permanecer uma mera arte, não uma ciência. Essa frustração induziu John Stuart Mill a simplificar a descrição e tornar-se – seguindo as pegadas de Leonardo – o primeiro caricaturista econômico. A economia política "não trata da natureza humana como um todo ... nem do comportamento do homem como um todo na sociedade", argumentou ele em 1844. "Ela se preocupa com ele apenas como um ser que deseja possuir riqueza." A esse desejo de riqueza, Mill acrescentou duas outras características exageradas: uma profunda aversão ao trabalho e o amor pelo luxo. Ele admitiu que o retrato resultante era uma "definição arbitrária do homem", baseada em "pressupostos talvez inteiramente desprovidos de fundamento", o que tornava as conclusões da economia política "verdadeiras apenas ... *em abstrato*". Mas justificou sua caricatura, confiando que nenhum "economista político seria algum dia tão absurdo a ponto de supor que a humanidade fosse realmente assim constituída", ao mesmo tempo acrescentando que "este é o modo pelo qual a ciência deve necessariamente prosseguir".[4]

Nem todo mundo concordou: na década de 1880, o economista político Charles Stanton Devas cunhou um apelido agora infame ao escarnecer de Mill por "compor um *Homo economicus* ridículo" e examinar apenas "o animal caçador de dólares".[5] Mas, ao apresentar um personagem simplificado e previsível, a caricatura de Mill ampliou o escopo da teoria econômica e do seu método aparentemente científico, e a coisa pegou.

O economista mais ávido em levar adiante os esforços de Mill na caricatura foi William Stanley Jevons, que se inspirou no sucesso de Newton em reduzir o mundo físico a átomos e depois construir suas leis do movimento a partir de um átomo único. Assim, ele tentou fazer um modelo da economia de uma nação segundo as mesmas linhas, reduzindo a atividade econômica ao que chamou de "o indivíduo médio solteiro, a unidade de que é composta a população".[6] Para chegar a isso, teve de tornar a caricatura ainda mais exagerada, de modo que o comportamento humano pudesse ser descrito matematicamente, o que para Jevons era o máximo da credibilidade científica. Ele observou que o filósofo Jeremy Bentham vinha se ocupando em expor a ideia de utilidade – um "cálculo felicífico" baseado numa ambiciosa classificação de catorze tipos de prazer humano e doze tipos de dor – de modo a fornecer a base quantificável para a criação de um código legal e moral universal. Aproveitando o potencial matemático desse conceito, Jevons compôs o "homem calculista", cuja fixação em maximizar sua utilidade fazia com que sopesasse constantemente a satisfação de consumo que poderia retirar de qualquer combinação possível de suas opções.[7]

Com essa jogada, Jevons pôs a utilidade no cerne da teoria econômica – posição que ela ocupa até hoje –, e daí derivou a lei dos rendimentos decrescentes: quanto mais consumimos alguma coisa (sejam bananas, seja xampu), menos desejamos obtê-la em quantidades ainda maiores. Mas, embora cada um de seus desejos seguisse tal lei de saciedade, esse homem econômico não conhecia a saciedade geral. Alfred Marshall expõe esse fato de maneira incisiva em seu influente texto de 1890, *Princípios de economia*. "As vontades e desejos humanos são incontáveis em número e muito variadas em espécie", escreveu. "O homem não civilizado, na verdade, não tem muito mais do que o animal bruto; mas cada passo na sua progressão ascendente aumenta a variedade de suas necessidades ... ele deseja uma escolha maior de coisas, e coisas que satisfaçam novas vontades crescendo dentro dele."[8] Assim, no final do século XIX, a caricatura retratava claramente um homem solitário, sempre calculando sua utilidade, e insaciável em suas vontades.

Era uma descrição visual poderosamente simples, que abria caminho para novos tipos de raciocínio econômico. Mas ainda não era suficiente: o homem econômico, segundo o modelo do século XIX, podia estar sempre calculando, mas não era onisciente, e sua inerente incerteza (que o forçava a agir segundo a opinião e não o conhecimento) barrava o caminho para um modelo matemático completo. Então, nos anos 1920, o economista Frank Knight, da Escola de Chicago, decidiu atribuir ao homem econômico duas características divinas – perfeito conhecimento e perfeita presciência – que lhe permitiam comparar todos os bens e preços ao longo do tempo. Essa foi uma ruptura decisiva com o retrato antigo: não mais exagerando traços humanos reconhecíveis, Knight embelezou seu *Homo economicus* com poderes super-humanos. E, com isso, transformou a caricatura no personagem de um cartum. E ele sabia disso: admitiu que seu retrato da humanidade carregava "um conjunto formidável" de abstrações artificiais, resultando numa criatura que "trata os outros seres humanos como se fossem máquinas caça-níqueis".[9] Mas a ciência econômica precisava justamente que um homem idealizado como aquele habitasse seu mundo econômico idealizado, argumentou ele, de forma a liberar o potencial de modelagem matemática. Assim, Knight tornou-se o primeiro cartunista econômico do mundo.

Milton Friedman reforçou as justificativas de Knight na década de 1960, quando defendeu o personagem do cartum. Ele argumentou que, como as pessoas no mundo real se comportavam "como se" estivessem fazendo os cálculos egoístas e oniscientes atribuídos ao homem econômico racional, então as premissas simplificadas – e o personagem do cartum que retratavam – eram legítimas.[10] Crucialmente, por volta dessa mesma época, o cartum de Knight começou a ser visto por muitos economistas proeminentes como exemplar, um modelo de como o homem real *deveria* se comportar. O homem econômico racional passou a definir a racionalidade, afirma a historiadora econômica Mary Morgan, e transformou-se num "modelo normativo de comportamento a ser seguido por atores econômicos reais".[11]

A vida imita a arte

No decorrer de dois séculos – dos anos 1770 aos 1970, à medida que a representação visual do homem econômico foi se modificando de um detalhado retrato para um cartum grosseiro –, o que havia começado como um modelo *do* homem tinha se transformado em um modelo *para* o homem.

Isso é importante, argumenta o economista Robert Frank, porque "nossas crenças acerca da natureza humana ajudam a moldar a própria natureza humana". A pesquisa realizada por Frank e outros revelou, primeiramente, que a disciplina da economia tende a atrair pessoas egoístas. Pesquisas experimentais na Alemanha, por exemplo, revelaram que, em comparação com estudantes de outras disciplinas, os estudantes de economia eram mais propensos a se deixar corromper – a dar respostas tendenciosas – se isso levasse a recompensas pessoais.[12] Pesquisas nos Estados Unidos revelaram igualmente que os estudantes de economia tendiam em maior medida a aprovar comportamentos egoístas de si próprios ou de terceiros, e que professores de economia contribuíam significativamente menos para instituições de caridade do que seus colegas não tão bem remunerados de muitas outras disciplinas.[13]

Além de atrair pessoas egoístas, porém, estudar o *Homo economicus* pode também nos modificar, remodelando quem pensamos ser e como devemos nos comportar. Em Israel, estudantes do terceiro ano de economia classificaram valores altruístas – como gentileza, honestidade e lealdade – como muito menos importantes na vida do que seus colegas calouros. Depois de terem feito um curso de teoria econômica dos jogos (um estudo de estratégia que assume o interesse próprio em seus modelos), estudantes universitários americanos passaram a se comportar de maneira mais egoísta, e a esperar que os outros também o fizessem.[14] "Os efeitos perniciosos da teoria do egoísmo têm sido extremamente perturbadores", conclui Frank. "Incentivando-nos a esperar o pior dos outros, ela revela o pior que há em nós: temendo fazer papel de otários, muitas vezes relutamos em dar ouvidos a nossos instintos mais nobres."[15]

Essa é uma clara advertência a todos os estudantes de economia. Mas a influência do homem econômico racional sobre o nosso comportamento vai muito além da sala de aula. Um exemplo impressionante foi revelado na Chicago Board Options Exchange (CBOE), que abriu em 1973 e se tornou uma das bolsas de derivativos financeiros mais importantes do mundo. No mesmo ano em que a CBOE iniciou suas operações, dois influentes economistas, Fischer Black e Myron Scholes, publicaram o que veio a ser conhecido como o modelo Black-Scholes, que usava dados de mercado publicamente disponíveis para calcular o preço esperado de opções negociadas no mercado. No começo, as predições da fórmula tinham desvios enormes – cerca de 30% a 40% – em relação aos preços reais de mercado na CBOE. Mas, dentro de poucos anos, e sem alterações no modelo, os preços previstos pela fórmula diferiam por meros 2%, em média, dos preços reais de mercado. O modelo Black-Scholes logo foi saudado como "a mais bem-sucedida teoria não só nas finanças, mas em toda a economia", e seus criadores foram laureados com o Prêmio Nobel.

No entanto, dois sociólogos da economia, Donald MacKenzie e Yuval Millo, decidiram mergulhar mais fundo na matéria, entrevistando alguns dos próprios corretores de derivativos. O que eles descobriram? Que a crescente acurácia da teoria com o tempo devia-se ao fato de os corretores terem começado a se comportar *como se* a teoria fosse verdadeira, de modo que estavam utilizando os preços preditos pelo modelo como referência para fazer suas próprias ofertas. "A economia financeira", concluíram eles, "na verdade ajudou a criar o tipo de mercado postulado pela teoria."[16] E, como os mercados financeiros mais tarde aprenderam, quando essas teorias se revelam equivocadas, as consequências podem ser terríveis.

A Chicago Board Options Exchange, onde os mercados vieram a imitar a teoria do mercado.

Se o homem econômico racional é capaz de remodelar o nosso comportamento nos mercados financeiros, é muito provável que também o esteja remodelando em outros aspectos da vida, sobretudo quando suas prioridades permeiam nossa linguagem. Um experimento nos Estados Unidos revelou que, depois de serem solicitados a resolver charadas simples envolvendo palavras como "lucros", "custos" e "crescimento", executivos de empresas tendiam a responder às necessidades dos colegas com menos empatia, preocupando-se inclusive com a possibilidade de que expressar preocupação pelos outros no trabalho não parecesse uma postura profissional.[17] Outra pesquisa experimental descobriu que estudantes universitários convidados a participar de um "Estudo de Reação do Consumidor" identificavam-se mais intensamente com noções de riqueza, status e sucesso do que seus colegas aos quais foi dito apenas que estavam participando de um "Estudo de Reação do Cidadão".[18] Se mudarmos uma palavra, podemos mudar, sutil mas profundamente, atitudes e comportamentos. Ao longo do século XX, o uso generalizado da palavra "consumidor" cresceu vigorosamente na vida pública, na definição de políticas e na mídia, até que bateu de longe a palavra "cidadão": nos livros e jornais em língua inglesa, isso ocorreu em meados dos anos 1970.[19] Por que isso é importante? Porque, como explica o analista cultural e de mídia Justin Lewis, "ao contrário do que acontece com o cidadão, os meios de expressão do consumidor são limitados: enquanto os cidadãos podem abordar qualquer aspecto da vida cultural, social e econômica ... os consumidores só encontram expressão no mercado".[20]

O retrato do século XXI

O retrato que pintamos de nós mesmos molda claramente a pessoa em quem nos transformamos. Por isso é essencial para a economia fazer um retrato totalmente novo da humanidade. Compreendendo melhor a nossa própria complexidade, podemos estimular a natureza humana e dar a nós mesmos uma chance muito maior de criar economias que nos permitam prosperar no espaço seguro e justo do Donut. Os esboços preliminares para esse autorretrato atualizado estão em andamento, revelando cinco grandes alterações no modo como podemos retratar melhor os nossos eus econômicos: 1) em vez de seres egoístas e autocentrados, somos sociais e recíprocos; 2) em vez de preferências inflexíveis, temos valores fluidos; 3) em vez de isolados, somos interdependentes; 4) em vez de calcular, geralmente aproximamos; e 5) longe de dominar a natureza, estamos profundamente integrados na teia da vida.

Essas cinco alterações no emergente retrato são fascinantes, mas há apenas um senão: a escolha do modelo do artista. Ao longo dos últimos quarenta anos, experimentos em psicologia comportamental revelaram bastante coisa sobre como as pessoas efetivamente se comportam – mas que pessoas? Por pura conveniência, a vasta maioria dos estudos experimentais conduzidos por pesquisadores acadêmicos na América do Norte, na Europa, em Israel e na Austrália usaram os estudantes de graduação de suas próprias universidades como sujeitos das pesquisas. Consequentemene, entre 2003 e 2007, 96% das pessoas estudadas nesses experimentos provêm de países onde residem apenas 12% da população mundial. Isso não seria preocupante se o comportamento desses indivíduos fosse representativo de pessoas em toda parte. Mas acontece que não é assim. Os poucos casos de pesquisas realizadas em outros países e culturas revelam que esses alunos universitários que são fáceis de estudar na realidade se comportam de maneira bastante diferente da maioria das pessoas. Isso pode muito bem ocorrer porque, ao contrário da maior parte da humanidade, eles vivem em sociedades Weird – *western, educated, industrialised, rich and democratic*, isto é, ocidentais, instruídas, industrializadas, ricas e democráticas.[21]

O que esse viés de amostragem significa quando se trata de dar sentido ao retrato emergente? Compreender a amplitude das diferenças de comportamento entre culturas e sociedades – e as razões por trás delas – é sem dúvida tema para uma pesquisa extremamente necessária, mas por enquanto podemos contar com duas certezas. Primeiro, embora o comportamento humano possa variar entre sociedades, uma coisa importante une a humanidade: nenhum de nós se parece com aquele velho e estreito modelo do homem econômico racional. Segundo, até que se esboce uma imagem mais detalhada e diversificada da humanidade, o retrato emergente descrito nas cinco alterações que se seguem é muito mais parecido com o de pessoas em sociedades Weird.

Do interesse próprio à reciprocidade social

Adam Smith reconheceu que o interesse próprio é um traço humano eficaz para promover o bom funcionamento dos mercados, mas sabia que ele estava longe de ser o único necessário para fazer funcionar igualmente bem a sociedade e a economia de modo geral. Contudo, em *A riqueza das nações*, seu aguçado foco nesse traço humano ofuscou o restante de suas valiosas observações sobre moral e motivação, e ele foi pinçado isoladamente por seus sucessores para fornecer o DNA para o homem econômico. Durante os dois séculos seguintes, a teoria econômica acabou por se assentar sobre a premissa básica de que o egoísmo competitivo é não só o estado natural do homem, mas também sua estratégia ideal para o sucesso econômico.

No entanto, dê um passo para trás e observe como as pessoas de fato se comportam, e essa premissa começa a parecer inconsistente. Além de egoístas, somos também altruístas. Ajudamos estranhos com sua bagagem pesada, seguramos a porta uns para os outros, compartilhamos comida e bebida, damos dinheiro para instituições de caridade e doamos sangue – até mesmo partes do corpo – para pessoas que jamais conheceremos. Bebês com apenas catorze meses de idade ajudam outros estendendo-lhes objetos que estão fora de alcance, crianças de três anos dividem suas guloseimas com outras. É claro que tanto crianças quanto adultos muitas vezes precisam fazer um esforço para dividir – sem dúvida também somos capazes de tirar dos outros e acumular –, mas o surpreendente é que cheguemos a dividir.[22] Acontece que o *Homo sapiens* é a espécie mais cooperativa do planeta, superando formigas, hienas e até mesmo o rato-toupeira-pelado quando se trata de viver junto daqueles que não são nossos parentes próximos.

Em suma, junto com a nossa propensão a negociar, também somos levados a dar, compartilhar e retribuir. Talvez isso se deva ao fato de que a cooperação aumenta as chances de sobrevivência do nosso próprio grupo. Nos termos mais simples, mandamos uma mensagem clara uns aos outros: se você quiser se dar bem, aprenda a se dar bem com os outros. E aprendemos a nos dar bem com os outros de maneiras muito singulares. Segundo os economistas Sam Bowles e Herb Gintis, nós, os das sociedades Weird, costumamos praticar a chamada "reciprocidade forte": somos cooperadores condicionais (tendemos a cooperar contanto que os outros também cooperem), mas também castigadores altruístas (prontos a punir desertores e parasitas mesmo que isso implique um custo pessoal). E é a combinação dessas duas características que leva ao sucesso da cooperação em larga escala na sociedade.[23] Não é de admirar que os sistemas de avaliação e crítica sejam tão populares no mercado online, geralmente anônimo. Do eBay ao Etsy, eles transformam o registro de cada participante na sua reputação comercial, revelando em quem se pode confiar e permitindo que cooperadores condicionais se encontrem e prosperem até mesmo na presença de parasitas.[24]

Nossa prontidão para cooperar e punir desertores tem sua mais famosa demonstração no Jogo do Ultimato, que tem sido jogado em muitas sociedades além das ocidentais, instruídas, industrializadas, ricas e democráticas. A dois jogadores – um propositor e um respondedor que são anônimos um para o outro – é oferecida uma quantia de dinheiro a ser partilhada, em geral o equivalente à remuneração de dois dias de trabalho. O propositor sugere como fazer a divisão, e, se o respondedor aceitar a proposta, cada um recebe a respectiva parte; se o respondedor rejeitar a proposta, porém, ambos saem de mãos vazias. E eles só podem jogar uma vez. Se, como presume a teoria dominante, as pessoas fossem puramente egoístas, então os respondedores aceitariam qualquer quantia oferecida: recusá-la significaria rejeitar dinheiro grátis. Mas o que acontece na prática? Os respondedores costumam rejeitar propostas que consideram injustas, mesmo que isso signifique não receber dinheiro algum.[25] Nós, seres humanos, estamos prontos a punir os outros pelo seu egoísmo, mesmo que isso nos custe alguma coisa.

Os resultados mais interessantes, porém, surgem das maneiras contrastantes como as diferentes sociedades disputam o jogo. Entre estudantes universitários norte-americanos – a arquetípica comunidade Weird –, os propositores tendem a oferecer ao outro jogador uma parcela de 45%, e ofertas abaixo de 20% tendem a ser rejeitadas. Ao mesmo tempo, entre os machiguenga da Amazônia peruana, os propositores tendem a oferecer muito menos – cerca de apenas 25% –, e os respondedores quase sempre aceitam sua parte, por menor que seja. Em contraste, entre os aldeões de Lamalera, na Indonésia, os propositores prontificam-se a abrir mão de quase 60% do dinheiro, e as rejeições são raras.

O que explica essas amplas variações nas normas culturais de reciprocidade? Em grande parte, as diversificadas sociedades e economias em que vivemos. Os norte-americanos vivem numa economia de mercado altamente interdependente que se baseia numa cultura de reciprocidade para funcionar. Em contrapartida, os caçadores-coletores machiguenga vivem em pequenos grupos familiares e satisfazem a maior parte de suas necessidades dentro de seus próprios lares, com poucas trocas entre si: logo, sua dependência da reciprocidade comunitária é relativamente baixa. Os aldeões de Lamalera, por sua vez, dependem da caça comunitária da baleia para seu sustento, saindo para o mar em grandes canoas que transportam uma dúzia de homens ou mais, e que então precisam dividir o resultado da caça diária: rígidas normas de compartilhamento são essenciais para seu sucesso coletivo, e se refletem nas suas elevadas ofertas no jogo.

Nas diferentes culturas, as normas sociais de reciprocidade variam claramente de acordo com a estrutura da economia, em especial a importância relativa do agregado familiar, do mercado, dos bens comuns ou do Estado na satisfação das necessidades da sociedade.[26] O sentimento de reciprocidade parece coevoluir com a estrutura da economia: uma descoberta fascinante com importantes implicações para aqueles que visam reequilibrar os papéis do agregado familiar, do mercado, dos bens comuns e do Estado na sociedade.

De preferências fixas a valores fluidos

A teoria econômica, curiosamente, começa com maiores de dezoito anos: é o homem econômico racional, e não o garoto econômico racional, que encontramos primeiro – mas por quê? Porque a teoria parte da premissa de que as pessoas têm gostos predeterminados, formados de forma independente da economia. Poucos tentariam negar que a publicidade das empresas alicia as crianças, aproveitando ao máximo seu poder de importunar no presente enquanto semeia os gostos e desejos que orientarão seu poder de compra amanhã. Mas os adultos talvez possam ser mais bem retratados como consumidores soberanos, tendo as empresas como único objetivo fornecer produtos e serviços que se ajustem às suas preferências existentes. Nesse contexto, é provável que quaisquer mudanças nos hábitos de compra das pessoas vão se dever a novas informações sobre os produtos, a uma mudança nos preços relativos ou a uma alteração em sua renda.

Essa história, obviamente, está longe de ser crível. Os adultos, como as crianças, não são de forma nenhuma imunes às mensagens da propaganda, como percebeu na década de 1920 o sobrinho de Sigmund Freud, Edward Bernays. "Nós somos governados, nossas mentes são moldadas, nossos gostos formados, nossas ideias sugeridas, em grande parte por homens dos quais nunca ouvimos falar", escreveu Bernays em seu livro *Propaganda*. "São eles que manipulam os fios que controlam a mente do público."[27] Bernays inventou a indústria das "relações públicas" e rapidamente se tornou o grande manipulador de fios dos Estados Unidos, convencendo as mulheres (em nome da American Tobacco Corporation) de que os cigarros eram as suas "tochas da liberdade", enquanto persuadia a nação (em nome do departamento de carne suína da Beech-Nut Packing Company) de que bacon e ovos fritos eram o "caloroso" desjejum tipicamente americano.[28] Recorrendo aos insights de seu tio quanto ao funcionamento da mente humana, Bernays sabia que o segredo de influenciar preferências não residia em anunciar os atributos de um produto (é maior, mais rápido, mais brilhante!), mas em associar esse produto a valores profundamente enraizados, como liberdade e poder.

Esses valores profundos aos quais Bernays recorreu com maestria têm sido pesquisados desde então de maneira sistemática, com resultados igualmente profundos. Desde a década de 1980, o psicólogo social Shalom Schwartz e colegas estudaram pessoas de todas as idades e origens em mais de oitenta países, identificando dez conjuntos de valores pessoais básicos que são reconhecidos através das culturas: auto-orientação, estimulação, hedonismo, realização, poder, segurança, conformidade, tradição, benevolência e universalismo. Quando se trata de estimular a natureza humana, três coisas sobressaem nos seus achados.

Primeiro, os dez valores básicos estão presentes em todos nós, e cada um de nós é motivado pela sua totalidade, mas em graus amplamente diferentes que variam entre culturas e indivíduos. O poder e o hedonismo, por exemplo, podem predominar em alguns povos, enquanto em outros prevalecem a benevolência e a tradição. Segundo, cada um desses valores pode ser "acionado" em nós se for deflagrado: quando somos lembrados de segurança, por exemplo, tendemos a assumir menos riscos; quando poder e realização são trazidos à mente, temos menor propensão a cuidar das necessidades dos outros. Terceiro, e mais interessante, a força relativa desses diferentes valores muda dentro de nós não só no decorrer da vida, mas na verdade várias vezes por dia, quando trocamos de papéis e contextos sociais, por exemplo quando passamos do local de trabalho para um espaço social, da mesa da cozinha para a mesa de reuniões, dos bens comuns para o mercado ou o lar. E, assim como acontece com os músculos, quanto maior a frequência com que algum valor é acionado, mais forte ele se torna.

Schwartz descobriu além disso que os dez valores básicos podem ser agrupados em torno de dois eixos fundamentais, como é ilustrado no seu circumplexo. O primeiro justapõe *abertura à mudança* (que diz respeito a independência e novidade) a *conservação* (relacionada a autorrestrição e resistência à mudança). O segundo justapõe *autoaprimoramento* (focado em status e sucesso pessoal) a *autotranscendência* (ter preocupação com o bem-estar de todos). A divisão entre autoaprimoramento e autotranscendência é ecoada no contraste entre motivação *extrínseca* – que nos leva a agir para alcançar um resultado maior, tal como obter status, dinheiro ou algum

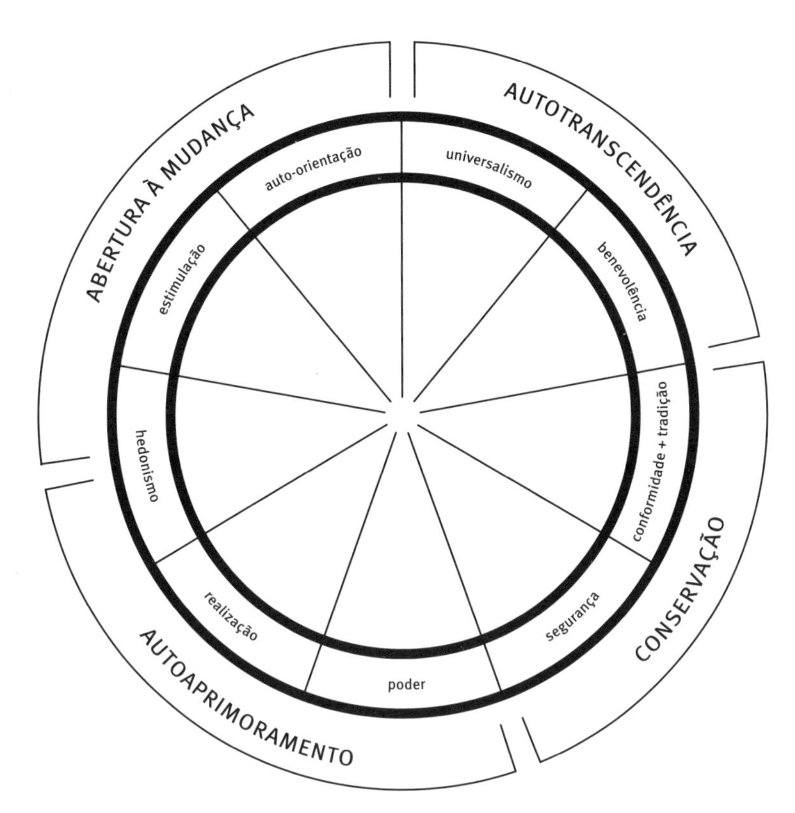

O circumplexo de valores de Schwartz, que mostra os dez valores pessoais básicos que são comuns entre as culturas.

outro benefício – e motivação *intrínseca*, que nos leva a fazer algo porque é inerentemente interessante ou gratificante.[29] Além disso, esses dez valores tendem a influenciar uns aos outros numa dinâmica de empurrar e puxar através dos eixos. Acionar um valor, como estimulação, tende a ativar seus vizinhos, hedonismo e auto-orientação, ao mesmo tempo que suprime seus opostos, segurança, conformidade e tradição.[30]

Essas percepções sobre a responsividade e fluidez dos valores que motivam nossas ações trazem bem mais nuances para o emergente retrato da humanidade do que as preferências predeterminadas do *Homo economicus*, com muitas implicações para o modo como podemos estimular a natureza humana, como veremos a seguir.

Do isolamento à interdependência

A representação do homem econômico racional como um indivíduo isolado – não afetado pelas escolhas dos outros – revelou-se altamente conveniente para a modelagem da economia, mas foi questionada durante muito tempo até mesmo dentro da disciplina. No final do século XIX, o sociólogo e economista Thorstein Veblen repreendeu a teoria econômica por retratar o homem como um "glóbulo autônomo de desejo", enquanto o polímata francês Henri Poincaré apontou que ela desconsiderava "a tendência das pessoas de se comportar como rebanho".[31] Ele estava certo: nós não somos tão diferentes das manadas quanto gostaríamos de imaginar. Seguimos normas sociais, em geral preferindo fazer o que esperamos que os outros façam, e, sobretudo se tomados pelo medo ou a dúvida, tendemos a acompanhar a multidão.

Um experimento significativo com os gostos musicais de adolescentes de sociedades Weird demonstrou exatamente o quanto as normas sociais podem ser influentes. Os participantes foram recrutados – 14 mil no total – por um website adolescente, solicitados a escutar um conjunto de 48 canções (todas desconhecidas, de bandas desconhecidas) e fazer uma classificação; depois, se desejassem, podiam baixar suas favoritas. Num grupo de controle, os participantes receberam apenas o nome de cada banda, o título da canção e uma gravação da música antes de fazerem sua classificação. Em outros oito grupos separados, porém, os participantes também podiam ver quantas vezes cada música já tinha sido baixada pelos outros integrantes de seu grupo.

O resultado? Em todos os oito grupos experimentais, a popularidade de cada canção era em parte determinada pela sua qualidade (conforme classificação independente dos participantes do grupo de controle): as "melhores" raramente tinham resultado ruim e as "piores" raramente se saíam bem. Mas uma boa parte da popularidade de cada canção também se devia à influência social: os participantes preferiam canções das quais sabiam que os outros gostavam. E, quanto mais proeminentemente era exibida no site a classificação feita pelos outros participantes, maior era a probabilidade de surgir um "grande sucesso" em cada grupo – e, o que é mais fascinante, mais difícil se tornava prever que canção acabaria sendo tal sucesso.[32] Esse tipo de comportamento de manada pode ser altamente contagioso e altamente incerto. E explica a imprevisibilidade não só da próxima canção no topo da parada, mas também do que causará furor, em matéria de moda, no próximo verão – para não falar dos "espíritos animais" que governam os altos e baixos das bolsas de valores –, o que revela a força das redes sociais na formação de nossas preferências, aquisições e ações.

Esse tipo de influência social tende a crescer à medida que a vida das pessoas acaba por ficar mais entrelaçada do que nunca, ainda que de maneiras novas. Como ressalta o teórico de redes Paul Ormerod, estamos mais conscientes do que nunca das opiniões, decisões, escolhas e dos comportamentos dos outros. Em 1900, cerca de 10% das pessoas no mundo viviam em cidades; em 2050, serão cerca de 70%. Se combinarmos a proximidade dos moradores das cidades com as redes mundiais de comunicação transmitindo notícias e opiniões, dados e anúncios, o que emerge é uma rede mundial dinâmica de redes de seres humanos.[33]

Para Veblen, um dos efeitos mais perniciosos de tal influência social foi o surgimento do que ele chamou de "consumo conspícuo": o desejo de adquirir bens e serviços de luxo para sinalizar aos outros nosso status, na esperança de nos mantermos "à altura dos vizinhos". Joseph Stiglitz ressalta que esse efeito é particularmente preocupante hoje em dia no contexto de elevada desigualdade, tanto entre os países como dentro deles. Existe um "bem documentado efeito estilo de vida", observa ele, no qual "pessoas fora do 1% do topo vivem cada vez mais além de suas possibilidades. A economia do gotejamento* pode ser uma quimera, mas o behaviorismo do gotejamento é muito real".[34]

Qual é a implicação disso para uma política econômica que pretenda influenciar a maneira como nos comportamos? Tradicionalmente, os economistas têm procurado mudar o comportamento das pessoas mudando o

* Economia do gotejamento – *trickle-down economics* – é o termo usado para designar políticas, especialmente de redução de impostos, que favorecem os mais ricos e privilegiados. (N.T.)

preço relativo das coisas, seja por meio de um imposto sobre o açúcar ou de um desconto sobre os painéis solares. Mas essa sinalização de preços com frequência são incapazes de atingir os resultados esperados, observa Ormerod, porque podem ser abafados por efeitos de rede muito mais fortes, graças às normas e expectativas sociais do que os outros na rede estão fazendo.[35] Ao mesmo tempo, talvez seja possível aproveitar essa interdependência para a mudança comportamental, como veremos.

Do cálculo à aproximação

O *Homo sapiens* claramente não é páreo para a infalibilidade do homem econômico racional. Até aí estava-se de acordo desde a década de 1950, quando Herbert Simon discordou de seus colegas economistas e começou a estudar como as pessoas de fato se comportavam, descobrindo que sua racionalidade estava gravemente "limitada". Seus achados, ampliados pelas descobertas dos psicólogos Daniel Kahneman e Amos Tversky na década de 1970, deram origem ao campo hoje conhecido como economia comportamental, que estuda vários tipos de "vieses cognitivos" que fazem com que os humanos se desviem sistematicamente do modelo ideal de racionalidade.

Existem exemplos em abundância. Nós – pelo menos os Weird – costumamos apresentar: viés de disponibilidade – tomar decisões com base na informação mais recente e mais acessível; aversão à perda – a forte preferência por evitar uma perda em vez de obter um ganho equivalente; cognição seletiva – aceitar fatos e argumentos que se encaixam em nossas referências; e viés de risco – subestimar a probabilidade de eventos extremos, ao mesmo tempo superestimando nossa habilidade de lidar com eles. E há muitos outros. Na verdade, uma página da Wikipédia lista mais de 160 vieses cognitivos – é como um Jogo dos 7 Erros, só que em tamanho gigante, e em que é preciso encontrar as diferenças entre o homem econômico racional e seus equivalente humanos falíveis.[36]

O que fazer diante dessas deficiências irracionais? Introduzir políticas de empurrão, afirmam Richard Thaler e Cass Sunstein, que as definem como "qualquer aspecto da arquitetura de escolhas que altera o comportamento das pessoas de forma previsível sem proibir nenhuma opção nem modificar significativamente seus incentivos econômicos".[37] Graças a Edward Bernays, marcas e varejistas vêm nos dando empurrões há quase um século nas mensagens implícitas da propaganda, na colocação dos produtos nas lojas e nos programas de TV e na psicologia de vendas. Mas as políticas públicas também podem ser concebidas para nos dar empurrões. Expor frutas na altura dos olhos numa cantina escolar é um empurrão para a alimentação saudável. Estruturar planos de aposentadoria em empresas de modo que sejam automaticamente inclusivos – opta-se por sair, e não por entrar no plano – é um empurrão para a segurança de renda no longo prazo. As políticas de empurrão, em suma, podem ser usadas para nos incentivar a copiar o modo como nos comportaríamos se fôssemos tão racionais quanto o homem econômico.

Os empurrões das políticas podem funcionar, é claro, mas o catálogo sempre crescente de vieses cognitivos faz com que os seres humanos comecem a parecer bastante incompetentes: de fato, começa a parecer um milagre que tenhamos sobrevivido. E é justamente o contrário que acontece, argumenta o psicólogo evolutivo Gerd Gigerenzer: nós sobrevivemos e prosperamos não apesar dos nossos vieses cognitivos, mas por causa deles. Esses pretensos vieses são os fundamentos da nossa heurística, os atalhos mentais inconscientes que pegamos toda vez que usamos uma "regra prática" para tomar decisões. Ao longo dos milênios, o cérebro humano evoluiu para confiar em instrumentos de tomada rápida de decisões num mundo incerto que se move a grande velocidade, e em muitos contextos essa heurística nos leva a tomar decisões melhores do que aquelas que tomaríamos mediante cálculos exatos.

A heurística de escolher o melhor, por exemplo, proporciona uma maneira "rápida e simples" de tomar decisões em situações de incerteza. Trabalhando com paramédicos em hospitais, Gigerenzer ajudou a criar uma árvore de decisões simples, com três perguntas, que permite aos médicos utilizar as melhores informações, ou as de maior pertinência, para avaliar rapidamente se um paciente corre risco de sofrer um ataque cardíaco e deve ser internado para receber cuidados coronários. Primeiro, deve-se fazer a Pergunta 1: existem irregularidades no eletrocardiograma? Se sim, internar para cuidados coronários. Se não, deve-se fazer a Pergunta 2: dores no peito são o principal sintoma? Se sim, internar para cuidados coronários. Se não, deve-se fazer a Pergunta 3: algum dos outros cinco sintomas específicos está presente? Se sim, internar para cuidados coronários; se não, providenciar um leito na enfermaria geral. De modo fascinante, descobriu-se que esse método faz predições mais acuradas do que um software médico que reúne e avalia cerca de cinquenta informações sobre cada paciente.[38] Considerando o valor de uma heurística rápida e simples como esta, talvez devêssemos pensar em nós mesmos não como homens racionais, mas como homens heurísticos, e orgulharmo-nos disso: o que à primeira vista parece uma falha da racionalidade poderia ser pensado melhor como um triunfo da evolução.

A força dessa heurística levou Gigerenzer a discordar das prescrições dos economistas comportamentais, que, segundo ele, "pensam que as pessoas são basicamente incorrigíveis quando se trata de compreender o risco, e que precisamos persuadi-las o tempo todo a se comportar, do nascimento até a morte". Em vez de pormos de lado os nossos métodos empíricos com um empurrão, argumenta ele, deveríamos estimular essas habilidades heurísticas e ao mesmo tempo reforçá-las com habilidades básicas de avaliação de risco. "Vivemos no século XXI, cercados por tecnologia complexa, e há coisas que não saberemos antecipar", argumenta Gigerenzer. "Precisamos não só de tecnologias melhores, mais burocracia e leis mais rígidas ... mas de cidadãos especialistas em risco." E ele demonstrou, de fato, que podemos aprender a ser mais proficientes em matéria de risco ensinando, com êxito, habilidades cotidianas de raciocínio estatístico a médicos alemães, juízes americanos e crianças chinesas em idade escolar. Ele acredita que, em vez de sermos passivamente empurrados a agir com sensatez, podemos aprender a ser especialistas em risco com o método empírico e, assim, tomarmos nós próprios a decisão de agir sensatamente.[39]

Trata-se de uma abordagem fascinante e empoderadora, mas que não resolve um problema de se confiar em heurística: ela funciona melhor no contexto para o qual se desenvolveu. O contexto da humanidade, porém, mudou nos últimos 10 mil anos, e de forma particularmente drástica nos últimos duzentos anos. Tomemos os devastadores efeitos das mudanças climáticas, por exemplo: a princípio eles tendem a ser invisíveis, retardados, graduais e distantes; quatro características com as quais nossas ferramentas heurísticas de decisão reconhecidamente não lidam bem. Assim, a maneira inteligente de seguir adiante, no caso dos formuladores de políticas que procuram promover mudanças de comportamento, é incentivar uma judiciosa mistura de heurística de avaliação de risco e empurrões comportamentais, com base em uma muito necessária compreensão de quando cada abordagem funciona melhor.

Do domínio à dependência

Um novo autorretrato da economia deve refletir a forma como vemos o lugar da humanidade no mundo. A representação tradicional ocidental do homem tem a natureza a seus pés e à sua disposição. "Que a raça humana recobre seu direito sobre a natureza que lhe pertence por legado divino", escreveu no século XVII o filósofo Francis Bacon.[40] Essa perspectiva foi ecoada por W. Arthur Lewis, fundador da economia do desenvolvimento, em seu livro *Economics: Man and His Material Resources*, de 1949, que se propunha a estudar "as maneiras como a humanidade tenta arrancar a subsistência da Terra" fazendo "o uso mais eficiente de escassos recursos". Essa presunção do domínio do homem sobre a natureza remonta ao passado longínquo na cultura ocidental, pelo menos até os versículos de abertura da Bíblia. E também serve de sustentáculo para a linguagem da economia ambiental, que enquadra o mundo vivo como um depósito de "recursos naturais", como se ele estivesse esperando – à maneira de uma pilha de blocos Lego – para ser transformado pelo homem em algo útil para o próprio homem.

Em vez de presidir no topo da pirâmide da natureza, no entanto, a humanidade está profundamente emaranhada na teia da natureza. Estamos integrados no mundo vivo, não separados nem acima dele: vivemos dentro da biosfera, não sobre o planeta. Como afirmou com sabedoria o ecologista americano Aldo Leopold, precisamos transformar o modo como nos vemos, "de conquistadores da comunidade terrena para simples membros e cidadãos dela".[41] Graças a quarenta anos de pesquisa do sistema terrestre, temos uma compreensão científica cada vez melhor de como a época do Holoceno – com seu clima estável, abundância de água potável, camada protetora de ozônio e imensa biodiversidade – permitiu que a humanidade prosperasse, e de como, portanto, dependemos do contínuo florescer da Terra.

Essa mudança de perspectiva – de pirâmide para teia, de pináculo para participante – também nos convida a ir além dos valores antropocêntricos e reconhecer e respeitar o valor intrínseco do mundo vivo. "O que é realmente necessário", sugere o pensador Otto Scharmer, "é uma modificação mais profunda na consciência de modo que comecemos a nos preocupar e agir, não só por nós e por outras partes interessadas, mas no interesse de todo o ecossistema no qual ocorrem as atividades econômicas."[42] A necessidade de uma tal mudança de consciência é particularmente forte nas sociedades Weird: nos Estados Unidos, por exemplo, as crianças que são criadas hoje em centros urbanos possuem uma compreensão muito mais simplista e antropomórfica do mundo vivo do que as crianças criadas em comunidades de americanos nativos.[43] Um modo prático de resolver esse problema seria ensinar e incorporar a ecoalfabetização em todas as escolas, de maneira que as gerações vindouras desenvolvam uma visão de mundo baseada na compreensão dos sistemas interdependentes do mundo vivo que tornam possível a vida na Terra.

Mudar nosso senso de pertencimento no mundo depende também de encontrar palavras melhores para descrevê-lo. A teórica política Hannah Arendt observou certa vez que um cachorro vira-lata tem mais chance de sobreviver se lhe for dado um nome.[44] Talvez dentro desse espírito, os economistas ambientais da corrente dominante passaram a descrever agora o mundo vivo em termos dos "serviços ecossistêmicos" que ele provê e da riqueza de "capital natural" que ele contém. Mas os nomes que escolhemos são importantes: chamar um vira-lata de Campeão em vez de Chorão implica a mudança de apenas algumas letras, mas transforma inteiramente a forma como ele é visto no mundo. E é precisamente por isso que falar em "capital natural" e "serviços ecossistêmicos" tem um significado tão dúbio: pode estar dando um nome ao vira-lata, mas o nome escolhido limita-se a fazer com que o mundo vivo deixe de ser visto como o meio material do homem e passe a ser encarado como um ativo em seu balanço patrimonial. Quando foi convidado a falar aos alunos da Faculdade de Recursos Naturais da Universidade de Berkeley, Oren Lyons, chefe da nação iroquesa Onondaga, ressaltou esse risco: "O que vocês chamam de recursos, nós chamamos de parentes", explicou. "Se pensarem em termos de relacionamentos, vocês os tratarão melhor, não? ... Voltem aos relacionamentos, porque eles são a base da sobrevivência."[45]

Não surpreende que novos pensadores econômicos estejam à procura de palavras que descrevam melhor o modo como nos inserimos no mundo. A especialista em biomimética Janine Benyus – cujas ideias vamos explorar no capítulo 6 – fala eloquentemente da Terra como "este lar que é nosso, mas não somente nosso". Para o escritor ecologista Charles Eisenstein, é hora de nos reconhecermos como "o eu vivo conectado em parceria cocriativa com a Terra".[46] Esse tipo de linguagem faz algumas pessoas se contorcerem, talvez porque nos confronte com o desconforto de reconhecer nossos relacionamentos mais profundos e no entanto mais negligenciados. E também sinaliza como estamos desacostumados a falar de nós mesmos dessa maneira, um pouco como peixes à procura de uma palavra para a água. Como nos inserimos neste mundo e qual é o nosso papel? Encontrar as palavras para dizer isso pode se revelar mais importante do que somos capazes de imaginar quando se trata de determinar se podemos ou não aprender como espécie a prosperar junto com as outras.

Essas cinco mudanças fornecem esboços preparatórios para o retrato da humanidade do século XXI, mas a tarefa ainda está longe de terminada. Primeiro, precisamos entender melhor nossos eus econômicos, além de como nos comportamos em relação ao dinheiro. Assim como os estudantes em sociedades Weird acabam se comportando de forma diferente da maioria das pessoas, assim também o dinheiro talvez afete o nosso comportamento de forma bem diferente da maneira que nos afeta a maioria das outras coisas que são importantes para nós. Como poderíamos jogar o Jogo do Ultimato se os envolvidos fossem solicitados a compartilhar não dinheiro, mas comida, água, serviços de saúde, tempo ou voz política? É extremamente improvável que o dinheiro invoque o mesmo senso de justiça que essas outras coisas que tanto valorizamos. Além disso, temos muito a compreender sobre quem somos todos nós, e não só os das sociedades Weird. Uma maior diversidade na pesquisa experimental sem dúvida revelará mais algumas diferenças fascinantes entre povos e culturas, mas poderemos, em última análise, descobrir que – nas palavras da falecida deputada britânica Jo Cox – temos "muito mais em comum uns com os outros do que coisas que nos dividem".[47]

Como, então, as ideias provenientes dessas cinco modificações no nosso autorretrato poderão ser aproveitadas de maneira a nos ajudar a trazer toda a humanidade para dentro do Donut? Essa pergunta será recorrente ao longo dos próximos capítulos, mas um tópico merece aqui atenção particular: o crescente uso de incentivos monetários em políticas destinadas a pôr fim à privação humana e à degradação ecológica. Evidências iniciais sugerem que os pagamentos monetários com frequência expulsam motivações existentes ao ativar valores extrínsecos em vez de intrínsecos. Como revelam os estudos de caso descritos a seguir, pode haver formas bem mais sensatas – baseadas no que sabemos agora sobre valores, estímulos, redes e reciprocidade – para estimular a natureza humana rumo ao espaço seguro e justo do Donut.

Mercados e fósforos: manusear com cuidado

A política econômica da corrente dominante pressupõe que uma forma confiável de mudar o comportamento das pessoas é mudar os preços relativos, seja criando mercados, atribuindo direitos de propriedade ou impondo regulações. "Basta acertar os preços", dirá um economista típico: resolva isso e o resto virá sozinho.

Os preços são importantes, é claro. Quando países como Maláui, Uganda, Lesoto e Quênia pararam de cobrar taxas para as crianças frequentarem a escola primária a partir do fim dos anos 1960, as matrículas escolares – sobretudo de meninas e crianças das famílias mais pobres – aumentaram drasticamente, levando esses países para muito mais perto da meta de prover educação para todos. Em 2004, o governo alemão introduziu uma tarifa renovável avançada para lares e instituições que gerassem energia renovável, oferecendo-se para pagar um preço acima do mercado pela eletricidade. Isso ajudou a desencadear investimentos nacionais transformativos em tecnologias de energia eólica, solar, hídrica e de biomassa, que apenas dez anos depois já estavam alimentando o país com 30% de energia renovável.[48]

Mas, ainda que os preços sejam importantes, "acertá-los" não é uma solução tão simples quanto promete ser: a teoria do século XX levou os economistas a superestimar a efetividade do preço como alavanca e a subestimar o papel dos valores, sentimento de reciprocidade, redes e heurística. De maneira fundamental, a teoria desconsidera o fato de que algumas coisas podem ser postas em risco quando lhes atribuímos um preço. Isso é particularmente verdadeiro quando se trata de relações que, tradicionalmente, gerimos com a nossa moral. Eis a razão: estabelecer um preço é como riscar um fósforo: a faísca provoca intenso interesse, mas ao mesmo tempo deflagra energia e perigo. Como sugeriu o capítulo 2, o mercado – tal como o fogo – pode ser extremamente eficiente em fazer o que faz, mas é também um desafio a ser contido. E, se ele consumir tudo, pode transformar o próprio terreno em que arde.

Richard Titmuss levantou essa preocupação pela primeira vez em 1970, em seu livro *The Gift Relationship*, que comparava o doador de sangue nos Estados Unidos, onde as pessoas eram pagas pelas suas doações, com o serviço muito mais bem-sucedido no Reino Unido, onde voluntários doavam sangue mais saudável, e em maior quantidade, de graça.[49] Esse contraste provocou uma pergunta fascinante: incentivos monetários servem para reforçar e "exercer pressão" sobre a motivação intrínseca das pessoas para agir, ou, em vez disso, esvaziá-la e substituí-la pela motivação extrínseca do dinheiro? Essa pergunta apenas se tornou mais pertinente desde o estudo de Titmuss, dado o crescente uso internacional de incentivos em dinheiro e esquemas de pagamento para lidar com desafios tanto sociais como ecológicos.

Tomemos, por exemplo, os experimentos feitos na Colômbia com programas educacionais que oferecem transferências de dinheiro condicionais para famílias de alunos de escolas secundárias. Em 2005, adolescentes de famílias de baixa renda em Bogotá foram escolhidos aleatoriamente para participar de um programa piloto que transferia 30 mil pesos colombianos (cerca de quinze dólares) por mês para seus pais se eles frequentassem a escola pelo menos 80% do tempo e passassem nos exames de fim de ano. Os economistas do Banco Mundial que planejaram e monitoraram o programa descobriram que os estudantes selecionados tinham 3% a mais de probabilidade de frequentar a escola regularmente do que estudantes que não haviam sido escolhidos, e 1% a mais de probabilidade de se matricular no ano seguinte. A resposta foi positiva, conforme tinham esperado, embora bastante modesta.

Mas os economistas também descobriram um lado problemático e imprevisto do experimento. Estudantes não escolhidos pelo programa, mas que haviam tido um irmão ou irmã selecionado, passaram a ter uma probabilidade menor de frequentar a escola regularmente – e probabilidade maior de abandoná-la – do que estudantes de famílias similares em que ninguém participava do programa. E, o mais surpreendente, isso era especialmente verdadeiro entre as meninas: aquelas com irmãos no programa tinham 10% a mais de probabilidade de abandonar a escola do que meninas de famílias similares em que ninguém participava.[50] Além disso, esse efeito negativo não pretendido de evasão escolar acabou se revelando muito mais forte do que o efeito positivo de frequência e rematrícula que, em primeiro lugar, o programa se propusera a conseguir. Os economistas do Banco Mundial que conduziram o estudo descreveram esses achados – secundários à sua pesquisa – como "preocupantes" e "intrigantes", porque desafiavam de maneira inexplicável sua teoria e expectativas.

Talvez sua descoberta acidental tenha sido o papel que o dinheiro pode desempenhar ao corroer as normas sociais, tais como o orgulho do estudante e a responsabilidade parental, substituindo-as por normas de mercado, tais como pagamento por esforço e recompensa por observância. O filósofo Michael Sandel levantou preocupações relativas a esses mesmos efeitos, argumentando que pagamentos em dinheiro podem expulsar motivações intrínsecas e os valores que as sustentam. Ele aponta, como exemplo, o programa Earning by Learning, estabelecido em escolas primárias de baixo rendimento em Dallas, no estado do Texas, que pagavam dois dólares a crianças de seis anos para cada livro que liam. Os pesquisadores descobriram que a alfabetização das crianças melhorava ao longo do ano, mas que efeitos esses pagamentos poderiam ter na motivação em longo prazo para o aprendizado? "O mercado é um instrumento, mas não um instrumento inocente", observa Sandel. "A preocupação óbvia é que o pagamento possa habituar as crianças a pensar em ler livros como meio de ganhar dinheiro, e assim erodir, ou eliminar, ou corromper o amor pela leitura em si."[51]

Apesar de tais preocupações, incentivos financeiros estão sendo cada vez mais adotados em campos sociais, trazendo nossas identidades de mercado – como consumidores, clientes, prestadores de serviço e trabalhadores – para a linha de frente da nossa atenção. E, quando normas de mercado deslocam normas sociais, os efeitos podem ser difíceis de reverter, conforme demonstrado num estudo experimental realizado em Haifa, Israel, na década de 1990. Dez creches introduziram uma pequena multa para pais que se atrasassem mais de dez minutos para buscar seus filhos no fim do dia. A resposta dos pais? Em vez de chegarem pontualmente, a quantidade de pais que chegavam atrasados dobrou. A introdução da multa em dinheiro efetivamente varreu quaisquer sentimentos de culpa, e foi interpretada como o preço de mercado para o tempo extra no cuidado das crianças. Três meses depois, quando o experimento terminou e a multa foi retirada, o número de pais atrasados aumentou ainda mais: o custo em dinheiro fora removido, mas a culpa não havia retornado. O preço de mercado tinha, em essência, apagado o contrato social.[52] "À medida que os mercados entram em esferas da vida tradicionalmente governadas por normas sem vinculação ao mercado, a ideia de que estes não tocam ou contaminam os bens sendo trocados torna-se cada vez mais implausível", adverte Sandel. "Os mercados não são meros mecanismos; eles corporificam certos valores. E, às vezes, seus valores expulsam normas desvinculadas do próprio mercado e com as quais vale a pena se preocupar."[53]

A simples menção a papéis de mercado pode expulsar a nossa motivação intrínseca. Uma pesquisa online pedia aos participantes que se imaginassem como um entre quatro lares enfrentando escassez de água devido a uma seca que afetava o poço de uso comum. Mais importante, a pesquisa descrevia todo o cenário em termos de "consumidores" para metade dos participantes e em termos de "indivíduos" para a outra metade. Que diferença fez a mudança desta única palavra? Aqueles rotulados como "consumidores" relataram sentir menos responsabilidade pessoal para tomar uma atitude e menos confiança nos outros em fazer o mesmo do que aqueles chamados de "indivíduos".[54] O simples fato de pensar como consumidor, ao que parece, aciona o comportamento autogratificante e divide, em vez de unir, grupos que enfrentam uma escassez comum. No contexto das pressões do século XXI em termos das fontes e escoadouros da Terra – desde a água doce e os peixes até os oceanos e a atmosfera –, essa percepção poderia revelar implicações de fundamental importância para o modo como nos descrevemos a nós mesmos nos desafios que enfrentamos coletivamente. De repente, palavras como "vizinhos", "membros da comunidade", "comunidade de nações" e "cidadãos globais" parecem incrivelmente preciosas para garantir um futuro econômico seguro e justo.

Pesquisas sobre o uso de avaliações, preços, pagamentos e mercados para moldar o comportamento ecológico das pessoas acabaram por revelar achados semelhantes. Em aldeias ao redor de Morogoro, na Tanzânia, pediu-se aos membros das comunidades que passassem metade do dia cortando grama e plantando árvores juntos no pátio da escola local. Nas aldeias em que lhes foi oferecido um pequeno pagamento para participar, havia 20% menos de pessoas dispostas a fazê-lo do que naquelas em que não foi feita nenhuma menção a dinheiro. Além disso, entre aqueles que foram pagos para trabalhar – com um salário diário normal –, a maioria disse ter ficado insatisfeita com a tarefa e o pagamento, enquanto aqueles com quem não se tratou de dinheiro manifestaram em ampla maioria satisfação por terem feito algo útil para a aldeia.[55]

Da mesma forma, como parte de um programa de conservação florestal em Chiapas, no México, muitos lavradores são compensados em dinheiro por não cortarem árvores, caçarem (legal ou ilegalmente) ou expandirem seu rebanho de gado. No entanto, à medida que aumentam os anos de participação no programa, mais a motivação declarada para conservar a floresta se torna financeira em vez de intrínseca, e sua disposição para futuros esforços de conservação depende cada vez mais da promessa de futuros pagamentos. Em outras partes de Chiapas, porém, onde a floresta é administrada por meio de planejamento e projetos comunitários, de início é necessário mais tempo para se conseguir o engajamento dos lavradores, mas o capital social que eles constroem é muito maior, e sua motivação permanece centrada nos benefícios inerentes à conservação da floresta em longo prazo.[56] Envolver dinheiro na história, ao que parece, pode alterar significativamente a nossa consideração pelo mundo vivo.

Esses exemplos não são meras exceções à regra. A pesquisa mais abrangente até hoje sobre os impactos de pagamentos na promoção da conservação ecológica – seja para coletar mais lixo, plantar mais árvores, cortar menos madeira ou pescar menos peixe – revelou que a maior parte dos programas estudados estava involuntariamente eliminando – e não promovendo – a motivação intrínseca das pessoas para agir.[57] Em vez de se engajar em compromissos intrínsecos existentes, tais como o orgulho pela herança cultural, o respeito pelo mundo vivo e a confiança na comunidade, alguns programas servem inadvertidamente para corroer esses mesmos valores e substituí-los pela motivação financeira. "Usar dinheiro para motivar as pessoas pode provocar alguns resultados surpreendentes", afirma Erik Gómez-Baggethun, um dos autores do estudo. "Nós muitas vezes não entendemos suficientemente bem a complexa interação de valores e motivações humanas para antecipar o que vai acontecer, então isso requer cautela." Considerando que os mercados de fato parecem ser como fogo, eis uma forma de resumir a moral da história:

Cuidado antes de riscar um fósforo ou iniciar um mercado:
você nunca sabe que riquezas ele pode reduzir a cinzas.

Evidências extraídas de uma ampla gama de iniciativas políticas – desde matrículas escolares até a conservação de florestas – suscitam advertências quanto a introduzir incentivos monetários em espaços sociais: seus efeitos mais profundos ainda são pouco compreendidos, e os indícios de que dispomos mostram que eles com frequência podem ser equivocados. Além disso, muitas vezes há outros meios de estimular mudanças de comportamento – baseados em reciprocidade, valores, empurrões e redes – que podem ser muito menos custosos, tanto em termos de dinheiro quanto em consequências.

Recorrendo a empurrões, redes e normas

Como deixa claro o nosso emergente autorretrato, somos motivados por muito mais do que custo e preço. Assim, em vez de se voltar primeiramente aos mercados para mediar nossas relações sociais e ecológicas, seria sensato que o economista do século XXI começasse se perguntando quais dinâmicas sociais já estão em jogo. Quais são os valores, heurística, normas e redes que moldam atualmente o comportamento humano – e como poderiam ser alimentados e estimulados, em vez de ignorados e erodidos? Se tiverem essa pergunta como ponto de partida, os economistas saberão muito melhor como combinar o poder bruto dos mercados com a força sutil da moral. E a evidência empírica sugere que essa estratégia poderia ajudar a nos trazer para dentro do Donut.

Os empurrões podem ter grande efeito com um pequeno custo, e a tecnologia digital torna os empurrões inteligentes mais fáceis e mais baratos do que antes. Vejamos, por exemplo, os medicamentos sujeitos a prescrição médica: as pessoas muitas vezes se esquecem de tomá-los com regularidade, solapando tanto a sua própria saúde quanto, possivelmente, também a eficácia do medicamento em longo prazo. No Reino Unido, onde estima-se que sejam gastos anualmente 300 milhões de libras em medicamentos sujeitos a prescrição médica não utilizados, os pesquisadores descobriram que um simples lembrete por mensagem de texto aumentava significativamente a proporção de pacientes que tomavam seus remédios na hora certa.[58] Um experimento similar entre portadores de HIV/Aids no Quênia descobriu que uma mensagem de texto semanal levava igualmente a que 25% mais de pacientes seguissem de perto seu plano de antirretrovirais.[59] Nada de dinheiro, apenas uma simples mensagem.

Empurrões ambientais também podem ser efetivos. "Tomamos banhos demorados, deixamos eletrodomésticos ligados e jogamos lixo fora como parte das rotinas diárias que implicam pouco pensamento", afirma Pelle Hansen, presidente da Dansk Nudging Netvaerk. Empurrões básicos podem ser introduzidos facilmente na concepção de edifícios para neutralizar esses hábitos – através do uso de torneiras automáticas, temporizadores de duchas e iluminação ativada por movimento –, levando a cortes substanciais no uso de energia e água. Eles também funcionam nos espaços públicos. Nas ruas de Copenhague, Hansen e seus alunos distribuíram doces aos passantes e documentaram quantas embalagens acabavam no asfalto, em cestos de lixo ou nas cestinhas das bicicletas de outros. Então pintaram pegadas verdes no chão levando às cestas de lixo e descobriram que a quantidade de lixo jogado na rua caía em 46%. Não houve necessidade de multas ou recompensas para incentivar a observância: as pequenas pegadas verdes astuciosamente amplificaram uma norma social existente.[60]

Efeitos de rede também influenciam o comportamento social, como é ilustrado pelo poder de um exemplo proeminente. Em outubro de 2011, o ex-presidente do Brasil, Luiz Inácio Lula da Silva, foi a público com a notícia de seu câncer na garganta, dizendo que acreditava que se devia ao tabagismo. Ao longo das semanas seguintes, houve um aumento nacional nas buscas no Google por informações sobre como parar de fumar – muito maior do que no Dia Mundial sem Tabaco ou até mesmo no dia de Ano-novo, quando são comuns as resoluções de deixar de fumar. Da mesma forma, quando Jade Goody, estrela de um reality show da TV britânica, veio a público com seu diagnóstico de câncer cervical em 2009, houve um aumento de 43% no número de mulheres que marcaram consulta para fazer o exame.[61] Esses casos funcionaram como advertências, mas efeitos de rede também podem ser inspiradores. Graças à corajosa postura da ativista paquistanesa Malala Yousafzai, milhões de meninas no mundo inteiro têm sido inspiradas pelo "efeito Malala" a exigir e valorizar seu direito à educação. Esses efeitos funcionam também em escala local. Pesquisadores em Bengala Ocidental, na Índia, descobriram que, quando mulheres começaram pela primeira vez a ser nomeadas para a direção dos conselhos das aldeias, meninas adolescentes locais começaram a ter aspirações mais elevadas para sua educação e para si mesmas, assim como seus pais. Sem prêmios nem pagamentos, apenas orgulho.[62]

Empurrões e efeitos de rede muitas vezes funcionam porque tocam em normas e valores subjacentes – tais como dever, respeito e cuidado –, e esses valores podem ser diretamente ativados. Foi isso que pesquisadores nos Estados Unidos descobriram quando se propuseram a explorar maneiras de estimular comportamentos pró-ambientais. Eles instalaram placas num posto de gasolina convidando os motoristas que passavam a fazer uma checagem de pneus gratuita, oferecendo para isso razões financeiras, de segurança ou ambientais. A placa no pátio de entrada do posto que dizia "Preocupado com suas finanças? Faça uma checagem gratuita de pneus!" não despertou nenhum interesse dos motoristas que passavam, enquanto a placa que dizia "Preocupado com o ambiente? Verifique a pressão dos pneus!" foi a que mais chamou atenção. Ativar os valores certos sem dúvida faz uma grande diferença para a ação.[63]

Em comunidades de baixa renda, mas elevado capital social, ativar normas sociais pode ter efeitos de longo alcance, como descobriram pesquisadores em Uganda quando se propuseram a melhorar os serviços de saúde na zona rural simplesmente criando um renovado senso de contrato social. Em cinquenta distritos com clínicas de fraco desempenho, membros da comunidade foram trazidos a reuniões com equipes de serviços de saúde para avaliar práticas correntes e elaborar seu próprio acordo, estabelecendo os padrões que a comunidade esperava. Cada comunidade instituiu um sistema para monitorar sua própria clínica local, como as listas de deveres da equipe, caixas de sugestões e senhas numeradas para espera de atendimento; então, os resultados mensais eram divulgados num quadro de avisos público. Um ano depois, a qualidade e a quantidade dos serviços básicos de saúde oferecidos haviam melhorado radicalmente: a quantidade de pacientes atendidos aumentara 20%, com tempo de espera menor; o absenteísmo entre médicos e enfermeiras havia despencado; e, o mais surpreendente, havia 33% menos mortes de crianças com menos de cinco anos nessas comunidades. Tudo isso foi conseguido sem taxas, multas ou aumento de orçamento, mas graças às expectativas de um contrato social respaldado com responsabilidade pública.[64]

Esses exemplos em pequena escala de mobilizar os valores das pessoas são convincentes, mas alguns poderiam menosprezar o seu sucesso como inerentemente insignificante, apenas tocando as margens dos grandes desafios da humanidade. Tom Crompton e Tim Kasser, especialistas em valores ambientais, discordariam. Eles argumentam que, quando se trata de criar mudanças profundas e duradouras do comportamento social e ecológico, a abordagem mais eficaz é precisamente conectar-se com os valores e a identidade das pessoas, não com seu bolso e orçamento. A pesquisa de Crompton e Kasser revelou que as pessoas em que os valores de autoaprimoramento e motivações extrínsecas vieram a predominar tendem a buscar riqueza, posses e status. E também são menos propensas a se importar com o mundo vivo, fazer esforços para reduzir sua pegada ecológica, usar transporte público ou reciclar lixo doméstico. Além disso, quando confrontadas com ameaças ambientais – como perspectivas de mudanças climáticas –, têm maior probabilidade de procurar distrações divergentes com o potencial de aumentar ainda mais a pressão sobre o planeta. Por outro lado, pessoas nas quais predominam valores autotranscendentes e motivações intrínsecas manifestam maior preocupação com questões ecológicas e são mais motivadas a se envolver em ações locais ou movimentos globais que procuram enfrentar proativamente as questões.[65]

O desafio agora é descobrir como lições de sucesso em pequeno âmbito, com papéis de bala e mensagens de texto, podem ser ampliadas de modo a empurrar e conectar em rede cidades, nações e negociações internacionais, levando a humanidade para dentro do Donut.

Voltando a nos conhecer desde o começo

Se uma imagem vale por mil palavras, então como devemos desenhar o nosso novo autorretrato? Apresentei essa pergunta em tom de brincadeira, mas a sério, em discussões sobre o Donut em muitos países, para estudantes, executivos de empresas, formuladores de políticas e ativistas – sempre convidando o grupo a visualizar e literalmente esboçar imagens que substituíssem melhor o cartum do homem econômico racional. Três imagens vêm à tona repetidamente: a humanidade como uma comunidade, como semeadores e ceifeiros e como acrobatas.

A imagem da comunidade nos faz lembrar que somos a mais social das espécies, dependentes uns dos outros ao longo dos ciclos de nossas vidas. A imagem do semeador-ceifeiro nos insere na teia da vida, deixando claro que nossas sociedades evoluem junto com o mundo vivo do qual dependemos. E os acrobatas exemplificam a nossa capacidade de confiar, retribuir e cooperar mutuamente para alcançar feitos que nenhum de nós alcançaria sozinho. Existem, sem dúvida, muitas outras maneiras de fazer esboços de nós mesmos: esse retrato está longe de ser completo. Mas ele já nos leva longe. Desperdiçamos duzentos anos observando o retrato errado de nós mesmos: o do *Homo economicus*, aquela figura solitária apresentada com dinheiro na mão, calculadora na cabeça, natureza a seus pés e um apetite insaciável no coração. É hora de nos redesenharmos como pessoas que prosperam conectadas umas com as outras e com este nosso lar vivo que não é somente nosso.

Foi Henri Poincaré quem disse pela primeira vez que éramos mais parecidos com ovelhas do que gostaríamos de imaginar. Se pudéssemos trazê-lo aos dias de hoje para acelerar nossas percepções da psicologia comportamental e lhe déssemos uma máscara de mergulho e um pé de pato,

Um novo retrato da humanidade: esboços preparatórios.

penso que ele talvez gostasse de expandir suas analogias animais. Graças aos nossos múltiplos valores e motivações, também guardamos uma estranha semelhança com o polvo. Como seus vários tentáculos – cada um deles dispondo de algo próximo de uma personalidade própria –, temos muitos papéis diferentes na relação com a economia, como empregados, cidadãos, empreendedores, vizinhos, consumidores, eleitores, pais, colaboradores, competidores e voluntários. Além disso, os polvos têm a fascinante habilidade de mudar de cor, forma e textura para refletir seu estado de espírito e o meio em contínua mutação que os rodeia. Nós, seres humanos, podemos ser igualmente fluidos, recorrendo a uma ampla gama de valores várias vezes ao dia à medida que passamos de negociar para competir e compartilhar na nossa paisagem econômica em constante mutação.[66]

Se quisermos dar um adeus também ao nome *Homo economicus*, o que deveria tomar seu lugar? Muitos novos nomes têm sido propostos, desde

Homo heuristicus e *Homo reciprocans* até *Homo altruisticus* e *Homo socialis*. Mas não faz sentido nos fixarmos em apenas uma dessas identidades: nós habitamos simultaneamente todas elas. Adam Smith estava certo quando disse que adoramos permutar, negociar e trocar, mas também tinha razão ao dizer que nós e nossas sociedades prosperamos mais quando exibimos nossa "humanidade, justiça, generosidade e espírito público". Em vez de escolher apenas um desses muitos nomes para o nosso novo autorretrato, deveríamos incluí-los todos nele. Tendo tirado da parede o cartum do homem econômico racional, talvez a coisa mais adequada a fazer seja substituí-lo pelo holograma da humanidade, sempre mudando com a luz.

O PALCO ECONÔMICO AGORA está montado, o elenco escolhido e a protagonista da peça – a humanidade – apresentada de forma abrangente. É hora, então, de explorar as maneiras como o nosso comportamento coletivo é encenado nesse palco, conforme refletido na dinâmica da economia. E, para entender isso, só precisamos olhar para uma macieira.

4. Compreender o funcionamento dos sistemas

Do equilíbrio mecânico à complexidade dinâmica

A MAÇÃ DE NEWTON é responsável por muita coisa. Em 1666, quando o jovem e brilhante cientista estava sentado no jardim da casa de sua mãe, em Lincolnshire, ficou admirado – conforme se conta – pela maneira como uma maçã caía: por que nunca para os lados ou para cima, mas sempre *para baixo*? A resposta inspirou a sua famosa compreensão da gravidade e das leis do movimento, que vieram a revolucionar a ciência. Mas, dois séculos mais tarde, essas mesmas leis também deram origem à inveja da física, a metáforas despropositadas e a um pensamento dolorosamente estreito em economia. Ah, se o jovem Isaac, um pouquinho antes de a maçã cair, também tivesse se maravilhado com a maneira como ela crescia: numa interação fascinante, em constante evolução, de árvores e abelhas, sol e folhas, raízes e chuva, brotos e sementes. Isso poderia tê-lo levado a percepções igualmente revolucionárias sobre a natureza dos sistemas complexos, transformando assim a história da ciência. Isso também teria mudado o curso da economia, inspirando seus admiradores na área com uma metáfora muito mais frutífera. Hoje estaríamos falando não do mecanismo do mercado, mas do organismo do mercado – e seríamos, por isso, muito mais sensatos.

Mas basta dessa fantasia. Foi a maçã caindo que atraiu a atenção de Newton e levou às suas pioneiras descobertas. Ansiando pela autoridade da ciência, os economistas imitaram então em suas teorias as leis do movimento de Newton, descrevendo a economia como se fosse um sistema estável, mecânico. Mas sabemos agora que ela é muito mais bem compreendida como um sistema adaptativo complexo, composto de humanos interdependentes num mundo vivo dinâmico. Então, se quisermos ter uma chance de entrar no espaço seguro e justo do Donut, é essencial mudar o foco de atenção do economista, da maçã caindo para a maçã crescendo, da mecânica linear para a dinâmica complexa. Dar adeus ao mercado como mecanismo e jogar fora o capacete do engenheiro: em vez disso, está na hora de pegar um par de luvas de jardinagem.

Superando a nossa herança

Graças aos últimos 100 mil anos de evolução que aperfeiçoaram o *Homo sapiens*, nós, humanos, não achamos tão fácil pensar em termos de sistemas complexos. Durante milênios, as pessoas tinham vidas relativamente curtas em grupos pequenos, aprendiam com respostas rápidas da natureza (ponha a mão no fogo: você se queima) e exerciam pouco impacto em seus arredores. Assim, nossos cérebros evoluíram para lidar com o que está próximo, com o curto prazo e o reativo, ao mesmo tempo esperando mudanças lineares, graduais. Some-se a isso o nosso evidente desejo de equilíbrio e resolução: é isso que prometemos em nossas histórias, com seus finais felizes, e é isso o que buscamos na nossa música, com melodias harmônicas que se resolvem. Mas esses traços nos deixam mal equipados quando o mundo se revela dinâmico, instável e imprevisível.

É claro que sabemos que coisas contraintuitivas acontecem, e por isso nos advertimos com ditados populares. A gota d'água (mudanças progessivas podem levar a um colapso súbito). Não ponha todos os ovos na mesma cesta (falta de diversidade nos deixa vulneráveis). Melhor prevenir que remediar (cuidado com efeitos acumulados). Tudo que vai volta (tudo está conectado). Belos conselhos, mas que nem por isso tornam mais fácil anteciparmos e interpretarmos o mundo complexo da maneira com que nos deparamos.

Se a nossa compreensão da complexidade foi dificultada por 100 mil anos de evolução, então esse processo foi coroado por 150 anos de uma teoria econômica que reforçou nossos vieses com modelos e metáforas mecanicistas. No final do século XIX, um punhado de economistas de mentalidade matemática se propôs a fazer da economia uma ciência tão reputada quanto a física. E eles se voltaram para o cálculo diferencial – que era capaz de descrever com tanta elegância a trajetória de maçãs em queda e órbitas lunares – para descrever a economia com um conjunto de axiomas e equações. Assim como Newton descobriu as leis físicas do movimento que explicavam o mundo a partir da escala de um único átomo até o movimento dos planetas, eles procuraram descobrir as leis econômicas do movimento que explicassem o mercado, a começar por um único consumidor, avançando até a produção nacional.

O economista britânico William Stanley Jevons deu o pontapé inicial na bola metafórica na década de 1870 quando afirmou que "a Teoria da Economia ... apresenta uma analogia próxima com a Ciência da Mecânica Estática, e as Leis da Troca se parecem com as Leis do Equilíbrio de uma alavanca".[1] Na Suíça, o engenheiro Léon Walras, que se tornou economista, tinha uma visão similar, declarando que "a teoria pura da economia ... é uma ciência que se assemelha em todos os aspectos às ciências físico-matemáticas". E, como que para provar a afirmação, começou a se referir às operações de mercado como "o mecanismo da concorrência".[2] Eles e outros compararam o papel desempenhado pela gravidade para levar um pêndulo ao repouso com o papel desempenhado pelos preços para levar os mercados ao equilíbrio. Nas palavras de Jevons:

> Assim como medimos a gravidade pelos seus efeitos no movimento do pêndulo, podemos estimar a igualdade ou desigualdade de sentimentos pelas decisões da mente humana. A vontade é o nosso pêndulo, e suas oscilações são minuciosamente registradas na lista de preços dos mercados. Não sei quando teremos um sistema perfeito de estatística, mas a falta dele é o único obstáculo insuperável no caminho de tornar a economia uma ciência exata.[3]

Tais metáforas mecânicas – da alavanca ao pêndulo – devem ter parecido a última palavra naqueles tempos. Não surpreende que esses economistas as tenham colocado no cerne de suas teorias sobre como os indivíduos e as empresas se comportam, fundando, assim, um campo que veio a ser conhecido como microeconomia. Mas, para fazer essa teoria ecoar as leis de Newton e conformá-la aos rigores do cálculo diferencial, Jevons, Walras e seus colegas matemáticos pioneiros tiveram de assumir algumas premissas corajosamente simplificadoras sobre como funcionam os mercados e as pessoas. De modo crucial, a teoria nascente dependia da presunção de que, para todo e qualquer conjunto de preferências que os consumidores pudessem ter, haveria apenas um preço com o qual todo mundo que desejasse comprar e todo mundo que desejasse vender ficaria satisfeito, tendo comprado ou vendido o que quisessem por esse preço. Em outras palavras, cada mercado tinha de ter um único ponto de equilíbrio estável, assim como o pêndulo tem apenas um ponto de repouso. E, para que essa condição valesse, os compradores e vendedores do mercado tinham de ser "tomadores de preços" – não havendo nenhum agente isolado grande o suficiente para manipulá-los – e precisavam seguir a lei dos rendimentos decrescentes. Juntas, essas premissas caracterizam o diagrama mais conhecido de toda a teoria microeconômica e a primeira coisa que precisa ser dominada por qualquer estudante novato: o diagrama de oferta e demanda.

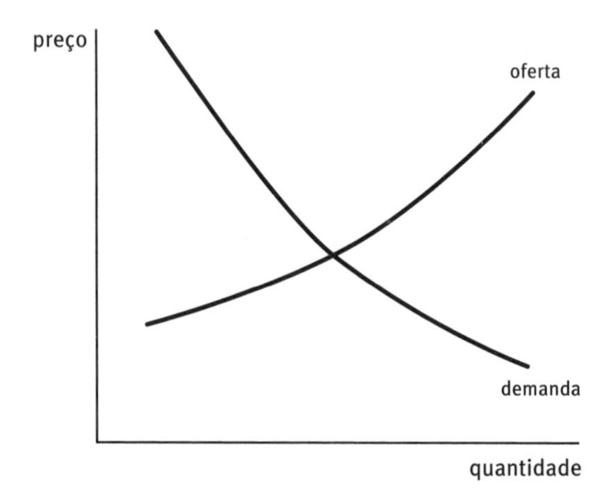

Oferta e demanda: o ponto em que o preço ajusta oferta e demanda é o ponto de equilíbrio do mercado.

O que está por trás desse icônico par de linhas que se cruzam? Pense num bem, qualquer bem (digamos, abacaxis), e eis como a coisa funciona. A curva de demanda mostra quantos abacaxis as pessoas desejarão comprar por qual preço, dado o objetivo de maximizar sua utilidade, ou satisfação. A curva se inclina para baixo porque quanto mais abacaxis um cliente compra, menos utilidade provavelmente obterá ao comprar mais um – uma premissa conhecida como utilidade marginal decrescente de consumo –, de modo que estará disposto a pagar um pouco menos por cada abacaxi subsequente. A curva de oferta, em contraste, mostra quantos abacaxis os vendedores estarão preparados para fornecer por determinado preço, dado seu objetivo de maximização dos lucros. Por que a curva é inclinada para cima? Porque, segundo a teoria, se cada plantador de abacaxis tem uma gleba de terra fixa, então o custo de cultivar mais abacaxis nessa gleba começará a aumentar – é a lei dos rendimentos decrescentes –, e então exigirá um preço mais alto para fornecer cada abacaxi subsequente.

Alfred Marshall, que desenhou a versão definitiva desse diagrama na década de 1870, comparou o cruzamento de suas linhas com uma tesoura – mais uma analogia mecânica – para explicar o mistério de como se estabelecem os preços de mercado. Assim como uma tesoura não corta o papel só com a lâmina superior ou a inferior, mas precisamente onde as duas lâminas se cruzam, da mesma forma, argumentou ele, o preço de mercado não é determinado nem apenas pelos custos do fornecedor nem apenas pela utilidade do consumidor, mas precisamente onde os custos e a utilidade se encontram – e aí reside o ponto de equilíbrio do mercado.

Walras tinha uma agenda ambiciosa para essa tesoura: estava convencido de que era possível aumentar a escala da análise de um único bem para todos os bens, criando assim um modelo de toda a economia de mercado. E, segundo seu raciocínio, se esses mercados compreendessem vendedores e compradores competitivos, de pequena escala e plenamente informados, então a economia alcançaria um equilíbrio que maximizaria a utilidade total. Em outras palavras – num claro eco da mão invisível de Smith –, para qualquer distribuição de renda considerada, produziria o melhor resultado possível para a sociedade como um todo. Ainda não existiam as técnicas matemáticas para que Walras provasse seu palpite, mas sua agenda foi mais tarde adotada por Kenneth Arrow e Gérard Debreu, que deduziram suas equações no modelo de equilíbrio geral que criaram em 1954. Parecia ser uma prova seminal, que proporcionava sustentação microeconômica à análise macroeconômica, lançando uma teoria econômica aparentemente unificada e assentando os alicerces do que tem sido conhecido desde então como "macroeconomia moderna".[4]

A teoria parece completa, soa de modo impressionante como a física e é formulada em equações impositivas. Mas tem falhas profundas. Devido à interdependência dos mercados dentro da economia, simplesmente não é possível somar todas as curvas de demanda individuais para obter uma curva de demanda descendente confiável para a economia como um todo. E, sem isso, não há promessa de equilíbrio. Isso não é novidade para os economistas, ou pelo menos não deveria ser: na década de 1970, vários teóricos inteligentes perceberam (para seu próprio horror) que as fundações da teoria do equilíbrio não se sustentavam. Mas as implicações dessa percepção (conhecida de forma cativante como condições de Sonnenschein-Mantel-Debreu) eram tão devastadoras para o resto da teoria que a refutação parece ter sido escondida, ignorada ou varrida para fora dos manuais e do ensino, deixando os estudantes desde então ignorantes de que algo fundamental estava fora de compasso com as roldanas e o pêndulo de equilíbrio do mecanismo do mercado.[5]

Como resultado, as teorias de equilíbrio geral dominaram a análise macroeconômica ao longo da segunda metade do século XX até o colapso financeiro de 2008. As variantes "neoclássicas" da teoria do equilíbrio – que assumem que os mercados se ajustam instantaneamente aos choques – dividiam a atenção com as chamadas variantes "neokeynesianas", que assumem que haverá defasagens de ajuste devido a salários e preços "rígidos". Nenhuma das variantes percebeu a chegada do colapso, porque – estando baseadas na premissa do equilíbrio, ao mesmo tempo que desprezavam o papel do setor financeiro – tinham pouca capacidade de prever explosões, quebras e depressões –, que dirá reagir a elas.

Com tais modelos inadequados dominando a análise macroeconômica, alguns nomes famosos dentro do esquema começaram a criticar as próprias teorias que haviam ajudado a legitimar. Robert Solow, conhecido como o pai da teoria do crescimento econômico neoclássica e antigo colaborador de Paul Samuelson, tornou-se um crítico sonoro, primeiro em seu discurso de 2003, abertamente intitulado "Dumb and Dumber in Macroeconomics", depois em análises que zombavam das premissas rígidas da teoria.[6] O modelo do equilíbrio geral, ressaltou ele, na verdade depende de haver apenas um único proprietário-trabalhador-consumidor imortal maximizando sua utilidade para um futuro infinito, com perfeita antevisão e expectativas racionais, sendo ao mesmo tempo servido por empresas perfeitamente competitivas. Como foi possível que tais modelos absurdos tenham vindo a ser tão dominantes? Em 2008, Solow deu a sua opinião:

> Fico com um quebra-cabeça, ou até mesmo um desafio. O que explica a capacidade da "macro moderna" de conquistar corações e mentes entre economistas acadêmicos brilhantes e empreendedores? ... Sempre houve uma veia purista na economia que pretende que tudo decorra claramente de ganância, racionalidade e equilíbrio, sem nenhum "se", "e" ou "mas" ... A teoria é elegante, pode ser aprendida, não é terrivelmente difícil, mas apenas técnica o suficiente para parecer "ciência". Ademais, é quase garantido que dê conselhos do tipo *laissez-faire*, que se encaixam perfeitamente com a guinada geral para a direita política que começou a acontecer nos anos 1970 e pode ou não estar chegando ao fim.[7]

Uma coisa que está claramente chegando ao fim é a credibilidade da economia de equilíbrio geral. Suas metáforas e seus modelos foram concebidos para imitar a mecânica de Newton, mas o pêndulo dos preços, o mecanismo de mercado e o confiável retorno ao repouso simplesmente não bastam para entender o comportamento econômico. Por que não? Trata-se apenas do tipo errado de ciência.

Ninguém demonstrou esse ponto com mais veemência do que Warren Weaver, o diretor de ciências naturais da Fundação Rockefeller, em seu artigo de 1948 "Science and Complexity". Olhando em retrospecto para os últimos trezentos anos de progresso científico, e ao mesmo tempo para a frente, para os desafios que confrontam o mundo, Weaver agrupou em três tipos os problemas que a ciência pode nos ajudar a compreender. Num extremo estão os *problemas de simplicidade*, que envolvem apenas uma ou duas variáveis em causalidade linear – uma bola de bilhar rolando, uma maçã caindo, um planeta em órbita –, e as leis da mecânica clássica de Newton fazem um grande trabalho de explicação dos problemas desse tipo. No outro extremo, escreve ele, estão os *problemas de complexidade desordenada*, que envolvem o movimento aleatório de bilhões de variáveis – tal como o movimento das moléculas num gás –, e para estes a melhor análise é a que utiliza a estatística e a teoria da probabilidade.

No meio desses dois ramos da ciência, porém, encontra-se uma área vasta e fascinante: os *problemas de complexidade organizada*, que envolvem um número considerável de variáveis que estão "inter-relacionadas num todo orgânico" para criar um sistema complexo, porém organizado. Os exemplos de Weaver chegam perto de formular a própria pergunta que a maçã de Newton não conseguiu suscitar: "O que faz uma prímula noturna se abrir na hora em que se abre? Por que a água salgada não consegue matar a sede? ... Um vírus é um organismo vivo?" Ele observou que questões econômicas também entravam nessa área. "Do que depende o preço do trigo? ... Até onde é seguro depender da livre interação das forças econômicas de oferta e demanda? ... Em que medida devem ser empregados sistemas de controle econômico para evitar amplas oscilações de prosperidade para depressão?" Na verdade, Weaver reconheceu que a maioria dos desafios biológicos, ecológicos, econômicos, sociais e políticos da humanidade eram questões de complexidade organizada, a área menos compreendida. "Esses novos problemas, e o futuro do mundo depende de muitos deles, exigem que a ciência faça um terceiro grande avanço", concluiu.[8]

O terceiro grande avanço começou a ser encaminhado nos anos 1970, quando a ciência da complexidade – que estuda de que forma as relações entre as muitas partes de um sistema moldam o comportamento do todo – começou a decolar. Desde então, ela tem transformado muitos campos de pesquisa, desde o estudo de ecossistemas e redes de computadores até padrões climáticos e disseminação de doenças. E, embora tudo seja complexidade, seus conceitos centrais são na realidade bem simples de captar – o que significa que, apesar dos nossos instintos, podemos todos aprender, mediante formação e experiência, a ser melhores "pensadores sistêmicos".

Um número cada vez maior de economistas também está pensando em sistemas, tornando a economia da complexidade, a teoria das redes e a economia evolucionária alguns dos campos mais dinâmicos da pesquisa econômica. Mas, devido à influência duradoura de Jevons e Walras, a maior parte do ensino de economia e dos manuais ainda apresenta a essência do mundo econômico como linear, mecânica e previsível, resumida pelo mecanismo de equilíbrio do mercado. Trata-se de uma mentalidade que deixará os futuros economistas extremamente mal equipados para lidar com a complexidade do mundo contemporâneo.

Num divertido "olhar para trás a partir de 2050", o economista David Colander relata que, por volta de 2020, a maioria dos cientistas – de físicos a biólogos – já tinha percebido que o pensamento complexo era essencial para a compreensão de grande parte do mundo. Os economistas, todavia, foram um pouco mais lentos em absorvê-lo, e foi só por volta de 2030 que "a maioria dos pesquisadores econômicos acreditou que a economia era um sistema complexo que se encaixa na ciência da complexidade".[9] Se a sua história contada a partir do futuro se mostrar verdadeira, talvez seja tarde demais. Por que esperar até 2030 quando podemos abandonar agora mesmo as despropositadas metáforas da física newtoniana e compreender o funcionamento dos sistemas?

A dança da complexidade

No cerne do pensamento sistêmico encontram-se três conceitos enganadoramente simples: estoques e fluxos, ciclos de feedback e defasagem. Eles parecem diretos o suficiente, mas a dificuldade de entendimento principia quando começam a interagir. A partir dessa interação emergem muitos dos eventos surpreendentes, extraordinários e imprevisíveis do mundo. Se você alguma vez ficou extasiado pela visão de milhares de estorninhos agrupados no crepúsculo – num espetáculo conhecido de modo poético como "murmuração" –, então saberá exatamente quão extraordinárias podem ser essas "propriedades emergentes". Cada pássaro se vira e se contorce no voo, usando de uma agilidade fenomenal para permanecer à distância de uma asa de seus vizinhos, ao mesmo tempo que mergulha quando eles mergulham. Mas quando dezenas de milhares de pássaros se reúnem, todos seguindo essas mesmas regras simples, o bando como um todo torna-se uma impressionante e arrebatadora massa pulsante contra o céu da tarde.

Então, o que é um sistema? Simplesmente um conjunto de coisas que estão interligadas de maneira a produzir distintos padrões de comportamento – sejam células num organismo, manifestantes protestando numa multidão, pássaros em bando, membros de uma família, bancos numa rede financeira. E são as relações entre as partes individuais – moldadas pelos seus estoques e fluxos, ciclos de feedback e defasagens – que dão origem ao seu comportamento emergente.

Os estoques e fluxos são os elementos básicos de qualquer sistema: coisas que podem ser construídas ou movidas – como a água numa banheira, os peixes no mar, as pessoas no planeta, a confiança numa comunidade ou o dinheiro no banco. Os níveis de um estoque mudam com o tempo devido ao balanço entre entradas e saídas. Uma banheira se enche ou se esvazia dependendo da rapidez com que a água jorra da torneira em contraposição à rapidez com que escoa pelo ralo. Um bando de galinhas cresce ou encolhe dependendo da taxa de galinhas que nascem em contraposição à das galinhas que morrem. Um cofrinho fica cheio se mais moedas forem colocadas do que retiradas.

Se estoques e fluxos são os elementos centrais de um sistema, então os ciclos de feedback são suas interligações, e em todo sistema há dois tipos: ciclos de feedback de reforço (ou "positivos") e ciclos de feedback de equilíbrio (ou "negativos"). Com os ciclos de feedback de reforço, quanto mais se tem, mais se obtém. Eles amplificam o que está ocorrendo, criando ciclos viciosos ou virtuosos que, se não forem vigiados, levam ao crescimento explosivo ou ao colapso. Galinhas põem ovos, que chocam e viram galinhas, de modo que a população galinácea cresce mais e mais. Da mesma forma, no vingativo bate-boca das brigas infantis, basta um único empurrãozinho para a discussão se transformar em um confronto corporal violento. Juros recebidos por uma poupança somam-se a essa poupança, aumentando futuros pagamentos de juros, e assim a riqueza se acumula. Mas feedbacks de reforço podem também levar ao colapso: quanto menos se tem, menos se obtém. Se as pessoas perdem a confiança no banco e sacam suas economias, por exemplo, o banco começará a ficar sem dinheiro, aprofundando a perda de confiança e levando a mais saques.

Se feedbacks de reforço são o que faz com que um sistema se mova, os feedbacks de equilíbrio são o que o impede de explodir ou implodir. Eles contrabalançam e compensam o que está acontecendo, e assim tendem a regular os sistemas. Nossos corpos usam feedbacks de equilíbrio para manter uma temperatura saudável: se fica quente demais, a pele começa a suar, para resfriar o corpo; se fica frio demais, o corpo começa a tremer, numa tentativa de se aquecer. Um termostato doméstico funciona de forma semelhante para estabilizar a temperatura ambiente. E, numa briga infantil, é provável que alguém se intrometa e tente apartar o conflito. Com efeito, feedbacks de equilíbrio trazem estabilidade aos sistemas.

A complexidade emerge a partir da maneira como os ciclos de feedback de reforço e equilíbrio interagem entre si: da sua dança emerge o comportamento do sistema como um todo, que pode muitas vezes ser imprevisível. A representação mais simples das ideias no âmago da concepção sistêmica é um par de ciclos de feedback, e aquela que é mostrada aqui conta uma história simples de ovos, galinhas e sua tentativa de atravessar a rua.[10]

Cada seta mostra a direção de causalidade e é acompanhada de um sinal de mais ou de menos. Um sinal de mais indica que o efeito está relacionado positivamente com a causa (mais galinhas resultam em mais tentativas de atravessar a rua, por exemplo), enquanto um sinal de menos representa o inverso (mais tentativas de atravessar a rua resultam em menos galinhas). Cada par de setas cria um ciclo, rotulado de R se estiver reforçando e de E se estiver equilibrando. À esquerda, mais galinhas põem mais ovos que são chocados

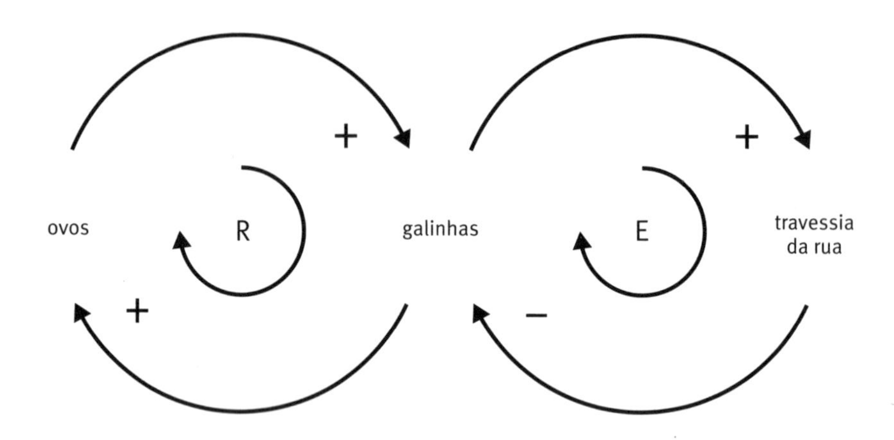

Ciclos de feedback: o fundamento dos sistemas complexos.
O feedback de reforço (R) amplifica o que está acontecendo, enquanto o feedback de equilíbrio (E) contrabalança. Sua interação cria a complexidade.

e geram mais galinhas: um ciclo de reforço. À direita, mais galinhas fazem mais tentativas de atravessar a rua, o que resulta em menos galinhas: um ciclo de equilíbrio. Quando ambos os ciclos de feedback estão em jogo num sistema simplificado como este (admitindo que haja pelo menos um galo no bando e que não haja escassez de grãos), o que poderia acontecer com o tamanho da população galinácea com o tempo? Dependendo da intensidade relativa dos dois ciclos – o ritmo em que as galinhas produzem pintos em oposição ao ritmo em que as galinhas são atropeladas –, o bando pode crescer exponencialmente, desaparecer ou até mesmo oscilar de maneira contínua em torno de um tamanho estável, se houver uma defasagem significativa entre pintos chocando e suas tentativas de atravessar a rua.

Defasagens como essa – entre entradas e saídas – são comuns nos sistemas e podem ter efeitos importantes. Às vezes, trazem uma estabilidade útil ao sistema, permitindo que os estoques se acumulem e atuem como para-choques ou amortecedores: pense na energia armazenada numa bateria, na comida na despensa ou na poupança no banco. Mas defasagens entre estoque e fluxo também podem gerar obstinação do sistema: por mais esforço que se faça, leva tempo para, digamos, reflorestar a encosta de uma montanha, construir confiança numa comunidade ou melhorar as notas nas provas escolares. E a defasagem pode ocasionar grandes oscilações quando os sistemas respondem lentamente – como sabe qualquer pessoa que tenha sido escaldada, depois congelada, depois mais uma vez escaldada enquanto tentava ajustar a temperatura nas torneiras de um chuveiro desconhecido.

É a partir dessas interações de estoques, fluxos, feedbacks e defasagens que surgem sistemas adaptativos complexos: complexos devido ao seu imprevisível comportamento emergente e adaptativos porque continuam evoluindo com o tempo. Para além do reino de estorninhos e galinhas, banheiras e chuveiros, logo fica claro quão poderoso pode ser o pensamento sistêmico para compreendermos o nosso mundo em constante evolução, desde a ascensão de impérios corporativos até o colapso de ecossistemas. Muitos acontecimentos que a princípio parecem súbitos e externos – o que os economistas da corrente dominante costumam descrever como "choques exógenos" – são muito mais bem compreendidos como decorrentes de alterações endógenas. Nas palavras da economista política Orit Gal, "a teoria da complexidade nos ensina que os eventos mais importantes são a manifestação de tendências subjacentes em maturação e convergentes: eles refletem a mudança que já ocorreu dentro do sistema".[11]

A partir dessa perspectiva, a queda do Muro de Berlim em 1989, o colapso do Lehman Brothers em 2008 e o iminente colapso da camada de gelo da Groenlândia têm muita coisa em comum. Todos três são relatados nos noticiários como eventos súbitos, mas na realidade são as pontas visíveis que resultam da pressão lentamente acumulada no sistema – seja na gradual intensificação dos protestos políticos na Europa Oriental, na acumulação de hipotecas de alto risco na carteira de ativos do banco ou na acumulação de gases do efeito estufa na atmosfera. Como afirma Donella Meadows, uma das primeiras defensoras do pensamento sistêmico: "Vamos encarar os fatos, o Universo é confuso. É não linear, turbulento e caótico. É dinâmico. Passa o tempo em comportamento transiente a caminho de algum outro lugar, não em equilíbrio matematicamente organizado. Ele se auto-organiza e evolui. Ele cria diversidade, não uniformidade. É isso que torna o mundo interessante, é isso que o torna belo e é isso que o faz funcionar."[12]

Complexidade na economia

A compreensão de que a economia precisa abraçar a análise dinâmica não é de maneira alguma recente. Durante os últimos 150 anos, economistas de todos os matizes tentaram romper com a imitação da física newtoniana, mas seus esforços com demasiada frequência foram massacrados pelo domínio da teoria do equilíbrio e suas satisfatórias equações bem-arrumadas. O próprio Jevons tinha um palpite de que a análise econômica deveria ser dinâmica, mas, carecendo da matemática para fazê-la, contentou-se com a estática comparativa, que compara instantâneos em dois pontos no tempo: foi um meio-termo infeliz, porque o afastou, em vez de o aproximar, da percepção que em última instância ele buscava.[13] Na década de 1860, Karl Marx descreveu como as parcelas relativas de renda de operários e capitalistas cresceriam e cairiam continuamente, em virtude de ciclos autoperpetuadores de produção e emprego.[14] No final do século XIX, Thorstein Veblen criticava a economia por estar "irremediavelmente atrasada ao não ser evolutiva", sendo portanto incapaz de explicar a mudança ou o desenvolvimento,[15] enquanto Alfred Marshall argumentava contra as metáforas mecânicas e, em vez disso, defendia que a economia fosse vista como "um ramo da biologia, interpretado de forma ampla".[16]

As tentativas de reconhecer o inerente dinamismo da economia feitas no século XX foram também realizadas por escolas de pensamento profundamente opostas, mas nem mesmo elas conseguiram desalojar a concepção de equilíbrio. Na década de 1920, John Maynard Keynes criticou o uso da estática comparativa, ressaltando que é precisamente aquilo que acontece entre esses instantâneos de acontecimentos econômicos o que mais interessa. "Os economistas se impõem tarefas fáceis demais, inúteis demais", escreveu ele, "se em épocas tempestuosas tudo que nos podem dizer é que, quando a tempestade passar, o oceano estará calmo de novo."[17] Na década de 1940, Joseph Schumpeter recorreu às ideias de Marx sobre o dinamismo para descrever como o processo de "destruição criativa" inerente ao capitalismo, por meio de contínuas ondas de inovação e declínio, dava origem a ciclos de negócios.[18] Nos anos 1950, Bill Phillips criou o Moniac precisamente com o objetivo de substituir a estática comparativa por um sistema dinâmico, com as defasagens de tempo e flutuações que podem ser observadas quando a água flui para dentro e para fora dos tanques. Na década de 1960, Joan Robinson ridicularizou a concepção econômica do equilíbrio, insistindo que "um modelo aplicável à história real deve ser capaz de sair do equilíbrio; na verdade, normalmente não deve estar em equilíbrio".[19] E na década de 1970, o pai do neoliberalismo, Friedrich Hayek, desacreditou a "propensão do economista de imitar o máximo possível os procedimentos das ciências físicas com seus brilhantes sucessos – uma tentativa que no nosso campo pode levar ao erro completo".[20]

Assim, atentemos finalmente para o seu conselho coletivo, empurremos para o lado a concepção de equilíbrio e, em vez disso, comecemos a pensar em sistemas. Imagine que retiramos as icônicas curvas de oferta e demanda do seu rígido entrecruzamento e as transformamos num par de ciclos de feedback. Ao mesmo tempo, abandonemos a ideia, tão querida dos economistas, de "externalidades", aqueles efeitos incidentais sentidos por pessoas que não estavam envolvidas nas transações que os produziram – como resíduos tóxicos que afetam comunidades que vivem a jusante de uma fábrica poluidora, ou a fumaça de escapamento inalada por ciclistas que andam em meio ao trânsito da cidade. Tais externalidades negativas, observa o economista ecológico Herman Daly, são as coisas que "classificamos como custos 'externos' por nenhuma razão melhor do que não termos feito provisão para elas nas nossas teorias econômicas".[21] O especialista em dinâmica de sistemas John Sterman concorda. "Não há efeitos colaterais – só *efeitos*", diz ele, ressaltando que a própria ideia de efeitos colaterais é apenas "um sinal de que as fronteiras de nossos modelos mentais são demasiado estreitas e nosso horizonte temporal, demasiado curto".[22] Devido à escala e à interconexão da economia global, muitos efeitos econômicos que eram tratados como "externalidades" na teoria do século XX transformaram-se em crises sociais e ecológicas marcantes no século XXI. Longe de permanecer uma preocupação periférica "externa" à atividade econômica, enfrentar esses efeitos é de importância fundamental para criar uma economia que permita que todos prosperemos.

Vista dessa posição privilegiada – por mais contraintuitiva que possa parecer –, a economia do equilíbrio na verdade acaba sendo uma forma de análise sistêmica, ainda que extremamente limitada. Ela obtém os resultados que procura impondo premissas fortemente restritivas sobre a maneira como se comportam os sistemas de mercado – premissas que incluem perfeita concorrência, retornos decrescentes, informação plena e atores racionais –, de modo que nenhum efeito desviante interfira na capacidade do mecanismo de preços de atuar como o ciclo de feedback de equilíbrio que restaura o equilíbrio de mercado. Pense nela em termos de estorninhos: que restrições teríamos de impor a um grande bando desses pássaros se quiséssemos assegurar que todos ficassem parados? Poderíamos colocar cada pássaro em sua própria gaiola e então trancá-los todos num quarto escuro e quieto: isso os incentivaria a ficar parados. Mas não devemos esperar que o bando se comporte dessa maneira se removermos essas limitações não naturais e soltarmos os pássaros no ar. Eles irão voar e girar, fazendo uma extraordinária exibição aérea de um sistema complexo em ação. O mesmo se dá com os atores econômicos presos nas estreitas limitações de um modelo de equilíbrio: quando todas as premissas restritivas estiverem no lugar, eles de fato se comportarão como exigido. Mas basta remover essas premissas – entrar no mundo real – e o caos pode se instaurar. Geralmente é isso que ocorre, é claro – no crash financeiro que vai da expansão ao colapso, na ascensão do 1% e nos pontos de inflexão das mudanças climáticas.

Bolha, expansão e colapso: a dinâmica das finanças

Se os operadores financeiros fossem pássaros, suas excentricidades de fato se pareceriam com as de um bando de estorninhos dando pinotes no céu (a diferença óbvia sendo que os estorninhos nunca se chocam). Essas excentricidades devem-se àquilo que o especulador George Soros chamou de "a reflexividade dos mercados": o padrão de feedbacks que se instala quando as opiniões dos participantes do mercado influenciam o curso dos acontecimentos e o curso dos acontecimentos, por sua vez, influencia as opiniões dos participantes.[23] Quer sejamos operadores financeiros, quer adolescentes (ou, na verdade, ambos), nosso autorretrato emergente revela que não somos indivíduos isolados guiados por preferências inflexíveis: somos profundamente influenciados pelo que se passa à nossa volta – e com frequência gostamos de ser parte disso. Tendências são lançadas quando a popularidade de um produto impele sua desejabilidade a outros, aumentando assim sua popularidade e gerando o brinquedo obrigatório do momento, o gadget mais desejado e a última coreografia que viralizou na internet (quem consegue esquecer o "Gangnam Style"?).

Menos divertidas, mas quase tão frequentes, são as bolhas de ativos nas quais o preço de uma ação vai aumentando cada vez mais antes de finalmente estourar. O nome desse fenômeno originou-se com a Bolha da Companhia dos Mares do Sul, em 1720, um evento que o grande Sir Isaac Newton proibiu de ser mencionado na sua presença desde então. Em março daquele ano, o preço das ações da Companhia dos Mares do Sul – à qual fora concedido um monopólio britânico do comércio com as colônias da América do Sul – começou a subir rapidamente à medida que seus sucessos no estrangeiro começaram a se espalhar. Newton já tinha comprado algumas ações da companhia, e, em abril, as vendeu com enorme lucro. Mas o preço das ações da Mares do Sul continuou subindo depressa, e assim, levado pelo entusiasmo nacional, Isaac não conseguiu resistir à sedução do mercado. Voltou correndo, pagando um preço muito mais alto em junho – apenas dois meses antes de a bolha finalmente chegar ao auge e explodir. Como resultado, Newton perdeu as economias de toda a sua vida. "Posso calcular o movimento das estrelas, mas não a loucura dos homens", disse, depois do estouro da bolha, numa frase que ficou famosa.[24] O mestre da mecânica fora confundido pela complexidade.

Como Newton, todos pagamos um preço alto quando não entendemos os sistemas dinâmicos dos quais dependem nossa vida e nosso sustento. Isso com toda a certeza ficou claro na esteira da crise financeira de 2008, que notoriamente levou a rainha a perguntar: "Por que ninguém a viu chegando?" Antes da crise, a teoria econômica dominante, que enfatizava a concepção de equilíbrio, levara a maior parte dos analistas econômicos a prestar pouca atenção ao setor bancário – tanto na sua estrutura como no seu comportamento. Por incrível que pareça, muitas instituições financeiras de primeira linha – do Banco da Inglaterra e o Banco Central Europeu ao Federal Reserve dos Estados Unidos – estavam usando modelos macroeconômicos nos quais os bancos privados não desempenhavam nenhum papel: uma omissão que se revelou um erro fatal. Como afirmou com veemência o economista Steve Keen, um dos poucos que viram o colapso chegando: "Tentar analisar o capitalismo deixando de fora bancos, endividamento e moedas é como tentar analisar pássaros ignorando que eles têm asas. Boa sorte."[25]

Graças à predominância da concepção de equilíbrio, a maior parte dos formuladores de políticas econômicas evitava a ideia de que pudesse surgir instabilidade a partir das dinâmicas em ação dentro da própria economia. Na década que antecedeu o colapso, e alheio à formação do risco sistêmico, o chanceler do Reino Unido, Gordon Brown, saudou o fim da expansão e do colapso,[26] enquanto Ben Bernanke, presidente do Federal Reserve, recebia de braços abertos o que chamou de "a Grande Moderação".[27] Após 2008, quando a expansão se transformou numa grande contração, muitos começaram a procurar entender o que havia acontecido recorrendo à obra por muito tempo ignorada do economista Hyman Minsky, especialmente a sua hipótese da instabilidade financeira de 1975, que coloca a análise dinâmica no centro da macroeconomia.

Minsky tinha percebido que, por mais contraintuitivo que isso possa parecer, quando se trata de finanças, a estabilidade gera instabilidade. Por quê? Por causa dos ciclos de feedback de reforço, é claro. Durante os bons tempos econômicos, bancos, empresas e tomadores de empréstimos ganham confiança e começam a assumir riscos maiores, o que puxa para cima o preço da habitação e de outros ativos. Esse aumento no preço dos ativos, por sua vez, reforça a confiança de tomadores de empréstimo e emprestadores, bem como suas expectativas de que os valores dos ativos continuarão a subir. Nas palavras do próprio Minsky: "A tendência de transformar o bom desempenho nos negócios numa expansão de investimento especulativo é a instabilidade básica numa economia capitalista."[28] Quando os preços deixam por fim de corresponder às expectativas, o que inevitavelmente acontece, surgem as inadimplências nas hipotecas, os ativos perdem ainda mais valor e – naquilo que foi apelidado de "momento Minsky" – as finanças despencam no penhasco da insolvência, provocando o colapso. Adivinhe o que acontece depois do colapso? A confiança é gradualmente reconstruída, e o processo recomeça num ciclo de desequilíbrio dinâmico. Ainda há muito para aprender com as galinhas que atravessam a rua.

Em 2008, a queda a partir dessa instabilidade inerente ao mercado foi agravada pelo fracasso dos reguladores financeiros em compreender a dinâmica intrínseca às redes bancárias. Antes do colapso, esses reguladores trabalhavam com a premissa de que as redes servem sempre para dispersar o risco, e assim as regulações concebidas apenas monitoravam os nós na rede – bancos individuais –, em vez da natureza de suas interconexões. No entanto, o colapso deixou claro que a estrutura de uma rede pode ser robusta, porém frágil: comporta-se geralmente como um amortecedor gigantesco, mas então, à medida que o caráter da rede evolui, torna-se um frágil amplificador de choques. Essa mudança tem maior probabilidade de ser deflagrada, como descobriu Andy Haldane, do Banco da Inglaterra, quando as redes têm poucos supernós agindo como peças centrais, demasiadas conexões entre os nós e a característica de criar conexões entre nós que de outra forma estariam distantes. Entre 1985 e 2005, a rede financeira global evoluiu para apresentar todas essas três características deflagradoras, mas, não dispondo de uma perspectiva sistêmica, os reguladores não as perceberam.[29] Como Gordon Brown admitiu mais tarde, "criamos um sistema de monitoramento que observava as instituições de forma individual. Esse foi o grande erro. Nós não entendemos como o risco estava espalhado pelo sistema, não entendemos como as diferentes instituições estavam emaranhadas, e simplesmente não entendemos – mesmo que tenhamos conversado sobre o assunto – em que medida essas coisas eram globais".[30]

Estimulados pelo colapso de 2008, novos modelos dinâmicos de mercados financeiros estão sendo construídos. Steve Keen juntou-se com o programador Russell Standish para desenvolver o primeiro programa de dinâmica de sistemas – adequadamente batizado de Minsky – que é um modelo de desequilíbrio da economia que leva a sério os feedbacks dos bancos, o endividamento e as moedas. Como me disse Keen no seu estilo característico, "o Minsky finalmente dá asas ao pássaro econômico, então, por fim, temos uma chance de entender como ele voa".[31] Sua abordagem à complexidade é uma das mais promissoras no sentido de compreender os efeitos dos mercados financeiros na macroeconomia.

Sucesso para os Bem-sucedidos: a dinâmica da desigualdade

A desigualdade aparece somente como preocupação periférica no mundo da economia do equilíbrio. Considerando que os mercados são eficientes para recompensar as pessoas, diz a teoria, então aquelas com talentos, preferências e dotes iniciais em grande medida similares acabarão por ser igualmente recompensadas: quaisquer diferenças que subsistam terão provavelmente a ver com diferenças de empenho, e este provê um estímulo para a inovação e o trabalho árduo. Mas, no mundo de desequilíbrio que habitamos – em que poderosos feedbacks de reforço estão em ação –, ciclos virtuosos de riqueza e ciclos viciosos de pobreza podem levar pessoas que seriam similares para extremos opostos do espectro da distribuição de renda. Isso se deve àquilo que os especialistas em sistemas vieram a chamar de armadilha do "Sucesso para os Bem-sucedidos", que se inicia quando os vencedores de uma rodada do jogo abocanham recompensas que aumentam suas chances de vencer novamente na rodada seguinte.

A teoria do equilíbrio reconhece que feedbacks de reforço podem às vezes prevalecer nos negócios, resultando em oligopólio – o governo de poucos –, mas apresenta esses casos como exceção à regra. Já na década de 1920, porém, o economista italiano Piero Sraffa argumentou o contrário: quando se trata das curvas de oferta das empresas, os rendimentos crescentes – e não a chamada lei dos rendimentos decrescentes – tendem a ser a norma. Como ressalta Sraffa, a experiência cotidiana mostra que as empresas, em muitas indústrias, conseguem alcançar menores custos unitários à medida que expandem a produção, de modo que tendem na direção do oligopólio, ou até mesmo do monopólio, em vez da concorrência perfeita.[32] Não há dúvida de que essa perspectiva está em harmonia com a paisagem corporativa que conhecemos hoje. Somente no setor de alimentos, quatro gigantes do agronegócio conhecidos como grupo ABCD (ADM, Bunge, Cargill e Louis Dreyfus) controlam mais de 75% do mercado total de grãos. Outros quatro são responsáveis por mais de 50% das vendas globais de sementes e apenas seis empresas agroquímicas controlam mais de 75% do mercado mundial de fertilizantes e pesticidas.[33] Em 2011, apenas quatro bancos de Wall Street – JPMorgan Chase, Citigroup, Bank of America e Goldman Sachs – respondiam por 95% dos derivativos da indústria financeira negociados nos Estados Unidos.[34] Trata-se de um padrão de concentração que prevalece também em muitas outras indústrias, de mídia e computação a telecomunicações e supermercados.

Qualquer um que já tenha disputado uma partida de Banco Imobiliário [ou Monopoly] está bem versado na dinâmica do Sucesso para os Bem-sucedidos: os jogadores que têm a sorte de cair em propriedades caras logo no começo do jogo podem comprá-las, construir hotéis e cobrar pesados aluguéis de seus colegas de jogo, acumulando, assim, uma vitoriosa fortuna enquanto vão levando os demais à bancarrota. É fascinante, porém, que o jogo a princípio se chamasse O Jogo do Senhorio, e tenha sido projetado justamente para revelar a injustiça decorrente de tal concentração de propriedades, e não para celebrá-la.

A inventora do jogo, Elizabeth Magie, era uma franca apoiadora das ideias de Henry George, e quando criou o jogo, em 1903, estabeleceu dois conjuntos muito diferentes de regras pelas quais jogar alternadamente. Pelo conjunto de regras chamado "Prosperidade", todos os jogadores ganhavam toda vez que alguém adquiria uma nova propriedade (fazendo eco à reivindicação de George por um imposto sobre o valor da terra), e o jogo era vencido (por todos) quando o jogador que havia começado com menos dinheiro conseguia dobrá-lo. Pelo segundo conjunto de regras, chamado "Monopolizador", os jogadores ganhavam cobrando aluguel daqueles que tinham a infelicidade de cair em suas propriedades – e quem conseguisse levar todos os outros à falência era o único vencedor. O propósito do duplo conjunto de regras, dizia Magie, era que os jogadores vivenciassem uma "demonstração prática do presente sistema de acumulação de terras, com todos os seus habituais resultados e consequências", e assim entendessem como diferentes abordagens da propriedade podem levar a resultados sociais extremamente diferentes. "Ele poderia muito bem ter sido chamado de O Jogo da Vida", observou Magie, "pois contém todos os elementos de sucesso e fracasso do mundo real." Mas quando a fabricante de jogos Parker Brothers comprou de Magie a patente do Jogo do Senhorio, na década de 1930, ele foi relançado simplesmente como Banco Imobiliário, oferecendo ao ávido público apenas um conjunto de regras: aquelas que celebram o triunfo de um sobre todos.[35]

A dinâmica distributiva que é encenada nos jogos de tabuleiro também aparece em simulações computadorizadas da economia. Foi Robert Solow, o ferrenho crítico da macro moderna, que ridicularizou os modelos econômicos do equilíbrio demonstrando que, longe de modelar mercados de muitos jogadores, eles na verdade eram compostos por um único "agente representativo" – reduzindo a economia a apenas um consumidor-trabalhador-proprietário típico que responde previsivelmente aos choques "externos". Desde a década de 1980, economistas da complexidade vêm desenvolvendo abordagens alternativas, inclusive um modelo "baseado no agente", que começa com um arranjo diversificado de agentes que seguem todos um conjunto simples de regras enquanto vão continuamente respondendo e se adaptando aos seus arredores. Uma vez concluído o modelo computadorizado, os programadores basicamente pressionam o botão "começar", pondo esses agentes em ação; depois se recostam para assistir e aprender com os padrões dinâmicos que emergem a partir da inter-relação. E há muito que aprender.

Numa simulação de computador de 1992 conhecida como Sugarscape, que se tornou referência, os modeladores Joshua Epstein e Robert Axtell criaram uma sociedade virtual em miniatura para ver como a riqueza seria distribuída com o tempo. A Sugarscape consiste de uma paisagem baseada numa grade de 50 × 50 – como um enorme tabuleiro de xadrez – mostrando duas grandes montanhas de açúcar separadas por planícies com escassez de açúcar.[36] Espalhados pela paisagem estão muitos agentes famintos de açúcar, alguns capazes de se mover mais depressa que outros, alguns que enxergam mais longe e alguns que queimam açúcar mais rápido, enquanto todos varrem a grade, competindo para se mover para os quadrados abastecidos com o combustível açucarado que os sustenta. Na largada, os estoques de açúcar estão distribuídos aleatoriamente entre os agentes: alguns têm mais, outros menos, mas a maioria tem uma parcela intermediária. Quando a simulação tem início, porém, não leva muito tempo para que esses agentes de boca adocicada se encontrem profundamente divididos numa pequena elite de super-ricos em açúcar e uma vasta massa pobre de açúcar. Sim, seus variados atributos de velocidade, visão, metabolismo e ponto de partida podem explicar parte da divergência, mas não podem, por si sós – e isso é importante –, justificar os extremos chocantes de desigualdade que surgem.

Essa desigualdade decorre em grande medida da dinâmica inerente à sociedade Sugarscape: açúcar é riqueza, e ter mais ajuda a obter mais, um clássico caso de Sucesso para os Bem-sucedidos em ação. Mais impressionante, porém, é que mesmo pequenas diferenças casuais entre os agentes – como ter um golpe de sorte no começo ou fazer um primeiro movimento em falso na busca pelo açúcar – podem amplificar-se com enorme rapidez, impelindo-os a destinos totalmente distintos em sua sociedade rigidamente dividida pela sacarina.[37] É claro que o mundo computadorizado da Sugarscape não é a realidade, mas sua familiar dinâmica desmascara ainda mais a afirmação de que as desigualdades de renda refletem sobretudo o talento e o mérito na sociedade.

A dinâmica do Sucesso para os Bem-sucedidos foi identificada muito antes de o Banco Imobiliário e a Sugarscape entrarem em cena. Há 2 mil anos, a ideia de que "os ricos ficam mais ricos e os pobres ficam mais pobres" foi inscrita na Bíblia, e desde então veio a ser conhecida como "Efeito Mateus". Seu revelador padrão de vantagem acumulativa, associado ao crescimento em espiral da desvantagem, pode ser visto nos resultados das crianças nas escolas, nas oportunidades de empregos para adultos e, é claro, em termos de renda e riqueza. E essa dinâmica financeira com toda a certeza está viva hoje. Entre 1988 e 2008, a maioria dos países no mundo observou o crescimento da desigualdade dentro de suas fronteiras, que teve como consequência o esvaziamento da classe média. Nesse mesmo intervalo, a desigualdade global teve uma ligeira diminuição (graças, em grande medida, à redução das taxas de pobreza na China), mas aumentou significativamente nos extremos. Mais de 50% do aumento total na renda global ao longo desse período foram capturados apenas pelos 5% mais ricos da população mundial, enquanto os 50% mais pobres ficaram com apenas 11% dessa parcela.[38] Entrar no Donut exige reverter esses abismos cada vez maiores de renda e riqueza, e a chave para isso será encontrar meios de compensar e enfraquecer o ciclo de feedback do Sucesso para os Bem-sucedidos; exploraremos alguns desses meios no capítulo 5.

Água na banheira: a dinâmica das mudanças climáticas

As externalidades econômicas são enquadradas – graças ao seu próprio nome – como uma preocupação periférica na teoria dominante. Mas quando as reformulamos como efeitos e reconhecemos que a economia está integrada na biosfera – como fizemos no capítulo 2 –, fica logo claro que esses efeitos poderiam se acumular como feedback e perturbar o sistema econômico que de início os gerou. Isso é o que sem dúvida acontece com as chamadas externalidades ambientais, como a acumulação de gases do efeito estufa na atmosfera, que arriscam deflagrar efeitos catastróficos de mudanças climáticas. Não é de admirar que pensadores sistêmicos como John Sterman, diretor do grupo de dinâmica de sistemas do MIT, estejam determinados a encontrar formas de superar os pontos cegos dos formuladores de políticas no que se refere ao enfrentamento das mudanças climáticas, pois, ao contrário das crises bancárias, não há chance de uma injeção de dinheiro de última hora ser capaz de salvar a situação.

Compreender o acúmulo de pressão no sistema climático depende de compreender uma relação básica entre o fluxo de emissões de dióxido de carbono e seu estoque, ou concentração, na atmosfera. De maneira inquietante, Sterman descobriu que até mesmo seus melhores alunos no MIT tinham um fraco entendimento intuitivo de como funciona essa dinâmica estoque-fluxo: a maioria pensava que bastava impedir o aumento das emissões globais de CO_2 para evitar o aumento de CO_2 na atmosfera. Por isso, ele recorreu a uma analogia clássica e desenhou a atmosfera como uma gigantesca banheira com a torneira aberta e o ralo destapado: a banheira se enche à medida que vão entrando novas emissões e se esvazia quando o dióxido de carbono é captado pela fotossíntese das plantas e dissolvido nos oceanos. A mensagem da metáfora é que, assim como a banheira só começará a se esvaziar se a água jorrar da torneira para dentro mais devagar do que escoa pelo ralo, a concentração de dióxido de carbono na atmosfera só cairá se as novas emissões fluírem mais lentamente do que o CO_2 que está sendo retirado. Quando Sterman desenhou a banheira pela primeira vez, em 2009, as entradas anuais de CO_2 no planeta eram de 9 bilhões de toneladas, contra saídas de apenas 5 bilhões de toneladas: isso significava que as emissões anuais precisavam cair pela metade apenas para começar a reduzir as concentrações atmosféricas. Se os estudantes do MIT tinham dificuldade para compreender isso, percebeu ele, então sem dúvida o mesmo acontecia com os formuladores de políticas, e "isso significa que eles pensam que é mais fácil estabilizar os gases do efeito estufa e parar o aquecimento do que realmente é", advertiu.[39]

Seguindo as pegadas de Elizabeth Magie, Sterman e seus colegas se propuseram a criar um jogo que ensinasse a dinâmica climática a seus jogadores por meio da experiência. Eles conceberam uma simulação em computador de uso fácil, conhecida como C-Roads (acrônimo de Climate Rapid Overview and Decision Support), para auxiliar os governos a ver os impactos de seus programas de ação. O C-Roads soma instantaneamente os compromissos de redução de gases do efeito estufa de todos os países para mostrar suas implicações conjuntas em longo prazo em termos de emissões globais, concentrações atmosféricas, alteração da temperatura e elevação do nível do mar. Ele foi usado por equipes de negociadores nos Estados Unidos, na China, na União Europeia e outros, transformando sua compreensão da velocidade e escala dos cortes necessários em todo o mundo. "Sem ferramentas como essas", explica Sterman, "não há esperança de desenvolver capacidades de pensamento sistêmico ou de compreensão do clima em nenhum grupo de partes interessadas."[40]

O C-Roads foi imensamente valioso para organizar simulações em negociações internacionais sobre o clima na década passada, muitas vezes com formuladores de políticas reais. Buscando recriar a dinâmica de forças em jogo, a equipe do C-Roads oferece àqueles que representam países poderosos assento à mesa, que está cheia de petiscos, ao mesmo tempo que deixa os representantes dos países menos desenvolvidos sentados no chão. Assim, quando o presidente da Micronésia tomou parte numa simulação, em 2009, insistiu devidamente em tomar seu lugar no chão. À medida que as negociações prosseguiam e as principais potências expressavam os seus habituais compromissos inadequados, o nível simulado do mar subia um metro. Então, a equipe do C-Roads cobriu todos que estavam no chão – inclusive o presidente da Micronésia – com um grande lençol azul. "Ele ficou emocionadíssimo", contou Sterman, "pois pela primeira vez as pessoas viam quais seriam as implicações da elevação do nível do mar."[41] Se não compreendermos ou vivenciarmos os efeitos da dinâmica de estoques e fluxos, temos pouca chance de reconhecer a velocidade e escala da transformação energética necessária para nos levar de volta para dentro do limite planetário para mudanças climáticas.

Evitando o colapso

Uma perspectiva sistêmica deixa claro que a direção prevalecente do desenvolvimento da economia global está presa nas dinâmicas gêmeas de desigualdade social crescente e aprofundamento da degradação ecológica. Falando sem rodeios, essas tendências fazem eco às condições sob as quais civilizações anteriores – dos habitantes da ilha de Páscoa aos vikings da Groenlândia – entraram em colapso. Quando uma sociedade começa a destruir a base de recursos da qual depende, afirma o historiador ambiental

Jared Diamond, será muito menos capaz de mudar seus hábitos se for também estratificada, com uma pequena elite bastante separada das massas. E quando os interesses em curto prazo dessa elite responsável pelas decisões divergem dos interesses em longo prazo da sociedade como um todo, a situação, adverte ele, é "um caminho para problemas".[42] Exemplos de colapso muitas vezes são considerados aberrações raras ao longo da trajetória do progresso humano, mas eles têm sido surpreendentemente comuns. Na verdade, o esfacelamento de civilizações que vão desde o Império Romano e a dinastia Han, na China, até os maias, na Mesoamérica, deixa claro que até mesmo civilizações complexas e inventivas são vulneráveis à queda.[43] Assim, será que o pensamento sistêmico pode nos ajudar a descobrir se isso irá acontecer novamente?

Essa pergunta foi explorada de forma mais célebre no estudo *Limites do crescimento*, de 1972, cuja equipe de autores sediada no MIT criou um dos primeiros modelos informáticos dinâmicos da economia global, conhecido como World 3. O objetivo da equipe era explorar uma gama de cenários econômicos até 2100, levando em conta cinco fatores considerados determinantes – e em última instância limitadores – do crescimento da produção: população, produção agrícola, recursos naturais, produção industrial e poluição. Segundo suas projeções para o cenário de continuidade, à medida que a população global e a produção se expandissem, recursos não renováveis como petróleo, minerais e metais se esgotariam, levando a uma queda na produção industrial e de alimentos, em última análise resultando em escassez, grande queda na população humana e redução nos padrões de vida para todos. Quando lançada, essa análise fez ao mesmo tempo soar o alarme acerca do estado do mundo, introduziu em grande medida o pensamento sistêmico nas análises de políticas e provocou clamor entre aqueles comprometidos com a meta do crescimento.[44]

Economistas da corrente dominante foram rápidos em ridicularizar a concepção do modelo, sob o argumento de que ele subestimava o feedback de equilíbrio do mecanismo de preços nos mercados. Se os recursos não renováveis se tornassem escassos, alegaram eles, seus preços subiriam, deflagrando maior eficiência no seu uso, maior utilização de substitutos e exploração de novas fontes. Mas, ao desprezar o World 3 e seus implícitos limites para o crescimento, eles também foram rápidos demais em desprezar o papel e os efeitos daquilo que o modelo dos anos 1970 chamava simplesmente de "poluição" – que, ao contrário de metais, minerais e combustíveis fósseis, não costuma ter um preço, e portanto não gera nenhum feedback direto de mercado. A modelização da poluição pelo World 3 revelou-se presciente: hoje, podemos nomeá-la em termos muito mais específicos como as muitas formas de degradação ecológica que pressionam os limites planetários, desde as mudanças climáticas e a poluição química até a acidificação dos oceanos e a perda de biodiversidade. Além disso, recentes comparações de dados com o modelo de 1972 revelam que a economia global parece estar seguindo de perto as previsões do World 3 para o cenário de continuidade – e essa história não acaba bem.[45]

Isso deveria fazer soar as campainhas de alarme: no começo do século XXI, nós já transgredimos pelo menos quatro limites planetários, bilhões de pessoas ainda enfrentam privações extremas e o 1% das pessoas mais ricas possui metade da riqueza financeira do mundo. Essas são as condições ideais para nos conduzirmos ao colapso. Se quisermos evitar tal sorte para a nossa civilização global, precisamos claramente de uma transformação, e ela pode ser assim resumida:

A economia de hoje é divisiva e degenerativa por definição.
A economia de amanhã deve ser distributiva e regenerativa por concepção.

Uma economia distributiva por concepção é aquela cuja dinâmica tende a dispersar e fazer circular o valor à medida que este é criado, em vez de concentrá-lo em um número de mãos cada vez menor. Uma economia regenerativa por concepção é aquela em que todas as pessoas se tornam participantes plenas na regeneração dos ciclos geradores de vida da Terra, para que prosperemos dentro dos limites planetários. Esse é o nosso desafio geracional em termos de concepção, e suas possibilidades são exploradas nos capítulos 5 e 6. Mas que tipo de economista com pensamento sistêmico pode ajudar a fazer isso acontecer?

Adeus, chave-inglesa; olá, tesoura de poda

Pensar em termos de sistemas transforma a maneira como vemos a economia e convida os economistas a abandonar sua velha bagagem metafórica. Digam adeus à economia como máquina e abracem a economia como organismo. Abandonem os controles imaginários que prometiam levar os mercados ao equilíbrio e, em vez disso, habituem-se ao pulsar dos ciclos de feedback que os mantêm em contínua evolução. Chegou a hora de os economistas fazerem também uma mudança metafórica de carreira: jogar fora o capacete e a chave-inglesa do engenheiro e pegar luvas de jardinagem e tesouras de poda.

Trata-se de uma mudança vocacional que há muito vem se aproximando: já na década de 1970, o próprio Friedrich Hayek sugeriu que os economistas deviam buscar ser menos como artífices moldando seu artesanato e mais como jardineiros cuidando de suas plantas. Sim, a metáfora pode ter vindo de um pensador com extrema inclinação para o *laissez-faire*, mas, no mínimo, sugere que Hayek nunca teve um dia duro de trabalho no jardim: como qualquer jardineiro de verdade sabe, a jardinagem está longe do *laissez-faire*. Em seu livro *The Gardens of Democracy*, Eric Liu e Nick Hanauer argumentam que a passagem do pensamento "cérebro-máquina" para "cérebro-jardim" exige um distanciamento da crença de que as coisas vão se autorregular para que se perceba que as coisas precisam ser cuidadas. "Ser jardineiro não é deixar a natureza tomar seu curso; é *cuidar*", escrevem eles. "Os jardineiros não fazem as plantas crescer, mas criam as condições em que elas podem prosperar e fazem julgamentos sobre o que deve e o que não deve estar no jardim."[46] É por isso que os jardineiros econômicos têm de se envolver, nutrindo, selecionando, transplantando, enxertando, podando e tirando as ervas daninhas das plantas à medida que elas crescem e amadurecem.

Uma forma de abordar a jardinagem econômica é abraçar a evolução. Em vez de buscar predizer e controlar o comportamento da economia, afirma Eric Beinhocker, um proeminente pensador nesse campo, os eco-

Os economistas precisam de uma mudança metafórica de carreira: de engenheiros para jardineiros (como demonstram Charlie Chaplin e Josephine Baker).

nomistas deveriam "pensar na política como uma carteira de experimentos que ajudam a moldar a evolução da economia e da sociedade no decorrer do tempo". Trata-se de uma abordagem que visa imitar o processo da seleção natural, muitas vezes sintetizada como "diversificar-selecionar-amplificar": montar experimentos de pequena escala com políticas a fim de testar uma variedade de intervenções, interromper as que não funcionam bem e ampliar a escala das que funcionam.[47] Esse tipo de formulação adaptativa de políticas é crucial em face dos desafios ecológicos e sociais de hoje, porque, como afirma Elinor Ostrom, "nunca tivemos de lidar com problemas da escala daqueles que confrontam a sociedade globalmente interconectada de hoje. Ninguém sabe ao certo o que vai funcionar, então é importante construir um sistema que possa evoluir e se adaptar rapidamente".[48]

Isso tem implicações empoderadoras: se os sistemas complexos evoluem por meio de suas inovações e desvios, então isso confere uma importância adicional a iniciativas originais, desde novos modelos de negócios até moedas complementares e modelos de código aberto. Longe de serem meras atividades marginais, esses experimentos estão na linha de frente – ou melhor, na linha evolutiva – da transformação econômica rumo à dinâmica distributiva e regenerativa de que necessitamos.

Se a economia está em constante evolução, qual é a melhor maneira de administrar esse processo? Aprendam a encontrar os "pontos de alavancagem", dizia Donella Meadows – aqueles lugares num sistema complexo em que uma pequena mudança numa coisa pode levar a uma grande mudança em tudo. Ela acreditava que a maior parte dos economistas passa tempo demais se dedicando a pontos de baixa alavancagem, tais como o ajuste de preços (que se limita a alterar a taxa de fluxo), quando poderiam ter uma alavancagem muito maior reequilibrando os ciclos de feedback da economia, ou até mesmo mudando sua meta (é bom lembrar que ela dispunha de pouco tempo para aquele objetivo-cuco do crescimento do PIB). Além disso, em vez de promover uma intervenção imediata com planos de mudança, ela recomendava ser humilde e tentar sentir o ritmo do sistema, mesmo que se tratasse de uma economia enferma, uma floresta agonizante ou uma comunidade destroçada. Observem e entendam como ela funciona atualmente e aprendam a sua história. É óbvio perguntar o que está errado, então também pergunte: como chegamos a esse ponto, para onde estamos indo, o que ainda funciona direito? "Não sejam interventores irrefletidos, não destruam as capacidades de automanutenção do sistema", advertiu ela. "Antes de se meterem a melhorar as coisas, prestem atenção ao valor do que já está lá."[49]

Meadows foi uma habilidosa jardineira econômica nesse sentido, tendo passado grande parte da vida a observar a dança dos sistemas socioecológicos em ação e a reparar no valor do que estava lá. Na verdade, afirmou ela, os sistemas eficazes tendem a ter três propriedades – hierarquia saudável, auto-organização e resiliência –, e portanto devem ser geridos de forma a permitir que essas características se manifestem.

Em primeiro lugar, a hierarquia saudável é atingida quando sistemas aninhados servem ao todo maior do qual fazem parte. As células hepáticas servem ao fígado, que por sua vez serve ao corpo humano; se essas células começam a se multiplicar rapidamente, tornam-se um câncer, não mais servindo, mas destruindo o corpo do qual dependem. Em termos econômicos, hierarquia saudável significa, por exemplo, assegurar que o setor financeiro esteja a serviço da economia produtiva, que por sua vez está a serviço da vida.[50]

Em segundo, a auto-organização nasce da capacidade que um sistema tem de tornar suas estruturas mais complexas, como uma célula em divisão, um movimento social em crecimento ou uma cidade em expansão. Na economia, grande parte da auto-organização ocorre no mercado por meio do mecanismo de preços – essa foi a revelação de Adam Smith –, mas também ocorre nos bens comuns e no agregado familiar – a revelação de Elinor Ostrom e de gerações de economistas feministas. Todos esses três domínios de aprovisionamento podem se auto-organizar efetivamente para atender aos desejos e necessidades das pessoas, e o Estado deve apoiá-los nessa tarefa.

Por fim, a resiliência emerge a partir da capacidade que um sistema tem de suportar e se recuperar da tensão, como um pedaço de gelatina que balança no prato sem perder a forma ou uma teia de aranha que sobrevive a uma tempestade. A economia do equilíbrio ficou obcecada com a maximização da eficiência e, assim, deixou de levar em conta a vulnerabilidade que ela pode trazer, como veremos no próximo capítulo.

Introduzir diversidade e redundância na estrutura econômica fortalece a resiliência da economia, tornando-a mais eficaz na adaptação a futuros choques e pressões.

Tornar-se ético

Existe uma outra consequência importante de se reconhecer a complexidade inerente à economia, e ela diz respeito à ética na formulação das políticas econômicas. A ética está no âmago de outras profissões, tais como a medicina, que combina a incerteza inerente à intervenção num sistema complexo (como o corpo humano) com a responsabilidade por impactos significativos na vida das pessoas. Hipócrates, o pai da medicina, inspirou um conjunto de princípios éticos, resumidos no moderno Juramento de Hipócrates, que ainda hoje guia os médicos: acima de tudo, não causar nenhum dano ou mal; priorizar o paciente; tratar a pessoa inteira, não apenas o sintoma; obter consentimento prévio e informado; e recorrer à perícia de terceiros, quando necessário.

Xenofonte, o pai da economia, concebia a gestão do lar como um assunto doméstico, e assim não sugeriu nenhuma ética para guiá-la (uma vez que acreditava já saber como gerir mulheres e escravos). Mas a economia, agora, orienta a gestão de nações e do nosso lar planetário, influenciando profundamente as vidas de todos nós. Então, chegou a hora de os economistas levarem a ética a sério? George DeMartino, economista e especialista em ética na Universidade de Denver, com certeza pensa assim. "Quando uma profissão busca a influência sobre outras, isso implica necessariamente obrigações éticas – quer as reconheça ou não", argumenta ele, acrescentando sem rodeios: "Não tenho conhecimento de nenhuma outra profissão que tenha sido tão indiferente em relação às suas responsabilidades."[51]

DeMartino acredita que os assessores de políticas econômicas seguem com demasiada frequência aquilo que ele chama de a regra de "maximizar o máximo": ao considerar todas as possíveis opções de política, recomendam a que funcionaria melhor *se* funcionasse – sem avaliar plenamente se ela *tem probabilidade* de funcionar. "Maximizar o máximo tem sido a regra de decisão primária nas intervenções econômicas mais importantes dos últimos trinta anos", argumenta ele, ressaltando os danos provocados pelas políticas de choque de privatização e liberalização de mercado implementadas na América Latina, na África subsaariana e na antiga União Soviética durante as décadas de 1980 e 1990.[52]

A economia está mais de 2 mil anos atrasada em relação à medicina no que se refere à ética de sua própria profissão. É um tempo bastante grande para recuperar. Então, para dar um pontapé inicial – e inspirando-nos em DeMartino –, eis aqui quatro princípios éticos a serem considerados pelo economista do século XXI. Primeiro, *atuar em serviço* da prosperidade humana numa teia de vida florescente, reconhecendo tudo aquilo de que ela depende. Segundo, *respeitar a autonomia* das comunidades, assegurando o seu engajamento e consentimento, sem perder de vista as desigualdades e diferenças que possa haver dentro delas. Terceiro, *ser prudente* na formulação de políticas, buscando minimizar o risco de danos – especialmente para os mais vulneráveis – em face da incerteza. Por fim, *trabalhar com humildade*, dando transparência aos pressupostos e limitações dos modelos utilizados e reconhecendo perspectivas e ferramentas econômicas alternativas. Princípios como esses podem um dia vir a ser incluídos no Juramento do Economista, a ser recitado por aspirantes a profissionais no momento da formatura. Mas, com ou sem a cerimônia, o importante é dar vida a esses princípios éticos na formação de cada estudante de economia e na prática de cada formulador de políticas.

"O FUTURO NÃO PODE SER PREVISTO", escreveu Donella Meadows, "mas pode ser imaginado e concretizado afetuosamente. Os sistemas não podem ser controlados, mas podem ser projetados e reprojetados ... Podemos ouvir o que o sistema nos diz e descobrir como as suas propriedades e os nossos valores podem trabalhar em conjunto para criar algo muito melhor do que jamais poderá ser produzido apenas pela nossa vontade."[53]

Se a dinâmica atual da economia global se mantiver – com seus efeitos divisivos e degenerativos –, então nos deparamos com o risco muito real de rumarmos para o colapso. Esse importantíssimo desafio geracional exige que o economista do século XXI abrace a complexidade e recorra às suas ideias para transformar as economias – em âmbito local e global –, de modo a torná-las deliberadamente distributivas e regenerativas, como veremos nos próximos capítulos. Aposto que, caso estivesse vivo hoje, Newton, de maçã na mão, estaria à altura da tarefa.

5. Projetar para distribuir

Do "reequilíbrio pelo crescimento" a uma concepção distributiva

"Não há ganho sem esforço" (*no pain, no gain*): esse é o mais conhecido ditado do maior fisiculturista de todos os tempos e tem motivado milhões de pessoas a cerrar os dentes e puxar ferro. Nos anos 1980, as extenuantes séries de exercícios de Arnold Schwarzenegger tomaram de assalto o mundo da musculação, e seu bordão favorito tornou-se um lema de academia que sobrevive até hoje. Sua mensagem é simples: você precisa forçar a barra e suportar intensa dor se quiser construir um físico incrível. Acontece que esse lema também resume uma filosofia econômica que acabou por ser dominante no final do século XX: as nações precisam forçar a barra e suportar a dor social da alta desigualdade se quiserem criar uma sociedade mais rica, mais equitativa para todos.

O lema "Não há ganho sem esforço" continua claramente a inspirar uma profusão de formuladores de políticas nos dias de hoje, sobretudo quando justificam as rígidas medidas de austeridade que aumentam a desigualdade e atingem os mais pobres com mais força. No entanto, como este capítulo revela, no que diz respeito à economia, trata-se de uma crença falsa baseada não em provas, mas num diagrama equivocado, embora muito influente. Longe de ser uma fase necessária no progresso das nações, o aumento da desigualdade é uma escolha política, e altamente nociva, com múltiplas repercussões que empurram ainda mais a humanidade para fora do Donut.

Em vez de aceitar o crescimento da desigualdade como uma lei do desenvolvimento econômico, algo inevitável que precisa ser suportado, os economistas do século XXI irão encará-lo como um erro de concepção econômica, e tentarão criar economias muito mais distributivas do valor que geram. Em vez de focalizar basicamente a redistribuição da renda, seu objetivo será redistribuir também riqueza – sobretudo a riqueza que provém do controle de terras, da criação de moedas, do empreendimento, da tecnologia e do conhecimento. E, em vez de focalizar apenas o mercado e soluções estatais, aproveitarão também a força dos bens comuns. É uma mudança de perspectiva fundamental, e já está sendo implementada.

A viagem na montanha-russa econômica

Se quisermos que a humanidade prospere no interior do Donut, todo ser humano deverá ter as capacidades necessárias para levar uma vida com dignidade, oportunidade e em comunidade. Contudo, conforme já vimos no capítulo 1, muitos milhões de pessoas ainda carecem dos meios mais básicos para tanto. Onde, então, vivem essas pessoas?

Vinte anos atrás, a resposta era fácil de adivinhar: quase todas elas viviam nos países mais pobres do mundo, classificados pelo Banco Mundial como de baixa renda, com PIB per capita de menos de mil dólares por ano. Consequentemente, combater a pobreza global era visto como uma questão de canalizar recursos de auxílio global de modo a prover serviços públicos básicos e estimular o crescimento econômico nesses países de baixa renda. Mas hoje a resposta é diferente, e de início ela parece contraintuitiva: atualmente, três quartos da população mais pobre do mundo vivem em países de média renda. Não porque tenham mudado, mas porque seus países passaram a ter melhores condições como um todo, e assim foram reclassificados pelo Banco Mundial como de média renda. Muitos desses países, porém – inclusive os maiores, como China, Índia, Indonésia e Nigéria –, estão ficando mais desiguais, o que explica como podem ao mesmo tempo abrigar as pessoas mais pobres do mundo.

Grandes desigualdades conduzem à pobreza também em países de alta renda, onde a diferença entre ricos e pobres encontra-se atualmente no nível mais alto em trinta anos, deixando um número impressionante de pessoas carentes da satisfação de suas necessidades essenciais.[1] Nos

Estados Unidos, por exemplo, uma em cada cinco crianças vive abaixo da linha federal de pobreza, enquanto no Reino Unido bancos alimentares distribuíram mais de 1 milhão de pacotes emergenciais de alimentos a cada ano desde 2014.[2]

Pela primeira vez, pôr fim à privação humana está se tornando uma questão de procurar resolver tanto a distribuição nacional quanto a redistribuição internacional, argumenta Andy Summer, o especialista que tratou os dados sobre onde vivem atualmente as populações mais pobres do mundo. "Um reenquadramento fundamental da pobreza global está se aproximando", escreve ele, "e a variável central para explicar a pobreza global é cada vez mais a distribuição nacional, e portanto a economia política nacional."[3] É claro que a redistribuição internacional dos países ricos para os pobres continua sendo essencial para os 300 milhões de pessoas que vivem na pobreza em países ainda classificados como de baixa renda, localizados sobretudo na África subsaariana. Mas a nova geografia da privação põe a resolução das desigualdades nacionais no topo da agenda para acabar com a pobreza no mundo.

Se resolver a desigualdade nacional é essencial para entrar no Donut, o que a teoria econômica tem a dizer sobre isso? A desigualdade foi um tópico de grande interesse para muitos dos pais fundadores da economia, mas suas opiniões diferiam amplamente sobre a forma como a renda seria distribuída entre trabalhadores, senhores de terras e capitalistas à medida que as economias de mercado crescessem. Enquanto Karl Marx argumentava que as rendas tenderiam a divergir, com os ricos ficando mais ricos enquanto os trabalhadores permaneceriam na pobreza, Alfred Marshall alegava o contrário: que as rendas através da sociedade tenderiam a convergir à medida que a economia se expandisse. Na década de 1890, porém, o engenheiro italiano Vilfredo Pareto, que virou economista, afastou-se do debate teórico e procurou um padrão nos dados. Tendo reunido registros de rendas e impostos da Inglaterra e de estados germânicos, de Paris e cidades italianas, colocou-os num gráfico e viu surgir um padrão curiosamente surpreendente. Em cada caso, descobriu ele, cerca de 80% da renda nacional estava nas mãos de apenas 20% da população, enquanto os restantes

20% da renda estavam espalhados entre 80% da população. Pareto ficou encantado: ele parecia ter descoberto uma lei econômica, que ainda hoje é conhecida como regra do 80/20 de Pareto. Além disso, argumentou ele, a íngreme "pirâmide social" que seus dados haviam repetidamente revelado devia ser um fato imutável da natureza humana, tornando contraproducentes as tentativas de redistribuição. A maneira de ajudar os que estão em pior situação era expandir a economia, concluiu ele, e os abastados estavam em melhor posição para fazer com que isso acontecesse.[4]

Convergente, divergente ou sempre fixa? Debates sobre a provável trajetória da desigualdade de renda foram travados de modo furioso, mas, em 1955, a história deu uma guinada crucial, literalmente. Quando Simon Kuznets – o brilhante inventor do cálculo da renda nacional – reuniu dados sobre tendências em longo prazo nas rendas nos Estados Unidos, no Reino Unido e na Alemanha, foi tomado de surpresa pelo que descobriu. Em todos esses países, a desigualdade de renda medida antes da tributação vinha caindo pelo menos desde a década de 1920, e até, possivelmente, desde antes da Primeira Guerra Mundial. Ao contrário da pirâmide social estática de Pareto, Kuznets acreditava ter descoberto uma lei diferente: uma montanha-russa social na qual a desigualdade de renda primeiro aumentava, depois ficava plana e por fim voltava a cair, tudo enquanto a economia crescia.

Era uma descoberta intrigante, mas entrava em conflito com a sua compreensão intuitiva da armadilha do Sucesso para os Bem-sucedidos. Como os ricos têm poupanças maiores e as poupanças geram mais riqueza, raciocinou ele, a desigualdade tendia a subir com o tempo, não a cair – então, o que estava acontecendo? Ele ofereceu uma possível explicação: o processo de migração do campo para as cidades. Nos estágios iniciais de desenvolvimento econômico, sugeriu Kuznets, quando são atraídos para as cidades, os trabalhadores deixam para trás a vida rural mal remunerada, porém bastante igualitária, para ganhar salários urbanos mais altos, porém mais desiguais, e assim a desigualdade cresce à medida que a industrialização se instala. A certa altura, no entanto, quando trabalhadores em número suficiente já estão ganhando esses salários urbanos mais altos, e começam a exigir salários melhores para aqueles que, entre eles, recebem salários mais baixos, a desigualdade volta novamente a cair, resultando ao mesmo tempo numa sociedade mais próspera e mais igualitária.[5]

Era uma teoria inteligente, mas equivocada, sobretudo porque as rendas rurais estavam na verdade longe de ser igualitárias – uma premissa falsa, para a qual Kuznets admitiu de modo privado que "não tinha nenhuma evidência".[6] Num gesto louvável, porém, ele foi cauteloso ao publicar suas conjecturas, observando que os "escassos" dados em que havia se baseado eram específicos de um contexto histórico particular e não deviam ser usados para fazer "generalizações dogmáticas injustificadas". Ele admitiu abertamente que suas explicações se "aproximavam de forma perigosa de puras conjecturas", tornando sua conclusão, assim, "5% informação empírica e 95% especulação, parte dela possivelmente contaminada por desejos ilusórios".[7]

De nada adiantaram as ressalvas e advertências. Sua mensagem subjacente – a de que a desigualdade crescente é uma etapa inevitável na jornada rumo ao sucesso econômico para todos – era uma história boa demais para ser posta em questão. A imagem que Kuznets já havia esboçado na mente de cada economista foi logo desenhada na página do economista e denominada "Curva de Kuznets". Tendo a renda per capita no eixo *x* e a medida da desigualdade na renda nacional no eixo *y*, a curva – que tem a forma de um U invertido – parecia mostrar uma lei econômica do movimento. E sussurrava uma mensagem poderosa: se você deseja o progresso, a desigualdade é inevitável. Ela precisa piorar antes de melhorar, e o crescimento vai fazê-la melhorar. Ou, como diria Arnold: "Não há ganho sem esforço."

O U invertido rapidamente se tornou um diagrama icônico da economia, sobretudo no nascente campo da economia do desenvolvimento, onde reforçou a teoria de que países pobres deveriam concentrar a renda nas mãos dos ricos, já que somente eles poderiam poupar e investir o suficiente para dar o pontapé inicial no crescimento do PIB. Nas palavras diretas do teórico fundador do campo, W. Arthur Lewis, "o desenvolvimento precisa ser desigualitário".[8] Na década de 1970, tanto Kuznets quanto Lewis ganharam o Prêmio Nobel de Economia por suas respectivas teorias sobre crescimento e desigualdade, enquanto o Banco Mundial tratava a curva como uma lei econômica e a usava para publicar projeções de quanto tempo levaria para que os níveis de pobreza começassem a cair em países de baixa e média renda.[9]

Os economistas, nesse meio-tempo, continuavam a procurar exemplos do mundo real da subida e descida da montanha-russa. Carecendo de boas séries cronológicas de dados para qualquer país isolado, basearam-se em vez disso em instantâneos de desigualdade em uma vasta gama de países. Os resultados pareciam se encaixar aproximadamente, ainda que de maneira vaga, na curva: países de média renda tendiam a ser mais desiguais que países de baixa e de alta renda. Mas isso ainda não era prova de que qualquer país isolado tivesse alguma vez subido a dolorosa corcova e voltado a descer do outro lado para a felicidade. Foi apenas na década de 1990, quando ficaram disponíveis séries cronológicas de dados em número suficiente, que a Curva de Kuznets pôde ser meticulosamente testada. O resultado? Nas palavras de um proeminente economista da época, "o padrão é que não há padrão".[10] À medida que os países passavam de baixa para média e depois para alta renda, alguns viam a desigualdade crescer, depois cair, depois voltar a crescer; outros a viam cair, depois crescer; em outros ela só crescia, ou só caía. Verificou-se que, no que diz respeito a desigualdade e crescimento, tudo é possível.

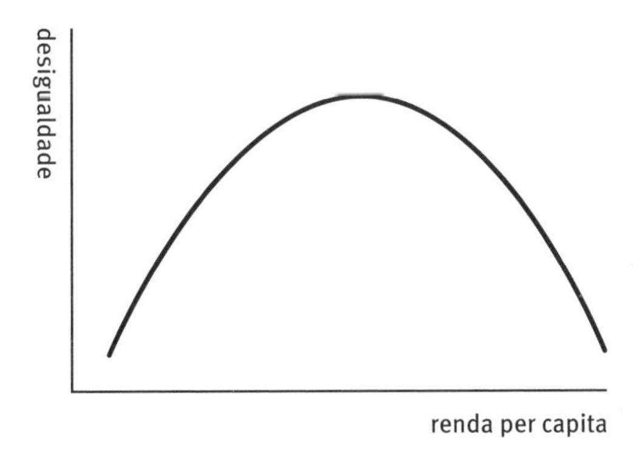

A Curva de Kuznets, que sugere que, à medida que os países ficam mais ricos, a desigualdade deve aumentar antes de finalmente cair.

Acontecimentos regionais surpreendentes desacreditaram ainda mais a equivocada lei da curva. O "milagre" da Ásia Oriental – de meados dos anos 1960 a 1990 – viu países como Japão, Coreia do Sul, Indonésia e Malásia combinarem rápido crescimento econômico com baixa desigualdade e taxas decrescentes de pobreza. Isso foi conseguido em grande parte graças à reforma agrária, que impulsionou a renda dos pequenos produtores rurais, conjugada com fortes investimentos públicos em saúde e educação e políticas industriais que aumentaram os salários dos trabalhadores ao mesmo tempo que controlaram os preços dos alimentos. Longe de ser inevitável, o processo de Kuznets acabara se revelando evitável: era de fato possível obter crescimento com igualdade. Além disso, a partir do início da década de 1980, muitos países de alta renda que acreditavam ter conseguido passar com sucesso pela corcova da curva viram sua distribuição de renda começar a se alargar novamente, o que resultou na infame ascensão do 1% acompanhada pela manutenção ou queda de salários para a maioria.

No entanto, foi a longa análise do economista Thomas Piketty sobre a dinâmica da distribuição sob o capitalismo, feita em 2014, que tornou a história subjacente visível a todos. Ao perguntar não só quem *recebe* o quê, mas também quem *possui* o quê, ele distinguiu entre dois tipos de agregados familiares: aqueles que possuem capital – como terra, habitação e ativos financeiros que geram renda, dividendos e juros – e aqueles que possuem apenas a sua mão de obra, que gera apenas salários. Ele então vasculhou antigos registros de impostos da Europa e dos Estados Unidos para comparar a tendência de crescimento dessas diferentes fontes de renda, e concluiu que as economias ocidentais – e outras como elas – estão a caminho de perigosos níveis de desigualdade. Por quê? Porque os retornos para o capital tenderam a crescer mais rápido do que a economia como um todo, levando a riqueza a ficar cada vez mais concentrada. Essa dinâmica é então reforçada pela influência política – de lobbies de empresas a financiamento de campanhas –, que promove ainda mais os interesses dos que já são ricos. Como afirma Piketty, "o capitalismo gera automaticamente desigualdades arbitrárias e insustentáveis que minam de forma radical os valores meritocráticos sobre os quais as sociedades democráticas se assentam".[11]

Kuznets, ao que se revelou, tinha razão em parte: a desigualdade de renda – e até mesmo a desigualdade de riqueza – de fato caiu, nos Estados Unidos e na Europa, na primeira metade do século XX. Mas o que a análise de Piketty revelou foi que Kuznets havia conduzido o seu estudo em meio a uma era econômica excepcional. A tendência equalizadora que ele atribuíra à lógica inerente do desenvolvimento capitalista devia-se, na verdade, aos impactos de esgotamento de capital de duas guerras mundiais e da Grande Depressão, combinados com um investimento público sem precedentes, no pós-guerra, em educação, saúde e seguridade social, todos financiados por meio de tributação progressiva. A primeira intuição de Kuznets estivera de fato correta: quando a riqueza é concentrada em poucas mãos – e quando os retornos de capital crescem mais rápido do que a própria economia –, a desigualdade realmente tende a crescer. Afinal, prevalece o Sucesso para os Bem-sucedidos, a menos que os governos tomem medidas para impedi-lo.

A Curva de Kuznets pode ter sido desmascarada, juntamente com a afirmação de que a desigualdade é necessária para o progresso. Mas, como todas as imagens fortes, a sua recordação continua pairando, dando credibilidade ao mito da economia do gotejamento. Em 2014, até mesmo economistas do Fundo Monetário Internacional (FMI) observaram com frustração que, apesar de indícios em contrário, "a ideia de compromisso entre redistribuição e crescimento parece profundamente entranhada na consciência dos formuladores de política".[12] Talvez seja por isso que, no meio da grave recessão que se seguiu ao colapso financeiro de 2008, o vice-presidente do Goldman Sachs, Lord Griffiths, tenha achado que podia justificar um retorno aos generosos bônus para seus corretores afirmando que "temos de tolerar a desigualdade como meio de conquistar maior prosperidade e oportunidades para todos".[13]

Por que a desigualdade é importante?

A desigualdade pode não ser inevitável, mas, segundo o roteiro neoliberal, até recentemente não foi vista como um motivo para alarme, menos ainda como um objetivo apropriado para a formulação de políticas. "De todas as tendências que são prejudiciais para a economia saudável, a mais sedutora, e na minha opinião a mais venenosa, é focar em questões de distribuição", escreveu o influente economista Robert Lucas em 2004.[14] Durante a maior parte dos últimos vinte anos, no Banco Mundial, segundo um dos seus principais economistas, Branko Milanović, "a própria palavra *desigualdade* não era politicamente aceitável, porque parecia uma coisa radical ou socialista".[15] Para outros, o grau aceitável de desigualdade social pode ser uma questão de preferência pessoal ou política – como gracejou o ex-primeiro-ministro britânico Tony Blair ao se referir ao jogador de futebol mais rico do Reino Unido: "Não tenho a ambição premente de me certificar de que David Beckham ganhe menos dinheiro."[16] Durante a última década, porém, as perspectivas em relação à desigualdade mudaram de maneira drástica à medida que seus efeitos – sociais, políticos e econômicos – sistemicamente perniciosos tornaram-se mais do que claros.

As sociedades podem ser profundamente solapadas pela desigualdade de renda. Quando estudaram uma série de países de alta renda em seu livro *The Spirit Level*, de 2009, os epidemiologistas Richard Wilkinson e Kate Pickett descobriram que é a desigualdade nacional, e não a riqueza nacional, que mais influencia o bem-estar social das nações. Países mais desiguais, descobriram eles, tendem a ter mais casos de gravidez adolescente, enfermidade mental, uso de drogas, obesidade, encarceramento, evasão escolar e colapso das comunidades, bem como menor expectativa de vida, status inferior para mulheres e níveis mais baixos de confiança.[17] "Os efeitos da desigualdade não estão confinados aos pobres", concluíram; "a desigualdade prejudica o tecido social de toda a sociedade".[18] Sociedades mais igualitárias, sejam ricas ou pobres, revelam-se mais sadias e mais felizes.

A democracia também é ameaçada pela desigualdade quando concentra poder nas mãos de poucos e produz um mercado de influência política. O lugar onde isso é mais visível é provavelmente os Estados Unidos, que em 2015 abrigavam mais de quinhentos bilionários. "Neste momento, estamos vendo os bilionários se tornarem muito mais ativos na tentativa de influenciar o processo eleitoral", observa o analista político Darrell West, que estudou as excentricidades dos cidadãos mais ricos de seu país. "Eles estão gastando dezenas ou centenas de milhões de dólares na persecução de seus próprios interesses partidários, muitas vezes às escondidas do público americano."[19] O ex-vice-presidente americano Al Gore concorda: "A democracia americana foi violada", diz ele, "e isso se deve ao financiamento de campanha."[20]

Verifica-se que níveis mais elevados de desigualdade nacional também costumam andar de mãos dadas com maiores níveis de degradação ecológica. Por que isso acontece? Em parte, porque a desigualdade social alimenta a competição por status e o consumo para fins de ostentação, sintetizado no adesivo americano para carros que tem tanto de verdadeiro quanto de irônico: "Quem morrer com mais brinquedos ganha." Mas também porque ela corrói o capital social – construído sobre ligações, confiança e normas da comunidade – que serve de base para a ação coletiva necessária para exigir, promulgar e fazer vigorar a legislação ambiental.[21] Pesquisas sobre a utilização de água por famílias na Costa Rica e o uso de energia nos Estados Unidos revelaram que a pressão social para reduzir o consumo à norma comunitária era muito mais forte em comunidades que se consideravam um grupo de pares.[22] Não surpreende, portanto, que um estudo realizado em todos os cinquenta estados americanos tenha revelado que aqueles marcados por maiores desigualdades de poder – em termos de renda e etnia – tivessem políticas ambientais mais fracas e sofressem maior degradação ecológica.[23] Além disso, um estudo cobrindo cinquenta nações descobriu que, quanto mais desigual é um país, maior a probabilidade de que a biodiversidade da sua paisagem esteja ameaçada.[24]

A estabilidade econômica também é comprometida quando os recursos se concentram em um número pequeno demais de mãos. Isso ficou claro durante a crise financeira de 2008. Quando aqueles que tinham salários elevados adquiriram ativos de alto risco que na verdade vinham a ser as dívidas combinadas daqueles que tinham salários baixos e haviam feito empréstimos imobiliários que não tinham condições de quitar, isso teve como resultado a fragilidade do sistema e o colapso financeiro. Michael Kumhof e Romain Rancière, dois economistas do FMI, analisaram os 25 anos que antecederam esse colapso e descobriram semelhanças inquietantes com a década que antecedeu a Grande Depressão de 1929: nos dois períodos, observou-se um grande aumento na renda dos mais ricos, um crescimento acelerado do setor financeiro e uma forte expansão do endividamento entre o restante da população – que culminaram numa crise financeira e social.[25]

Está claro, portanto, que uma elevada desigualdade de renda implica muitos efeitos nocivos. No caso das economias de baixa renda, eles podem ter parecido em algum momento um desafortunado, mas necessário, compromisso tendo em vista o papel que a desigualdade supostamente desempenharia na geração de um crescimento econômico mais rápido – mas esse mito também foi desmascarado. Contrariando o que afirmam as teorias fundadoras da economia do desenvolvimento, a desigualdade não faz a economia crescer mais depressa: na verdade, ela a desacelera. E o faz desperdiçando o potencial de grande parte da população: pessoas que poderiam ser professores primários ou operadores do mercado, enfermeiros ou microempresários – contribuindo ativamente para a riqueza e o bem-estar de sua comunidade –, em vez disso passam seu tempo tentando desesperadamente atender às necessidades diárias mais básicas de suas famílias. Quando as famílias mais pobres da sociedade não têm dinheiro para satisfazer suas necessidades essenciais, os trabalhadores mais pobres da sociedade não conseguem trabalho para supri-las, e então o mercado estagna entre aqueles que mais precisam do seu dinamismo.

Esse tipo de raciocínio intuitivo é respaldado pela análise: economistas do FMI encontraram fortes indícios de que, numa ampla gama de países, a desigualdade corta pela raiz o crescimento do PIB.[26] "Sociedades mais desiguais têm crescimento econômico mais lento e mais frágil", escreve Jonathan Ostry, principal economista por trás do estudo do FMI. "Seria, portanto, um erro imaginar que podemos focar no crescimento econômico e deixar a desigualdade cuidar de si mesma."[27] Trata-se de uma mensagem extremamente importante, sobretudo para os formuladores de políticas dos países de baixa e média renda dos nossos dias, e que contradiz claramente o mito de que "não há ganho sem esforço" da Curva de Kuznets.

Aderir à rede

Com a Curva de Kuznets desmascarada e os efeitos nocivos da desigualdade agora nitidamente claros, emerge uma nova mentalidade. Sua mensagem é simples:

> *Não espere que o crescimento econômico reduza a desigualdade – isso não vai acontecer. Em vez disso, crie uma economia distributiva por concepção.*

Uma economia desse tipo tem de ajudar a trazer todos para cima do alicerce social do Donut. Para fazê-lo, porém, tem de alterar a distribuição não só da renda, mas também da riqueza, do tempo e do poder. Difícil? Sem dúvida. Mas muitas possibilidades emergem se adotamos a mentalidade do pensador sistêmico. Um ponto de partida convincente é desenhar uma nova imagem. Então, que imagem condensa melhor o princípio de concepção distributiva? Em contraste com a pirâmide de Pareto e a viagem na montanha-russa de Kuznets, sua essência é uma rede distribuída cujos muitos nós, maiores e menores, se encontram interconectados numa teia de fluxos.

Como mostra seu recorrente sucesso em projetos da natureza, as redes são excelentes estruturas para distribuir confiavelmente recursos por todo um sistema. Para entender melhor o tipo de rede que pode nos fazer prosperar, os teóricos de redes Sally Goerner, Bernard Lietaer e Robert Ulanowicz estudaram os padrões de ramificação e fluxos de recursos que são encontrados em ecossistemas da natureza. Das fontes de água gelada de Iowa até os pântanos infestados de jacarés do sul da Flórida, eles descobriram que a resposta se encontra – como tantas vezes ocorre – na estrutura e no equilíbrio.

As redes da natureza são estruturadas por fractais ramificados, variando de alguns poucos maiores para muitos de tamanho médio e então uma miríade de pequenos, como os afluentes no delta de um rio, os galhos de uma árvore, os vasos sanguíneos no corpo ou as veias de uma folha.[28] Recursos como energia, matéria e informação podem fluir através dessas redes de

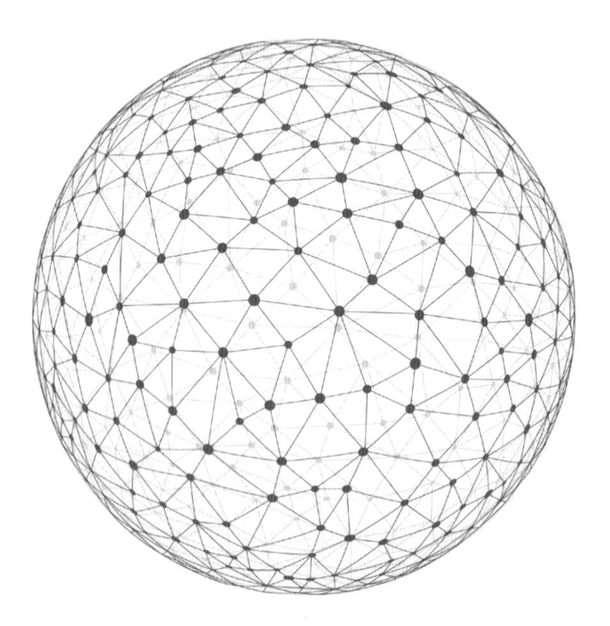

Uma rede de fluxos: estruturar a economia como uma rede distribuída pode repartir de forma mais equitativa a renda e a riqueza que ela gera.

formas que atingem um fino equilíbrio entre a *eficiência* do sistema e sua *resiliência*. A eficiência ocorre quando o sistema agiliza e simplifica seu fluxo de recursos para atingir seus objetivos; por exemplo, canalizando recursos diretamente entre os nós maiores. A resiliência, porém, depende da diversidade e da redundância na rede, o que significa que existem amplas conexões e opções alternativas em tempos de choque ou mudança. Eficiência demais torna o sistema vulnerável (como perceberam demasiado tarde os reguladores globais na crise financeira de 2008), enquanto resiliência demais o deixa estagnado: vitalidade e robustez residem num equilíbrio entre as duas.

Que princípios de concepção as redes bem-sucedidas da natureza podem nos ensinar para criarmos economias bem-sucedidas? Em duas palavras: diversidade e distribuição. Se agentes de larga escala dominarem uma rede econômica, espremendo o número e a diversidade de pequenos e médios participantes, o resultado será uma economia altamente frágil e desigual. Isso sem dúvida soa familiar, considerando a escala atual de concentração corporativa em muitos setores industriais, desde o agronegócio, a indústria farmacêutica e a mídia até os bancos, que são considerados grandes demais para falir.

Como ressaltam Goerner e seus colegas, a fragilidade gerada por tamanha concentração está revivendo o apreço pelos pequenos e diversificados empreendimentos que constituem o grosso da rede econômica. "Uma vez que demos ênfase demais às organizações de larga escala, a melhor maneira de recuperar a robustez, hoje em dia, seria revitalizar o nosso sistema radicular de empresas justas de pequena escala", concluem eles. "O desenvolvimento econômico precisa estar mais centrado no desenvolvimento de capital humano, comunitário e das pequenas empresas, porque a vitalidade em longo prazo, interescalar, depende disso."[29] A questão, portanto, é como conceber redes econômicas de modo que distribuam valor – de materiais e energia a conhecimento e renda – de maneira mais equitativa.

Redistribuindo renda – e redistribuindo riqueza

Na segunda metade do século XX, políticas que visavam a redistribuição nacional inseriam-se em três categorias amplas: impostos progressivos sobre a renda e transferências; proteções ao mercado de trabalho, tais como um salário mínimo; e prestação de serviços públicos, tais como saúde, educação e habitação social. A partir da década de 1980, os autores do roteiro neoliberal forçaram o recuo de cada uma delas. Surgiu um grande debate quanto a saber se impostos mais altos sobre a renda desestimulavam os que tinham salários mais altos a trabalhar mais, e se benefícios sociais mais elevados levavam os que tinham salários mais baixos a simplesmente deixar de trabalhar. Os salários mínimos e sindicatos trabalhistas eram retratados não como proteção aos trabalhadores, mas como barreiras ao emprego. E o papel do Estado em prover educação de qualidade, serviços de saúde universais e habitação acessível era retratado como uma despesa pública cada vez mais proibitiva, que ao mesmo tempo incentivava a dependência.

Graças à indignação pública internacional diante do alargamento das desigualdades, a aspiração por uma redistribuição melhor voltou à cena no início do século XXI. Muitos economistas da corrente dominante em países de alta renda defendem agora um aumento da alíquota marginal de imposto nas faixas de renda mais elevadas além de impostos mais elevados sobre juros, rendas e dividendos. Ativistas sociais no mundo todo têm pressionado empresas e governos a pagar salários dignos, que permitam a subsistência; a Asia Wage Floor Alliance, por exemplo, está exigindo salários dignos para trabalhadores da indústria têxtil em toda a Ásia.[30] Outros exigem também um salário máximo, estabelecido em cada empresa entre cerca de vinte a cinquenta vezes o salário mais baixo, de modo a restringir os salários excessivos de executivos e garantir que o lucro das empresas seja dividido mais equitativamente entre a força de trabalho.[31] Alguns governos oferecem agora acesso garantido ao trabalho, como o programa nacional indiano que promete cem dias de emprego com salário mínimo por ano para cada agregado familiar rural que dele necessite.[32] E os cidadãos – da Austrália e dos Estados Unidos à África do Sul e à Eslovênia – estão fazendo campanha por uma renda básica nacional paga incondicionalmente a todos, de modo a assegurar que, com ou sem emprego, toda pessoa tenha renda suficiente para satisfazer as necessidades essenciais da vida.[33]

Políticas redistributivas como essas podem significar uma mudança de vida para aqueles que delas se beneficiam, mas podem, mesmo assim, não chegar à raiz das desigualdades econômicas, porque focalizam a redistribuição de renda e não da riqueza que a gera. Combater a desigualdade pela raiz requer a democratização da propriedade da riqueza, defende o historiador e economista Gar Alperovitz, porque "sistemas político-econômicos são definidos em grande medida pela forma como a propriedade é possuída e controlada".[34] Assim, além da redistribuição de renda, a atenção do economista deve se voltar, também, para a redistribuição das fontes de riqueza. Se isso parece completamente inviável, um sonho utópico e tolo, então continue lendo. A concepção redistributiva tem neste século uma oportunidade sem precedentes de transformar a dinâmica da propriedade de riqueza. Destacam-se cinco oportunidades, que dizem respeito a quem controla terra, à criação de dinheiro, às empresas, à tecnologia e ao conhecimento – e todas elas são exploradas a seguir.

Algumas dessas oportunidades dependem de reformas do Estado, e assim devem ser vistas como parte de um processo de mudança a longo prazo. Mas outras podem ser iniciadas por movimentos populares e surgir de baixo para cima, de modo que podem começar agora. É claro que muitas já começaram. E, ao transformarem a dinâmica subjacente da riqueza, essas inovações estão ajudando a transformar as economias divisivas de hoje em distributivas, reduzindo nesse processo tanto a pobreza como a desigualdade.

Quem é o dono da terra?

Redistribuir a propriedade da terra tem sido historicamente uma das maneiras mais diretas de reduzir desigualdades nacionais, como demonstra a experiência pós-Segunda Guerra Mundial em países como o Japão e a Coreia do Sul. Para aqueles cujo sustento e cultura dependem da terra, assegurar direitos sobre a terra é essencial. Esses direitos possibilitam que os lavradores tomem empréstimos, aumentem a produção agrícola e construam um futuro seguro para suas famílias e comunidades. Isso é especialmente verdadeiro no caso das mulheres agricultoras: com direitos de herança fortes sobre a terra, elas podem ter uma renda quase quatro vezes maior que a das mulheres que não contam com a segurança fundiária. Na aldeia de Santinagar, em Bengala Ocidental, 36 famílias sem terras tornaram-se uma comunidade de proprietários rurais em 2010 graças a um programa de aquisição de terras a baixo custo concebido pela organização de direitos fundiários, Landesa, e o governo estadual. Entre eles estavam Suchitra Dey, o marido e a filha de nove anos do casal. "As pessoas costumavam nos chamar de criaturas sem raízes", disse ela, "mas agora estamos orgulhosos pois temos o nosso próprio endereço." No seu microlote – do tamanho aproximado de uma quadra de tênis –, eles construíram uma casa e cultivam verduras e legumes. A venda do excedente de produção duplicou a renda da família, dando a Suchitra a possibilidade de guardar economias para a educação da filha.[35] É claramente o começo de uma vida melhor.

O problema é que, à medida que as populações e as economias crescem, o preço da terra sobe, mas não há mais terra a ser fornecida, de modo que essa escassez gera aluguéis ainda mais altos para os grandes proprietários. Mark Twain percebeu essa tendência nos Estados Unidos do século XIX: "Comprem terra", gracejou ele. "Não estão mais fabricando." Seu contemporâneo Henry George ficou assustado com a desigualdade inerente a esse quadro, que testemunhou em primeira mão nas suas viagens pelo país na década de 1870. Mas, em vez de encorajar seus concidadãos a comprar terras, ele pediu ao Estado para tributá-las. Sob que argumento? O de que grande parte do valor da terra provém não do que é construído no lote, mas da dádiva natural de água ou minerais que podem jazer sob a sua superfície, ou do valor do que há ao redor e que foi criado pela comunidade: estradas e ferrovias; uma economia próspera, uma vizinhança agradável; boas escolas e hospitais locais. Isso certamente explica o mantra atemporal do corretor imobiliário: O que determina o valor de uma casa? Localização, localização, localização.

Em 1914, um dos apoiadores de George, Fay Lewis, decidiu expor esse ponto de vista através do que chamaríamos hoje de uma obra de arte performática de cunho político. Ele comprou um terreno vazio numa rua de sua cidade natal, Rockford, em Illinois, e o deixou abandonado, erigindo apenas uma placa gigante para explicar por quê. Ele até a transformou num cartão-postal para espalhar sua mensagem por todos os cantos.[36]

A proposta de George de um imposto sobre o valor da terra – uma taxa anual sobre os valores subjacentes da terra como meio de gerar receita pública – ecoava uma velha exortação de John Stuart Mill a que se tributassem os "senhorios que vivem de rendas", que "ficam mais ricos, por assim dizer, enquanto dormem, sem trabalhar, arriscar ou economizar".[37] Inspirados por esse raciocínio, impostos sobre o valor da terra são aplicados atualmente – embora de forma diluída – em países que vão desde a Dinamarca e o Quênia até os Estados Unidos, Hong Kong e a Austrália.

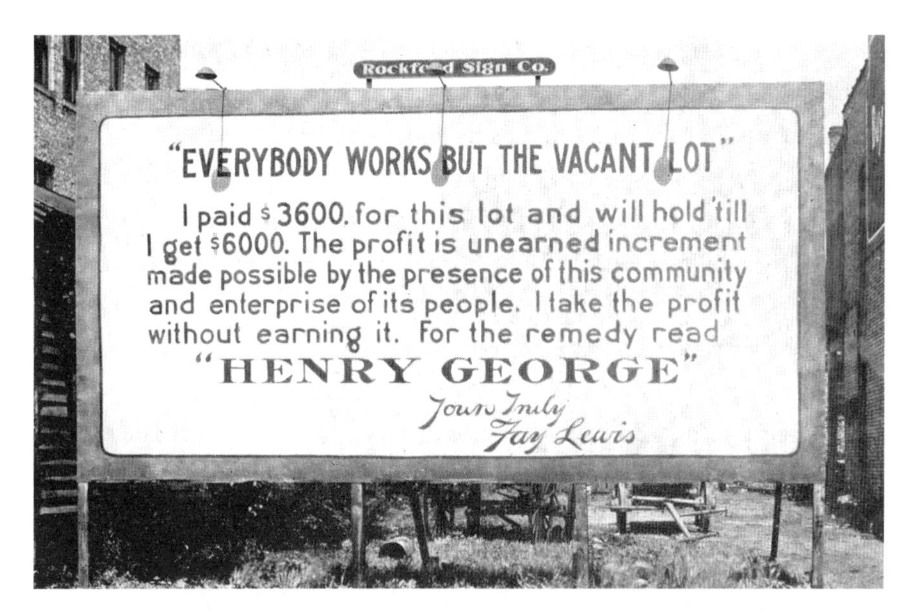

"TODOS TRABALHAM, MENOS O TERRENO VAZIO." Paguei US$3.600 dólares por este terreno e vou conservá-lo até conseguir vendê-lo por US$6.000. O lucro é um aumento imerecido, possibilitado pela presença desta comunidade e o empreendedorismo de sua gente. Tomarei o lucro sem fazer por merecê-lo. Para a solução, leiam "HENRY GEORGE". Atenciosamente, Fay Lewis.

Obra de arte performática de cunho político de Fay Lewis, Rockford, Illinois, 1914.

Mas, para George, a tributação era essencialmente um substituto para um dilema mais sistêmico: a terra, acreditava ele, deveria ser possuída pela comunidade, não por proprietários. "O direito igual de todos os homens de usar a terra", escreve ele, "é tão claro quanto o seu direito igual de respirar o ar."[38] Esse ponto de vista era uma reação contra uma longa história de cercamento de terras, que datava da estratégia de Henrique VIII de dissolver os mosteiros na Inglaterra, no século XVI, e vender suas terras. Durante os dois séculos seguintes, a nova aristocracia fundiária cercou as terras comuns das aldeias, de pastagem coletiva, para estabelecer grandes propriedades privadas, criando ao mesmo tempo uma grande classe de trabalhadores sem terras que tiveram de escolher entre arar os campos de seus senhores ou mudar-se para os centros industriais em busca de trabalho assalariado. Nas palavras contundentes do historiador E.P. Thompson, da década de 1960, "o cercamento (quando se leva em conta todas as sofisticações) foi um caso nitidamente claro de roubo de classe".[39]

Essa conquista histórica da Inglaterra rural é emblemática da tendência secular e global tanto do Estado como do mercado de usurpar terras comuns, primeiro mediante a colonização, depois pela expansão das empresas. Ela está novamente em ascensão nos dias de hoje, com um renovado interesse por parte dos investidores internacionais, deflagrado pela crise global dos preços de alimentos de 2007-8. Desde 2000, investidores estrangeiros fizeram mais de 1.200 negócios de larga escala em países de baixa e média renda, adquirindo mais de 43 milhões de hectares de terras – uma área maior que o Japão.[40] Na maioria dos casos, esses negócios foram apropriações: assinadas sem consentimento livre, prévio e informado das comunidades nativas e locais que haviam habitado e cuidado coletivamente da terra por gerações. Caso após caso, as promessas dos investidores de criar novos empregos, enriquecer a infraestrutura da comunidade e qualificar lavradores locais não deram em nada: em vez disso, muitas comunidades se viram desalojadas, dispersadas e empobrecidas.[41]

O enaltecimento do mercado auto-organizador feito por Adam Smith serviu de base para a justificativa apresentada para transformar a terra em propriedade privada, justificativa que foi reforçada mais tarde pela afirmação de Garrett Hardin de que os bens comuns são inerentemente trágicos. Mas, como vimos no capítulo 2, Elinor Ostrom questionou essa crença quando começou a chamar a atenção para a alternativa igualmente poderosa de auto-organização nos bens comuns e provou que Hardin estava errado. Reunindo uma vasta gama de estudos de caso de usuários de bens comuns, do sul da Índia ao sul da Califórnia, ela e seus colegas analisaram como diferentes comunidades tinham, por vezes durante gerações, colaborado com êxito nas colheitas, na gestão e no apoio a florestas, áreas de pesca e vias fluviais.[42]

Muitas dessas comunidades, na verdade, administravam suas terras e seus bens comuns melhor do que os mercados e melhor do que os programas equivalentes levados a cabo pelo Estado. No Nepal, onde os rizicultores enfrentam o desafio de garantir que todo agricultor receba água suficiente para a irrigação, Ostrom e seus colegas compararam os sistemas de irrigação construídos e operados pelo Estado com os que foram construídos e administrados pelos próprios agricultores. E descobriram que, embora os sistemas geridos pelos agricultores fossem mais básicos em termos de estrutura, eram mantidos em melhores condições, produziam mais arroz e distribuíam a água disponível de forma mais justa entre todos os membros. Esse sistema auto-organizador funcionava porque os agricultores desenvolveram suas próprias regras para o uso da água, conversavam regularmente em reuniões e nos campos, instalaram um sistema de monitoramento e impunham sanções àqueles que desrespeitavam as regras.[43]

Claramente, há muitas maneiras de compartilhar a riqueza que jaz sob os nossos pés de forma mais igualitária. No entanto, Ostrom salientou rapidamente que não existe nenhuma panaceia para gerir bem a terra e seus recursos: nem o mercado, nem as comunidades, nem o Estado sozinhos podem prover um plano infalível. As abordagens para uma concepção distributiva da terra devem servir às pessoas e ao lugar, e podem muito bem funcionar melhor quando combinam todas essas três abordagens de provisionamento.[44]

Quem faz o seu dinheiro?

Vivemos numa monocultura de dinheiro, tão familiar e consagrada que – como peixes que nunca perceberam a existência da água – mal temos consciência dela. O dinheiro que conhecemos, quer se trate de dólares, euros, rupias ou ienes, baseia-se em apenas uma entre muitas concepções possíveis de moeda. Isso é importante porque o dinheiro não é apenas um disco de metal, um pedaço de papel ou um dígito eletrônico. É, em essência, uma relação social: uma promessa de pagamento que se baseia na confiança.[45] E a concepção da moeda – como é criada, o caráter que lhe é atribuído e como deve ser usada – tem amplas consequências distributivas. Então, o que é essa água monetária na qual nadamos?

Na maior parte dos países, o privilégio de criar dinheiro tem sido entregue aos bancos comerciais, que criam dinheiro toda vez que oferecem empréstimos ou crédito. Como resultado, mais dinheiro se torna disponível mediante a simples emissão de mais dívidas sujeitas a juros, e essas dívidas são cada vez mais canalizadas em atividades como comprar casas, terras, títulos e ações. Investimentos como esses não criam riqueza nova que possa gerar receita adicional com a qual se paguem os juros, mas obtêm lucros fazendo simplesmente subir o preço dos ativos existentes.[46] No Reino Unido, por exemplo, 97% do dinheiro é criado pelos bancos comerciais, e seu caráter toma a forma de empréstimos baseados em dívidas e sujeitos a juros. E quanto ao seu uso pretendido? Nos dez anos que antecederam a crise financeira de 2008, mais de 75% desses empréstimos foram concedidos para comprar ações ou casas – alimentando, assim, a bolha dos preços de imóveis –, enquanto meros 13% se destinaram a pequenos negócios dedicados a empreendimentos produtivos.[47] Quando uma dívida assim aumenta, uma parte cada vez maior da receita nacional é sugada sob a forma de pagamentos aos que têm investimentos remunerados e como lucro para o setor bancário, deixando menos receita disponível para ser gasta em produtos e serviços realizados por pessoas que trabalham na economia produtiva. "Assim como os senhores de terra eram os arquetípicos locadores de suas sociedades agrícolas", escreve o economista Michael Hudson, "os investidores, financistas e banqueiros encontram-se no setor ainda maior dos que vivem de rendas nas economias financeirizadas de hoje."[48]

Uma vez que a concepção atual da moeda é formulada dessa maneira – sua criação, seu caráter e seu uso –, fica claro que há muitas opções para reprojetá-la, envolvendo o Estado e os bens comuns, bem como o mercado. Além disso, muitos tipos diferentes de moeda podem coexistir, com o potencial de transformar uma monocultura monetária num ecossistema financeiro.

Imagine, para começar, o que aconteceria se os bancos centrais recuperassem o poder de criar moeda e então a emitissem para os bancos comerciais, exigindo destes, ao mesmo tempo, que mantivessem 100%

de reservas para os empréstimos que fazem – de forma que todo empréstimo seria respaldado pelas economias de outra pessoa, ou pelo capital próprio do banco. Isso certamente separaria o papel de fornecer dinheiro do papel de fornecer crédito, ajudando, assim, a impedir a formação de bolhas de crédito alimentadas pelo endividamento, e que estouram com custos sociais altíssimos. A ideia pode soar delirante, mas não é uma sugestão nova ou marginal. Proposta pela primeira vez durante a Grande Depressão dos anos 1930 por economistas influentes da época como Irving Fisher e Milton Friedman, ela obteve renovado apoio após o colapso de 2008, ganhando o respaldo de especialistas financeiros do Fundo Monetário Internacional ligados à corrente dominante e de Martin Wolf, do *Financial Times*, no Reino Unido.[49]

Os bancos estatais poderiam, além disso, usar dinheiro do banco central para canalizar empréstimos substanciais com juros baixos ou nulos para investimentos de transformação em longo prazo, tais como habitações acessíveis e com zero emissão de carbono e transporte público. Isso daria um impulso crucial na construção dos ativos transformadores de que toda economia agora necessita, e tiraria o poder daquele que Keynes chamou "o rentista ... o investidor sem função". De fato, se o Estado mantivesse as taxas de juros intencionalmente baixas, argumentava ele,

> isso significaria a eutanásia dos rentistas, e, consequentemente, a eutanásia do poder opressor e cumulativo do capitalista de explorar o valor da escassez do capital. Os juros de hoje não recompensam nenhum sacrifício genuíno, não mais que o aluguel da terra. O proprietário de capital pode obter juros porque o capital é escasso, assim como o senhor de terras pode obter aluguel porque a terra é escassa.[50]

Os Estados também poderiam transformar o impacto distributivo das medidas de política monetária usadas durante as recessões. Em recessões brandas, os bancos centrais normalmente buscam impulsionar a oferta de moeda mediante a redução das taxas de juros, para estimular empréstimos dos bancos comerciais e, portanto, a criação de dinheiro. Em recessões profundas, porém, em que as taxas de juros já tenham sido reduzidas a valores muito baixos, os bancos centrais tentam impulsionar ainda mais a oferta de moeda recomprando títulos do governo dos bancos comerciais – uma prática conhecida como flexibilização quantitativa – na esperança de que os bancos busquem então investir o dinheiro extra na expansão de negócios produtivos. Mas, como demonstrou a experiência pós-colapso financeiro, os bancos comerciais usaram o dinheiro extra para em vez disso recompor seus próprios balanços, comprando ativos financeiros especulativos como commodities e ações. Como resultado, o preço de commodities como grãos e metais subiu, juntamente com o preço de ativos fixos como terra e habitação, mas o mesmo não se passou com os investimentos em negócios produtivos.[51]

E se, em lugar disso, os bancos centrais combatessem essas recessões profundas entregando dinheiro novo diretamente às famílias como uma verba adicional a ser usada especificamente para quitar dívidas – uma ideia que veio a ser conhecida como "flexibilização quantitativa das pessoas"?[52] Em vez de inflacionar o preço dos títulos de dívida pública, o que tende a beneficiar os ricos proprietários de ativos, essa abordagem – que se assemelha a um abatimento fiscal único para todos – beneficiaria famílias endividadas. Além disso, sugere o especialista tributário Richard Murphy, os bancos centrais poderiam canalizar dinheiro novo em bancos de investimentos nacionais para projetos "verdes" e de infraestrutura social, como sistemas de energia renovável com base comunitária, no âmbito da transformação infraestrutural em longo prazo que é urgentemente necessária – uma ideia agora conhecida como "flexibilização quantitativa verde".[53]

Ideias como essas para uma nova concepção monetária comandada pelo Estado parecem à primeira vista radicais, mas estão se tornando cada vez mais viáveis. E, ao mesmo tempo que promovem maior estabilidade econômica, promoveriam maior igualdade, tendendo a favorecer a população de baixa renda e endividada, em vez de bancos e detentores de ativos.

Uma reconcepção monetária também está em andamento no que diz respeito aos bens comuns, com várias comunidades criando suas próprias moedas complementares a serem usadas em paralelo à moeda oficial do país.

"Onde quer que haja necessidades não satisfeitas e recursos escassos", explica o economista financeiro Tony Greenham, "podemos encontrar novas formas de criar dinheiro."[54] Emitidas no interior de sua comunidade de usuários, essas moedas às vezes são papel, às vezes eletrônicas, e geralmente livres de juros. Quer seu uso pretendido seja impulsionar a economia local, empoderar comunidades marginalizadas ou recompensar trabalho tradicionalmente não remunerado, esses esquemas monetários estão prosperando, criando ecossistemas monetários locais mais resilientes e equitativos.

Tomemos o exemplo de Bangladesh – não o país, mas o bairro de favelas nos arredores de Mombaça, no Quênia, onde o dinheiro é escasso e os negócios altamente voláteis, muitas vezes deixando famílias quase sem dinheiro para as necessidades essenciais da vida. Em 2013, foi lançado o bangla-pesa como moeda complementar a ser utilizada por pequenos negócios dentro da comunidade. A primeira resposta do governo? Prender o fundador da iniciativa, Will Ruddick, um americano que trabalhava no desenvolvimento da comunidade, juntamente com cinco dos primeiros usuários da moeda, por medo de que esses vales de papel tivessem o objetivo de expulsar o xelim queniano oficial. Mas, tão logo entenderam que o bangla-pesa na verdade servia para complementar, e não para competir com os xelins quenianos, os funcionários do governo libertaram o grupo e começaram a apoiá-lo na disseminação da iniciativa.

Mais de duzentos comerciantes, a maioria mulheres – de padeiros e vendedores de frutas a carpinteiros e alfaiates –, são agora membros da rede. Cada novo membro precisa ser endossado por quatro outros antes de receber vales em bangla, que precisam se comprometer a respaldar com seus próprios bens e serviços – assegurando, assim, que o esquema seja garantido pelos seus próprios membros.[55] Nos dois anos que se seguiram ao lançamento do esquema, as receitas totais dos comerciantes haviam aumentado substancialmente, em boa parte graças à estabilidade econômica e à liquidez proporcionadas pela iniciativa. A utilização dos vales em bangla para comprar e vender dentro da rede permite que os membros guardem seus xelins quenianos para pagar artigos essenciais como eletricidade, que exigem dinheiro real. Além disso, a moeda complementar oferece um amortecedor contra as frequentes quedas bruscas de gastos em dinheiro na comunidade. Quando um corte de energia de três dias atingiu o bairro em 2014, pequenos negócios como a barbearia de John Wacharia perderam clientes e receita em dinheiro. Mas, como membro da rede, ele tinha à mão um meio de troca alternativo. "O bangla-pesa me permitiu sustentar minha família, comer e sobreviver quando não pude mais trabalhar", diz ele.[56]

Moedas complementares não se destinam apenas aos que não têm dinheiro. Vejamos o caso de St. Gallen, uma rica cidade suíça que introduziu bancos de tempo em 2012 com o objetivo de prover mais cuidados para pessoas idosas. Seu programa, chamado Zeitvorsorge, que significa literalmente "provisão de tempo", convida os cidadãos acima dos sessenta anos a obter créditos de tempo de cuidados ajudando um residente idoso local nas tarefas diárias, tais como fazer compras e cozinhar, ao mesmo tempo que lhe fazem companhia. Essa é a maneira ideal de os cidadãos mais velhos acumularem uma "pensão de tempo" para cobrir suas necessidades futuras em matéria de cuidado e companhia. O Zeitvorsorge distribui um estoque inicial de créditos de tempo de cuidados – que são essencialmente a sua moeda – entre os residentes idosos mais necessitados da cidade, tornando o programa socialmente redistributivo desde o início. Cada cuidador pode ganhar até 750 horas de crédito de tempo, e o conselho municipal atua como garantidor, prometendo converter esses créditos em dinheiro caso a iniciativa falhe.[57]

Até o momento, o programa só tem visto sua popularidade crescer. Uma vez por semana, Elspeth Messerli, de 73 anos, passa um dia ajudando Jacob Brasselberg, de setenta, que sofre de esclerose múltipla e está confinado a uma cadeira de rodas. Por que Elspeth faz isso? "Nos primeiros dois anos depois da aposentadoria, gozei a vida – e daí voltei a precisar de um objetivo", explica ela, "então dou hoje para receber amanhã, caso venha a precisar."[58] É claro que programas como esse – em que o dinheiro em cuidados é ganho prestando cuidados – podem suscitar a preocupação de que, assim como pagar a crianças para ler livros, arrisquem-se a substituir a moral por dinheiro, embora um tipo bem diferente de dinheiro. À medida que programas assim vão se espalhando, é necessário que se faça pesquisas para investigar o alcance pleno de seus efeitos sociais e para explorar como podem ser concebidos de maneiras que sirvam para reforçar, e não substituir, o instinto humano de cuidar dos outros.

Moedas complementares podem claramente enriquecer e empoderar comunidades, mas agora estão surgindo algumas revolucionárias, graças à invenção da blockchain. Combinando tecnologias de bancos de dados e de rede, a blockchain é uma rede digital *peer-to-peer* descentralizada que se destina a rastrear todo tipo de valores trocados entre pessoas. Seu nome deriva dos blocos de dados – cada um deles sendo um instantâneo de todas as transações que acabaram de ser feitas na rede – que se interligam de modo a formar uma cadeia de blocos de dados, o que resulta num registro minuto a minuto da atividade de toda a rede. E, uma vez que esse registro é armazenado em todos os computadores da rede, atua como um livro-razão público que não pode ser alterado, corrompido ou deletado, o que o torna uma espinha dorsal digital altamente segura para o comércio eletrônico e a governança transparente no futuro.

Uma moeda digital em rápida ascensão que utiliza a tecnologia blockchain é a Ethereum, que, entre suas muitas aplicações possíveis, está permitindo que as microgrades elétricas estabeleçam negócios *peer-to-peer* no âmbito da energia renovável. Essas microgrades permitem que todas as residências, escritórios ou instituições nas proximidades com um contador inteligente, conexão à internet e painéis solares no telhado captem, vendam ou comprem excedentes elétricos à medida que são gerados, tudo registrado automaticamente em unidades de moeda digital. Essas redes descentralizadas – que vão de um quarteirão no bairro até uma cidade inteira – reforçam a resiliência da comunidade contra apagões e ao mesmo tempo reduzem as perdas de transmissão de energia a longa distância. Além disso, a informação contida em cada transação da Ethereum permite que os membros da rede ponham seus valores em ação no mercado das microgrades, por exemplo, optando por comprar eletricidade dos fornecedores mais próximos ou mais verdes, ou apenas daqueles que são de propriedade da comunidade ou sem fins lucrativos.[59] E esse é apenas um exemplo do seu potencial. "A Ethereum é uma moeda para a era moderna", diz o especialista em criptomoedas David Seaman. "É uma plataforma que poderia ser realmente importante para a sociedade no futuro, de maneiras que ainda nem sequer podemos prever."[60]

Esses exemplos muito diferentes ilustram algumas das inúmeras possibilidades de reconcepção monetária envolvendo o mercado, o Estado e os bens comuns. Mas cada uma delas deixa claro que a maneira como a moeda é concebida – sua criação, seu caráter e seu uso pretendido – tem implicações distributivas de longo alcance. Reconhecer isso convida-nos a fugir da monocultura do dinheiro e colocar o potencial da concepção distributiva no cerne do novo ecossistema financeiro.

Quem é o dono do seu trabalho?

Salários estagnados tornaram-se uma história comum. Ao longo das últimas três décadas, os trabalhadores dos países de alta renda viram, em sua maioria, seus salários subirem pouco, permanecerem constantes ou até mesmo caírem, enquanto os dos executivos não pararam de crescer. No Reino Unido, desde 1980 o PIB cresceu muito mais depressa do que os salários médios dos trabalhadores, e as diferenças salariais também aumentaram; o resultado é que o trabalhador médio ganhou 25% a menos em 2010 do que ganharia de outra maneira.[61] Nos Estados Unidos, os anos 2002-12 foram apelidados de "a década perdida dos salários": enquanto a economia produtiva cresceu 30%, os salários de 70% dos trabalhadores dos estratos inferiores estagnaram ou declinaram.[62] Até mesmo na Alemanha – onde os sindicatos têm uma influência muito maior na política industrial – a participação dos salários no produto nacional caiu de 61% do PIB em 2001 para apenas 55% em 2007, seu nível mais baixo em cinco décadas.[63] De fato, em todos os países de alta renda, enquanto a produtividade dos trabalhadores cresceu mais de 5% de 2009 a 2013, seus salários aumentaram apenas 0,4%.[64]

No cerne dessa desigualdade reside um problema simples de concepção: quem é o dono da empresa e, assim, recolhe o valor que os trabalhadores geram? Mesmo discordando sobre como a renda seria distribuída entre mão de obra, proprietários de terras e capitalistas, todos os pais fundadores da economia concordavam em um aspecto: que esses eram obviamente três grupos distintos de pessoas. Em plena Revolução Industrial – quando os industriais emitiam ações para investidores abastados enquanto contratavam trabalhadores sem vintém na porta da fábrica –, essa era uma premissa justa. Mas o que determinava a respectiva participação nos ganhos de cada grupo? A teoria econômica diz que é a sua produtividade relativa, mas na prática, em grande medida, acabou se revelando que era o seu poder relativo. A ascensão do capitalismo de acionistas consolidou a cultura da primazia do acionista, com a crença de que a obrigação primeira da companhia é maximizar os lucros daqueles que detêm suas ações.

Há uma profunda ironia nesse modelo. Os empregados que aparecem para trabalhar dia após dia são basicamente considerados *outsiders*: um custo de produção a ser minimizado, uma contribuição a ser contratada e dispensada conforme as exigências da lucratividade. Enquanto isso, acionistas que provavelmente nunca pisaram nas instalações da empresa são tratados como *insiders* por excelência: seu interesse tacanho na maximização de lucros vem antes de tudo. Não é de admirar que, nessa configuração, o trabalhador médio venha perdendo, sobretudo desde que os sindicatos, em muitos países, foram despojados de seu poder de negociação a partir dos anos 1980.

Mas essa configuração, é claro, é somente uma entre muitas concepções possíveis de empresa. Acontece que ela dominou os séculos XIX e XX, o que não significa que tem de dominar o século XXI. A analista Marjorie Kelly dedicou sua carreira a compreender os efeitos de concepções alternativas de empresa, que vão desde as corporações listadas pela revista *Fortune* entre as quinhentas maiores do mundo a negócios locais sem fins lucrativos. Para que um empreendimento seja inerentemente distributivo do valor que cria, argumenta ela, dois princípios de concepção são particularmente importantes: *participação enraizada* e *financiamento pelas partes interessadas*; juntos, eles invertem completamente o modelo dominante de propriedade.[65] Imagine o que aconteceria se a mão de obra deixasse de ser o *outsider* descartável e se tornasse, em vez disso, o *insider* por excelência, enraizado em empresas possuídas pelo empregado. Imagine, também, o que ocorreria se essas empresas obtivessem financiamento emitindo títulos de dívida, em vez de ações destinadas a investidores externos, prometendo a seus investidores/partes interessadas não uma fatia da propriedade, mas um retorno fixo justo. Não é preciso apenas imaginar, é claro: empreendimentos desse tipo estão crescendo rapidamente.

Companhias possuídas por empregados e cooperativas possuídas por seus membros são há muito a pedra angular da concepção de empresas distributivas, nascida do movimento cooperativo que decolou na Inglaterra em meados do século XIX, oferecendo a seus membros melhores salários, maior segurança de emprego e algo a dizer na gestão do negócio. É um modelo que hoje em dia prospera, desde a Evergreen Cooperatives, que atua no ramo de estufas, lavanderias e serviços de instalação solar em Cleveland, Ohio, até a Mamsera Rural Cooperative em Rombo, na Tanzânia, cujos membros cultivam café de alta qualidade e administram viveiros de mudas. Ambas são parte de uma força em expansão: em 2012, as trezentas maiores cooperativas do mundo, abrangendo agricultura, varejo, seguros e serviços de saúde, geraram 2,2 trilhões de dólares de receita – o equivalente à sétima maior economia do mundo.[66] No Reino Unido, a John Lewis Partnership, uma varejista importante há quase um século, tem mais de 90 mil funcionários permanentes chamados Parceiros no negócio. Em 2011, a empresa angariou 50 milhões de libras em capital convidando empregados e clientes a adquirir títulos de dívida de cinco anos em troca de um dividendo anual de 4,5% mais 2% em vales de compras.[67]

Outras novas concepções de negócio estão agora se juntando a esse modelo há muito estabelecido para criar um verdadeiro ecossistema de empresas. Isso vem acontecendo, em boa parte, graças a empresários e advogados inovadores que estão unindo forças para redigir novos tipos de estatutos de negócios e contratos de sociedade, que são efetivamente como um manual do usuário da empresa, estabelecendo seus objetivos, estrutura e direitos e deveres do empregado ou membro. Basta reprojetar isso para reprojetar o DNA de um negócio. Das empresas sem fins lucrativos às de interesse comunitário, o experimento de remodelação de baixo para cima vem originando uma rede de empresas alternativas que opera lado a lado com as corporações tradicionais no velho estilo. "O que está em curso é uma revolução da propriedade", afirma Todd Johnson, um dos inovadores advogados americanos que vêm reescrevendo os estatutos das empresas. "Trata-se de ampliar o poder econômico de alguns poucos para muitos e de mudar a mentalidade de indiferença social para benefício social."[68] Essas são as bases de um movimento dinâmico e inspirador, mas os críticos salientam que a prática empresarial dominante, impelida pela primazia do acionista, ainda prevalece. "Em última análise, precisamos mudar o sistema operacional no cerne das grandes corporações", reconhece Kelly. "Mas, se começarmos por aí, iremos fracassar. Temos de começar com o que é exequível, o que anima – e o que aponta para ganhos maiores no futuro."[69]

Quem será o dono dos robôs?

"A revolução digital é muito mais significativa do que a invenção da escrita ou até mesmo da imprensa", afirmou Douglas Engelbart, o aclamado inovador americano no domínio da interação seres humanos-computadores. Ele pode muito bem estar certo. Mas o significado dessa revolução no que diz respeito a trabalho, salários e riqueza depende de como as tecnologias digitais são possuídas e usadas. Até aqui, elas geraram duas tendências opostas cujas implicações estão somente começando a se desenrolar.

Em primeiro lugar, a revolução digital deu origem à era de redes de colaboração com custo marginal quase zero, como vimos na ascensão dinâmica dos bens comuns de colaboração no capítulo 2. Ela está essencialmente desencadeando uma revolução na propriedade do capital distribuído. Qualquer pessoa que disponha de uma conexão com a internet pode se divertir, informar, aprender e ensinar o mundo inteiro. Todas as casas, escolas ou empresas podem gerar energia renovável e, se dispuserem de uma moeda blockchain, vender o excedente numa micrograde. Com acesso a uma impressora 3D, qualquer um pode baixar ou criar seus próprios projetos e imprimir sob medida as ferramentas ou equipamentos de que necessita. Essas tecnologias laterais são a essência da concepção distributiva, e obscurecem a divisão entre produtores e consumidores, permitindo que todos se tornem produtores/consumidores, ao mesmo tempo fabricantes e usuários na economia *peer-to-peer*.

Até aqui, tudo muito empoderador. Mas também está em jogo um processo paralelo com uma dinâmica do tipo "o vencedor fica com tudo". Em vez de promoverem uma diversidade de empresas e provedores de informação, os fortes efeitos de rede da internet (com todo mundo querendo estar na rede em que todos os outros estão) transformaram provedores individuais – como Google, YouTube, Apple, Facebook, eBay, PayPal e Amazon – em monopólios digitais que residem no coração da sociedade em rede. Eles estão agora efetivamente dirigindo os bens comuns sociais globais no interesse de seus próprios empreendimentos comerciais, ao mesmo tempo que se armam agressivamente com patentes para manter esse privilégio.[70] A governança global para regular essa dinâmica divisiva ainda faz extrema falta, mas sem dúvida será essencial para reverter esse rápido processo de cercamento dos bens comuns mais criativos do século XXI.

Paralelamente a isso, a revolução digital trouxe uma segunda tendência de concentração. Da mesma forma que está reforçando as capacidades das pessoas com custo marginal de produção quase nulo, está tirando o seu lugar com uma produção que quase prescinde da participação de seres humanos. Devido à ascensão dos robôs – máquinas capazes de imitar e superar os seres humanos –, muitos milhões de empregos estão em risco. Os empregos de quem, exatamente? De qualquer pessoa com um papel que envolva tarefas, qualificadas ou não, para as quais um programador possa escrever um software, de empilhadores de armazéns, soldadores de carros e agentes de viagens a motoristas de táxi, auxiliares jurídicos e cirurgiões cardíacos. Essa onda de automação digital ainda está na infância, mas já levou ao que o especialista em economia digital Erik Brynjolfsson chamou de "grande dissociação" entre produção e empregos, vista mais claramente nos Estados Unidos. Desde o fim da Segunda Guerra Mundial até 2000, a produtividade e o emprego nos Estados Unidos estavam intimamente interligados, mas desde então têm divergido em grande medida: enquanto a produtividade continuou crescendo, os níveis de emprego despencaram.[71]

É claro que a tecnologia já substituiu trabalhadores antes, e isso pode acontecer para o benefício amplo da sociedade, quando ela libera pessoas para que possam se dedicar a outras empreitadas produtivas. Em 1900, metade da mão de obra nos Estados Unidos trabalhava na agricultura, auxiliada por 20 milhões de cavalos. Apenas um século mais tarde, como consequência da mecanização, apenas 2% dos trabalhadores americanos estão empregados na agricultura e os cavalos praticamente desapareceram.[72] Mas os analistas econômicos estão preocupados com o fato de que as substituições por robôs hoje em dia estejam tomando conta de tantos setores industriais e de serviços tão depressa que a criação de empregos em outras áreas simplesmente não consegue acompanhar. Milhões de postos de trabalho de qualificação média perdidos na recessão de 2007-9 não foram recuperados porque foram substituídos por programas de computador. Entretanto, os empregos que retornaram após a recessão são tipicamente subalternos, criando uma economia de ampulheta que oferece poucos postos de trabalho altamente especializados e muitos de baixa qualificação, com poucas alternativas intermediárias. Os analistas preveem que 5 milhões de empregos em quinze grandes economias podem muito bem ser perdidos para a automação até 2020.[73] E trata-se de uma tendência mundial, com o mercado de crescimento mais rápido de robôs na China, onde a gigante Foxconn, uma fabricante de componentes eletrônicos que emprega cerca de 1 milhão de trabalhadores, planeja criar "um exército de 1 milhão de robôs" e já substituiu 60 mil trabalhadores por robôs em uma única fábrica.[74]

Assim, como a concepção distributiva poderia ajudar a prevenir a segregação econômica que a tecnologia parece estar causando? Um ponto de partida óbvio é deixar de tributar a mão de obra e passar a tributar a utilização de recursos não renováveis: isso ajudaria a erodir a injusta vantagem fiscal atualmente concedida a empresas que investem em máquinas (uma despesa dedutível de impostos) em vez de seres humanos (uma despesa de imposto vinculada à folha de pagamento). Ao mesmo tempo, investir mais na formação de pessoas nos domínios em que elas vencem os robôs com facilidade: criatividade, empatia, percepção e contato humano – habilidades que são fundamentais para muitos tipos de trabalho, desde professores primários e diretores artísticos a psicoterapeutas, assistentes sociais e comentaristas políticos. Nas palavras de Erik Brynjolfsson e seu coautor, Andrew McAfee: "Os seres humanos possuem desejos econômicos que só podem ser satisfeitos por outros seres humanos, o que torna menos provável que sigamos o mesmo caminho dos cavalos."[75]

Isso é animador, mas só em parte, porque se a maioria dos trabalhadores continuar a obter renda apenas pela venda do próprio trabalho, simplesmente não irá ganhar o suficiente. Os salários, preveem os analistas, não irão conseguir captar uma fatia do bolo econômico suficientemente grande para garantir que todos recebam um pedaço, que dirá um pedaço justo. Os rendimentos futuros do emprego remunerado estão em vias de criar um mercado de trabalho profundamente dividido com vastas desigualdades – uma perspectiva que reforça os argumentos por trás de muitas campanhas nacionais que reclamam uma renda básica para todos.

Trabalho em nicho humano para alguns e uma renda garantida para todos constituiriam um começo inteligente para lidar com a ascensão dos robôs, mas implicariam pressão permanente dos trabalhadores com baixos salários e desempregados para manter esses níveis elevados de redistribuição ano após ano. Muito mais seguro é cada pessoa ter uma participação na propriedade da tecnologia robótica. Como seria isso? Alguns defendem um "dividendo robótico", uma ideia inspirada pelo Alaska Permanent Fund, que garante a cada cidadão do Alasca, por meio de uma emenda constitucional, uma fatia anual da receita estadual proveniente da indústria de petróleo e gás, um dividendo que excedeu os 2 mil dólares por habitante em 2015.[76]

Esse modelo também poderia funcionar em relação aos robôs, mas, devido a lacunas das leis tributárias e a uma cultura de retornos privatizados, muitos Estados-nação – inclusive os Estados Unidos – hoje em dia obtêm uma receita surpreendentemente pequena da economia digital, que movimenta bilhões de dólares, apesar de terem investido montantes substanciais de dinheiro público em pesquisa, desenvolvimento e na infraestrutura que serve de base para essa economia. Isso precisa mudar, argumenta a economista Mariana Mazzucato: quando o Estado assume um risco, merece um retorno, que poderia ser recolhido na forma de royalties de patentes em copropriedade público-privada, ou mediante bancos estatais com significativo capital próprio investido em negócios que utilizem tecnologias robóticas baseadas em pesquisa financiada com dinheiro público.[77] Considerando a extrema perturbação do emprego e das rendas prevista pela ascensão dos robôs, são necessárias mais propostas inovadoras desse tipo para assegurar que a riqueza gerada pela sua produtividade seja amplamente distribuída. Dito isso, também é hora de olhar além da tradicional escolha binária entre mercado e Estado quando se trata de controlar a tecnologia. Em vez disso, voltemo-nos para a inovação que está acontecendo nos bens comuns de colaboração, que têm o potencial de transformar o controle do conhecimento.

Quem é o dono das ideias?

O regime internacional de direitos de propriedade intelectual moldou significativamente por centenas de anos o controle e a distribuição do conhecimento. É uma história que teve início de forma bastante inocente no século XV, quando Veneza começou a conceder aos seus famosos sopradores de vidro patentes de dez anos para proteger de imitadores as suas criações inovadoras. Mostre-nos como você fez, prometia a legislação, e ninguém terá permissão de copiá-lo por uma década. Foi um jeito inteligente que a cidade-Estado encontrou para recompensar a engenhosidade, mas, à medida que os artesãos de Veneza foram emigrando, levaram consigo suas exigências de patentes, espalhando a prática por toda a Europa e diferentes indústrias.[78]

A criação das patentes, seguida de direitos autorais e marcas registradas, gerou regimes de propriedade intelectual que de início estimularam a Revolução Industrial, mas então começaram a colonizar os bens comuns do conhecimento tradicional, com um número crescente de patentes buscando monopolizar know-how que fora desenvolvido de maneira coletiva. Com grande ironia, há um amplo entendimento de que o uso intensivo e o abuso da lei de propriedade intelectual, hoje em dia, vem tolhendo a própria inovação que originalmente se destinava a promover. As patentes agora duram vinte anos e são concedidas a uma ampla gama de invenções espúrias – que vão da patente americana da Amazon para compras com "um clique" até as da empresa médica Myriad Genetics sobre genes relacionados com o câncer.[79] E, em muitas indústrias de alta tecnologia, patentes são com frequência adquiridas por razões táticas, com o objetivo específico de bloquear ou processar empresas concorrentes. "Nós concebemos um regime de propriedade intelectual caro e injusto", escreve o economista Joseph Stiglitz, "que funciona mais para favorecer os advogados especializados em patentes e grandes corporações do que para o progresso da ciência e dos pequenos inovadores."[80]

A teoria econômica dominante afirma que, sem proteção à propriedade intelectual, os inovadores carecem de incentivo para levar novos produtos ao mercado, porque não conseguem recuperar seus custos. Mas, nos bens comuns de colaboração, milhões de inovadores desafiam esse tipo de pensamento, cocriando e utilizando softwares e hardwares livres e de código aberto. Trata-se de um espírito personificado por Marcin Jakubowski, um físico e fazendeiro do Missouri que, frustrado com o custo proibitivo do maquinário agrícola, que vivia quebrando, decidiu construir suas próprias máquinas, ao mesmo tempo compartilhando gratuitamente na internet os seus modelos, sempre em aperfeiçoamento. Sua ideia em pouco tempo cresceu para se tornar o Global Village Construction Set, que tem como objetivo mostrar, passo a passo, como construir do nada cinquenta máquinas de utilidade universal, desde tratores, máquinas de fabricação de tijolos e impressoras 3D até serradoras, fornos de pão e turbinas eólicas. Os modelos foram até agora recriados por inovadores em países como Índia, China, Estados Unidos, Canadá, Guatemala, Nicarágua, Itália e França. Com base nesses sucessos, Jakubowski e seus colaboradores lançaram desde então o Open Building Institute, que tem como objetivo criar modelos de código aberto para habitações ecológicas, autônomas e acessíveis a todos.[81] "Nossa meta é descentralizar a produção", explica ele. "Estou falando de um *case* de negócios para empreendimentos eficientes em que o conceito tradicional de escala torna-se irrelevante. Nosso novo conceito de escala tem a ver com distribuir poder econômico por toda parte."[82]

Os modelos de código aberto também prometem amplos benefícios sociais e vastas economias para instituições financiadas pelo Estado em todo país, diz Joshua Pearce, proeminente acadêmico e engenheiro em hardware de código aberto. Sua pesquisa sobre a economia de fabricação de hardware livre e de código aberto revela que o uso de impressoras 3D e modelos de código aberto para produzir equipamento científico essencial – como seringas de precisão usadas largamente em laboratórios e hospitais – reduz custos, tornando esse equipamento muito mais barato e acessível em todo o mundo. "A conclusão inescapável", diz Pearce, "é que o desenvolvimento de hardware livre e de código aberto deveria ser financiado por organizações interessadas em maximizar o retorno dos investimentos públicos, sobretudo em tecnologias associadas a ciência, medicina e educação."[83]

Está claro que a revolução digital desencadeou uma era de criação conjunta de conhecimento que tem o potencial de descentralizar radicalmente a propriedade da riqueza. Mas, como argumenta o teórico de bens comuns Michel Bauwens, é improvável que atinja seu potencial sem o apoio do Estado. Assim como o capitalismo corporativo dependeu durante muito tempo do respaldo de políticas governamentais, financiamento público e legislação de fomento às empresas, agora os bens comuns necessitam do apoio de um Estado parceiro cujo objetivo seja permitir a criação de valor comum.[84] Como o Estado pode começar a ajudar os bens comuns de conhecimento a realizar seu potencial? De cinco importantes maneiras.

Primeiro, investir no engenho humano mediante o ensino de empreendedorismo social, resolução de problemas e colaboração nas escolas e universidades de todo o mundo: essas competências irão equipar a próxima geração, como nenhuma outra antes dela, para inovar em redes de código aberto. Segundo, assegurar que toda pesquisa financiada com dinheiro público torne-se de conhecimento público, mediante a exigência contratual de que seja licenciada nos bens comuns de conhecimento, em vez de permitir que fique trancada sob patentes e direitos de propriedade para ganho comercial privado. Terceiro, reduzir o excessivo alcance das reivindicações de propriedade intelectual por parte das empresas, para evitar que pedidos espúrios de patentes e direitos autorais lesem os bens comuns de conhecimento. Quarto, prover financiamento público para a constituição dos *makerspaces* comunitários – espaços onde os inovadores possam se encontrar e experimentar com o uso compartilhado de impressoras 3D e ferramentas essenciais para a construção de hardware. E, por fim, incentivar a disseminação de organizações cívicas – de sociedades cooperativas e grupos estudantis a clubes de inovação e associações de bairro –, porque suas interconexões se transformam nos próprios nós que dão vida a essas redes *peer-to-peer*.

Tornar-se global

Em razão dos legados do colonialismo, dívidas injustas, privatização forçada e regras comerciais tendenciosas ainda impostas ao Sul Global, as desigualdades internacionais ainda são extremas. Desde 2000, a desigualdade de renda global diminuiu ligeiramente – em grande medida graças à redução da pobreza na China –, mas o mundo como um todo continua a ser mais desigual do que qualquer país dentro dele.[85] E esse desvio extremo na renda global ajuda a empurrar a humanidade para além dos dois limites do Donut. Durante vários séculos, fomos encorajados a nos identificar acima de tudo como nações, cada uma com a sua própria economia, olhando por cima da fronteira ou do outro lado do mar para os "outros". Se dermos o inevitável passo do século XXI e passarmos a nos considerar também parte de uma comunidade global, conectada numa economia de múltiplas camadas, porém interdependente, que possibilidades para uma concepção globalmente redistributiva poderão vir à tona?

O instrumento mais promissor de redistribuição internacional foi a ajuda oficial ao desenvolvimento, mas a história de suas transferências de ricos para pobres não passa de um fracasso míope em matéria de ação global. Numa resolução da ONU de 1970, países de alta renda comprometeram-se a contribuir com 0,7% da sua renda anual para a ajuda oficial ao desenvolvimento, e começar a fazê-lo no máximo até 1980. Em 2013, porém, mais de trinta anos após o prazo limite, o total se encontrava em apenas 0,3%, menos da metade do que era prometido todos os anos. Bem gasto, esse financiamento ausente poderia ter resultado em décadas de progresso em saúde maternal, nutrição infantil e educação de meninas nas comunidades mais pobres do mundo: teriam empoderado as mulheres, transformado os meios de subsistência, impulsionado a prosperidade nacional e, ao mesmo tempo, ajudado a estabilizar a população global.[86]

Onde os países de alta renda quebraram sua promessa de redistribuição financeira, os migrantes de todo o mundo ocuparam o seu lugar. As remessas de dinheiro que eles enviam para suas famílias em seus países de origem, retiradas de seus ganhos, são agora a maior fonte individual de financiamento externo em muitos desses países de baixa renda, ultrapassando tanto a ajuda oficial ao desenvolvimento quanto o investimento externo direto. Essas remessas constituem cerca de 25% do PIB em países como Nepal, Lesoto e Moldávia, e são uma fonte vital de resistência durante crises econômicas e humanitárias.[87] Isso torna a migração uma das maneiras mais efetivas de reduzir a desigualdade de renda global. Mas seu sucesso no longo prazo depende de impedir grandes desigualdades de renda dentro dos próprios países anfitriões e de construir ligações comunitárias e capital social. Sem isso, as comunidades locais que foram deixadas para trás economicamente muitas vezes irão culpar os imigrantes, em vez de receber de braços abertos a diversidade e o dinamismo que sua presença pode trazer.

Países de alta renda com frequência justificam sua magra contribuição para a ajuda oficial ao desenvolvimento argumentando que, em vez de ser bem gasto, o auxílio muitas vezes acaba desviado por dirigentes corruptos ou desperdiçado em projetos mal concebidos. Avaliações rigorosas mostram que muito dessa ajuda é sem dúvida altamente efetiva para combater a pobreza, mas não há como negar que por vezes ocorrem abusos. Então, e se uma parte desse auxílio prometido fosse canalizada, em vez disso, diretamente para as pessoas pobres desses países? Ela atuaria como uma renda básica, dando acesso ao mercado a cada pessoa, como meio de prover suas necessidades. Além disso, pela primeira vez na história um esquema desse tipo poderia realmente funcionar, graças à rápida disseminação mundial de telefones celulares e ao comprovado êxito do serviço bancário móvel.

O Quênia tem sido um precursor nessa área desde o lançamento do seu serviço financeiro móvel M-Pesa, em 2007. Em seis anos, três quartos de todos os adultos quenianos tinham utilizado o M-Pesa, incluindo 70% deles em zonas rurais, e, surpreendentemente, mais de 40% do PIB do país passava pelo serviço.[88] No mundo todo, espera-se que 5,5 bilhões de pessoas estejam usando telefones celulares em 2019, e o serviço bancário móvel vai se tornar parte desse pacote.[89] Em essência, logo será viável criar uma lista telefônica do "bilhão mais pobre" do mundo e mandar dinheiro digital diretamente para esse grupo. Contrariando as preocupações de que uma renda básica garantida tornaria as pessoas preguiçosas ou até mesmo imprudentes, estudos transnacionais de programas de transferência de dinheiro não mostram tal efeito: se alguma coisa ocorre, é que as pessoas tendem a trabalhar mais duro e aproveitar mais oportunidades quando sabem que têm um rendimento garantido.[90] Quando se trata de enviar renda básica às pessoas mais pobres do mundo, a pergunta já não é "Mas como?", e sim "Mas por que não?".[91]

A maior e mais longa experiência na condução de um programa como esse está em curso no Quênia e foi organizada pela organização beneficente GiveDirectly, sediada nos Estados Unidos. Durante os próximos dez/quinze anos, 6 mil dos habitantes mais pobres do Quênia receberão regularmente uma renda garantida suficiente para atender às necessidades básicas da família, enviada pelo telefone. Ao conduzir um programa piloto tão extenso, a organização espera proporcionar aos seus beneficiários a segurança necessária para que eles possam tomar decisões em longo prazo capazes de mudar suas vidas – e provar que chegou a hora da ideia de uma renda básica universal.[92] Há apenas uma advertência: os rendimentos privados não são um substituto para os serviços públicos. O mercado funciona melhor no combate à desigualdade e à pobreza quando complementa, e não substitui, o Estado e os bens comuns. Acompanhada pela prestação gratuita de ensino e cuidados de saúde primários, uma renda básica seria um investimento direto no potencial de cada mulher, homem e criança, promovendo significativamente as perspectivas de conseguir o alicerce social do Donut para todos.

De que maneira esses fundos adicionais – além dos 0,7% da ajuda oficial ao desenvolvimento – poderiam ser angariados, no espírito da redistribuição global? Para começar, mediante um imposto global sobre a riqueza pessoal extrema. Existem atualmente mais de 2 mil bilionários vivendo em vinte países, de Estados Unidos, China e Rússia a Turquia, Tailândia e Indonésia.[93] Um imposto anual sobre a riqueza de apenas 1,5% sobre o patrimônio líquido renderia 74 bilhões de dólares por ano: só isso bastaria para colocar todas as crianças na escola e proporcionar os serviços de saúde essenciais para todos os países de baixa renda.[94] Combine-se isso com um sistema mundial de tributação empresarial que trate as multinacionais como empresas únicas e unificadas e acabe com a evasão e os paraísos fiscais, aumentando assim a receita pública para fins públicos no mundo todo.[95] Complementem-se essas medidas com impostos sobre indústrias desestabilizadoras e daninhas, como um imposto sobre as transferências financeiras mundiais para restringir as transações especulativas e um imposto mundial sobre o carbono aplicado a toda a produção de petróleo, carvão e gás. Sim, algumas dessas propostas de tributação parecem inviáveis hoje, mas muitas ideias que um dia foram consideradas inviáveis – a abolição da escravatura, o voto feminino, o fim do apartheid, os direitos dos gays – acabaram por se revelar inevitáveis. No século do lar planetário, acontecerá o mesmo com os impostos mundiais.

Se o acesso universal aos mercados se tornar uma norma do século XXI, junto com o acesso universal a serviços públicos, então o mesmo deverá ocorrer com o acesso aos bens comuns globais – particularmente aos sistemas geradores de vida na Terra e aos bens comuns globais de conhecimento.

Em vista do que sabemos agora sobre os limites planetários, a integridade do mundo vivo é clara e profundamente do interesse comum de todos: ar limpo e água potável, clima estável e biodiversidade próspera estão entre os recursos "comuns" mais importantes para toda a humanidade. "A grande tarefa do século XXI", escreve o pensador da ecologia Peter Barnes, "é construir um novo setor vital de bens comuns que possa resistir ao isolamento e à externalização por parte do mercado, proteger o planeta e partilhar os frutos de nosso patrimônio comum de maneira mais igualitária do que acontece hoje."[96] Uma forma de conseguir isso, ele propõe, é criar uma série de *commons trusts*, cada um dotado de direitos de propriedade que lhe permitam proteger e administrar um domínio específico dos bens comuns da Terra – sejam bacias hidrográficas locais, seja a atmosfera global – para o benefício de todos os cidadãos e gerações futuras. No intuito de manter o uso desses bens comuns dentro de limites ecológicos locais ou planetários, cada *trust* limitaria sua utilização, cobraria a seus usuários – como as empresas que extraem água de aquíferos ou descarregam gases do efeito estufa no céu – e partilharia amplamente os benefícios.[97] Já existem alguns *trusts* nacionais semelhantes a esses, mas concebê-los em escala global será um desafio, considerando as grandes desigualdades entre pessoas e países ricos e pobres: quem seria obrigado a pagar, quem compartilharia os benefícios e como poderiam ser pagas dívidas ecológicas históricas? Essas perguntas difíceis são precisamente as questões de governança que precisarão ser respondidas uma vez que reconheçamos os sistemas geradores de vida da Terra como patrimônio comum da humanidade.

Criar bens comuns globais de conhecimento, em contrapartida, é mais viável em curto prazo, em grande parte porque isso já está acontecendo. Mas seu potencial mal foi explorado. Imagine o que uma rede mundial de design livre e de código aberto poderia significar para os inovadores comunitários que são quem mais têm a ganhar com ela. Em 2002, William Kamkwamba, um rapaz de catorze anos, filho de agricultores do Maláui assolados pela seca, precisou largar o ensino médio porque seus pais não podiam mais pagar as mensalidades. Então, o rapaz foi até a biblioteca local, leu um manual sobre energia e começou a construir seu próprio moinho de vento, apesar de ridicularizado pelos amigos e vizinhos. Um ferro-velho local era a sua única esperança para obter materiais, então, usando a ventoinha de um velho trator, tubos de PVC, um antigo quadro de bicicleta, tampas de garrafas e um dínamo, ele montou um moinho de vento de mais de cinco metros e conectou os cabos. O equipamento de fato funcionou, gerando eletricidade suficiente para alimentar quatro lâmpadas e dois rádios na casa da sua família. Logo formou-se uma fila de gente à sua porta, querendo carregar seus celulares, e uma série de jornalistas, para noticiar sua notável invenção. Foi apenas cinco anos depois, ao ser convidado para fazer um TED Talk em Arusha, na Tanzânia, que William teve a oportunidade de usar um computador pela primeira vez. "Eu nunca tinha visto a internet", recordou ele depois. "Foi incrível ... pesquisei sobre moinhos de vento no Google e encontrei tanta informação."[98]

É claro que a engenhosidade de Kamkwamba é excepcional, mas já há inovadores e experimentadores em todas as comunidades que, com acesso à internet, bens comuns de conhecimento e um *makerspace*, poderiam copiar, modificar e inventar tecnologias para enfrentar as necessidades mais prementes de suas comunidades, desde o aproveitamento de água da chuva e habitações movidas a energia solar até ferramentas agrícolas, equipamento médico e, sim, turbinas eólicas. O que ainda falta, porém, é uma plataforma digital global dedicada que lhes permita colaborar com pesquisadores, estudantes, empresas e ONGs de todo o mundo para desenvolver tecnologias livres e de código aberto.

Imagine uma plataforma *peer-to-peer* desse tipo construída com todas as características definidoras das redes colaborativas de primeira qualidade: "receitas de recursos" listando ferramentas, materiais e qualificações necessários para replicar cada item; avaliações e críticas dos usuários de cada projeto; fotografias e diagramas mostrando como esses projetos se desenvolvem; e portais para comunidades similares – tais como favelas urbanas ricas em energia solar ou aldeias propensas a secas –, a fim de aprender com os erros e sucessos dos outros.[99]

Criar uma plataforma desse tipo será perturbador, porque, como afirma Joshua Pearce, ela "se tornará uma verdadeira rival do paradigma de desenvolvimento tecnológico que tem dominado a civilização desde a Revolução Industrial".[100] Mas uma plataforma como essa requer financiamento inicial, seja de fundações, de governos, da ONU ou mediante *crowdsourcing*, colaboração coletiva. Requer também novas formas de licenciamento de código aberto, para garantir que as velhas reivindicações de propriedade intelectual – patentes, direitos autorais e marcas registradas – não ameacem os ressurgentes bens comuns de conhecimento.

William recebeu uma bolsa para estudar em uma universidade americana e é agora um bacharel de 28 anos com planos de criar um *makerspace* e centro de inovação no Maláui para alunos das escolas e universidades.

William Kamkwamba e seus moinhos de vento.

"Muitos jovens são talentosos e têm ideias brilhantes", diz ele, "mas não exploram o pleno potencial dessas ideias por causa da escassez de organizações que possam incubá-las."[101] Perguntei-lhe o que ele achava que uma plataforma como essa para os bens comuns de conhecimento poderia fazer pelos futuros inovadores do seu país. Ele não vacilou: "Ela permitirá que eles sejam criativos na resolução de problemas por toda a África", respondeu, "porque poderão aprender uns com os outros e aperfeiçoar cada vez mais seus projetos."[102] Ampliar esse acesso aos bens comuns globais de conhecimento será uma das maneiras mais transformadoras de redistribuir riqueza neste século.

E AS SÉRIES DE EXERCÍCIOS de Arnold? Na década de 1980, os médicos não perderam tempo em advertir contra o mantra de exercícios "não há ganho sem esforço", salientando que os exercícios que provocam dor muitas vezes levam a contusões e não a um bom condicionamento físico. Os economistas, mal orientados durante décadas pela equivocada Curva de Kuznets, levaram muito mais tempo para chegar à mesma conclusão, mas ela finalmente está sendo registrada. Economias equitativas não surgem após um inevitável processo de sofrimento econômico: são criadas através da busca de um padrão intencional de planejamento. No que se refere à economia, o sofrimento está fora de moda e a concepção distributiva está dentro, o que conduz a uma mudança fundamental na mentalidade do economista. É hora de dar adeus à viagem na mítica montanha-russa: tragam a rede.

Em vez de esperarem (em vão) que o crescimento proporcione maior igualdade, os economistas do século XXI planejarão desde o início um fluxo distributivo na própria estrutura das interações econômicas. Em vez de focarem apenas a redistribuição da renda, procurarão também redistribuir a riqueza – trate-se do poder de controlar a terra, da criação de dinheiro, da iniciativa, da tecnologia ou do conhecimento –, e aproveitarão igualmente o mercado, os bens comuns e o Estado para fazer com que isso aconteça. Em vez de esperarem por uma reforma de cima para baixo, trabalharão com redes de baixo para cima que já estão operando uma revolução na redistribuição. Além disso, combinarão essa revolução no planejamento econômico distributivo com uma revolução igualmente poderosa no planejamento econômico regenerativo, conforme veremos no próximo capítulo.

6. Criar para regenerar

De "o crescimento limpará tudo de novo" a uma concepção regenerativa

Viajando pela Europa em 2015, conheci Prakash, um estudante indiano que estava fazendo um curso avançado de engenharia na Alemanha. Quando perguntei se ele havia optado por estudar tecnologias ecologicamente inteligentes, ele apenas balançou a cabeça e disse: "Não, a Índia tem outras prioridades – ainda não somos ricos o bastante para nos preocuparmos com isso." Surpresa, salientei que quase metade do território da Índia encontra-se degradado, os níveis dos lençóis freáticos estão caindo rapidamente e a poluição atmosférica no país é a pior do mundo. Um lampejo de compreensão atravessou seu rosto, mas ele apenas sorriu e repetiu suas palavras: "Ainda temos outras prioridades."

Numa conversa rápida, Prakash resumiu a história econômica que vem circulando há décadas: os países pobres são pobres demais para serem verdes. Além disso, não precisam ser verdes, porque o crescimento econômico acabará por limpar a poluição que cria e substituirá os recursos que esgota. É uma história que um dia já pareceu respaldada pelos dados, junto com o icônico diagrama para incorporar essa mensagem. Entretanto, apesar de continuar a dominar a imaginação dos políticos e das pessoas, ela acabou por se revelar um mito, tanto na Índia quanto no resto do mundo. "A Índia tem tido um desempenho econômico notável", observa Muthukumara Mani, economista ambiental sênior do Banco Mundial, "mas isso não se reflete nos seus resultados ambientais. 'Crescer agora, limpar depois' não é algo que realmente funcione."[1]

A degradação ecológica não é uma preocupação de luxo para que os países a deixem de lado até que sejam suficientemente ricos para lhe dar atenção. Em vez de esperar que o crescimento faça a limpeza – porque não vai fazer –, é muito mais inteligente criar economias regenerativas por concepção, restaurando e renovando os ciclos de vida dos quais depende o bem-estar humano desde o âmbito local ao global. É hora de apagar o velho diagrama cuja influência continua pairando e substituí-lo por uma ideia de concepção econômica regenerativa própria do século XXI.

O que sobe pode não descer

No começo da década de 1990, os economistas americanos Gene Grossman e Alan Krueger descobriram um padrão surpreendente. Estudando dados de tendência do PIB lado a lado com dados de poluição atmosférica e da água em cerca de quarenta países, eles descobriram que a poluição primeiro aumentava e em seguida caía com o crescimento do PIB, dando ao gráfico a forma de um U invertido. Considerando sua sinistra semelhança com a famosa curva da desigualdade do capítulo 5, essa nova curva logo ficou conhecida como Curva Ambiental de Kuznets.

Tendo descoberto o que parecia ser mais uma lei econômica do movimento, os economistas não foram capazes de resistir ao impulso de utilizar um modelo estatístico para identificar o nível de renda no qual a curva

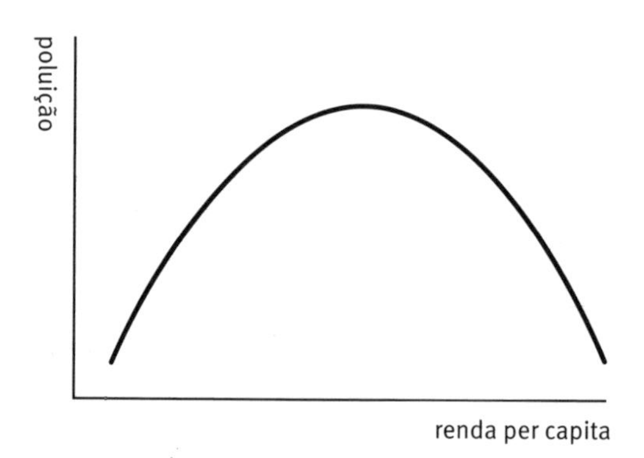

A Curva Ambiental de Kuznets, que sugere que o crescimento acabará por resolver os problemas ambientais que cria.

magicamente se invertia. No caso da contaminação por chumbo nos rios, descobriram eles, a poluição chegava a um máximo e começava a cair quando a renda nacional alcançava 1.887 dólares per capita (medidos em dólares americanos de 1985, a métrica padrão da época). E quanto ao dióxido de enxofre na atmosfera? Este parecia cair quando a renda batia os 4.053 dólares per capita. E a fumaça negra? Espere até o PIB superar os 6.151 dólares per capita e a limpeza irá começar. De modo geral, afirmaram eles, o crescimento começaria a limpar a poluição atmosférica e aquática antes que os países chegassem à marca dos 8 mil dólares per capita – equivalentes a cerca de 17 mil dólares de hoje.[2]

É difícil não perceber a ironia: no exato momento em que a desacreditada Curva de Kuznets começava a ser expulsa da ribalta econômica, sua prima ambiental passou a ocupar o centro do palco. Mas Grossman e Krueger, como Kuznets antes deles, tiveram o cuidado de acrescentar uma ressalva aos seus achados. Eles reconheceram que só dispunham de dados para poluentes atmosféricos e aquáticos locais, não para preocupações como emissão global de gases do efeito estufa, perda de biodiversidade, degradação do solo e desmatamento; observaram que os resultados nacionais dependiam das políticas, tecnologias e economias da época; e ressaltaram que uma correlação observada entre crescimento econômico e queda da poluição não demonstrava que o crescimento em si causava a limpeza. Mas, como a maior parte dos economistas que pensam ter descoberto uma lei econômica do movimento, não puderam resistir à conclusão de que, para a maioria dos indicadores ambientais, "o crescimento econômico traz uma fase inicial de deterioração seguida por uma fase de melhoramento".[3]

Apesar dessas cuidadosas ressalvas, sua hipótese logo se transformou num mantra econômico amplamente citado, repetido em relatórios sobre políticas, editoriais de opinião e palestras econômicas no mundo todo: quando se trata de poluição, o crescimento – tal como uma criança bem treinada – se encarregará de limpar tudo. Alguns, como o economista pró-mercado Bruce Yandle, deturparam a mensagem a ponto de transformá-la numa afirmação ainda mais forte segundo a qual "o crescimento econômico ajuda a desfazer os danos provocados nos primeiros anos. Se o crescimento econômico é bom para o ambiente, políticas que estimulem o crescimento (liberalização do comércio, reestruturação econômica, reforma de preços) devem ser boas para o ambiente".[4] Sim, a economia do tipo "não há ganho sem esforço" estava de volta, dessa vez recomendando um perverso regime de condicionamento para o mundo vivo. Se você quer água e ar limpos, florestas e oceanos sadios, então o trato é o seguinte: é preciso piorar antes de melhorar – e o crescimento fará com que tudo fique melhor. Então, aguente firme e sinta a dor.

Com a curva e suas equações na mão, os economistas da corrente dominante zombaram do que chamaram de "gritos alarmistas" dos críticos ambientais que argumentavam que o crescimento econômico estava degradando gravemente os solos, oceanos, ecossistemas e clima da Terra. Ainda assim, reconheceram não haver provas de uma relação direta entre crescimento econômico e limpeza ambiental e, portanto, apresentaram três possíveis explicações para isso. Primeiro, à medida que os países crescem, argumentaram eles, seus cidadãos podem se dar ao luxo de começar a se preocupar com o ambiente, e assim começar a exigir padrões mais elevados; segundo, as indústrias do país podem se dar ao luxo de começar a usar tecnologias mais limpas; e, terceiro, essas indústrias passarão da manufatura aos serviços, trocando chaminés por centrais de atendimento.

À primeira vista, essas explicações para a ascensão inicial seguida de queda na curva podem parecer dignas de crédito, mas não resistem a um exame aprofundado. Em primeiro lugar, os cidadãos não têm de esperar até que o crescimento do PIB lhes proporcione o desejo e o poder de exigir água e ar limpos. Foi isso que concluíram Mariano Torras e James K. Boyce quando correlacionaram os mesmos dados interpaíses usados para criar a Curva Ambiental de Kuznets com medidas do poder dos cidadãos. Numa ampla gama de países – e sobretudo nos de baixa renda –, eles descobriram que a qualidade ambiental é maior onde a renda está distribuída de maneira mais igualitária, onde há mais pessoas alfabetizadas e onde os direitos políticos são mais respeitados.[5] É o poder do povo, e não o crescimento econômico em si, que protege a qualidade do ar e da água locais. Da mesma forma, é a pressão dos cidadãos sobre governos e empresas por padrões mais rigorosos, e não o mero aumento na renda, que obriga indústrias a adotar tecnologias mais limpas. Por último, limpar o ar e a água de um país trocando as indústrias manufatureiras pelas de serviços não elimina esses poluentes: simplesmente os transfere para o exterior, fazendo com que alguma outra população, em algum outro lugar, suporte o sofrimento, enquanto os que ficaram nesse país podem importar o produto acabado e bem embalado. Isso significa que se trata de uma estratégia de limpeza ambiental que não pode ser seguida por todos os países, porque, no final, acabará não havendo lugar onde se possa despejar a poluição.

Na falta de dados mais amplos, Grossman e Krueger não puderam investigar se a ascensão e queda na Curva Ambiental de Kuznets eram válidas para impactos ecológicos mais extensos, tais como emissão de gases do efeito estufa, esgotamento dos lençóis freáticos, desmatamento, degradação do solo, utilização de produtos agroquímicos e perda de biodiversidade. Tampouco puderam avaliar quanto do impacto ambiental de cada nação estava sendo transferido para o exterior. Mas, graças aos progressos realizados na contabilidade dos fluxos de recursos, esses dados vêm melhorando rapidamente – e eles contam uma história muito diferente daquela que vem sendo alardeada.

A extração e o processamento de materiais da Terra dentro das fronteiras dos países de alta renda vêm de fato caindo, levando a afirmações triunfais por toda a União Europeia e a OCDE de uma produtividade crescente dos recursos e da dissociação do crescimento do PIB da utilização dos recursos – ambas alardeadas como primeiros indícios do sonho do "crescimento verde". Mas os festejos começaram cedo demais. "Essas tendências fazem com que os países desenvolvidos pareçam mais eficientes no aproveitamento de recursos", adverte Tommy Wiedmann, um dos especialistas que encabeçam a análise dos fluxos internacionais de recursos, "mas eles na verdade continuam profundamente ancorados em uma base material subjacente."[6]

Dados internacionais compilados recentemente revelam que, quando se leva em consideração a pegada global de um país no tocante a materiais – a soma de toda a biomassa, combustíveis fósseis, minérios metálicos e minerais de construção utilizados no mundo todo para criar os produtos que o país importa –, então a história de sucesso parece evaporar. De 1990 a 2007, enquanto o PIB dos países de alta renda crescia, o mesmo se passava com suas pegadas materiais globais. E o aumento não foi pequeno: países como Estados Unidos, Reino Unido, Nova Zelândia e Austrália viram suas pegadas crescerem em mais de 30% ao longo desse período; Espanha, Portugal e Países Baixos observaram um aumento de mais de 50%. A pegada do Japão cresceu 14% e a da Alemanha, 9% – impressionantemente abaixo do resto, mas crescendo, ainda assim.[7] Longe da ascensão e queda prometidas pela Curva Ambiental de Kuznets, esses dados apontam para uma contínua e preocupante ascensão.

No entanto, calcular as pegadas materiais globais é uma questão complexa, e alguns discordam desses achados. O analista de recursos Chris Goodall, por exemplo, compilou um conjunto alternativo de dados para o Reino Unido no qual o consumo de recursos do país – inclusive importados – parece ter atingido um pico e estabilizado, ou até ter começado a cair.[8] Mas mesmo que esses dados alternativos se revelassem quase exatos, continuaria a haver um problema: o consumo do Reino Unido teria atingido o ápice num nível impraticavelmente elevado. Se outros países seguissem seu exemplo – na suposição de que o crescimento acabaria por levá-los a um pico e uma queda similares –, isso exigiria os recursos de pelo menos três planetas Terra, empurrando a economia global para uma extrapolação dos limites planetários.[9] Em outras palavras, se a Curva Ambiental de Kuznets de fato existir, trata-se então de uma montanha que a humanidade simplesmente não pode se dar ao luxo de escalar, porque não sobreviveremos ao seu pico.

Confrontando a economia linear degenerativa

É hora de deixarmos de lado a procura por leis econômicas que demonstrem que o crescimento da produção nacional acabará um dia por proporcionar saúde ecológica. Acontece que a economia não é uma questão de descobrir leis: é essencialmente uma questão de concepção. E o motivo pelo qual até mesmo os países mais ricos do mundo ainda estão fazendo com que todos nós sintamos a dor é que os últimos duzentos anos de atividade industrial basearam-se num sistema industrial linear de concepção inerentemente degenerativa. A essência desse sistema industrial é a cadeia de abastecimento do tipo pegar, fazer, usar e desperdiçar até que se acabe: extrair da Terra minerais, metais, biomassa e combustíveis fósseis; transformá-los em produtos através da manufatura; vender esses produtos a consumidores que – provavelmente mais cedo do que tarde – irão jogá-los "fora". Quando desenhado na sua forma mais simples, esse sistema lembra uma lagarta industrial, que ingere alimentos numa extremidade, os mastiga e expele os resíduos na outra extremidade.

Esse difundido modelo industrial proporcionou enormes lucros a muitas empresas e, ao mesmo tempo, enriqueceu as finanças de muitas nações. Mas sua concepção é fundamentalmente falha, porque vai de encontro

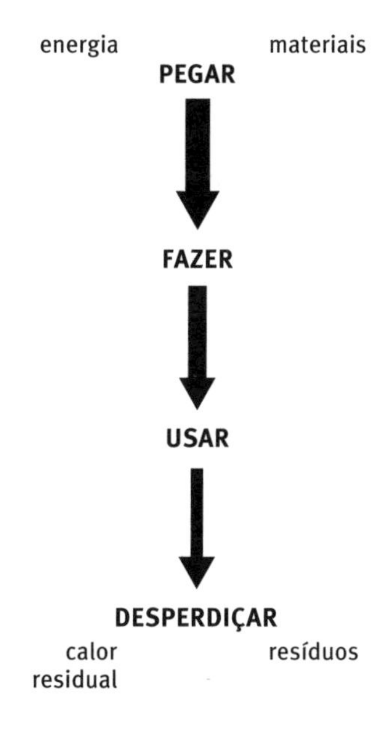

A economia-lagarta de concepção industrial degenerativa.

ao mundo vivo, que prospera reciclando de forma contínua os blocos de construção da vida, como carbono, oxigênio, água, nitrogênio e fósforo. A atividade industrial rompeu esses ciclos naturais, esgotando as fontes da natureza e lançando uma enorme quantidade de lixo em seus escoadouros. Extraindo petróleo, carvão e gás da terra e do mar, queimando-os e descarregando dióxido de carbono na atmosfera. Transformando nitrogênio e fósforo em fertilizantes e depois despejando os efluentes – de refugos agrícolas e esgotos – em lagos e oceanos. Desmatando florestas para extrair metais e minerais que, depois de incorporados a aparelhos eletrônicos, serão descartados em ferros-velhos, provocando o vazamento de componentes químicos tóxicos para o solo, a água e o ar.

A teoria econômica reconhece os efeitos potencialmente nocivos – as "externalidades negativas" – dessa indústria, e tem seus instrumentos prediletos baseados no mercado para lidar com elas: cotas e impostos. Para internalizar essas externalidades, aconselha a teoria, estabeleça um teto para a poluição total, prescreva cotas aos direitos de propriedade e permita que as negociações de mercado fixem um preço para o direito de poluir. Ou imponha um equivalente tributário ao "custo social" da poluição e, em seguida, deixe o mercado decidir quanta poluição vale a pena emitir.

Políticas como essas podem ter um efeito significativo. De 1999 a 2003, o imposto ecológico da Alemanha fez subir o preço dos combustíveis fósseis usados no transporte, aquecimento e eletricidade, ao mesmo tempo reduzindo os impostos sobre as folhas de pagamento em valor equivalente: isso diminuiu o consumo de combustíveis em 17% e as emissões de carbono em 3%, aumentou o compartilhamento de automóveis em 70% e criou 250 mil postos de trabalho.[10] Um programa de limitação e comércio de licenças de emissão de carbono lançado na Califórnia em 2013 tem como objetivo trazer as emissões de gases do efeito estufa no estado de volta para os níveis de 1990 já em 2020. Ele continua a ceder gratuitamente à indústria a maior parte da cota, mas pretende reduzir a cota total e leiloar um número maior de licenças com o tempo, enquanto utiliza um piso mínimo para evitar o colapso dos preços das mesmas, como aconteceu no caso do programa equivalente realizado na Europa.[11]

O uso da precificação em camadas também é cada vez maior, garantindo que, quanto mais pessoas usam, mais pagam. De Santa Fé, na Califórnia, às cidades carentes de água por toda a China, a precificação em camadas é utilizada para racionar o uso de água entre famílias com rendas amplamente distintas. Cada família paga uma pequena taxa para o fornecimento diário inicial, voltado para necessidades básicas como beber, tomar banho e lavar louças e roupas. Além desse volume de utilização – quer se trate de lavar carros, regar gramados ou encher piscinas –, a água adicional é cobrada a taxas três ou quatro vezes superiores. Conforme explica Roger Glennon, especialista no mercado de água, "a beleza da precificação em camadas é que ela não impede as pessoas de usarem a água e não depende de regulações governamentais. Mas insiste em que você pague mais pela água utilizada para regar o seu gramado do que para as necessidades básicas".[12] Em Durban, na África do Sul, onde o acesso à água é reconhecido como direito humano constitucional, o fornecimento essencial diário é proporcionado de maneira gratuita a todos os lares de baixa renda, com o estabelecimento de preços apenas a partir desse nível.[13]

Impostos, cotas e precificação em camadas podem claramente ajudar a aliviar a pressão da humanidade sobre os recursos e escoadouros da Terra, mas seria um erro pensar que poderão se encarregar de todo o trabalho. Na prática, essas medidas são insuficientes porque raras vezes são estabelecidas no nível necessário: as empresas fazem um poderoso lobby para postergar sua introdução, reduzir a taxa tributária, aumentar as cotas e obter licenças gratuitas, não leiloadas. Os governos, por sua vez, cedem com demasiada frequência, temendo que seus países percam competitividade – e seus partidos políticos percam o financiamento empresarial. Essas políticas também são insuficientes na teoria: de uma perspectiva sistêmica, cotas e impostos para limitar o estoque e o fluxo da poluição são, na verdade, pontos de alavancagem para mudar o comportamento de um sistema – mas pontos de alavancagem fracos. Uma alavancagem muito maior provém da mudança de paradigma que dá origem aos objetivos do sistema.[14]

Quando a indústria está baseada na concepção linear degenerativa do tipo pegar-fazer-usar-desperdiçar, há um limite ao que os incentivos aos preços podem fazer para atenuar seus efeitos degradantes. O visionário arquiteto paisagista John Tillman Lyle reconheceu claramente os limites inerentes a essa concepção. "Um sistema de mão única acaba por destruir em algum momento as paisagens da qual depende", escreveu ele nos anos 1990. "O relógio está sempre correndo, e os fluxos sempre se aproximando do momento em que já não poderão mais fluir. Em sua essência, esse é um sistema degenerativo, que devora as fontes de sua própria subsistência."[15] Em seu lugar, é necessário um paradigma de concepção regenerativa – e esse paradigma está agora emergindo, dando origem a um fascinante espectro de respostas empresariais.

Podemos fazer negócios no Donut?

Quando as empresas tomam consciência pela primeira vez da escala da pressão que a concepção industrial degenerativa exerce sobre os limites planetários terrestres, o que elas fazem? Nos últimos cinco anos, apresentei o conceito do Donut a uma ampla gama de líderes empresariais, desde altos executivos de empresas listadas na Fortune 500 a fundadores de empreendimentos comunitários. Suas respostas variaram amplamente, refletindo os muitos estágios que temos pela frente na viagem da concepção degenerativa para a regenerativa – e que podem ser resumidos naquilo que chamo de Lista de Tarefas das Corporações.

A primeira e mais velha resposta é simples: *não fazer nada*. Por que mudar o nosso modelo de negócios, raciocinam eles, quando ele vem dando forte retorno? Nossa responsabilidade é maximizar os lucros, de modo que, enquanto não forem introduzidos impostos ou cotas ambientais para alterar os incentivos que temos pela frente, continuaremos assim. O que estamos fazendo é (na maior parte) legal, e, se formos multados, tenderemos a considerar isso um custo operacional. Durante décadas, a maioria das empresas pelo mundo adotou essa postura, tratando a sustentabilidade como um luxo que não precisavam ter porque não contribuía em nada para o preço das ações. Mas os tempos estão mudando depressa. Muitos fabricantes que dependem de fornecedores em todo o mundo – como produtores de algodão e café, fabricantes de vinhos e tecelagens de seda – percebem agora que as cadeias de abastecimento de seu próprio produto são vulneráveis ao impacto do aumento das temperaturas globais e da redução do nível dos lençóis freáticos, de modo que reconhecem que não fazer nada não parece mais uma estratégia tão inteligente.

É por isso que a resposta do passo seguinte tornou-se mais comum: *fazer o que compensa*, adotando medidas ecoeficientes que reduzem os custos ou promovem a marca. Reduzir as emissões de gases do efeito estufa e a utilização industrial de água são medidas clássicas de eficiência que tendem a alavancar os lucros das empresas, sobretudo nos estágios iniciais. Dito isso, algumas empresas evidentemente acreditam que ludibriar compensa mais: a Volkswagen ganhou notoriedade em 2015, quando se descobriu que havia introduzido deliberadamente uma modificação no software do sistema de injeção eletrônica de milhões de seus carros a diesel de forma a programar seus motores para funcionar no modo de baixa emissão de poluentes durante os testes regulatórios, reduzindo de maneira significativa os índices de emissões de óxido de nitrogênio e dióxido de carbono.[16] Outras buscam as credenciais de certificados de produtos "verdes", que apelam aos consumidores dispostos a pagar um pouco mais por produtos ecoamigáveis. Motivadas por esse tipo de posicionamento verde, essas empresas comparam seu progresso com indústrias concorrentes: é um começo, sim, mas o máximo que demonstra é que "estamos fazendo mais do que as nossas concorrentes" ou "estamos fazendo mais do que fizemos no ano passado". E isso pode estar muito longe do que é realmente necessário.

A terceira resposta – que leva as coisas um pouco mais a sério – é *fazer a parte que nos cabe* no que se refere à mudança para a sustentabilidade. A seu favor, podemos dizer que as empresas que adotam essa abordagem ao menos começam por reconhecer a escala da mudança necessária com base, por exemplo, na redução total das emissões de gases do efeito estufa, no uso de fertilizantes ou nas retiradas de água recomendada pelos cientistas do sistema terrestre ou exigida pelas metas de políticas nacionais. Um exemplo bem-intencionado vem do Nedbank, da África do Sul, que em

2014 comprometeu-se a canalizar a "parte que lhe cabia" de financiamento comercial – cerca de 400 milhões de dólares por ano – para investimentos que promovam as metas da nação para 2030, tais como serviços de energia acessíveis e com baixa emissão de carbono, água potável e saneamento sustentáveis para todos. "O programa Fairshare 2030 é o dinheiro trabalhando para o futuro que queremos", declara o presidente do banco.[17] É verdade, mas temos de nos perguntar o que o resto do dinheiro do banco está financiando. Além disso, como bem sabe qualquer um que já tenha ficado com a conta do restaurante na mão depois de todos já terem contribuído com as respectivas partes, a conta quase nunca bate. Quando somos nós mesmos que determinamos o que nos cabe fazer, nunca conseguimos fazer nada – como demonstraram governos no mundo todo com seus compromissos tristemente inadequados, determinados em nível nacional, de cortar as emissões de gases do efeito estufa.

Mais preocupante ainda, "fazer a parte que nos cabe" pode descambar facilmente em "ficar com a parte que nos cabe". Em seu primeiro contato com o Donut, muitos empresários parecem olhar para o seu anel externo de limites planetários como se ele fosse um bolo a ser fatiado e distribuído. E, como todas as crianças numa festa de aniversário, eles querem a parte desse bolo que lhes cabe. Ainda aprisionados na mentalidade da indústria linear degenerativa, a primeira pergunta que muitos fazem é: qual é o tamanho da nossa fatia desse bolo ecológico? Quantas toneladas de dióxido de carbono podemos emitir? Quanta água dos lençóis freáticos podemos retirar? É provável que a resposta seja muito inferior ao que estão fazendo agora, então com certeza o sarrafo da ambição é levantado. Mas "ficar com a parte que nos cabe" reforça a visão de que o "direito de poluir" é um recurso pelo qual vale a pena competir. E, quando competimos por recursos limitados, nós, seres humanos, começamos com demasiada facilidade a brigar por espaço, fazer lobby junto aos formuladores de políticas e manipular as regras do sistema, aumentando significativamente o risco de, nesse processo, ultrapassarmos os limites.

A quarta resposta – e esta é um verdadeiro salto em termos de perspectiva – é *não provocar danos*, uma ambição também conhecida como "missão zero": conceber produtos, serviços, construções e negócios que tenham por objetivo um impacto ambiental zero. Entre os exemplos que aspiram a esse objetivo estão os edifícios de "consumo zero de energia", como o Bullitt Center, em Seattle, que utiliza painéis solares para gerar toda a energia que consome a cada ano (embora Seattle seja conhecida por suas chuvas intermináveis). Da mesma forma, as fábricas com consumo zero de água não fazem retiradas das redes de abastecimento público, como acontece com a fábrica de laticínios da Nestlé em Jalisco, no México, que supre todas as suas necessidades industriais de água condensando o vapor produzido pelo leite de vaca, em vez de extrair continuamente água potável dos reservatórios freáticos da região, já em seu limite.[18]

Ter o impacto zero como objetivo é um desvio verdadeiramente impressionante da concepção industrial degenerativa costumeira, e é ainda mais impressionante se o objetivo for o impacto zero não só em energia ou água, mas em todos os aspectos relacionados com recursos operacionais de uma empresa – uma meta ainda bem distante. É também um sinal de profunda eficiência na utilização de recursos, mas, como disse o arquiteto e designer William McDonough, a procura ávida pela eficiência em recursos simplesmente não basta. "Ser menos ruim não é ser bom", afirma ele. "É ser ruim, só que menos."[19] E, uma vez que pensamos nisso, perseguir a missão zero é uma visão estranha para uma Revolução Industrial, como se parasse intencionalmente no limiar de algo muito mais transformador. Afinal, se a sua fábrica consegue produzir toda a energia e água limpa que utiliza, por que não checar se poderia produzir mais? Se consegue eliminar todos os materiais tóxicos do seu processo de produção, por que não introduzir no seu lugar materiais que melhorem a saúde? Em vez de pretender apenas "fazer menos mal", a concepção industrial pode ter como objetivo "fazer mais bem", reabastecendo continuamente o mundo vivo, ao invés de exauri-lo de forma lenta. Por que apenas não pegar nada quando é possível também dar alguma coisa?

Essa é a essência da quinta resposta das empresas: *ser generoso*, criando um empreendimento regenerativo por concepção, dando de volta aos sistemas vivos dos quais somos parte. Mais do que uma ação numa lista de coisas a fazer, trata-se de uma forma de estar no mundo que adota a gestão da biosfera e reconhece que temos a responsabilidade de deixar o mundo vivo num estado melhor do que o encontramos.[20] E isso conclama à criação de empresas cuja atividade central ajude a restabelecer os ciclos da natureza, e que doem o máximo que puderem – porque somente uma concepção generosa pode nos pôr de volta sob o teto ecológico do Donut. Para Janine Benyus, uma proeminente pensadora e realizadora no campo da biomimética, essa noção de generosidade tornou-se uma missão de vida. Disse-me ela:

> Somos animais com cérebro grande, mas recém-chegados a este planeta, por isso ainda agimos como crianças pequenas, esperando que a Mãe Natureza arrume a nossa bagunça. O que eu quero é que assumamos essa tarefa de concepção e nos tornemos participantes plenos em cada um dos ciclos da natureza. Comecemos com o ciclo do carbono – vamos aprender a deter nossa "expiração" industrial de poluição de carbono e, então, imitando as plantas, aprender a "inspirar" dióxido de carbono em nossos produtos e armazená-lo por séculos em solos agrícolas ricos. Uma vez que tenhamos aprendido sobre o ciclo do carbono, vamos aplicar esse aprendizado também aos ciclos do fósforo, do nitrogênio e da água.

Para descobrir a essência da concepção generosa, ela sugere que tomemos a natureza como nosso modelo, medida e mentora. Com a natureza como *modelo*, podemos estudar e imitar processos cíclicos vitais de pegar e dar, morte e renovação, nos quais os dejetos de uma criatura se tornam o alimento de outra. Como *medida*, a natureza estabelece o padrão ecológico pelo qual julgar a sustentabilidade das nossas próprias inovações: elas correspondem às expectativas e são adequadas aos ciclos naturais? E com a natureza como *mentora*, perguntamos não o que podemos extrair, mas o que podemos aprender com os seus 3,8 bilhões de anos de experimentação.[21]

Cada quadradinho a ser assinalado na Lista de Tarefas das Corporações poderia ser visto como uma etapa no caminho para a concepção regene-

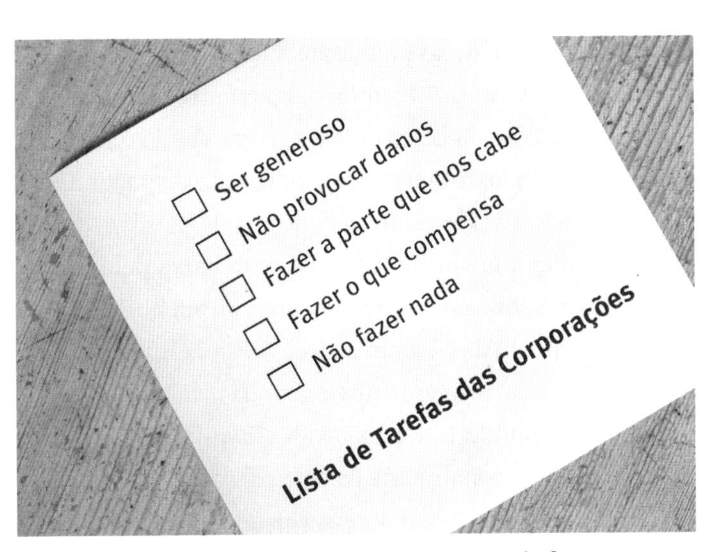

Qual dessas coisas a sua empresa pretende fazer?

rativa: para as empresas, para onde se vai é tão importante quanto onde se está agora. Mas não há necessidade (e tampouco tempo, na verdade) de fazer essa mudança de valores passo a passo: muito mais inspirador é se metamorfosear – como uma lagarta numa borboleta – numa concepção generosa.

A economia circular levanta voo

A manufatura industrial iniciou a metamorfose de uma concepção degenerativa para regenerativa através do que veio a ser conhecido como "economia circular". Ela é regenerativa por concepção porque aproveita o infinito fluxo de energia solar para transformar continuamente materiais em produtos e serviços úteis.[22] Portanto, dê adeus à lagarta da economia industrial linear à medida que esta, diante dos seus olhos, se transforma numa borboleta, num diagrama que se baseia num outro, criado pela Fundação Ellen MacArthur.[23] E, tal como acontece com as borboletas de verdade, o brilho está nas asas.

Quais são as características de concepção que permitem que essa borboleta industrial levante voo? Primeiro, concentre-se na velha mentalidade de estilo predatório da economia linear do século XX, que incitou a voracidade da extração de minerais, da perfuração de poços de petróleo e da queima de dejetos. Essa lagarta, a economia descartável do tipo pegar-fazer-usar-desperdiçar, ainda flui de cima para baixo pelo centro do diagrama. Mas observe como ela se transforma numa borboleta graças ao novo tipo de pensamento da economia circular.[24] Ela funciona com energia renovável – solar, eólica, provenientes das ondas, da biomassa e de fontes geotérmicas –, eliminando todos os produtos químicos tóxicos e, sobretudo, erradicando intencionalmente os dejetos. Faz isso reconhecendo que os "dejetos equivalem a alimentos": em vez de serem enviados para aterros, os resíduos de um processo de produção – sejam restos de comida ou sucata – tornam-se os materiais de base para o processo seguinte. A chave para fazer isso funcionar é pensar em todos os materiais como parte de um de dois ciclos de nutrientes: nutrientes *biológicos*, como solo, plantas e

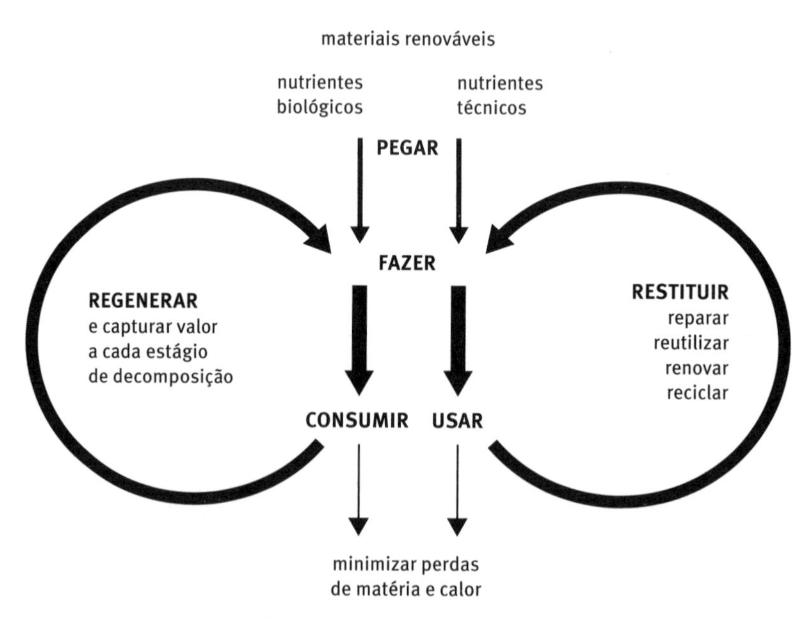

Economia-borboleta: regenerativa por concepção.

animais, e nutrientes *técnicos*, como plásticos, materiais sintéticos e metais. Os dois ciclos tornam-se as duas asas da borboleta, nas quais os materiais nunca são "esgotados" e descartados, mas utilizados continuamente em ciclos de reutilização e renovação.

Na asa biológica, todos os nutrientes acabam sendo consumidos e regenerados por meio da terra viva. A chave para usá-los interminavelmente é: garantir que não sejam colhidos mais depressa do que a natureza os regenera; aproveitar suas muitas fontes de valor à medida que elas jorram pelos ciclos vitais; e planejar a produção de maneira que eles restituam a natureza. Tomemos os grãos de café como um mero exemplo: menos de 1% de cada grão acaba na xícara, e as borras de café são ricas em celulose, lignina, nitrogênio e açúcares. Seria tolice jogar esse tesouro orgânico diretamente na composteira ou, pior ainda, numa lata de lixo, mas isso acontece em lares, escritórios e cafeterias em todo o mundo. Acontece que as borras de café constituem um meio ideal para o cultivo de cogumelos, e depois podem ser usadas como ração para gado, galinhas e porcos, sendo então devolvidas ao solo como esterco. Partindo do humilde grão de café, imagine expandir esse princípio a todos os alimentos, cultivos e madeiras, e depois a todas as casas, fazendas, empresas e instituições: isso começaria a transformar as nossas indústrias florestal e alimentar do século passado em indústrias regenerativas que extraem valor dos sistemas vivos dos quais dependem e então os regeneram.

Em contrapartida, na outra asa da borboleta, os produtos feitos a partir de nutrientes técnicos como metais e fibras sintéticas não se decompõem naturalmente, por isso devem ser concebidos de modo que possam ser restaurados – mediante reparação, reutilização, renovação e (como último recurso) reciclagem. Vejamos por exemplo os telefones celulares, que estão abarrotados de ouro, prata, cobalto e metais de terras raras, mas costumam ser usados por apenas dois anos. Na União Europeia, são vendidos anualmente mais de 160 milhões de celulares, mas em 2010 apenas 6% dos telefones usados estavam sendo reutilizados e 9% desmontados para reciclagem: os restantes 85% acabavam nos aterros sanitários ou jaziam defuntos no fundo de uma gaveta.[25] Numa economia circular, eles seriam concebidos de modo a proporcionar um recolhimento e desmontagem fáceis, levando à sua renovação e revenda, ou à reutilização de todas as suas peças. Se expandirmos esses princípios a todas as indústrias, começamos a transformar os dejetos industriais do século XX no alimento das manufaturas do século XXI.

Esses exemplos servem de inspiração, mas não se deixe levar demais pelas asas da borboleta, porque a ideia de uma economia verdadeiramente circular pertence ao reino fantástico das máquinas de movimento perpétuo: um nome mais acurado seria economia cíclica. Nenhum ciclo industrial é capaz de recuperar e reutilizar 100% de seus materiais: o Japão recicla 98% do metal utilizado internamente, o que é um número impressionante, mas escorregadios 2% ainda escapam a esse ciclo. E, ao fim de um tempo suficiente, todos os materiais técnicos – de metais a plásticos – começarão a enferrujar ou a deteriorar. Mas se começarmos a olhar para cada objeto, seja um edifício do século XVIII ou o mais recente smartphone, como se fosse uma bateria que armazena materiais e energia valiosos, então começaremos a focar na conservação ou reinvenção desse valor armazenado. E, como temos a extraordinária sorte de sermos banhados por um rio constante de energia solar, podemos – como todos os seres vivos – ser engenhosos no aproveitamento dessa energia em tempo real para restaurar o que criamos e regenerar o mundo vivo onde prosperamos.

Numa economia industrial degenerativa, o valor é monetário e criado pela busca de custos cada vez mais baixos e vendas de produtos cada vez maiores: o resultado habitual tem sido um intenso fluxo de materiais. Numa economia regenerativa, esse fluxo é transformado num *fluxo circular*, mas a verdadeira transformação decorre de uma nova compreensão do valor. "Não há riqueza a não ser a vida", como escreveu John Ruskin em 1860. Suas palavras eram poéticas, mas também foram proféticas. O valor econômico reside não no fluxo de produtos e serviços, mas na riqueza que é sua fonte recorrente. Isso inclui a riqueza incorporada nos bens produzidos pelo homem (de tratores a casas), mas também a riqueza incorporada nas pessoas (de suas habilidades individuais à confiança da comunidade), numa biosfera próspera (do solo da floresta ao fundo do oceano) e no conhecimento (da Wikipédia ao genoma humano). Todavia, mesmo essas formas de riqueza acabam se dissipando: tratores enferrujam; árvores se decompõem; pessoas morrem; ideias são esquecidas. Apenas uma forma de riqueza persiste através do tempo, e esta é a força regenerativa da vida, alimentada pelo sol. Ruskin, evidentemente, foi um pioneiro da regeneração.

Bem-vindo à cidade generosa

Fábricas e indústrias podem ser regenerativas por concepção, e o mesmo pode acontecer com as paisagens urbanas. Janine Benyus está dando vida à sua visão para criar o que ela chama de "cidades generosas": assentamentos humanos aninhados no seio do mundo vivo. Como primeiro passo nesse processo, ela observa o ecossistema nativo local da cidade – como a floresta, pântano ou savana das proximidades – e registra o ritmo com que ela capta energia solar, fixa o carbono, armazena água da chuva, fertiliza o solo, purifica o ar, e mais. Essas métricas são então adotadas como o novo padrão da cidade, desafiando e inspirando seus arquitetos e urbanistas a criar edifícios e paisagens que sejam "tão generosos quanto a área natural ao redor". Telhados onde se cultivam alimentos, se recolhe energia solar e se acolhe a vida selvagem. Pavimentos que absorvem a chuva das tempestades e depois a libertam lentamente nos aquíferos. Prédios que fixam dióxido de carbono, purificam o ar e transformam as águas residuais em nutrientes ricos para o solo. Tudo conectado numa rede infraestrutural entretecida em toda a sua extensão com corredores de vida selvagem e agricultura urbana.[26] Essas possibilidades de concepção decorrem não de perguntas degenerativas, mas de perguntas regenerativas. "Não pergunte: qual é a parte disso que me cabe?", explica Benyus. "Pergunte: que outros benefícios podemos acrescentar a isso para que possamos abrir mão de uma parte?"[27]

Imagine que uma cidade regenerativa como essa também fosse distributiva por concepção. Microgrades de energia renovável transformariam cada lar num provedor de energia. Habitações acessíveis interligadas por vias de transporte público dedicadas constituiriam a forma mais barata de viajar mais depressa. Núcleos empresariais de bairro permitiriam que os pais voltassem a ser pais aproximando o lar do local de trabalho, tanto para homens como para mulheres. E considerando que sua infraestrutura regeneradora de vida seria de "alto envolvimento", como a chama Benyus, seriam necessárias pessoas para cuidar, administrar e manter continuamente sua capacidade regenerativa, criando assim, ao mesmo tempo, empregos qualificados e significativos.

Ainda não podemos encontrar uma cidade como essa no mapa do mundo, mas há empresas e projetos que pretendem pôr em prática seus princípios de concepção em todos os continentes. Nos Países Baixos, o Park 20|20 é um parque empresarial concebido com base em princípios regenerativos. Ele foi construído com materiais recicláveis, conta com um sistema de energia integrado, instalações para tratamento de água e telhados que captam energia solar, armazenam e filtram água, bloqueiam o calor e proporcionam habitats para a vida selvagem.[28] Na Califórnia, a Newlight Technologies está captando as emissões de metano das vacas leiteiras, transformando-as em bioplástico e fazendo produtos – como garrafas e cadeiras de escritório – que, segundo verificações independentes, eliminam carbono da atmosfera, absorvendo emissões de gases do efeito estufa ao longo de todo o seu ciclo de vida.[29] Nas áridas zonas costeiras do sul da Austrália, a Sundrop Farms está usando água do mar e luz do Sol para cultivar tomates e pimentões. Suas estufas de primeiríssima qualidade utilizam a energia solar para dessalinizar a água marinha e gerar calor e eletricidade, que depois são usados nas culturas. "Não estamos lidando apenas com um problema de energia ou de água", afirma Philipp Saumweber, diretor executivo da Sundrop, "estamos lidando com os dois em conjunto para produzir comida a partir de recursos abundantes, e fazendo isso de maneira sustentável."[30]

Aldeias, vilas e cidades em países de baixa e média renda também estão aderindo a princípios de concepção regenerativa. Bangladesh pretende se tornar o primeiro país movido a energia do Sol, e está proporcionando formação em engenharia solar a milhares de mulheres capazes de instalar,

Como pode uma cidade ser tão generosa quanto uma floresta?

manter e reparar sistemas de energia renovável em suas próprias aldeias.[31] Em Tigré, na Etiópia, mais de 220 mil hectares de terra desertificada foram – surpreendentemente – regenerados desde 2000 graças a comunidades agrícolas que construíram terraços e plantaram árvores e arbustos. Elas transformaram encostas outrora áridas em exuberantes vales que produzem grãos, legumes e frutas para as aldeias e cidades dos arredores, ao mesmo tempo que fixam carbono, armazenam água e recuperam o solo.[32] No Quênia, empresas sociais como a Sanergy estão construindo banheiros higiênicos em bairros favelizados e transformando 100% dos dejetos humanos em biogás e adubo orgânico para venda a fazendas locais – melhorando a saúde humana e criando empregos muito necessários ao mesmo tempo que reduzem a poluição por nitrogênio e aumentam a fertilidade do solo.[33] Da mesma forma, no Brasil, a startup ProComposto recolhe lixo orgânico de restaurantes, apartamentos e supermercados das cidades e o transforma em fertilizante para a agricultura orgânica. Ao evitar que os materiais biológicos acabem nos aterros, a empresa está cortando emissões de metano, enriquecendo o solo com carbono e criando empregos.[34]

Esses exemplos pioneiros são inspiradores, mas ainda suscitam questões importantes. Por exemplo, os edifícios do Park 20|20 são feitos de materiais recicláveis – mas serão, algum dia, realmente reciclados? As estufas da Sundrop Farms são, a maior parte do tempo, alimentadas pela energia do Sol, mas por vezes dependem de um aquecedor a gás em dias nublados. Será que continuariam dando certo sem ele?[35] Se a produção de plástico da Newlight a partir do metano fosse expandida significativamente, poderia dar origem a impactos ecológicos não previstos? Muitas iniciativas de uso de energia solar em aldeias chegaram ao fim porque os painéis se quebraram e não havia ninguém para consertá-los: será que essa tendência pode ser revertida? E será que as empresas que transformam resíduos alimentares em adubo orgânico conseguirão obter receita suficiente para proporcionar empregos dignos e na escala necessária? Tecnologias e empresas incipientes como essas precisam ser testadas e adaptadas à medida que se expandem, mas também possibilitadas por um sistema econômico que as torne viáveis como investimentos, e é aí que o economista do século XXI tem um papel fundamental a desempenhar.

Em busca do economista generoso

Apesar do potencial da manufatura circular e da concepção regenerativa, os designers industriais e urbanos pioneiros enfrentam hoje um formidável desafio: trabalhar com empresas, instituições financeiras e governos que continuam presos na mentalidade e métrica da concepção econômica degenerativa. Janine Benyus conhece em primeira mão as frustrações desse desafio. Enquanto colaborava com uma grande incorporadora imobiliária em projetos para a renovação do subúrbio de uma importante cidade, propôs a construção de edifícios cujas paredes vivas biomiméticas seriam capazes de fixar dióxido de carbono, liberar oxigênio e filtrar o ar em volta. A primeira reação do incorporador? "Mas por que eu haveria de fornecer ar puro ao resto da cidade?"

É uma pergunta que não surpreende, indicadora da mentalidade empresarial quase onipresente que surgiu da concepção do capitalismo contemporâneo, e que é tudo menos generosa. Em vez disso, ela se concentra na criação de apenas uma forma de valor – o financeiro – para apenas um grupo de interesse: os acionistas. Enquanto os criadores regenerativos perguntam agora a si mesmos "Quantos benefícios diferentes podemos acrescentar a isso?", as empresas convencionais ainda se perguntam "Quanto valor financeiro podemos extrair disso?". É claro que pode haver alguma sobreposição dessas duas ambições – já que ser regenerativo pode por vezes ser altamente lucrativo –, mas se essa zona de sobreposição for tudo que uma empresa estiver interessada em buscar, então a concepção regenerativa não conseguirá atingir seu potencial.

Essa adesão parcial à concepção regenerativa por parte de muitas empresas tradicionais é, sem dúvida, visível na forma como elas colocaram o pensamento de economia circular em prática até agora. O interesse das empresas na criação de uma "vantagem circular" vem crescendo rapidamente, e aquelas à frente do bando adotaram um conjunto setorializado de técnicas econômicas circulares, tais como: buscar a manufatura com desperdício zero; vender serviços em vez de produtos (por exemplo, serviços de impressão por computador em vez de impressoras); e recuperar os bens de sua própria marca – que variam de tratores a laptops – para renovação e revenda. São estratégias excelentes para uma reutilização eficiente de recursos e também podem ser altamente lucrativas. Recuperando e remanufaturando peças fundamentais utilizadas em seus produtos, a Caterpillar, uma fabricante norte-americana de equipamentos para construção civil, teve um aumento de 50% no lucro bruto dessas linhas de produtos, ao mesmo tempo que conseguiu uma redução de cerca de 90% no uso de água e energia.[36] Trata-se de um feito impressionante, assim como o de muitas outras iniciativas de economia circular em âmbito empresarial.

O problema é que elas simplesmente não vão longe o suficiente, e há uma razão clara para isso. Tendo sido moldadas para se adaptar aos interesses corporativos existentes, as estratégias de economia circular utilizadas até agora têm sido, basicamente: de cima para baixo, conduzidas por grandes corporações; internas, com as empresas buscando exercer controle sobre seus produtos usados; opacas, graças a materiais patenteados e tecnologias exclusivas; e fragmentadas em partes sem conexão, dentro das indústrias e entre elas. Essa não é, de forma alguma, uma base forte para a construção de um ecossistema industrial regenerativo, que dirá distributivo. Tomemos um exemplo: um número cada vez maior de fabricantes vem procurando recuperar seus produtos usados, tais como carros e roupas, para reaproveitar e reutilizar suas peças e materiais. Mas uma vez que o ocidental médio possui mais de 10 mil objetos fabricados no mundo todo, essa abordagem individualizada tem pouquíssima chance de ser bem-sucedida, e ademais levaria a um domínio empresarial extremamente concentrado sobre o fluxo circular de materiais da economia.[37] Eis o cerne da questão:

A concepção industrial regenerativa só pode ser plenamente realizada se estiver sustentada por uma concepção econômica regenerativa.

E essa concepção, no momento, está claramente em falta. Torná-la realidade exige reequilibrar os papéis do mercado, dos bens comuns e do

Estado. Exige redefinir o propósito das empresas e as funções das instituições financeiras. E exige métricas que reconheçam e recompensem o sucesso regenerativo. Assumir *essa* tarefa de reestruturação é sem dúvida uma das mais empolgantes oportunidades para os economistas do século XXI. E – como seria de esperar numa economia complexa, em evolução – trata-se de um processo que surgirá não das teorias dos manuais, mas dos experimentos inovadores daqueles que estão tentando fazê-lo acontecer.

O futuro circular é aberto

A notória lacuna entre o potencial regenerativo da economia circular e sua prática estreita, centrada na eficiência, por parte das grandes empresas inspirou o lançamento de um movimento de economia circular de código aberto. Sua rede mundial de inovadores, designers e ativistas pretende seguir as pegadas do software de código aberto criando bens comuns de conhecimento necessários para liberar o pleno potencial da manufatura circular. Por que bens comuns de conhecimento? Porque, como ressaltam os participantes desse movimento, o potencial regenerativo pleno da produção circular não pode ser atingido por empresas isoladas que procuram fazer com que tudo aconteça dentro dos muros de suas fábricas: é uma base ilógica e inviável para a criação de uma economia circular.

Tal como o movimento de biomimética lançado por Benyus, esse movimento toma a natureza como modelo de aprendizagem: uma semente no solo cresce para se tornar uma árvore e se decompõe para se tornar solo para novas árvores – mas uma única árvore não consegue, sozinha, fazer com que isso aconteça. Isso depende de uma rica e contínua interação de muitos ciclos de vida, de fungos e insetos a chuvas e sol, e é a interação de todos eles que cria o ecossistema autorregenerador da floresta. O mesmo acontece na indústria: se cada fabricante de tratores, refrigeradores e laptops tentar recuperar, reformar e revender todos e somente os produtos de sua marca no âmbito de ciclos exclusivos de fluxo de materiais, o potencial regenerativo do sistema mais amplo jamais será alcançado.[38]

Sam Muirhead, um dos instigadores do movimento de economia circular de código aberto, acredita que a manufatura circular precisa, em última análise, ser de código aberto porque os princípios subjacentes à concepção de código aberto são os mais adequados para as necessidades da economia circular. Esses princípios incluem: modularidade (fazer produtos com partes fáceis de montar, desmontar e rearranjar), padrões abertos (projetar componentes com tamanho e formato comuns); código aberto (informação total sobre a composição dos materiais e como usá-los); e dados abertos (documentar a localização e disponibilidade dos materiais). Em tudo isso, a transparência é a chave. "Para quem quer que tenha o produto no final de sua utilização, a receita deveria ser de código aberto, de modo que qualquer pessoa possa ver como reutilizar seus materiais", disse-me Muirhead, e, uma vez que a receita aberta permite a qualquer um melhorar ou adaptar o produto às suas necessidades, "isso significa que temos uma equipe de pesquisa e desenvolvimento espalhada pelo mundo e constituída por usuários experientes, como lojas de reparos locais, especialistas em customização e designers inovadores. Esses princípios dão origem a um conjunto de modelos de empresas circulares que funcionam não *apesar* de serem de código aberto, mas *porque* são de código aberto".[39]

Então, o que está acontecendo na incipiente economia circular de código aberto? Os primeiros pioneiros incluem a Axiom, a videocâmera de código aberto para cineastas, fabricada pela Apertus° (o ° é de "open", "aberto"), que utiliza componentes padronizados para que possa ser customizada, remontada e continuamente reinventada pela sua comunidade de usuários.[40] Olhemos, também, para o OSVehicle – o futuro de código aberto dos carros 100% elétricos –, que vem evoluindo a passos largos e cujas partes podem ser rapidamente montadas para fazer um carrinho de aeroporto, um carrinho de golfe ou até mesmo um veículo urbano inteligente.[41]

O OSVehicle foi desenvolvido no Vale do Silício, mas a manufatura circular de código aberto também prospera em lugares muito mais surpreendentes. Em Lomé, a capital do Togo, o arquiteto Sénamé Agbodjinou e alguns colegas criaram em 2012 a Woelab, uma oficina de "baixa-alta tecnologia" que fabrica suas próprias impressoras 3D de código aberto usando componentes de computadores, impressoras e scanners descartados na África Ocidental. "Queríamos fazer a nossa impressora 3D com os recursos que temos à mão – e o lixo eletrônico agora é praticamente a nossa matéria-prima disponível na África", diz Agbodjinou. O projeto está explorando as aplicações locais mais úteis para a impressão 3D. "Os médicos nos disseram que, quando uma pequena peça de seu equipamento se quebra, leva pelo menos dois meses para as peças de substituição chegarem da Europa ou dos Estados Unidos", explica ele. "Com a tecnologia de impressão 3D – se conseguirmos dominá-la –, podemos criar essas partes, consertar o equipamento mais depressa e talvez ajudar a salvar vidas."[42]

Essas inovações de código aberto são impressionantes, mas ainda incipientes, e para muitos o movimento pode parecer inviavelmente utópico. Então é bom lembrar o estudante finlandês de computação Linus Torvalds, de 21 anos, que em 1991 estava escrevendo o núcleo de um sistema operacional de código aberto – apenas como passatempo, segundo ele – que se transformou rapidamente no Linux, o sistema operacional de computadores mais usado no mundo hoje. Na época, o diretor executivo da Microsoft, Steve Ballmer, chamou o Linux de um "um câncer", mas hoje até a Microsoft aderiu ao movimento, usando o Linux nos seus próprios produtos.[43] "A história do software de código aberto é para nós um pequeno portal para o futuro", disse-me Muirhead, e ele está otimista. "Uma vez que se põe alguma coisa nos bens comuns, não se pode mais tirar", explica, "então a cada dia o conhecimento comum cresce e se torna mais útil. Uma vez que as pessoas captam a ideia – e percebem seu potencial econômico circular –, passam realmente a querer criar soluções para ela."[44]

O mesmo espírito de construção dos bens comuns do conhecimento inspirou Janine Benyus a lançar o website Asknature.org, que abre os longamente guardados segredos de materiais, estruturas e processos da natureza para todos – por exemplo, como uma lagartixa gruda na parede sem cola, como as borboletas criam cores sem pigmentos e como mariscos aderem a rochas molhadas. Quase 2 milhões de usuários, de estudantes do ensino médio a cientistas, aprenderam e contribuíram com o site desde que ele foi lançado, em 2008. Cada contribuição para a sua base de dados ajuda a impedir que indivíduos e empresas busquem falsas patentes sob a alegação de que são novidades em inovações já presentes na natureza há bilhões de anos. O objetivo essencial do Asknature.org, ela me explicou, é manter a genialidade da natureza em domínio público, para que a vida possa nos ensinar a construir, alimentar, viajar, abastecer-nos de energia e até mesmo a fabricar de maneiras que valorizem a vida. "Com esses modelos estruturais inspirados na natureza", afirmou, "podemos acrescentar funções extraordinárias aos polímeros mais abundantes do planeta, como a celulose, a queratina, a quitina e a lignina. São esses os blocos de construção da economia circular de código aberto."[45]

Uma base de código aberto para a concepção regenerativa é sem dúvida irresistível. Mas se é improvável que as empresas tradicionais adotem seu pleno potencial, que tipo de empreendimento poderia fazer isso? Existem, é claro, muitas maneiras de conceber empresas, algumas muito mais regenerativas do que outras, como os empreendedores visionários aprenderam do jeito mais difícil.

Redefinindo o negócio da empresa

"A responsabilidade social da empresa é aumentar os seus lucros", afirmou Milton Friedman em 1970, e o mundo corporativo tradicional acreditou nele de bom grado.[46] Mas Anita Roddick tinha uma opinião diferente sobre o assunto. Em 1976, ela se propôs a criar uma empresa que, por concepção – antes que as palavras para definir o conceito tivessem sido encontradas –, fosse social e ambientalmente regenerativa. Ao abrir a Body Shop na cidade costeira britânica de Brighton, ela vendia cosméticos naturais à base de plantas (nunca testados em animais) em frascos reutilizáveis e caixas recicladas (por que jogar fora se você pode usar outra vez?), ao mesmo tempo pagando um preço justo às comunidades de todo o mundo que lhe forneciam manteiga de cacau, óleo de castanha e ervas secas. À medida que a produção se expandia, a empresa começou a reciclar sua água residual para ser usada nos produtos, e foi uma das primeiras a investir em energia eólica. Entrementes, os lucros da empresa iam para a Body Shop Foundation, que os direcionava a causas sociais e ambientais. Em resumo, uma empresa bastante generosa. A motivação de Roddick? "Quero trabalhar para uma empresa que contribua para a comunidade e faça parte dela", explicou mais tarde. "Se eu não puder fazer algo pelo bem comum, que diabos estou fazendo?"[47]

Uma missão desse tipo, orientada por valores, é o que a analista Marjorie Kelly chama de *objetivo de vida* da empresa – virando de cabeça para baixo o roteiro neoliberal segundo o qual o negócio da empresa é simplesmente o negócio. Roddick provou que um negócio pode ser muito mais do que isso, incorporando valores benévolos e uma intenção regenerativa no nascimento da empresa. "Nosso contrato social se comprometia com a defesa dos direitos humanos e a mudança social e ambiental", explicou ela em 2005, "então tudo que a companhia fazia tinha essa orientação como base."[48]

As empresas mais inovadoras de hoje em dia são inspiradas pela mesma ideia: a de que o negócio delas é contribuir para a prosperidade do mundo. E a crescente família de estruturas empresariais deliberadamente distributivas – incluindo cooperativas, entidades sem fins lucrativos, companhias de interesse comunitário e corporações beneficentes – também pode ser deliberadamente regenerativa.[49] Ao assumirem de maneira explícita um compromisso regenerativo em seus estatutos, e o consagrarem em sua governança, essas empresas podem salvaguardar um "objetivo de vida" em momentos de mudança de comando e protegê-lo de uma deturpação da missão. Com efeito, o ato mais profundo de responsabilidade corporativa de qualquer empresa hoje em dia é reescrever seus estatutos para se redefinir com um objetivo de vida, enraizado numa concepção regenerativa e distributiva, e então viver e operar de acordo com ele.

Meios financeiros a serviço da vida

Uma empresa que se baseia num objetivo de vida pode ter alicerces fortes, mas sem uma fonte de financiamento que esteja alinhada com seus valores tem pouca chance de sobreviver e prosperar. O empreendimento regenerativo precisa do apoio de parceiros financeiros que procurem investir em longo prazo na geração de múltiplos tipos de valor – humano, social, ecológico, cultural e físico –, junto com um retorno financeiro justo. Mas a cultura financeira atual ainda está centrada, em vez disso, em gerar valor financeiro em curto prazo, por exemplo pela recompra de ações ou pelo aumento de dividendos.

Anita Roddick certamente descobriu isso do jeito mais difícil. Quando a Body Shop emitiu ações pela primeira vez, em 1986, ela logo percebeu o conflito entre sua empresa de espírito regenerativo e as exigências mesquinhas do financiamento dos acionistas. "Um dos maiores erros que cometi foi abrir o capital e entrar no mercado de ações", recordou ela uma década depois. "Acho que as instituições financeiras são um pouco fascistas, olhando apenas para resultados finais muito pouco imaginativos. O lucro é a lei dos negócios: ele tem de ser levado em consideração, mas não à custa dos direitos humanos, dos padrões ambientais e da comunidade."[50] As frustrações de Roddick sem dúvida encontram eco em muitos empreendedores de mentalidade semelhante, porque a realização dos objetivos de vida de uma empresa regenerativa depende em grande parte de como ela é financiada. E o desafio de resolver esse problema, obviamente, é outra grande oportunidade de reestruturação à espera do economista do século XXI.

Um reestruturador financeiro improvável que está assumindo essa tarefa é John Fullerton, um ex-diretor administrativo do JPMorgan. Ele deixou Wall Street no início de 2001 ao perceber que havia alguma coisa profundamente errada no modo como as coisas funcionavam, e começou a fazer muitas leituras. Aos poucos, diz ele, "cheguei a uma compreensão de que o sistema econômico é efetivamente a raiz da crise ecológica, e que são as instituições financeiras que conduzem o sistema econômico. Então, sendo um veterano da área, com vinte anos de prática, tive de repensar algumas coisas".[51] Assim, a partir de oito princípios-chave que ele acredita estarem na base de todos os sistemas – e que incluem: assumir uma visão holística da riqueza; estar na "relação certa"; e buscar o equilíbrio –, Fullerton começou a usá-los para conceber o que ele chama de "finanças regenerativas", com o objetivo de criar meios financeiros que estejam a serviço da vida.

Quando as instituições financeiras estiverem na "relação certa" com toda a economia, explica ele, não estarão mais conduzindo-a, e sim apoiando-a, transformando poupanças e crédito em investimentos produtivos que proporcionam valor social e ambiental em longo prazo. Isso significa, primeiro, que o sistema financeiro global como o conhecemos precisa encolher, desalavancar, tornar-se mais simples e diversificado – uma transformação que, ao ocorrer, o tornará mais resiliente, eliminando sua propensão a bolhas especulativas e colapsos. Como políticas para seguir nessa direção, Fullerton sugere: separar as contas-correntes de pessoas físicas das atividades especulativas das empresas de valores mobiliários; introduzir impostos e regulação que tornem desvantajoso ser grande demais, alavancado demais e complexo demais, e um imposto sobre as transações financeiras globais que refreie as negociações de alta frequência.[52]

O controle em curto prazo das atividades financeiras especulativas é um ponto de partida crucial, mas igualmente importante é substituí-las pelo financiamento de investimentos de longo prazo. Os bancos de desenvolvimento estatais têm aqui um papel óbvio na oferta de "capital paciente" para investimentos de horizonte mais longo, tais como tecnologias de energia renovável e sistemas de transporte público. Mas há também um papel para os investidores privados, que vão do poupador individual a investidores institucionais como fundos de pensão e fundos de dotação. Bancos comunitários, cooperativas de crédito e bancos éticos podem parecer atores secundários, mas assumiram a dianteira nesse espaço. Vejamos o caso do banco holandês Triodos, cuja missão – ou objetivo de vida – é "fazer com que o dinheiro trabalhe para a mudança social, ambiental e cultural positiva", e que tem mais de meio milhão de clientes por toda a Europa: poupadores e investidores, empreendedores e empresas que compartilham esses valores e objetivos. Ou tomemos o exemplo do First Green Bank, da Flórida, fundado em plena recessão de 2008, que se propôs a ser um "banco regenerativo" e está trabalhando com o apoio de Fullerton e sua equipe no *think tank* Capital Institute para explorar o que é necessário fazer para que isso aconteça.[53]

A utilização dos meios financeiros a serviço da vida, porém, vai além de reestruturar investimentos para reestruturar a própria moeda. Assim como a concepção de uma moeda – sua criação, seu caráter e seu uso pretendido – pode ser distributiva no seio de uma comunidade, como vimos no capítulo 5, pode também ser regenerativa do mundo vivo. Bernard Lietaer, o guru belga das moedas complementares, adora esse tipo de desafio. "Apresente-me um problema social ou ambiental", disse-me ele certa vez, "e sou capaz de conceber uma moeda para resolvê-lo." Uma cidade em seu país natal aceitou sua oferta, convidando-o a ir a Rabot, um bairro degradado de Gante. "Recebi uma tarefa impossível: o pior bairro de toda a Flandres", disse-me ele, com um brilho nos olhos, ao descrever o lugar: blocos de torres residenciais densamente povoados, abrigando uma comunidade diversificada e dividida de imigrantes de primeira geração e cercados por espaços públicos dilapidados. O desafio? "Podemos criar um bom bairro onde se viver, em que as pessoas se cumprimentem umas às outras, e que ao mesmo tempo seja 'verde', uma das prioridades da cidade?"

A primeira providência de Lietaer foi perguntar aos residentes de Rabot o que eles realmente queriam. A enfática resposta: pequenos lotes de terra para cultivar alimentos. Assim, um terreno abandonado de cinco hectares onde houvera antes uma fábrica foi logo convertido em lotes disponíveis para aluguel, a ser pago apenas numa nova moeda, as torekes, ou "torrezinhas", assim batizadas em homenagem aos onipresentes blocos de torres do bairro, e que as pessoas podiam ganhar voluntariando-se para tarefas como coleta de lixo, replantio dos jardins públicos e reparação de prédios públicos, ou compartilhando automóveis e mudando para a eletricidade verde. Além do pagamento do aluguel dos lotes, as torekes podiam ser usadas em viagens de ônibus e ingressos de cinema, ou em lojas locais para a compra de produtos frescos ou de lâmpadas econômicas, ampliando assim sua aceitação.

Mas seu valor social chegou ainda mais longe. "Quando as pessoas veem que os imigrantes, a quem costumam atribuir a culpa pela poluição, estão ajudando a limpar o bairro, isso envia um sinal positivo para todos", afirma Guy Reynebeau, chefe do departamento de Saúde e Bem-Estar do bairro. "Essas ações não têm preço, nem em euros nem em torekes."[54]

Imagine levar esse conceito ao nível seguinte, integrando moedas complementares à própria concepção de uma cidade generosa. Da mesma forma que o sangue fluindo pelo corpo humano mantém saudáveis todos os seus órgãos, as moedas complementares poderiam ser concebidas para controlar o fluxo de atividade humana de modo a manter próspera a infraestrutura da cidade. Elas poderiam recompensar moradores e empresas por uma ampla gama de comportamentos regenerativos – desde a recolha, triagem e reciclagem de resíduos até a manutenção das paredes vivas dos prédios da cidade –, ao mesmo tempo incentivando a comunidade a fazer compras locais e a utilizar o transporte público. As moedas complementares poderiam, com efeito, ajudar os habitantes de uma cidade a se tornarem participantes plenos nos ciclos da natureza, exatamente como imagina Janine Benyus.

Obter a parceria do Estado

O papel do Estado é fundamental para pôr fim à concepção econômica degenerativa habitual dos negócios. E ele dispõe de muitos meios para promover ativamente uma alternativa regenerativa, inclusive reestruturando impostos e regulações, apresentando-se como investidor transformativo e fortalecendo o dinamismo dos bens comuns.

Historicamente, os governos têm optado por tributar tudo que podem, em vez de tudo que devem, e isso é visível. Tribute as janelas e você terá casas escuras, como descobriu a Grã-Bretanha nos séculos XVIII e XIX; tribute os empregados e você estará a caminho de uma economia de desempregados, como estão descobrindo hoje em dia muitos países. Isso acontece, em parte, devido ao legado de perversas políticas fiscais do século XX, que oneram as empresas por contratarem seres humanos (mediante impostos sobre as folhas de pagamento), lhes fornecem subsídios para comprar robôs (mediante investimentos de capital dedutíveis de impostos) e quase não tributam o uso da terra e de fontes não renováveis. Em 2012, mais de 50% da receita fiscal obtida na União Europeia vieram da tributação do trabalho; nos Estados Unidos, a porcentagem foi ainda mais alta.[55] Não surpreende que a resposta da indústria tenha sido focar o aumento da produtividade da mão de obra, substituindo tanto quanto possível os trabalhadores por autômatos.

A mudança há muito advogada da tributação do trabalho para a tributação dos recursos não renováveis pode ser impulsionada por subsídios para energias renováveis e investimentos eficientes em matéria de recursos. Tais medidas mudariam o foco de atenção da indústria, tirando-o do aumento da produtividade da *mão de obra* para o aumento da produtividade dos *recursos*, reduzindo drasticamente o uso de materiais novos e ao mesmo tempo criando empregos. Reformar edifícios em vez de demoli-los e reconstruí-los a partir do zero, por exemplo, costuma gerar mais empregos, tem um consumo de energia comparável e uma utilização muito menor de água e materiais novos.[56] Um estudo europeu recente sobre os efeitos de se promover uma economia circular aliada ao uso de energia renovável e medidas de eficiência energética estimou que, juntas, essas providências gerariam cerca de 500 mil empregos na França, 400 mil na Espanha e 200 mil nos Países Baixos.[57]

Impostos e subsídios podem movimentar os mercados, como já vimos, mas a transformação da concepção industrial degenerativa em regenerativa precisa ser respaldada também pela regulação. Na sua forma mais simples, isso significa eliminar o uso de produtos químicos e processos de produção poluentes da "lista vermelha", ao mesmo tempo favorecendo o uso exlusivo de produtos químicos bioamigáveis, além de padrões industriais de impacto líquido nulo ou positivo. Os empreendimentos mais progressistas do mundo já procuram operar segundo esses padrões: regulamentações que abranjam toda a economia e exijam uma concepção regenerativa ajudarão, em última análise, a fazer com que essas práticas empresariais ambiciosas deixem de ser raras exceções para se tornar a norma da indústria.

Movimentar os mercados é importante, sem dúvida, mas não é o suficiente, argumenta a economista Mariana Mazzucato. Isso é especialmente verdadeiro quando se trata da revolução das energias limpas, uma fonte de energia crucial para a economia regenerativa. "Não podemos depender do setor privado para provocar o tipo de reformulação radical na economia que é necessária", explica Mazzucato. "Só o Estado pode prover o tipo de financiamento paciente exigido para se fazer uma mudança decisiva."[58] O governo chinês claramente compartilha esse ponto de vista quando se trata do papel do Estado como um parceiro que assume riscos: ao longo da última década, ele investiu bilhões de dólares numa carteira de companhias de energia renovável inovadoras, arcando não só com os custos de pesquisa e desenvolvimento, mas também de demonstração e implantação. Ao mesmo tempo, o Banco de Desenvolvimento da China, juntamente com instituições estatais, está financiando a maior instalação mundial até hoje de parques eólicos e solares fotovoltaicos.[59]

Se o Estado pode ser um parceiro transformativo na criação de uma economia regenerativa, onde isso está acontecendo? Até o momento, essa parceria é mais visível em iniciativas de âmbito municipal, em cidades espalhadas pelo globo. Uma dessas cidades é Oberlin, em Ohio, localizada no "cinturão da ferrugem" dos Estados Unidos, uma região caracterizada pela degradação pós-industrial. Em 2009, a administração da cidade formou uma equipe com o Oberlin College e os serviços municipais de iluminação e energia com o objetivo de se tornar a primeira cidade americana de "clima positivo", retirando mais dióxido de carbono do que produz. A iniciativa também tem como objetivo produzir localmente 70% dos alimentos consumidos na cidade, conservar cerca de 8 mil hectares de espaço urbano verde e revitalizar a cultura e a comunidade locais, criando empresas e postos de trabalho muito necessários para que tudo isso seja possível. Em 2015, os prédios geridos pela faculdade e pelo município eram alimentados por 90% de energia renovável, e uma porcentagem cada vez maior dos alimentos consumidos nas universidades, escolas secundárias, hospitais e escritórios do governo era fornecida por produtores locais. A vida cultural também está ressuscitando, graças a um novo centro de artes e espetáculos no Green Arts District da cidade, e a educação ambiental encontra-se atualmente integrada no currículo escolar público.[60] "Nosso objetivo é a sustentabilidade em todo o seu espectro", afirma David Orr, diretor executivo do Oberlin Project, ao explicar o pensamento sistêmico por trás da concepção do projeto. "Precisamos recalibrar a prosperidade com a maneira como os ecossistemas funcionam e o que eles podem efetivamente regenerar."[61]

A era das métricas vivas

A mudança para a concepção econômica regenerativa só pode ser monitorada se for respaldada por uma métrica que reflita sua missão. A simples métrica monetária não conseguirá, inevitavelmente, refletir o valor criado numa economia regenerativa: a receita financeira é apenas uma pequena fatia do que uma economia gera quando seu objetivo é promover prosperidade humana numa teia de vida florescente. O monopólio da métrica monetária acabou: chegou o momento de adotar um conjunto de métricas vivas. E, em vez de focar o fluxo de valor monetário, como acontece com o PIB, essas novas métricas irão monitorar as muitas fontes de riqueza – humana, social, ecológica, cultural e física – a partir das quais todo o valor flui.

As métricas vivas estão se desenvolvendo rapidamente em muitas escalas. Entre as cidades, Oberlin está mais uma vez na linha de frente. Com o claro objetivo de "melhorar a resiliência, a prosperidade e a sustentabilidade da nossa comunidade", a cidade começou a criar a métrica necessária para monitorar essa meta. O website do Painel de Controle Ambiental de Oberlin foi criado para educar, motivar e habilitar a comunidade da cidade a transformar seu impacto ecológico. Painéis instalados na biblioteca da cidade, em prédios públicos e disponíveis na internet apresentam em tempo real dados sobre o uso de água e eletricidade da cidade e o estado de saúde de seu rio. Numa noite de julho, enquanto eu navegava pelo site em minha casa no Reino Unido, a mais de 5 mil quilômetros de distância, pude rastrear minuto a minuto os fluxos ecológicos locais de Oberlin: as emissões de carbono produzidas por cada pessoa, o volume de água potável usado e de água residual tratada, e até mesmo os níveis de oxigênio num riacho próximo.[62] Os dados em tempo real são uma maneira divertida e atraente de captar o interesse da comunidade, porém muitas das percepções mais profundas vêm do monitoramento das tendências dinâmicas ano após ano.[63] Considerando as ambições de Oberlin, aposto que, a partir do momento em que os dados se tornarem disponíveis, a cidade expandirá seu Painel de Controle Ambiental além do contexto local para mostrar a pegada material global de Oberlin e usá-lo para monitorar sua ambiciosa meta, de prazo mais longo, de sustentabilidade em todo o seu espectro.

Se Oberlin está na vanguarda das métricas vivas para cidades, o que dizer das métricas vivas para empresas? Felizmente, agora as empresas podem fugir da tacanha tirania contabilística das taxas de retorno financeiro adotando um conjunto mais diversificado de indicadores básicos de desempenho. Várias iniciativas pioneiras – como a Economy for the Common Good, os B Corp's Impact Reports e o Multicapital Scorecard – oferecem às empresas uma matriz pela qual avaliar seu grau de sustentabilidade.[64] E, como essas matrizes são avaliadas de forma aberta e independente, os resultados podem empoderar os consumidores e permitir que os governos apoiem proativamente empreendimentos regenerativos, recompensando pontuações elevadas com, digamos, impostos mais baixos e contratos públicos preferenciais.

Todos esses critérios de avaliação empurram a ambição empresarial na direção certa no que se refere a mensurar o que importa, mas ainda estão em grande medida orientados no sentido de alcançar o "impacto zero" – por exemplo, atribuindo às empresas uma pontuação de 100% em impacto climático se elas conseguirem atingir emissões líquidas de carbono nulas. O salto seguinte para essa métrica empresarial é ir além da sustentabilidade que se compromete apenas em não provocar danos e recompensar a concepção generosa. Quando as métricas vivas para as empresas alcançar a ambição dos Padrões de Desempenho Ecológico para cidades formulados por Janine Benyus, então as empresas irão se perguntar não simplesmente "Como podemos não provocar danos?", mas "Como a nossa empresa pode ser tão regenerativa quanto uma floresta de sequoias-gigantes?". E, com esse salto de ambição – entre empresas, cidades e nações –, começaremos a nos tornar não apenas inofensivos para os ciclos da natureza, mas participantes úteis em sua regeneração.

"*Somewhere over the rainbow, skies are blue*" (Em algum lugar além do arco-íris o céu é azul), canta Dorothy em *O Mágico de Oz*. Trata-se de uma ideia encantadora, e o tema perfeito para a Curva Ambiental de Kuznets, que tem a forma de um arco-íris. Continue em frente, continue a crescer, e um dia o ar estará claro, os rios estarão limpos e a profanação do mundo vivo cessará. Mas as provas reunidas ao longo de muitos anos, em conjuntos de dados globais e na dura experiência de milhões de pessoas, já deixaram claro que o crescimento simplesmente não é capaz de limpar tudo. Quando muito, ele espalha a sujeira: até agora, à medida que as economias dos países crescera, o mesmo aconteceu com suas pegadas materiais globais, intensificando as pressões das mudanças climáticas, da escassez de água, da acidificação dos oceanos, da perda de biodiversidade e da poluição química. Nós herdamos economias industriais degenerativas: nossa tarefa agora é transformá-las em economias regenerativas por concepção. Não há como negar que se trata de um desafio formidável, mas é um desafio que está inspirando a próxima geração de engenheiros, arquitetos, planejadores urbanos e designers competentes. Eu gostaria de poder encontrar Prakash, porque a Índia, e o mundo, precisam que ele esteja nesse time.

Sem dúvida, é chegada a hora de os economistas deixarem para trás a temerária busca pelas leis econômicas do movimento. Em vez disso, que se sentem à mesa ao lado desses inovadores arquitetos, ecologistas industriais e designers de produtos que estão na linha de frente da revolução regenerativa. Há com toda a certeza um assento vago à espera, porque o papel do economista aqui é fundamental: conceber as políticas econômicas e inovações institucionais – para empresas e instituições financeiras, para os bens comuns e o Estado – que irão desencadear o extraordinário potencial da economia circular e da concepção regenerativa. E, se isso for acompanhado por uma concepção distributiva, então estaremos de fato rumando para o espaço seguro e justo do Donut. Mas uma vez que o Donut é, ele próprio, um painel de controle global de métricas vivas, o que isso implica para o futuro do tristemente célebre PIB: subir, descer ou tornar-se agnóstico?

7. Ser agnóstico em relação ao crescimento

De viciado em crescimento a agnóstico em relação ao crescimento

Uma vez por ano dou uma aula que divide amigos, confronta ideologias e nos desafia a mudarmos nossas mentalidades. Chego cedo à sala onde ocorre o seminário, tiro as cadeiras das suas fileiras arrumadas e divido os lugares em duas longas colunas separadas por um corredor, mais ou menos como os assentos num avião. Quando começam a chegar, os alunos são confrontados com uma única pergunta na tela: *O crescimento verde é possível? Sim/Não*. Peço a eles que tomem um lugar com base na resposta a essa pergunta: para Sim, na coluna perto da janela; para Não, na coluna perto da porta. E não é permitido ficar de pé no corredor.

Aqueles que esperam trabalhar para as grandes empresas de consultoria depois da formatura vão ocupando rapidamente o bloco Sim, alguns praticamente abraçando o parapeito da janela. Outros deixam-se ficar no meio, num ligeiro pânico ocasionado pela necessidade de tomar uma súbita decisão pública, e em seguida se dirigem para o bloco Não, atentos à reação que isso pode provocar. Uma vez sentados, eles começam a apontar e encarar-se através do corredor, chocados de ver seus amigos próximos tão distantes, estarrecidos pelo abismo entre suas opiniões não manifestadas.

Como esses alunos rapidamente descobrem, nossas crenças a respeito do crescimento econômico são quase religiosas: pessoais por natureza, políticas por consequência, mantidas em privado e pouco discutidas. Assim, à medida que nossas discussões vão acontecendo, convido-os a considerar o que seria necessário para que mudassem de lado, lembrando-lhes – com o auxílio do poeta Taylor Mali – que "mudar de opinião é uma das melhores maneiras de descobrir se você ainda tem ou não uma opinião".[1] Na segunda metade da aula, após o intervalo, sugiro que eles literalmente tomem um assento no lado oposto do corredor e se esforcem o máximo possível para compreender a outra perspectiva.

Reconheço que minha pergunta é injusta, porque suscita muitas outras: crescimento de quê, para quem, por quanto tempo – e o que é exatamente "verde"? Talvez eu os obrigue a confrontá-la como uma maneira catártica de revisitar meus próprios embates com o futuro do crescimento econômico. Em 2011, fui encarregada pela Oxfam de redigir um documento de orientação para ajudá-la a decidir se, nos países de alta renda, ela deveria promover o conceito de "crescimento verde" ou ficar do lado daqueles que defendiam o "decrescimento". Aproveitei a oportunidade porque ela me levava de volta ao cerne do pensamento macroeconômico. No entanto, minha empolgação logo se transformou em paralisia quando mergulhei no debate e descobri que, embora ambos os lados tivessem argumentos fortes, ambos desconsideravam com a mesma velocidade os argumentos da oposição, e nenhum tinha uma resposta singularmente convincente. Enquanto tentava encontrar uma posição política clara para a Oxfam, apesar de minha incerteza pessoal cada vez mais profunda, comecei a sentir um nó no estômago e um aperto na garganta, tanto que eu mal conseguia respirar. Eu fora imobilizada por uma das grandes questões existenciais da economia do nosso tempo. Então liguei para minha gestora de projeto e expliquei a situação. "Tudo bem", disse ela. "Do que você precisa? Mais duas semanas?"

O que eu precisava era parar de tentar responder diretamente àquela pergunta. Se Perseu, o herói grego, fosse o meu gestor de projeto, teria em primeiro lugar me advertido contra a tarefa: ele sabia que não era nada recomendável olhar diretamente na cara da monstruosa Medusa, porque qualquer um que o fizesse era simplesmente transformado em pedra. Em vez disso, captando seu reflexo no escudo polido, ele conseguiu aproximar-se da monstruosa górgona e habilmente cortar sua cabeça. Talvez haja aqui uma lição sobre como pensar melhor o futuro do crescimento econômico.

No capítulo 1, expulsamos do ninho o objetivo-cuco do crescimento do PIB, mas isso não significa que ele tenha simplesmente desaparecido da nossa história. Por quê? Eis o enigma:

Nenhum país jamais pôs fim à privação humana sem uma economia em crescimento. E nenhum país jamais pôs fim à degradação ecológica com esse crescimento.

Se a meta do século XXI é entrar no Donut pondo fim, ao mesmo tempo, à privação e à degradação, quais são as implicações para o crescimento do PIB? Refletir sobre essa pergunta nos leva a um novo nível em termos de repensar o crescimento. Uma coisa é deixar de usar o PIB como indicador básico do sucesso econômico de um país, mas outra completamente diferente é esse país superar sua dependência financeira, política e social do crescimento do PIB. Este capítulo assume esse desafio e defende a criação de economias *agnósticas* em relação ao crescimento. Quando digo *agnósticas*, não é no sentido de ser indiferente em relação ao crescimento ou não do PIB, nem de recusar aferir se isso está ou não acontecendo. Uso essa palavra no sentido de conceber uma economia que promova a prosperidade humana quer o PIB aumente, diminua ou se mantenha constante.

Ser agnóstico pode parecer uma maneira de fugir do problema, um caso extremo de ficar em cima do muro, mas continue lendo, porque o termo tem implicações radicais. O século XX nos legou economias que necessitam crescer, quer nos façam prosperar ou não, e estamos vivenciando agora a chuva de consequências sociais e ecológicas dessa herança. Os economistas do século XXI, sobretudo nos países de alta renda, agora se defrontam com um desafio que seus predecessores não precisaram contemplar: criar economias que nos façam prosperar, quer cresçam ou não. Como veremos, tornar-se agnóstico desse modo requer transformar as estruturas financeiras, sociais e políticas que fizeram com que as nossas economias e sociedades viessem a esperar, exigir e depender do crescimento.

Perigoso demais para desenhar

Se você estiver na companhia de um economista e quiser quebrar o gelo, eis um jogo divertido que vocês podem jogar, e que só requer um pedaço de papel e um lápis. Simplesmente peça a ele para desenhar uma imagem da trajetória do crescimento econômico em longo prazo. Se você está se perguntando que imagem ele vai desenhar, não corra para os manuais a fim de descobrir a resposta, porque a resposta não está lá. Isso pode parecer extraordinário, mas, apesar de terem adotado o crescimento do PIB como a meta *de facto* da política econômica, a verdade é que os manuais nunca retratam, como se espera, que o crescimento venha a evoluir em longo prazo. Sim, pode haver gráficos mostrando vários ciclos econômicos, dos ciclos de sete a dez anos de expansão e queda até as ondas de cinquenta/sessenta anos – conhecidas como ondas de Kondratieff – que se devem à inovação tecnológica. Mas é realmente raro deparar-se com um gráfico que retrate vários séculos de crescimento do PIB no passado, que dirá um diagrama que sugira o que poderia acontecer nos séculos futuros.

Será que a resposta é tão óbvia que os manuais não precisam sequer se dar a esse trabalho? Muito pelo contrário. Ela é tão desafiadora que eles não ousam: o futuro em longo prazo do crescimento do PIB – essa Medusa da teoria econômica – é simplesmente perigoso demais para desenhar, porque isso obriga os economistas a enfrentar seus mais profundos pressupostos sobre o crescimento. Mas, se você tiver a sorte de encontrar um economista disposto a participar desse joguinho, poderá efetivamente ter um vislumbre da terrível forma da górgona.

Ao receber da sua mão o lápis e o papel, qualquer economista da corrente dominante do último meio século provavelmente desenhará a mesmíssima imagem que encontramos no capítulo 1: uma curva sempre ascendente, conhecida como curva de crescimento exponencial, na qual o PIB aumenta numa porcentagem fixa (seja de 2% ou 9%) do seu tamanho atual a cada período. Instintivamente, porém, ele deixaria a extremidade ascendente da curva pendurada no ar, como se estivesse em animação suspensa.

O problema para os economistas que desenham essa imagem é a pergunta óbvia que fica igualmente suspensa no ar: o que acontece em seguida? Há basicamente duas opções. Ou a curva continua a subir de maneira indefinida, atravessando rapidamente o alto da página, ou precisa

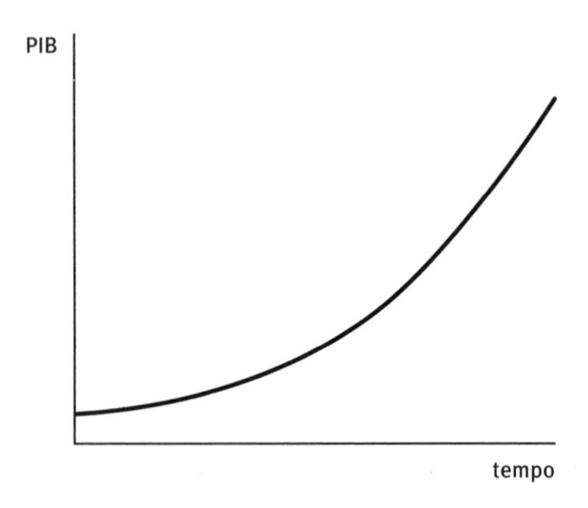

A curva de crescimento exponencial, revisitada.

começar a se aplainar e eventualmente chegar a um patamar constante. Para o economista da corrente dominante, a primeira opção é desconfortável e a segunda, inconcebível, e eis por quê.

O crescimento exponencial irrestrito – a primeira opção – se estenderá para o alto, pela sua própria lógica, rumo ao infinito, e muito mais depressa do que imaginamos. De fato, não é sem razão que isso nos incomoda, uma vez que nossos cérebros evoluíram para ser bons em operações de soma, mas são abominavelmente maus em operações compostas. Esse não é um problema que deva preocupar apenas os matemáticos novatos: conforme advertiu o físico nuclear Al Bartlett, "a maior deficiência da raça humana é sua incapacidade de compreender a função exponencial".[2] Isso acontece porque, se uma coisa cresce exponencialmente – sejam algas num lago, uma dívida no banco ou o uso de energia de um país –, ficará muito maior muito mais depressa do que esperamos. Uma taxa de crescimento de 10% significa que algo duplicará de tamanho a cada sete anos. Uma taxa de crescimento de 3% soa muito mais modesta, mas ainda assim provoca uma duplicação de tamanho a cada 23 anos. O que isso implicaria para o crescimento do PIB? Em 2015, o Produto Mundial Bruto era de cerca de 80 trilhões de dólares, e a economia global crescia cerca de 3% ao ano. Se continuasse indefinidamente nesse ritmo, a economia global seria cerca de três vezes maior em 2050, mais de dez vezes maior em 2100 e – espantosamente – quase 240 vezes maior em 2200. Tome nota: nenhum centavo desse crescimento em valor se deveria à inflação, mas apenas à lógica do crescimento composto.

A maior parte dos economistas, como o resto de nós, teria dificuldades em conceber uma economia global próspera de proporções tão extraordinárias, sobretudo considerando a pressão que a atividade humana já exerce no planeta; assim, eles preferem espantar as implicações para fora do horizonte. Ninguém sintetizou essa abordagem de maneira tão literal e influente como o economista americano Walt W. Rostow, que, em 1960, publicou seu livro seminal, *Etapas do desenvolvimento econômico*, célebre pela sua teoria dinâmica do desenvolvimento econômico. Cada país, afirmou ele, deve passar por cinco etapas de crescimento de modo a poder vir a "desfrutar as bênçãos e escolhas abertas pela marcha dos juros compostos".[3] As cinco etapas são as seguintes:

As cinco etapas de crescimento de W.W. Rostow
(**A jornada do século XX**)

1. A sociedade tradicional
2. As precondições para a decolagem
3. A decolagem
4. O voo para a maturidade
5. A era do consumo de massa

A jornada começa com a *sociedade tradicional*, cujas técnicas agrícolas e artesanais impõem um teto à sua produtividade econômica. A partir daí tem início o processo crítico que estabelece as *precondições para a decolagem*. "Espalha-se a ideia", escreveu Rostow, "de que o progresso econômico não só é possível, mas uma condição necessária para algum outro fim considerado bom: seja a dignidade nacional, o lucro privado, o bem-estar geral ou uma vida melhor para as crianças." Bancos são abertos, empreendedores começam a investir, a infraestrutura de transporte e comunicação vai sendo construída, a educação é talhada de modo a servir às necessidades da economia moderna e, decisivamente, surge um Estado eficaz, "tocado por um novo nacionalismo".

Todas essas mudanças pavimentam o caminho para "o divisor de águas na vida das sociedades modernas": a etapa da *decolagem*, na qual "o crescimento se torna a condição normal" à medida que a indústria mecanizada e a agricultura comercializada dominam a economia. "O juro composto incorpora-se, por assim dizer, aos hábitos e à estrutura institucional", explica Rostow, e "tanto a estrutura básica da economia quanto a estrutura social e política da sociedade transformam-se de tal maneira que uma taxa constante de crescimento pode ser, a partir daí, regularmente mantida". Essa etapa fundamental conduz para *o voo para a maturidade*, uma fase em que pode ser estabelecida uma ampla gama de indústrias modernas, independentemente da base de recursos da nação. E essa fase, por sua vez, inaugura o que Rostow chamou de sua quinta e última etapa: *a era do consumo de massa*, na qual o crescimento gera um excesso de renda suficiente para que as famílias comecem a comprar bens de consumo duráveis, como máquinas de costura e bicicletas, utensílios de cozinha e automóveis.

O plano de voo da economia concebido por Rostow é a metáfora imperdível nessa história, que se completa com suas verificações de procedimentos antes do voo e sua altitude significando a taxa de crescimento da economia. Mas esse plano difere de qualquer outro num aspecto crucial: o avião na verdade nunca aterrissa, mas, em vez disso, continua voando numa taxa de crescimento constante até o crepúsculo do consumismo. Rostow insinuou sua incerteza em relação ao que poderia estar além do horizonte, reconhecendo brevemente "a pergunta seguinte, sobre a qual a história nos oferece apenas fragmentos: o que fazer quando o aumento na renda real perder seu encanto?".[4] Mas ele não se aprofundou nesse questionamento, e por motivos compreensíveis: era 1960 – o ano da candidatura de John F. Kennedy, com uma promessa de 5% de crescimento –, e, para Rostow, que viria a ser conselheiro presidencial num futuro breve, era sensato focar em manter o avião no céu, em vez de ponderar quando e como ele algum dia aterrissaria.

A mal escalada atriz da peça

Os pais fundadores da teoria econômica clássica podem nunca ter visto aviões ou ouvido falar no PIB, mas tinham uma compreensão intuitiva de que as coisas que crescem precisam em algum momento desacelerar e parar. Eles acreditavam, com sentimentos ambíguos, que o fim do crescimento econômico era inevitável, e tinham visões diferentes do que o provocaria – ou, como diriam os pensadores sistêmicos, quais fatores limitantes, em última análise, iriam se contrapor ao feedback de reforço do PIB. Adam Smith acreditava que todas as economias acabariam por alcançar aquilo que ele chamou de "estado estacionário", com seu "complemento total de riquezas" sendo em última instância determinado pela "natureza do seu solo, clima e situação".[5] David Ricardo, em contrapartida, acreditava que o estado estacionário seria provocado pelo custo de aluguéis e salários crescentes espremendo os capitalistas a um ponto de lucros quase nulos, e temia que isso acontecesse em breve (no começo do século XIX) se o progresso técnico e o comércio internacional não conseguissem impedi-lo.[6]

Havia quem fosse mais otimista: John Stuart Mill, por exemplo, mal podia esperar pelo estado estacionário, inaugurando o que muitos chamariam hoje de sociedade pós-crescimento. "O aumento da riqueza não é ilimitado", escreveu ele em 1848. "Uma condição estacionária de capital e população não implica um estado estacionário de progresso humano. Haveria tanto escopo quanto sempre para todos os tipos de cultura mental e progresso moral e social; tanto espaço quanto necessário para melhorar a arte de viver, e muito mais probabilidade de esta ser melhorada, quando as mentes se desocupassem da arte de avançar." E, como que para provar que não era um entusiasta do PIB quase um século antes de este ser inventado, acrescentou: "Aqueles que não aceitam a presente etapa do aprimoramento humano, ainda muito incipiente, como seu tipo definitivo podem ser desculpados por serem comparativamente indiferentes ao tipo de progresso econômico que suscita as congratulações dos políticos comuns: o mero aumento da produção e acumulação."[7] Um século mais tarde, John Maynard Keynes ecoou os sentimentos de Mill, afirmando (em tom desejoso) que "não está longe o dia em que o problema econômico se sentará no banco de trás, onde é o seu lugar, e a arena do coração e da cabeça será ocupada, ou reocupada, pelos nossos verdadeiros problemas – os problemas da vida e das relações humanas, da criação, do comportamento e da religião".[8]

Assim, com um lápis na mão, que imagem teriam desenhado esses famosos economistas para retratar a trajetória de crescimento do PIB em longo prazo? Se tivessem sido apresentados à curva suspensa no ar desenhada pelos economistas da corrente dominante dos nossos dias, eles provavelmente teriam posto a ponta do lápis na extremidade superior da linha e a levado gradualmente até um ponto de estabilidade, à medida que a economia fosse se deparando com fatores limitadores de um tipo ou de outro. Com um movimento do lápis, o crescimento exponencial seria transformado numa fase passageira na viagem econômica, à medida que o PIB anual amadureceria para se tornar muito maior em tamanho, mas já sem crescer. Em outras palavras, eles teriam desenhado o que é conhecido como "crescimento logístico", ou simplesmente curva em S.

Ela pode não aparecer nos manuais, mas não é nenhuma recém-chegada ao teatro da economia: a curva em S, na verdade, é uma das mais

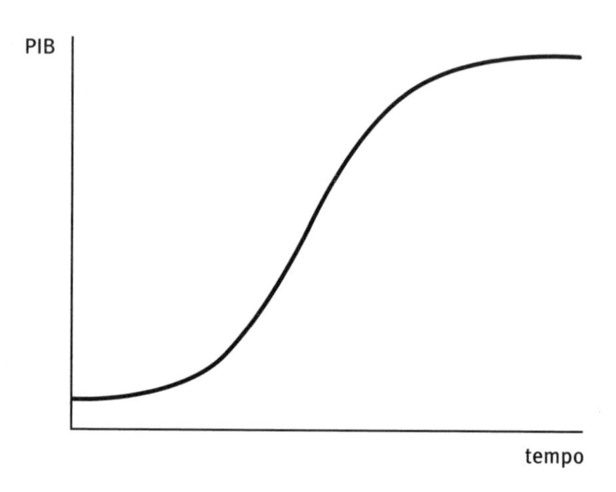

A curva em S do crescimento. Os primeiros economistas reconheceram o que a maior parte dos seus sucessores ignorou desde então: o crescimento econômico precisa eventualmente chegar a um limite.

velhas, e mais mal escaladas, atrizes da peça. Sua forma pisou pela primeira vez o palco econômico em 1838, quando o matemático belga Pierre Verhulst a desenhou para retratar a trajetória do crescimento populacional, mostrando que a população não cresceria exponencialmente, como acreditara o reverendo Thomas Malthus, mas tenderia a um limite determinado pela disponibilidade, ou capacidade de carga, de recursos como comida. Era uma observação brilhante – digna de um Oscar de economia –, porém quase ninguém notou suas qualidades, e assim a curva em S ficou longe do palco por mais de um século.

Abandonada à própria sorte nos bastidores, as qualidades da curva em S foram identificadas por ecologistas, biólogos, demógrafos e estatísticos, que perceberam que ela era bastante adequada para descrever muitos processos de crescimento no mundo natural – desde os pés de uma criança e as florestas do mundo até bactérias numa placa de Petri e tumores num corpo –, e assim a utilizaram desde então. Os economistas, porém, a mantiveram bem longe da trama até 1962, quando ela voltou a ser escalada, dessa vez como uma ferramenta para mapear a difusão de tecnologias, dos primeiros usuários até os últimos retardatários – um papel no qual ela desde então ganhou fama mundial, sobretudo na indústria de marketing.[9] Nem uma única vez os economistas consideraram deixar essa mesma curva em S fazer um teste para o papel principal do PIB em longo prazo. Mas uma oportunidade única surgiu em 1971, quando o economista ecológico Nicholas Georgescu-Roegen se atreveu a escrever um terceiro ato alternativo para a peça econômica. Sem na verdade jamais desenhá-la, ele ousadamente escalou a curva em S no papel do próprio PIB, numa trama que põe a economia global face a face com a capacidade de carga da Terra. O teatro econômico da corrente dominante há muito o rejeitou, mas o roteiro alternativo vem agora influenciando a nova história econômica que está sendo escrita.[10]

A curva em S pode ter sido um grande e súbito progresso, mas, tal como a curva exponencial que se encontra em seu interior, é incompleta porque também suscita a pergunta do que acontece em seguida: quando seu crescimento enfim terminar, o PIB poderá ser mantido para todo o sempre nesse patamar elevado ou a queda é inevitável? A experiência da natureza é pelo menos em parte animadora. Os organismos vivos podem claramente se manter – com o auxílio de uma fonte de energia externa – como sistemas maduros, estáveis e complexos por períodos de tempo bastante longos. Os pés de uma criança param de crescer ao final de dezoito anos, mas podem se manter em perfeita saúde por mais oitenta, e grandes faixas da floresta amazônica vêm prosperando há mais de 50 milhões de anos. Mas dos pés de um adolescente às florestas tropicais, nada sobrevive para sempre. No entanto, isso não precisa constituir um motivo de alarme imediato para nós. A vida na Terra tem a seu favor a probabilidade de mais de 5 bilhões de anos, momento em que a nossa estrela, o Sol, começará a morrer. As condições holocênicas da Terra podem se manter por mais 50 mil anos – como vimos no capítulo 1 – se nós, seres humanos, aprendermos a navegar o Antropoceno sem forçar o planeta a um estado mais quente, mais seco e mais hostil. As economias que criamos também podem continuar a prosperar – não crescer, mas prosperar – por milênios, se as administrarmos com sabedoria.

Se reconhecermos agora que a curva em S retrata uma trajetória desejável para o crescimento do PIB em longo prazo, uma pergunta muito mais interessante entra no campo de visão: não "O crescimento econômico infinito é possível?", mas "Onde estamos agora na curva de crescimento: ainda perto da base ou perto do topo?". Na verdade, podemos entrar na clássica brincadeira das festas de criança, "prender o rabo no burro", e convidar os economistas a identificar o ponto da curva em S que eles julgam ter sido alcançado pela economia de seus países. O economista britânico Alfred Marshall, do século XIX, teria sido um competidor disposto a jogar, prendendo o rabo com firmeza na parte de baixo da curva exponencial. "Estamos nos movendo num ritmo rápido que se torna cada vez mais rápido a cada ano; e não podemos adivinhar onde irá parar", escreveu ele em 1890. "Parece não haver nenhum bom motivo para acreditar que estejamos próximos de um estado estacionário."[11] Se Marshall estivesse vivo hoje, teria ainda essa opinião? Ele poderia muito bem encontrar algumas razões convincentes para mudar de ideia.

O Produto Mundial Bruto mais do que quintuplicou desde o início da Grande Aceleração em 1950, e, segundo as previsões econômicas da corrente dominante, é provável que continue a crescer em torno de 3-4% ao ano ao menos num futuro próximo.[12] Mas o crescimento econômico global é composto de cerca de duzentas economias nacionais com taxas de crescimento muito diferentes. Essas diferenças variam dos acelerados 7-10% anuais em países de baixa renda como o Camboja e a Etiópia até um letárgico 0,2% anual em países de alta renda como a França e o Japão.[13] Assim, o rabo do burro provavelmente seria preso em lugares muito diferentes nas curvas em S nacionais.

Em muitos países de baixa renda, mas elevado crescimento, a economia interna encontra-se claramente na etapa que Rostow chamou de decolagem – bem embaixo na curva em S –, e, quando esse crescimento leva a investimentos em serviços públicos e infraestrutura, os benefícios para a sociedade são extremamente claros. Em países de baixa e média renda (onde a renda nacional é inferior a 12.500 dólares por pessoa por ano), um PIB mais alto tende a andar de mãos dadas com uma expectativa de vida muito maior no nascimento, muito menos crianças morrendo antes dos cinco anos e muito mais crianças frequentando a escola.[14] Considerando que 80% da população mundial vive nesses países, e a grande maioria dos seus habitantes tem menos de 25 anos, um crescimento significativo do PIB é muito necessário e muito factível. Com suficiente apoio internacional, esses países podem aproveitar a oportunidade para ultrapassar as tecnologias dissipadoras e poluentes do passado. E, se canalizarem o crescimento do PIB na criação de economias distributivas e regenerativas por concepção, começarão a trazer todos os seus habitantes para um ponto acima do alicerce social do Donut sem ultrapassar seu teto ecológico.

No entanto, é nos países de alta renda e baixo crescimento dos dias de hoje que o debate sobre o crescimento é mais premente. Nesses países, alguns já começam a se perguntar se o topo da curva em S está entrando no campo de visão. Em muitos deles, o crescimento populacional já é muito baixo, e, em alguns – como Japão, Itália e Alemanha –, espera-se que a população caia por volta de 2050.[15] Ao mesmo tempo, o lento crescimento do PIB em muitos desses países nas últimas décadas tem sido abominavelmente acompanhado por desigualdades de renda cada vez maiores, ao passo que suas pegadas ecológicas globais já excedem em muito a capacidade da Terra: seriam necessários quatro planetas para que todo mundo vivesse como se vive na Suécia, no Canadá e nos Estados Unidos e cinco planetas para que todos vivessem como na Austrália ou no Kuwait.[16] Será que isso sugere que, ao mesmo tempo que procuram entrar no Donut, os países de alta renda deveriam desistir do crescimento do PIB e aceitar que isso talvez não seja mais possível?

Essa não é uma pergunta confortável. Como diz o famoso comentário de Upton Sinclair, "é difícil fazer um homem entender uma coisa quando o seu salário depende de que ele não a entenda".[17] Parte do pessoal da OCDE, a Organização para a Cooperação e Desenvolvimento Econômico, deve estar agora se debatendo com isso, pois, independentemente de o crescimento poder ser ou não verde e equitativo, ele não parece estar chegando a alguns dos países mais ricos do mundo. A taxa média de crescimento do PIB de treze países-membros da OCDE de longa data caiu de mais de 5% no começo dos anos 1960 para menos de 2% em 2011.[18] Várias razões para isso têm sido sugeridas, desde encolhimento e envelhecimento da população, queda na produtividade do trabalho e excesso de endividamento até aumento da desigualdade na riqueza, alta de preços das mercadorias essenciais e custos do enfrentamento às mudanças climáticas.[19] Qualquer que seja o misto de razões em cada país, a tendência de declínio do crescimento do PIB em longo prazo levanta uma possibilidade muito real de que essas economias possam estar perto do topo de suas curvas em S, com o crescimento assumindo um patamar constante.

Mas essa possibilidade se choca com a missão da OCDE. Um dos objetivos fundamentais da organização é a busca do crescimento econômico; um dos seus principais relatórios anuais intitula-se *Going for Growth*; e ela tem como bandeira uma estratégia de crescimento verde. É muito difícil para passageiros em aeronaves como essa – junto com o Banco Mundial, o FMI, a ONU, a União Europeia e quase todos os partidos políticos do mundo – sequer cogitar a ideia de que talvez seja chegado o momento de alguns países começarem a pensar em aterrissar o avião da economia.

Isso poderia explicar por que razão a OCDE discretamente distorceu uma recente previsão de crescimento em longo prazo para tornar sua mensagem mais palatável a seus membros. Em 2014, a organização publicou uma projeção em longo prazo do crescimento econômico global até 2060, mostrando perspectivas "medíocres" para a economia global, com taxas de crescimento anual em países como Alemanha, França, Japão e Espanha caindo para apenas 1%, com alguns anos de crescimento nulo. O que a previsão escondeu nas letras miúdas do seu modelo, porém, foi que essa perspectiva medíocre era atingida, em grande parte, presumindo-se que as emissões globais de gases do efeito estufa duplicariam até 2060, incluindo um aumento de 20% proveniente dos membros da própria OCDE.[20] A promessa de se conseguir até mesmo um crescimento mínimo do PIB era assegurada apenas ao custo de se aceitar uma catastrófica mudança climática: algo como esmagar o ninho para alimentar o cuco.

Desde então, porém, proeminentes economistas na OCDE e em importantes instituições financeiras têm escolhido suas palavras com cuidado quando analisam perspectivas futuras de crescimento. No início de 2016, Mark Carney, presidente do Banco da Inglaterra, advertiu que a economia global estava arriscada a ficar presa num "equilíbrio de baixo crescimento, baixa inflação, baixas taxas de juros".[21] O Banco de Compensações Internacionais – efetivamente o banco central dos bancos centrais – concordou, observando que "a economia global parece incapaz de retornar a um crescimento sustentável e balanceado ... o caminho que temos pela frente é muito estreito".[22] Enquanto isso, o FMI alertou que "nossas projeções continuam sendo progressivamente menos otimistas com o tempo ... os formuladores de políticas não deveriam ignorar a necessidade de se preparar para possíveis resultados adversos".[23] A própria OCDE concordou que o mundo estava numa "armadilha de baixo crescimento", com crescimento "estagnado" em países de alta renda.[24] E o influente economista americano Larry Summers declarou que entramos "na era da estagnação secular".[25]

Isso poderia nos levar a pensar que algumas economias podem estar se aproximando do topo de suas curvas em S.

Podemos continuar voando?

Inserido nesse contexto, o debate sobre o futuro do crescimento do PIB nos países de alta renda dos nossos dias está polarizado entre os defensores do "continuem voando" do crescimento verde e os do "preparem-se para aterrissar" da economia pós-crescimento. A discordância entre os dois lados parece depender de questões técnicas. Será que o custo da energia solar cairá o suficiente para prover energia renovável abundante? Até que ponto a economia circular pode se tornar eficiente em termos de recursos? E quanto crescimento econômico será produzido pela economia digital? Na verdade, segundo descobri, a verdadeira fonte de discordância é muito mais profunda e mais política do que técnica.

Alguns meses depois do meu encontro imobilizador com a Medusa, participei de uma reunião na universidade e dei de cara com um antigo professor. Após uma rápida conversa sobre famílias e carreiras, perguntei se ele achava que o crescimento do PIB era possível eternamente. "Sim!", declarou ele sem vacilar. "Tem de ser!" Fui tomada de surpresa, não só pela força da sua convicção, mas pelo raciocínio por trás dela. Ele tinha certeza de que o crescimento econômico era possível para sempre porque *tinha de ser*. Essa rápida troca de ideias começou a me empurrar de volta para a monstruosa górgona. O que o fazia pensar que um crescimento infinito do PIB tinha de ser possível? O que aconteceria se não fosse? E por que – e isso era o mais assustador – não tínhamos abordado nenhuma dessas questões nos meus quatro anos de formação em economia?

Desde então, comecei a ouvir mais atentamente, tentando perceber as crenças mais profundas por trás das posições de ambos os lados desse debate; e comecei a ouvir a fonte de suas diferenças. Para tornar claras essas diferenças, imagine todos os participantes do debate sentados em lados opostos do corredor no avião de Rostow. Em essência, as crenças que dividem muitos deles se resumem ao seguinte:

Passageiros adeptos do "continuem voando": o crescimento econômico ainda é necessário – e portanto tem de ser possível.

Passageiros adeptos do "preparem-se para aterrissar": o crescimento econômico não é mais possível – e portanto não pode ser necessário.

Ambos os lados têm um pouco de razão, mas ambos tendem a ser indevidamente otimistas nas conclusões que tiram, então vamos explorar seus argumentos.

Os passageiros adeptos do "continuem voando" são claros a respeito de uma coisa: o crescimento econômico é uma necessidade social e política em todos os países. "Se abandonássemos o crescimento como um objetivo de política", escreveu o economista Wilfred Beckerman em 1974, "a democracia também teria de ser abandonada ... os custos de um não crescimento deliberado, em termos da transformação política e social a ser exigida da sociedade, seriam astronômicos."[26] O influente livro de Beckerman, *In Defense of Economic Growth*, era uma resposta mordaz ao relatório *Limites do crescimento*, do Clube de Roma, e tornou-se um clássico imediato pró-crescimento. Sua crença na necessidade política do crescimento ainda é compartilhada hoje por muitos economistas e comentaristas públicos. Como argumenta Benjamin Friedman em *As consequências morais do crescimento econômico*, não são as rendas *elevadas*, mas as rendas *sempre crescentes*, que fomentam "maior oportunidade, tolerância à diversidade, mobilidade social, compromisso com a causa justa e dedicação à democracia".[27] A economista Dambisa Moyo concorda. "Se o crescimento desaparecer", disse ela ao público num TED Talk em 2015, "o risco para o progresso humano e o risco de instabilidade social e política aumentam, e as sociedades se tornam mais obscuras, grosseiras e menores."[28]

Como o crescimento econômico é considerado uma necessidade política pelos adeptos do "continuem voando" – por mais rico que um país já seja –, não surpreende ouvi-los argumentar que é possível haver mais crescimento em países de alta renda, porque ele está chegando e pode ser tornado ambientalmente sustentável. Primeiro, o crescimento está a caminho, argumentam os otimistas da tecnologia como Erik Brynjolfsson e Andrew McAfee: graças ao crescimento exponencial da capacidade de processamento digital, estamos entrando na "segunda era das máquinas", em que a produtividade em rápido crescimento dos robôs irá impulsionar uma nova onda de crescimento do PIB.[29]

Além disso, defensores do crescimento verde como a ONU, o Banco Mundial, o FMI, a OCDE e a União Europeia afirmam que o crescimento futuro pode se tornar verde dissociando o PIB dos impactos ecológicos. Em outras palavras, embora o PIB continue a crescer, o uso de recursos associado a ele – como o consumo de água potável, a utilização de fertilizantes e as emissões de gases do efeito estufa – pode cair ao mesmo tempo. Mas quanta separação é necessária para que o crescimento seja verde na escala exigida para entrar no Donut? Não é uma tarefa fácil, e (como muitas coisas) pode ser representada melhor numa imagem.

O diagrama a seguir mostra o crescimento do PIB ao longo do tempo, acompanhado por três diferentes vias possíveis de utilização de recursos. Quando o PIB cresce mais depressa do que a utilização de recursos – devido, por exemplo, a medidas de eficiência hídrica ou energética –, isso é conhecido como dissociação *relativa* – e é o tipo de "crescimento verde" em que estão focados hoje em dia muitos países de baixa renda. Mas, nos países de alta renda – onde os níveis de consumo há muito excederam o que a Terra pode sustentar –, isso não seria, é claro, de modo algum suficiente. Qualquer crescimento adicional do PIB nesses países precisaria ser acompanhado pelo menos por uma dissociação *absoluta* para que a utilização de recursos caísse em termos absolutos à medida que o PIB cresce.

Quando se trata das emissões de dióxido de carbono – a chave para enfrentar as mudanças climáticas –, muitos países de alta renda, inclusive a Austrália e o Canadá, não conseguiram até agora qualquer dissociação absoluta. Mas outros parecem ter mostrado que isso é possível – pelo menos durante parte do tempo –, mesmo levando em conta as emissões em-

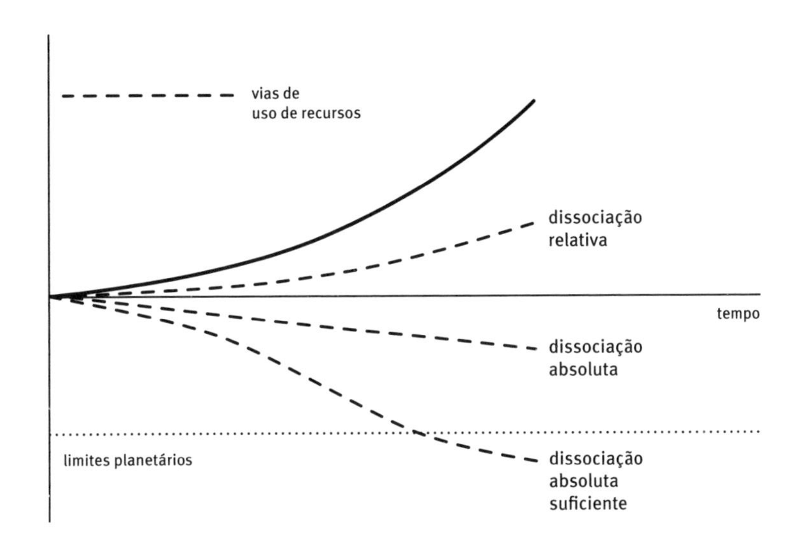

O desafio da dissociação. Caso se pretenda que o PIB nos países de alta renda continue a crescer, a utilização de recursos associada a ele precisa cair não só de forma relativa ou absoluta, mas de uma forma suficientemente absoluta, para voltar a ficar dentro dos limites planetários.

butidas nas importações do país. Segundo dados internacionais disponíveis, entre 2000 e 2013 o PIB da Alemanha cresceu 16% enquanto seu consumo baseado em emissões de CO_2 caiu 12%. Da mesma forma, o PIB do Reino Unido cresceu 27% enquanto as emissões caíram 9% e o PIB dos Estados Unidos cresceu 28% enquanto as emissões caíram 6%.[30]

Se esses dados forem rigorosos, então trata-se de uma surpreendente ruptura com o passado – que, no entanto, ainda está longe de ser suficiente. Apesar de atingirem um grau de dissociação absoluta, as emissões desses países ainda não estão caindo rápido o bastante. Alguns importantes cientistas climáticos calculam que as emissões dos países de alta renda precisam agora cair numa taxa de pelo menos 8-10% ao ano para ajudar a trazer a economia global de volta para dentro dos limites planetários.[31] Mas, na verdade, elas vêm caindo no máximo 1-2% ao ano. Destacar esse fosso exige que se estabeleça um padrão mais relevante, uma dissociação absoluta *suficiente* – suficiente porque se situa na escala necessária para uma volta aos limites planetários –, e essa é uma distinção que muitas vezes encontra-se ausente do debate sobre o crescimento verde.

Então a dissociação absoluta suficiente pode ser compatível com um PIB sempre em crescimento? Segundo os adeptos do "continuem voando", sim, sob três aspectos muito gerais. Primeiro, mudando rapidamente o fornecimento de energia dos combustíveis fósseis para fontes renováveis, como as energias solar, eólica e hídrica – uma tendência que vem sendo acelerada pelos custos cada vez mais baixos das energias renováveis, em especial as fotovoltaicas solares. Segundo, criando uma economia circular eficiente em termos de recursos cujo fluxo de materiais se torne um fluxo circular dentro da capacidade das fontes e dos escoadouros da Terra. E, terceiro, expandindo a economia "sem peso" possibilitada por produtos e serviços digitais, em que "a mente e não a matéria, o cérebro e não os músculos, as ideias e não as coisas" impelem o crescimento do PIB.[32] É importante notar, porém, que a dissociação exigida não seria uma fase única: caso se pretendesse que o PIB continuasse a crescer, então a taxa de dissociação teria de ter um ritmo mais elevado, ano após ano após ano.

Será que os adeptos do "continuem voando" estão certos de que essas medidas são capazes de proporcionar, nos países de alta renda, uma dissociação suficiente para tornar o crescimento tão verde quanto o necessário? Muitos reconhecem que a escala do desafio é extremamente assustadora, mas ainda acreditam que seja possível, sobretudo porque a maioria dos governos mal começou a introduzir as políticas necessárias para tanto. Em outras palavras, segundo os economistas Alex Bowen e Cameron Hepburn, "é cedo demais para descartar a dissociação absoluta".[33]

Outros, porém, não têm assim tanta certeza. Tive muitas conversas com representantes de governos, do meio acadêmico, de agências internacionais e de empresas para tentar chegar à fonte da sua aparente convicção na visão de crescimento verde que agora está incorporada por todo lado nos seus cargos, impressa nos seus cartões de visita e inscrita nas suas estratégias organizacionais. Uma conversa com um consultor sênior da ONU resumiu para mim essa incerteza implícita. Durante um intervalo numa conferência recente sobre crescimento verde, perguntei se ele realmente acreditava que o crescimento verde – numa escala suficientemente verde para nos levar de volta para dentro dos limites planetários – era possível nos países mais ricos do mundo. Enquanto os outros delegados começavam a voltar para a sala da conferência, ele deixou-se ficar para trás e respondeu, num sussurro: "Eu não sei, ninguém sabe, mas temos que dizer que sim para manter todo mundo a bordo." Admirei sua sinceridade oficiosa, mas gostaria que houvesse mais espaço nessas conferências para que dúvidas assim pudessem ser manifestadas abertamente, porque elas decerto precisam ser verbalizadas.

Os que estão sentados do outro lado do corredor – os adeptos do "preparem-se para aterrissar" – são rápidos em manifestar essas dúvidas de maneira pública, pois acreditam que, nos países de alta renda, o crescimento verde satisfatório é simplesmente inviável. Longe de ser cedo demais para excluir a dissociação, é tarde demais para confiar na crença de que ela acontecerá. Se fossem tomadas medidas suficientes a fim de voltar para dentro dos limites planetários, argumentam eles, seria irrealista acreditar que elas pudessem ser acompanhadas por um crescimento contínuo. E, para entender por quê, precisamos revisitar premissas antigas sobre o que, em primeiro lugar, gera o crescimento do PIB.

Na década de 1950, Robert Solow, pai da teoria do crescimento econômico, tentou identificar exatamente o que havia levado a economia dos Estados Unidos a crescer no meio século anterior. Seu modelo seminal, baseado nos mesmos fundamentos teóricos que o diagrama do Fluxo Circular, presumia que o crescimento era decorrente dos ganhos de produtividade surgidos do trabalho em conjunto cada vez mais eficaz de mão de obra e capital. Mas, para sua surpresa, quando ele inseriu os dados relativos aos Estados Unidos nas equações do modelo, descobriu que o capital investido por trabalhador explicava apenas 13% do crescimento da economia americana nos últimos quarenta anos, e foi forçado a atribuir os inexplicados 87% restantes a "mudanças técnicas".[34] Era um resíduo constrangedoramente alto, o que levou seu contemporâneo Moses Abramovitz, cujos próprios cálculos revelavam lacunas de explicação igualmente grandes, a reconhecer que ele dava uma boa "medida da nossa ignorância acerca das causas do crescimento econômico".[35]

Desde então, os economistas vêm correndo atrás de explicações melhores para o crescimento do PIB, procurando descobrir o conteúdo desse misterioso resíduo. A resposta provavelmente teria sido descoberta décadas atrás se Bill Phillips tivesse simplesmente optado por uma fonte de energia diferente para manter o bombeamento da água em seu Moniac. Se ele o tivesse alimentado não com eletricidade, mas com a energia de um pedal – tendo um aluno ofegante a pedalar durante cada demonstração –, teria sido muito mais difícil para ele e seus colegas economistas desconsiderarem o papel desempenhado por uma fonte de energia externa para manter a economia funcionando. De modo alternativo, se Phillips ou Solow tivessem visto o quadro mais amplo da economia – resumido no diagrama da Economia Integrada no capítulo 2 –, então seus modelos econômicos poderiam muito bem ter incorporado a resposta desde o início.

Em 2009, o físico Robert Ayres e o economista ecológico Benjamin Warr decidiram construir um novo modelo de crescimento econômico. Ao clássico par mão de obra/capital eles acrescentaram um terceiro fator de produção: a energia, ou, de forma mais precisa, a exergia, a proporção da energia total que pode ser aproveitada para trabalho útil, não sendo perdida na forma de calor residual. E, quando aplicaram esse modelo de três fatores a dados sobre o crescimento no século XX nos Estados Unidos, no Reino Unido, no Japão e na Áustria, descobriram que ele podia explicar grande parte do crescimento econômico em cada um desses quatro países: revelou-se que o misterioso resíduo de Solow, que durante muito tempo presumira-se refletir o progresso tecnológico, traduzia a crescente eficiência com que a energia é convertida em trabalho útil.[36]

A implicação? Os últimos dois séculos de extraordinário crescimento econômico nos países de alta renda devem-se em grande medida à disponibilidade de combustíveis fósseis baratos. Vejamos: a energia contida num único galão de petróleo é equivalente a 47 dias de trabalho humano árduo, o que faz da atual produção global de petróleo o equivalente ao trabalho diário de bilhões de escravos invisíveis.[37] Quais são, então, as implicações para o PIB no futuro que temos de criar livre dos combustíveis fósseis? "Precisamos de antecipar a possibilidade de que o crescimento econômico desacelere ou se torne até mesmo negativo", advertem Ayres e Warr. "Em resumo, o crescimento futuro do PIB não só não está garantido, como é mais do que provável que termine dentro de algumas décadas."[38]

Mas e a tal promessa da energia renovável? Seu preço pode estar caindo rapidamente, mas, como todos os estoques de um sistema, leva tempo para instalar capacidade solar, eólica e hídrica. Muitos adeptos do "preparem-se para aterrissar" acreditam que ela não pode ser instalada com rapidez suficiente para atender à demanda de energia da economia, sobretudo se os combustíveis fósseis forem excluídos com a rapidez exigida. Além disso, em comparação com a facilidade de acesso das reservas de petróleo, carvão e gás no século XX, uma proporção muito maior de energia renovável que é gerada precisa ser usada pela própria indústria de energia apenas para gerar mais – como acontece com a energia de fontes como o gás de xisto e as areias betuminosas. Alguns analistas acreditam que as implicações econômicas serão graves. "É hora de reexaminar a busca do crescimento econômico a qualquer preço", conclui o economista americano David Murphy, que atua na área energética; "devemos esperar que as taxas de crescimento econômico nos próximos cem anos não guardem nenhuma semelhança com as dos últimos cem anos".[39]

Além disso, alguns adeptos do "preparem-se para aterrissar" duvidam que a economia sem peso possa ser tão desmaterializada quanto seu nome sugere, considerando a infraestrutura material e energética por trás da revolução digital que está a caminho.[40] Outros, enquanto isso, duvidam que a economia sem peso contribua tanto para o crescimento do PIB quanto esperam os otimistas. Uma ampla gama de produtos e serviços online, como softwares, música, educação e entretenimento, já é acessível quase gratuitamente porque, graças à internet, podem ser criados e reproduzidos com um custo marginal quase zero. Analistas como Jeremy Rifkin acreditam que as redes horizontais de geração de energia renovável e a impressão 3D estão destinadas a amplificar essa tendência, o que poderia ter como consequência que uma boa parte do valor econômico antes vendido no mercado com lucro passasse a ser compartilhada com custo baixo ou nulo nos bens comuns de colaboração.

A economia do compartilhamento também está em ascensão, de forma que a cultura de propriedade – com todo lar equipado com sua própria máquina de lavar e seu próprio carro – vem dando lugar a uma cultura de acesso, em que as famílias compartilham instalações para lavanderia e alugam carros por hora em um clube de automóveis local. Em vez de sair para comprar roupas, livros e brinquedos novos, um número cada vez maior de pessoas está trocando esses bens com amigos e vizinhos.[41] Numa economia desse tipo, muito valor econômico continua a ser gerado por meio dos produtos e serviços que as pessoas usufruem, porém muito menos desse valor total fluirá através de transações de mercado. A implicação dessas várias tendências para o crescimento do PIB? "O declínio constante do PIB nos próximos anos", conclui Rifkin, "será atribuível, cada vez mais, à mudança para um novo e vibrante paradigma econômico, que mede o valor econômico de maneiras totalmente diferentes."[42]

É uma questão intrigante, mas faz alguma diferença para o futuro do crescimento da economia? Afinal, sugerem alguns adeptos do "continuem voando", o que em última análise importa para o bem-estar humano é o valor total da atividade econômica, seja ou não captado no PIB por meio das transações de mercado. Isso pode ser verdade no caso dos agregados familiares, onde o valor do trabalho de prestação de cuidados é dado e recebido diretamente sem que haja dinheiro trocando de mãos (e assim já está ausente das contas padronizadas do PIB). Também é verdade no caso dos envolvidos nos bens comuns que colhem valor econômico à medida que o cocriam – quer se trate do valor gerado pela irrigação de suas plantações de arroz, quer seja colaborando online em design e programação de código aberto, mais uma vez sem dinheiro trocando de mãos.

Para as instituições financeiras, as empresas e o governo, no entanto, é extremamente importante se o valor econômico é ou não monetizado através do mercado. Os investidores só obtêm retorno – por meio de juros, rendas ou dividendos – do valor econômico que tem valor de mercado. As empresas só podem captar valor como receita e lucro quando esse valor foi monetizado em vendas. E os governos acham muito mais fácil cobrar impostos, para obter receita pública, sobre o valor econômico que é trocado através do mercado. Todos três – instituições financeiras, empresas e governo – estão estruturados para esperar e depender de receitas monetárias crescentes: se o PIB já não estiver destinado a crescer mesmo que o valor total da economia continue crescendo, então essas expectativas precisam mudar profundamente.

Para os adeptos do "preparem-se para aterrissar", o resultado final de todas essas tendências é que o crescimento verde em países de alta renda não é visível no horizonte: em vez disso, é hora de ser verde sem crescer. Mas é aí que eles próprios tendem a ser exageradamente otimistas: certos de que o crescimento infinito do PIB não é possível, alguns são rápidos demais em concluir que ele, portanto, não é necessário, e apontam para o chamado Paradoxo de Easterlin como prova de que rendas mais elevadas não nos tornam de qualquer forma mais felizes.

O economista americano Richard Easterlin descobriu que, entre 1946 e 1974, o PIB per capita cresceu significativamente nos Estados Unidos, mas os níveis de felicidade dos americanos – segundo sua própria avaliação, numa escala de 0 a 10 – permaneceram estáveis, e chegaram a cair durante a década de 1960.[43] Desde então, essas conclusões têm sido questionadas por estudos que revelam que a felicidade autoavaliada continua a crescer à medida que a renda cresce, embora mais lentamente quanto mais rico o país vai ficando.[44] No entanto, mesmo que aceitássemos os dados de Easterlin ao pé da letra, o fato de a felicidade das pessoas na sua própria avaliação ter permanecido estável enquanto a renda crescia não é prova de que a felicidade permaneceria estável se a renda deixasse de crescer. Além disso, quando os salários dos que estão em pior situação estagnam, a culpa é facilmente atribuída aos imigrantes, como tem acontecido em muitos países de alta renda nos últimos anos, estimulando a xenofobia e o confronto social. As nossas sociedades, tal como as nossas economias, evoluíram para esperar o crescimento e passaram a depender dele: parece que ainda não sabemos como viver sem ele.

Não é de admirar que Martin Wolf, um dos mais respeitados jornalistas financeiros do Reino Unido, tenha escrito com palpável desconforto, em 2007, quando fez o raro gesto de se inclinar sobre o corredor da discórdia para concordar com os adeptos do "preparem-se para aterrissar" acerca das implicações econômicas do corte global das emissões de carbono: "Se há limites para as emissões, talvez também possa haver limites para o crescimento", reconheceu ele na sua coluna do *Financial Times*. "Mas, se realmente houver limites para o crescimento, os alicerces políticos do nosso mundo desmoronam. Intensos conflitos de distribuição devem então ressurgir – na verdade, já estão ressurgindo – dentro dos países e entre eles."[45] Essa visão do crescimento do PIB – de que ele é necessário, mas já não é possível – é, sem dúvida, profundamente desconfortável. Essas são as palavras de um homem que ousa encarar a Medusa.

Já chegamos?

Quer o nosso avião econômico possa continuar voando, quer esteja prestes a sofrer uma pane em pleno ar, uma coisa é evidente: ele se dirige para um destino aonde não queremos chegar, um destino degenerativo e profundamente divisivo. Se nos reorientarmos para o destino econômico que de fato queremos – uma economia regenerativa e distributiva por concepção –, então as novas questões sobre o crescimento tornam-se bem visíveis. O que poderia acontecer com o PIB enquanto rumamos para esse destino? E o que ele vai fazer quando chegarmos lá? Não é possível predizer de forma definitiva se ele vai subir ou descer em países de alta renda à medida que estes criarem economias regenerativas e distributivas que envolvam igualmente agregados familiares, mercado, bens comuns e Estado.

Chegar lá requer muitas transformações setoriais, inclusive uma forte contração de indústrias – como as de mineração, petróleo e gás, produção industrial de gado, demolição e aterros, finanças especulativas – contrabalançada por uma expansão rápida e duradoura de investimentos em longo prazo em energia renovável, transporte público, manufatura circular baseada em bens comuns e edifícios *retrofit*. Requer investir nas fontes de riqueza – natural, humana, social, cultural e física – das quais o valor flui, quer seja monetizado ou não. E abre novas oportunidades para reequilibrar os papéis do mercado, do Estado e dos bens comuns como meios de satisfazer nossas necessidades.

Combine essas modificações incertas e de forma alguma fica claro o que acontecerá com o valor total de produtos e serviços que são comprados e vendidos na economia. Ele poderia subir e depois descer. Poderia descer e depois subir. Ou poderia vir a oscilar em torno de um valor constante. Simplesmente não é possível ter certeza de como o PIB responderá e evoluirá ao fazermos a inédita transição para dentro do espaço seguro e justo do Donut, ou como ele se comportará uma vez que estejamos prosperando ali. E é precisamente por isso que temos um problema, porque, ao longo dos últimos dois séculos, exatamente como previu Rostow, as economias capitalistas reestruturaram suas leis, instituições, políticas e valores de modo a esperarem, exigirem e dependerem do crescimento contínuo do PIB. Revisitemos esse enigma que temos pela frente.

Temos uma economia que precisa crescer, quer nos faça prosperar ou não.
Precisamos de uma economia que nos faça prosperar, quer ela cresça ou não.

O que isso significa para a viagem de avião da economia? Se Rostow estivesse vivo, e já não fosse um aspirante a conselheiro presidencial, mas um concidadão preocupado viajando nesse voo, talvez se dispusesse a atualizar sua teoria, percebendo que a história não pode terminar com o avião voando para sempre rumo ao crepúsculo do crescimento. Tanto quanto a capacidade de voar, esse avião precisa ter a capacidade de aterrissar: a capacidade de prosperar quando o crescimento chega ao fim. Então ele talvez concordasse em emendar seu livro da seguinte maneira:

As seis etapas de crescimento de W.W. Rostow
(Atualização para o século XXI)

1. A sociedade tradicional
2. As precondições para a decolagem
3. A decolagem

4. O voo para a maturidade
~~5. A era do consumo de massa~~
5. Preparativos para a aterrissagem
6. Chegada

É claro que seria uma revolução na corrente dominante da economia se Rostow simplesmente propusesse esses novos títulos para os capítulos. Seria de fato outra revolução para ele – e para nós – saber o que escrever nesses dois capítulos que faltam no manual de voo, porque esse pouso controlado nunca foi tentado. Todos os aviões de passageiros reais vêm equipados para fazer uma aterrissagem segura: flaps nas asas para criar arrasto e desacelerar sem perder sustentação; trem de pouso com rodas e amortecedores robustos para o momento do toque em terra; e freios e reversor de empuxo para levar o avião a uma parada suave. Mas os aviões da economia que Rostow tanto admirava nos anos 1960 não eram construídos para pousar: na verdade, suas instituições estavam travadas no piloto automático, esperando permanecer para sempre em voo de cruzeiro com um crescimento de cerca de 3%, e vêm tentando fazer isso desde então.

Tentar manter o crescimento do PIB numa economia que pode efetivamente estar perto da maturidade pode levar governos a tomar medidas desesperadas e destrutivas. Eles desregulam – ou melhor, re-regulam – as finanças na esperança de desencadear novos investimentos produtivos, mas em vez disso acabam desencadeando bolhas especulativas, aumentos no preço das habitações e crises de endividamento; prometem às empresas que vão acabar com a burocracia, mas acabam desmantelando a legislação criada para proteger os direitos dos trabalhadores, os recursos comunitários e o mundo vivo; privatizam serviços públicos – de hospitais a ferrovias –, transformando a riqueza pública em fontes de renda privada; adicionam o mundo vivo à contabilidade nacional como "serviços ecossistêmicos" e "capital natural", atribuindo-lhes um valor que se parece perigosamente com um preço; e, apesar de se comprometerem em manter o aquecimento global "bem abaixo de 2°C", muitos desses governos correm atrás da energia "barata" das areias betuminosas e do gás de xisto, ao mesmo tempo que negligenciam os investimentos públicos transformadores necessários para a revolução da energia limpa. Essas escolhas políticas são semelhantes a jogar carga preciosa para fora de um avião que está ficando sem combustível, em vez de admitir que talvez em breve seja hora de pousar.

Aprendendo a aterrissar

O que significaria preparar as economias de alta renda de modo que elas possam aterrissar em segurança e se tornar economias prósperas, agnósticas em relação ao crescimento, quando chegar a hora certa? A dica está nas precondições de decolagem de Rostow, a etapa fundamental durante a qual, escreve ele, "cada uma das principais características da sociedade tradicional foi alterada para permitir o crescimento regular: suas políticas, estrutura social e (em certo grau) seus valores, bem como sua economia".[46] Preparar-se para o pouso, então, exige tirar a economia do piloto automático do crescimento e reprojetar as estruturas financeiras,

Tem sido um voo longo: será hora de aterrissar?

políticas e sociais que transformaram o crescimento naquilo que Rostow chamou de "a condição normal". Isso vai ser complicado, é claro, porque os economistas não têm o treinamento, que dirá a experiência, para pousar esse avião e criar economias que prosperem, cresçam elas ou não. Mas alguns pensadores econômicos inovadores começaram a pensar nesse problema, perguntando, nas palavras do economista ecológico Peter Victor, se "podemos ir mais devagar por concepção, e não por desastre". Ou até mesmo – em nome do agnosticismo – o que seria necessário para conceber uma economia capaz de tratar do crescimento do PIB sem ansiar desesperadamente por ele, lidar com ele sem depender dele, abraçá-lo sem exigir demais dele?

Como sempre, as ideias centrais do pensamento sistêmico apresentadas no capítulo 4 serão uma ferramenta útil. O crescimento do PIB, como todo crescimento, surge a partir de um ciclo de feedback de reforço, e acabará se defrontando com um limite – um feedback de equilíbrio – que provavelmente decorrerá de um sistema mais amplo no qual a economia está integrada. Com base na evidência de que dispomos hoje, parece que esse limite está na capacidade de carga do mundo vivo. Será que esse encontro precisa levar a um colapso, ou poderíamos prevenir esse futuro transformando a economia de algo que cresce continuamente numa trajetória instável em algo perpetuamente oscilante dentro de uma amplitude estável? Que conselho um pensador sistêmico ofereceria?

Já seguimos o sábio conselho de Donella Meadows de procurar pontos de alta alavancagem como a mudança de objetivos, expulsando o cuco do crescimento do PIB e buscando, em vez disso, o Donut. Outros poderosos pontos de alavancagem incluem achar maneiras de enfraquecer os ciclos de feedback de reforço do crescimento ao mesmo tempo fortalecendo os ciclos de feedback de equilíbrio. Olhando através dessa lente, fica claro que muitas inovações no pensamento econômico visam exatamente a isso, como veremos adiante. O mais surpreendente é que muitas das políticas propostas para permitir que uma economia seja agnóstica em relação ao crescimento são também aquelas que poderiam ajudar a conduzi-la no sentido de ser distributiva e regenerativa por concepção.

Como é, então, que as economias de alta renda de hoje estão encerradas na dependência do crescimento do PIB, e como poderiam aprender a prosperar com ou sem ele? Até agora, poucos economistas se deram ao trabalho de – ou ousaram – fazer essas perguntas em público. Herman Daly foi um dos pioneiros nos anos 1970, mas seu presciente incentivo para criar economias de "estado estacionário" caiu em ouvidos políticos relutantes. Hoje, um número cada vez maior de governos em países de alta renda se depara com perspectivas muito reais de crescimento do PIB baixo ou nulo nas próximas décadas, e, pela primeira vez, alguns estão discretamente perguntando se os economistas têm ideias sobre como encarar essa realidade. O apoio para esse tipo de pensamento está surgindo dos lugares mais inesperados, como o influente economista americano da corrente dominante Kenneth Rogoff, que ao longo de sua carreira passou pelo FMI, o Federal Reserve dos Estados Unidos e a Universidade Harvard. "Num período de grande incerteza econômica", escreveu ele em 2012, "pode parecer inapropriado questionar o imperativo de crescimento. Mas, por outro lado, talvez uma crise seja exatamente a ocasião para repensar as metas em longo prazo da política econômica global."[47]

Aproveitemos a oportunidade desta crise prolongada e comecemos a identificar as várias maneiras – financeiras, políticas e sociais – pelas quais as economias de alta renda de hoje, e outras que seguem o seu caminho, encontram-se travadas e dependentes da busca pelo crescimento do PIB. A partir daí, podemos começar a perguntar o que seria necessário para cortar as amarras e se existem inovações em curso que ilustrem algumas opções possíveis. Não há, é claro, respostas fáceis. Serão necessárias algumas décadas de experimentos e experiência para que se chegue a soluções inteligentes, uma vez que esse problema vem fermentando há tanto tempo – e é precisamente por isso que ele merece agora muito mais atenção e análise. Assim, considere o que se segue como um esboço inicial dos "Preparativos para a aterrissagem" que há muito estão em falta no manual de voo do economista.

Vício financeiro: o que há para ganhar?

Comecemos pelo cerne da questão: o vício financeiro do crescimento. Porque todas as decisões no mundo das finanças giram em torno de uma pergunta subjacente: qual é a taxa de retorno? Essa pergunta é estimulada pela busca do "ganho", o motivo propulsor da economia capitalista desde que ela decolou na Grã-Bretanha, no século XIX. "O mecanismo que a noção de ganho pôs em movimento", escreveu Karl Polanyi na década de 1940, "só se comparava em efetividade às mais violentas explosões de fervor religioso na história. No período de uma geração, todo o mundo humano foi submetido à sua influência pura."[48] Polanyi estava longe de ser o primeiro a perceber que a busca do ganho abria a porta para a acumulação infinita: ele tomou a ideia de Marx, que descrevia o capital como "dinheiro que gera dinheiro" e "portanto não tem limites".[49] Marx, por sua vez, tirou a ideia de Aristóteles, que, lembremo-nos do capítulo 1, distinguia a *economia*, que ele via como a nobre arte de administrar o lar, da *crematística*, a perniciosa arte de acumular riqueza. "Pretendia-se que o dinheiro fosse usado em trocas, mas não que aumentasse por juros", escreveu ele em 350 a.C.; "de todas as formas de se obter riqueza, esta é a menos natural".[50]

A busca do ganho – que está por trás do retorno dos acionistas, das transações especulativas e dos empréstimos a juros – instala a dependência do crescimento contínuo do PIB nas profundezas do sistema financeiro. Para John Fullerton, o banqueiro que se afastou de Wall Street, é aqui que reside a fonte do problema. "Chegamos à conclusão lógica desse paradigma econômico expansionista", afirma ele. "A menos que consigamos realizar uma dissociação mágica, temos uma função exponencial num planeta de sistema fechado ... no entanto, o sistema financeiro não possui um patamar incorporado, não pode 'amadurecer' – e nenhum dos especialistas em finanças está sequer pensando nisso."[51]

Foi por isso que Fullerton e seu colega Tim MacDonald começaram a pensar em como as empresas regenerativas poderiam escapar da constante pressão por crescimento feita pelos acionistas. Eles propuseram o conceito de Evergreen Direct Investing (EDI), que oferece retornos financeiros aceitáveis e resilientes de empresas maduras de crescimento baixo ou nulo. Em vez de pagar dividendos baseados no lucro a seus acionistas, a empresa lhes paga, perpetuamente, uma parcela do seu fluxo de receitas. Esse esquema permite que empresas lucrativas mas sem crescimento atraiam investimentos estáveis de gestores de patrimônio com visão de longo prazo, como os fundos de pensão.[52] "O EDI permite que uma empresa se comporte como uma árvore", explicou-me Fullerton. "Uma vez madura, ela para de crescer e dá frutos – e os frutos são tão valiosos como era o crescimento."[53]

No entanto, a pressão do retorno para os acionistas é apenas uma das manifestações de como o ganho financeiro impele o crescimento. Na verdade, essa expectativa de ganho é tão arraigada que mal notamos a sua característica mais inusitada: ela contraria a dinâmica fundamental do nosso mundo. Com o passar do tempo, tratores enferrujam, produtos agrícolas apodrecem, smartphones quebram e prédios desabam. Mas o dinheiro? O dinheiro se acumula para sempre, graças aos juros. Não é de admirar que tenha se tornado ele próprio uma mercadoria e, portanto, seja tão pouco investido na criação dos bens produtivos – dos sistemas de energia renovável aos processos de manufatura circular – necessários para sustentar uma economia regenerativa.

Que tipo de moeda, então, poderia estar alinhada com o mundo vivo de modo a promover investimentos regenerativos em vez de buscar a acumulação sem fim? Uma possibilidade seria uma moeda que comporte *demurrage*, uma pequena taxa que se paga pela detenção de dinheiro, de maneira que ele tenda a perder valor, ao invés de ganhar, quanto maior o tempo que for guardado. Que *demurrage* seja um termo tão pouco familiar mostra como estamos acostumados ao elevador financeiro sempre ascendente que pegamos – como se conhecêssemos o conceito de "subir", mas não de "descer"; de "mais", mas não de "menos". Mas *demurrage* é uma palavra que vale a pena conhecer, porque ela poderá muito bem aparecer no futuro financeiro.

O conceito foi proposto pela primeira vez por Silvio Gesell, um empresário germano-argentino cujo livro *A ordem econômica natural*, de 1906, defendia a introdução de uma moeda em papel acompanhada por selos que deviam ser comprados e colados nela de tempos em tempos para assegurar sua validade continuada. Hoje, o mesmo efeito poderia ser conseguido de forma muito mais simples, com uma moeda eletrônica que incorresse numa cobrança por ser guardada com o tempo, restringindo assim o uso do dinheiro como uma reserva de valor sempre em acumulação. Somente uma moeda que "fica obsoleta como um jornal, apodrece como as batatas, enferruja como o ferro" seria entregue de boa vontade em troca de objetos que se deterioram da mesma forma, argumentou Gesell: "precisamos fazer com que o dinheiro se torne pior como mercadoria se quisermos que melhore como meio de troca".[54]

Essas ideias soam estranhas e impraticáveis quando ouvidas pela primeira vez, mas revelaram-se muito práticas no passado. A *demurrage* baseada em papel foi usada com sucesso em moedas complementares em cidades da Alemanha e da Áustria na década de 1930 para revigorar a economia local, e quase foi introduzida nos Estados Unidos em 1933. Em ambos os casos, porém, o governo pôs fim à iniciativa, sentindo-se evidentemente ameaçado pelo seu sucesso e pela perda de controle do Estado sobre o poder de criar dinheiro. Keynes, no entanto, ficou impressionado com Gesell – a quem chamava de "um profeta injustamente negligenciado" – e sentiu-se atraído por sua proposta em razão de sua provada capacidade de reestimular o consumo na economia, a prioridade do período da Depressão.[55]

Imagine, então, se fosse possível criar uma moeda com *demurrage* de modo que, em vez de incentivar o consumo hoje, estimulasse investimentos regenerativos amanhã. Ela poderia transformar a paisagem das expectativas financeiras: em essência, a busca do *ganho* seria substituída pela busca da *manutenção* do valor. E uma das melhores maneiras de preservar o valor em longo prazo de riqueza armazenada seria investi-la em uma atividade regenerativa em longo prazo, como por exemplo um programa de reflorestamento.[56] Os bancos considerariam emprestar a empresas que prometessem um retorno quase nulo sobre o investimento se isso fosse preferível ao custo de guardar dinheiro: isso seria um bom augúrio para empreendimentos regenerativos e distributivos que proporcionassem riqueza social e natural juntamente com um modesto retorno financeiro. E, mais importante, ajudaria a libertar a economia da expectativa da acumulação infinita e do consequente vício em crescimento.

A *demurrage* pode parecer bastante estranha aos mercados financeiros modernos, mas não está muito distante das taxas de juros negativas, que efetivamente são cobradas daqueles que guardam dinheiro em poupanças. Essas taxas tornaram-se parte da paisagem financeira contemporânea, sendo usadas como medida de emergência por países como Japão, Suécia, Dinamarca, Suíça e pelo Banco Central Europeu desde 2014. Os objetivos desses países têm sido variados – ressuscitar o crescimento do PIB, gerir taxas de câmbio e aumentar a inflação –, porém acabaram com o mito de que as taxas de juros não podem cair abaixo de zero.

É claro que a ideia de incorporar a *demurrage* nas moedas suscita muitas questões desafiadoras para um sistema financeiro, como as suas implicações nas taxas de inflação e câmbio, nos fluxos de capital e fundos de pensão e o seu equilíbrio entre estimular o consumo e ampliar o investimento. Mas essas são precisamente as questões que valem a pena explorar agora, no processo de reinventar as finanças para que estejam a serviço de economias prósperas – em vez de economias sempre em crescimento. E, como demonstrou a utilização de taxas de juros negativas em anos recentes, é impressionante a rapidez com que aquilo que a princípio parece inviavelmente radical pode se tornar o viavelmente prático.

Vício político: esperança, medo e poder

E quanto à disseminada obsessão política pelo crescimento? Como vimos no capítulo 1, em meados do século XX a busca pelo crescimento da renda nacional passou discretamente de uma opção para uma necessidade política. Três razões se destacam entre as preocupações dos políticos: a esperança de aumentar a receita sem aumentar impostos; o medo da fila do desemprego; e o poder que reside na foto da família G20.

A esperança de aumentar a receita sem aumentar impostos. Os governos dependem de fundos públicos para investir em bens públicos, mas são notoriamente relutantes em aumentar impostos. Não admira que tantos, em vez disso, depositem suas esperanças no interminável crescimento do PIB, uma vez que ele promete uma torrente sempre em crescimento de receitas fiscais sem a necessidade de aumento de impostos. Como pode esse vício político ser superado de maneira a tornar economias de crescimento baixo ou nulo fiscalmente viáveis?

Primeiro, reformulando o objetivo dos impostos, para ajudar a construir um consenso social para o tipo de setor público de tributação mais elevada e retornos mais elevados que se revelou bem-sucedido em muitos países escandinavos. E não esqueça que o especialista em enquadramento verbal George Lakoff aconselha escolher as palavras com sensatez: não se oponha a *alívio fiscal* – fale em *justiça fiscal*. Da mesma forma, a noção de *gastos* públicos é muitas vezes usada por seus opositores para evocar um desembolso interminável. *Investimento* público, por outro lado, focaliza bens públicos – como escolas de alta qualidade e transporte público eficaz – que sustentam o bem-estar coletivo.[57]

Segundo, pondo um fim à extraordinária injustiça de brechas tributárias, paraísos fiscais, transferências de lucros e isenções especiais que permitem que muitas das pessoas mais ricas e as maiores corporações do mundo – de A a Z – paguem impostos desprezíveis nos países em que vivem e fazem negócios. Pelo menos 18,5 trilhões de dólares estão escondidos por indivíduos ricos em paraísos fiscais ao redor do mundo, representando uma perda anual de mais de 156 bilhões de dólares em receita tributária, uma quantia que poderia terminar duas vezes com a extrema pobreza de renda.[58] Ao mesmo tempo, corporações transnacionais transferem cerca de 660 bilhões de dólares de seus lucros todo ano para jurisdições de impostos quase nulos, como os Países Baixos, a Irlanda, as Bermudas e Luxemburgo.[59] A Aliança Global pela Justiça Fiscal está entre as instituições focadas em combater isso, fazendo campanhas pelo mundo por maior transparência e responsabilidade fiscal corporativa, regras fiscais internacionais justas e sistemas tributários nacionais progressistas.[60]

Terceiro, mudando tanto a tributação pessoal quanto corporativa, deixando de tributar fluxos de renda e passando a tributar riqueza acumulada – tais como bens imobiliários e financeiros; isso diminuirá o papel desempenhado por um PIB crescente na geração de receitas fiscais suficientes. É claro que reformas fiscais progressistas desse gênero podem deparar-se rapidamente com a resistência do lobby corporativo, bem como alegações de incompetência estatal e corrupção. Isso somente reforça a importância de um forte engajamento cívico na promoção e defesa de democracias políticas capazes de exigir prestação de contas do Estado.

O medo da fila do desemprego. Os seres humanos são engenhosos: somos bons em fazer muito com o que temos, ou em fazer a mesma coisa com menos. Quando Henry Ford introduziu a linha de montagem móvel na sua fábrica de automóveis em Michigan, em 1913, a produção de carros quintuplicou quase da noite para o dia; se não tivesse havido um mercado crescente para o seu Modelo T, ele teria precisado de muito menos operários. Numa economia em expansão, trabalhadores dispensados por uma empresa podem ter a esperança de encontrar emprego em outro lugar, mas, quando a demanda geral da economia não se mantém à altura do crescimento da produtividade, o resultado é o desemprego generalizado. Como a história não se cansa de demonstrar, isso pode levar rapidamente a xenofobia, intolerância e fascismo. Foram as intermináveis filas de desemprego da Grande Depressão que convenceram John Maynard Keynes a focar o pleno emprego como a meta da economia na década de 1930, e a resposta, acreditava ele, era o contínuo crescimento do PIB. Um século depois da revolução do Modelo T, porém, os robôs assumiram muito mais do que a produção de carros. Simplesmente não é mais viável esperar que as taxas de crescimento do PIB acompanhem o ritmo da escala de demissões previstas em virtude da automação, o que apenas reforça o argumento de introduzir uma renda básica para todos. Mas há outras mudanças que podem melhorar a distribuição do trabalho remunerado numa economia agnóstica em relação ao crescimento.

Keynes previu que, à medida que a tecnologia aumentasse a produtividade, a semana de trabalho típica ficaria mais curta: é famosa a sua previsão de que uma semana de quinze horas seria suficiente no século XXI, e a sociedade se empenharia "para tornar o trabalho que ainda há para ser feito o mais compartilhado possível".[61] Ele errou nesse ponto, pelo menos até agora, mas o tempo ainda poderia provar que estava certo. Ele com certeza estaria entre os primeiros a apoiar a proposta da New Economics Foundation, do Reino Unido, de encurtar a semana de trabalho padrão, nos países de alta renda, de mais de 35 horas para apenas 21 horas, como meio de enfrentar tanto o desemprego quanto as horas extras de trabalho.[62] Seria, é claro, uma transição desafiadora, que não poderia ocorrer sem transformar a economia do emprego. "Precisaremos nos livrar de incentivos perversos nos sistemas fiscais e de segurança social", explica Anna Coote, a especialista em política social por trás da proposta, "de modo que os empregadores sejam encorajados a contratar mais trabalhadores, e não penalizados por isso."[63]

Iniciativas como essa, tendo em vista uma semana de trabalho mais curta, serão muito mais prováveis de serem realizadas se os empregadores forem os próprios trabalhadores: da Grande Depressão até a crise financeira de 2008, as cooperativas de propriedade dos trabalhadores revelaram-se mais aptas à prevenção de demissões, já que tendem a dividir a redução das horas de trabalho entre todos os membros – um excelente exemplo de resposta adaptável do emprego diante de um quadro de demanda flutuante.[64] Mas há meios de transformar o emprego também em empresas tradicionais. A mudança amplamente recomendada, da tributação da mão de obra para a tributação da utilização de recursos, afastaria ao mesmo tempo o engenho humano de fazer mais coisas com menos pessoas e levaria à reparação e reconstrução de mais coisas com menos material, empregando mais gente. Tais políticas sem dúvida ajudariam a tornar as economias mais distributivas e regenerativas, mas será que poderiam ajudá-las também a se tornar agnósticas em relação ao crescimento quando se trata de prover emprego suficiente? Que outros ajustes seriam necessários? É aqui precisamente que são necessárias experiências e pesquisas mais inovadoras.

O poder que reside na foto da família G20. Todo ano, quando os líderes das nações mais poderosas do mundo se encontram na reunião de cúpula do G20, é tirada uma fotografia oficial do grupo. Gosto de pensar nela como a foto da família G20, lembrando que, assim como em muitas famílias modernas, a participação dos membros pode ser ocasionalmente rearranjada. Não é de admirar que todos os líderes políticos guardem zelosamente seu lugar na foto como sinal do poder geopolítico de seu país. Em seu influente livro de 1989 *The Rise and Fall of the Great Powers*, o historiador Paul Kennedy concluiu que é a riqueza relativa das nações, não a absoluta, que determina seu poder no palco mundial.[65] A rivalidade entre os Estados Unidos e a União Soviética deflagrada na década de 1950 tornou-se uma implacável corrida geopolítica para todos: continue crescendo para guardar seu lugar no retrato da família, ou você será empurrado para fora do quadro pela próxima potência emergente.

Trata-se de um enigma da ação coletiva internacional, e portanto um vício em crescimento difícil de enfrentar. Pensadores sistêmicos sugeririam que uma saída desse nó é diversificar e "começar um jogo novo" com medidas de sucesso alternativas. Se uma economia bem-sucedida é aquela que prospera em equilíbrio, então o sucesso será refletido não na métrica do dinheiro, mas na que reflete a prosperidade humana numa teia de vida florescente. Algumas iniciativas bem conhecidas tomaram esse caminho. O Índice de Desenvolvimento Humano da ONU, que classifica os países em termos de saúde humana, educação e renda per capita, foi criado em 1990 precisamente para começar a contrapor o uso exclusivo do PIB. Outros, como o Índice do Planeta Feliz, o Índice de Riqueza Inclusiva e o Índice de Progresso Social também pretendem criar um retrato familiar internacional alternativo no qual as nações com maior PIB não apareçam automaticamente no centro da foto. Outras iniciativas estratégicas têm buscado superar a rivalidade nacional estimulando, em vez disso, a colaboração cidade a cidade. A rede C40, por exemplo, conecta atualmente mais de oitenta das megacidades do mundo num compromisso comum de enfrentar as mudanças climáticas. Lar de mais de 550 milhões de pessoas e 25% do Produto Mundial Bruto, essas cidades – e sua visão econômica – serão profundamente mais influentes do que os seus limites urbanos.[66]

Novos jogos contribuem, mas a compulsão do velho jogo do PIB mantém sua força, porque o PIB traz tanto poder global de mercado quanto poder global militar. Esse aprisionamento geopolítico exige muito mais atenção estratégica. "Uma corrida econômica pelo poder global é sem dúvida um motivo compreensível para focar o crescimento em longo prazo", argumenta Kenneth Rogoff, "mas se essa competição for realmente uma justificativa central para esse foco, então precisamos reexaminar os modelos macroeconômicos tradicionais, que ignoram inteiramente essa questão."[67] No entanto, além de se limitar a reescrever modelos macroeconômicos, esse aprisionamento enfatiza a necessidade de que pensadores inovadores em relações internacionais voltem sua atenção para estratégias que possam ajudar a inaugurar um futuro de governança global agnóstica em relação ao crescimento.

Vício social: algo a que aspirar

Por fim, de que forma estamos socialmente aprisionados, viciados e agarrados ao crescimento do PIB? Por meio da cultura do consumismo e das tensões criadas pela desigualdade, que, por sua vez, estão enraizadas na necessidade de algo a que aspirar.

Embora sejamos muito mais ricos do que os reis da Antiguidade, caímos com demasiada facilidade na armadilha do consumismo, procurando continuamente a identidade, a conexão e a transformação pessoal com as coisas que compramos. A equiparação com os vizinhos faz com que estejamos sempre em busca da promessa da próxima compra. Como vimos no capítulo 3, o sobrinho de Freud, Edward Bernays, percebeu que a psicoterapia do tio abria um mundo muito lucrativo de terapia a varejo. Seu método de persuasão – batizado, com muito bom gosto, de "relações públicas" – transformou as relações de mercado no mundo todo e, no decorrer do século XX, fez da cultura de consumo um modo de vida. Como escreve o escritor e crítico de arte John Berger em seu livro *Modos de ver*, "a publicidade não é apenas um conjunto de mensagens concorrentes: é uma linguagem em si que está sempre sendo usada para fazer a mesma proposta genérica ... ela propõe a cada um de nós que nos transformemos, a nós e às nossas vidas, comprando alguma coisa mais".[68]

Temos alguma chance de nos livrar dessa herança do século XX? Nesse sentido, alguns governos, como os da Suécia, da Noruega e do Quebec, proibiram a publicidade dirigida a crianças menores de doze anos (deixando o subconsciente adulto como alvo legítimo), enquanto cidades como Grenoble e São Paulo baniram a "poluição visual" de outdoors nas ruas. Mas a explosão simultânea de propaganda online dirigida, apoiada por pesquisas de consumo de alta tecnologia, levou o marketing personalizado a um nível muito mais sofisticado e invasivo. Nesse meio-tempo, a publicidade garantiu seu papel – na rua, nas escolas, nas mídias sociais e nos noticiários – como uma importante fonte de receita para governos locais e para serviços de websites e canais de notícias gratuitos, criando uma desconfortável dependência financeira do Estado e dos bens comuns digitais em relação às intermináveis seduções do mercado. Reverter a dominação financeira e cultural do consumismo na vida pública e privada está destinado a ser um dos mais interessantes dramas psicológicos do século XXI.

Diz-se também que a sociedade é viciada no crescimento do PIB porque ele alivia a tensão de amplas desigualdades sociais. Um PIB sempre crescente é muitas vezes considerado essencial porque cria uma "economia de soma positiva" na qual todos podem melhorar suas condições de vida.[69] Quando o bolo econômico está crescendo, afirma a tese, os ricos são mais propensos a aceitar impostos redistributivos do que investir em serviços públicos, porque isso pode ser feito sem reduzir a sua renda líquida. Outros, porém, acreditam que o crescimento contínuo do PIB é essencial pelo motivo exatamente oposto: porque serve para adiar de maneira permanente a necessidade de redistribuição. Nas palavras de Henry Wallich, presidente do Federal Reserve dos Estados Unidos nos anos 1970, "o crescimento é um substituto para a igualdade de renda. Enquanto houver crescimento existe esperança, e isso torna as grandes diferenças de renda toleráveis".[70]

Quer o crescimento seja visto como a chave da redistribuição ou a chave para evitá-la para todo o sempre, sua importância social está enraizada numa convicção básica. Certa vez me vi num workshop discutindo o novo pensamento econômico com uma das principais figuras da economia da complexidade. Ele falava em promover o crescimento do PIB em países de alta renda como se fosse uma necessidade óbvia. Quando o questionei acerca disso, sua resposta foi simples: "Temos um arraigado instinto de crescimento", disse ele. "As pessoas precisam ter algo a que aspirar."

Eu concordo: as pessoas precisam ter algo a que aspirar. Mas será que uma renda eternamente crescente é de fato a melhor aspiração a oferecer? Foi Alfred Marshall, como vimos no capítulo 3, quem dotou o homem econômico racional de vontades e desejos insaciáveis. Graças a Edward Bernays, esse parece ser particularmente o caso entre os Weird de hoje – os habitantes dos países ocidentais, instruídos, industrializados, ricos e democráticos que são agora os lares da sociedade de consumo. Mas os antropólogos podem apresentar exemplos, tanto históricos quanto contemporâneos, de sociedades tradicionais que, em vez disso, viveram segundo um princípio de suficiência, como os crees do norte de Manitoba, no século XIX, cuja resposta aos mercadores europeus contrariou as expectativas dos economistas. Na esperança de adquirirem mais peles, os europeus ofereciam-lhes preços mais altos: em resposta, os crees traziam menos peles aos entrepostos, uma vez que agora era necessário um número menor para obter os bens que queriam em troca.[71]

Se Bernays estivesse vivo e disposto a ajudar a tentar criar ou recuperar um sentimento semelhante de suficiência material nas sociedades Weird, que valores humanos profundos ele tentaria acionar? A que outras coisas poderíamos aspirar em lugar de mais posses? "Quando e onde quer que sejamos excessivos em nossas vidas, isso é sinal de alguma privação ainda desconhecida", argumenta o psicanalista Adam Phillips. "Nossos excessos são a melhor pista que temos em relação à nossa própria pobreza, e a nossa melhor maneira de ocultá-la de nós mesmos."[72] Quando se trata do consumismo, talvez a pobreza que estejamos querendo ocultar esteja nas nossas negligenciadas relações com os outros e com o mundo vivo. A psicoterapeuta Sue Gerhardt sem dúvida concordaria. "Embora tenhamos uma relativa abundância material, na verdade não temos abundância emocional", escreve ela em *The Selfish Society*. "Muitas pessoas estão privadas do que é realmente importante."[73]

Há muitas visões sobre o que é realmente importante na vida – desde usar nossos talentos e ajudar os outros até defendermos aquilo em que acreditamos. Com base numa ampla gama de pesquisas psicológicas, a New Economics Foundation reduziu as conclusões a cinco fatos simples que comprovadamente promovem o bem-estar: *conectarmo-nos* com pessoas ao nosso redor, *sermos ativos* em nossos corpos, *prestarmos atenção* ao mundo, *aprendermos* novas habilidades e *darmos* aos outros.[74] Talvez esses sejam os primeiros passos rumo ao tipo de progresso moral e social que Mill estava imaginando ao olhar para a frente, para um tempo em que as pessoas que não estivessem mais envolvidas na arte de avançar aspirariam à arte de viver.

Este breve esboço de como preparar o avião da economia para a aterrissagem abordou muitos vícios do crescimento que se tornaram financeira, política e socialmente arraigados nas instituições de muitos países, políticas e culturas. É sem dúvida assustador contemplá-los todos de uma vez – da mesma forma que todo piloto novato fica, é claro, assustado ao aprender a usar pela primeira vez o equipamento de pouso de uma aeronave. Mas esse equipamento pode ser dominado, e nenhum dos vícios descritos nas páginas anteriores é inerentemente insuperável. Se existe uma tarefa que merece a atenção do economista do século XXI, é esta: descobrir concepções econômicas que permitam que os países sigam na direção do fim do crescimento do PIB para aprender a prosperar sem ele.

Bem-vindos à sala de desembarque

Se pudermos dominar a arte de aterrissar o avião – criar uma economia que nos permita prosperar, quer cresça, quer não –, o que acontece na chegada? Não tenho dúvida de que a próxima geração de inovadores econômicos estará mais capacitada a preencher essas páginas ainda em branco do manual, então acrescentarei apenas dois pensamentos.

Primeiro, se Rostow fosse realmente um colega passageiro nesse voo, acho que ele perceberia, ao aterrissar, que um avião não é realmente a melhor metáfora para descrever a viagem futura do PIB: falta-lhe a agilidade necessária para decolar, aterrissar, decolar, aterrissar, em resposta a condições sempre cambiantes. Voar era o jeito novo de viajar nos dias de Rostow: seu livro saiu apenas cinco anos depois do primeiro voo comercial, então não é de admirar que ele tenha recorrido ao avião como metáfora econômica. Mas se o apresentássemos aos esportes aquáticos do século XXI, creio que ele se decidiria pelo kitesurf como uma metáfora muito melhor para o futuro do PIB. Um praticante habilidoso do kitesurf navega sua prancha pelas ondas ao mesmo tempo que capta o vento na sua pipa, e precisa ajustar-se continuamente – dobrando, baixando e girando o corpo – para manter a interação dinâmica do vento e das ondas. É exatamente assim que o PIB deveria se movimentar no século XXI, com o valor dos produtos e serviços vendidos a cada ano subindo e descendo em resposta à economia em constante evolução.

Segundo, o que quer que aconteça na chegada, aposto uma coisa: que John Maynard Keynes e John Stuart Mill estarão lá para nos receber, prontos para o trabalho de compreender a economia – e a filosofia e a política também – da arte de viver numa economia Donut distributiva, regenerativa e agnóstica em relação ao crescimento. O destino certamente não será o que esperavam, mas eles reconhecerão os nossos dilemas. Que melhor par de pensadores originais poderíamos desejar ter em nossa equipe?

Agora somos todos economistas

Economia Donut propõe uma visão otimista do futuro comum da humanidade: uma economia global que cria um equilíbrio próspero graças à sua concepção distributiva e regenerativa. Tal aspiração pode parecer tola, até mesmo ingênua, considerando as crises de mudanças climáticas, conflitos violentos, migração forçada, aumento das desigualdades, xenofobia crescente e instabilidade financeira endêmica que estamos enfrentando e que estão todas entrelaçadas. Assista, ou leia, às notícias cotidianas e a possibilidade de um colapso – social, ecológico, econômico e político – parece muito real. O copo da humanidade pode facilmente parecer meio vazio. Siga esses temores e talvez você logo se veja recorrendo à economia do colapso e sobrevivência, que, tal como todos os enquadramentos fortes, poderia ajudar a confirmar esses resultados.

Mas há muitas pessoas que ainda veem a alternativa, o futuro do copo meio cheio, e que estão decididas a fazê-lo acontecer. Conto-me entre elas. A nossa geração é a primeira a compreender adequadamente os danos que temos causado ao nosso lar planetário, e provavelmente a última a ter a chance de fazer algo transformador em relação a isso. E sabemos muito bem, como comunidade internacional, que temos a tecnologia, o know-how e os meios financeiros para pôr um fim à pobreza extrema em todas as suas formas, se decidirmos coletivamente fazer com que isso aconteça.

Pensemos, então, nos estudantes que todos os anos se dirigem às universidades do mundo inteiro para estudar economia. Muitos deles terão escolhido esse curso porque também enxergam o copo meio cheio e querem apaixonadamente fazer parte de uma gestão melhor do lar comum da humanidade no interesse de todos. E acreditam – como eu acreditava – que dominar a língua materna da política pública é a melhor maneira de se habilitar para essa tarefa. Esses estudantes merecem o ensino acadêmico mais esclarecido possível, seja em palavras, equações ou imagens, e acho que ele começa com as sete maneiras de pensar apresentadas neste livro.

A tarefa do século XXI é clara: criar economias que promovam prosperidade humana numa teia de vida florescente, de maneira que possamos prosperar em equilíbrio dentro do espaço seguro e justo do Donut. Isso começa com o reconhecimento de que cada economia – do âmbito local ao global – está integrada na sociedade e no mundo vivo. Também significa reconhecer que o agregado familiar, os bens comuns, o mercado e o Estado podem ser todos meios eficazes de satisfazer as nossas muitas necessidades e desejos, e tendem a trabalhar melhor quando em conjunto. Ao aprofundar nossa compreensão da natureza humana, podemos criar instituições e incentivos que reforcem nossa reciprocidade social e valores altruístas, em vez de solapá-los. Uma vez que aceitemos a complexidade inerente da economia, podemos moldar a sua dinâmica em evolução constante por meio de uma administração inteligente. Isso abre a possibilidade de transformar as economias divisivas e degenerativas de hoje em economias distributivas e regenerativas por concepção, e nos convida a ser agnósticos em relação ao crescimento, criando economias que nos permitam prosperar, quer estejam crescendo ou não.

Este livro apresentou apenas sete maneiras de pensar (e desenhar) como um economista do século XXI; sem dúvida há muitas mais. Mas estou convencida de que essas sete são a melhor forma de começar a apagar os velhos grafites econômicos que por tanto tempo ocuparam nossas mentes. No entanto, até mesmo essas sete continuarão a evoluir, porque apenas começamos a desenhar suas imagens, sentir seus padrões e compreender sua inter-relação. E as políticas também não irão desaparecer. Considerando as diferentes estradas tecnológicas, culturais, econômicas e políticas que poderiam nos levar para dentro do Donut, haverá muitas formas possíveis de distribuir custos e benefícios, poder e risco, dentro de países e comunidades e entre eles. Isso faz com que o processo político de decidir entre políticas alternativas seja mais importante do que nunca.[1]

Tomando de assalto as cidadelas

Muitas das ideias mais interessantes que impelem o novo pensamento econômico parecem estar surgindo de todos os lados, menos dos próprios departamentos de economia. Existem, é claro, algumas exceções importantes, porém bastante raras. Várias ideias transformadoras estão sendo originadas em outros domínios do pensamento, como a psicologia, ecologia, física, história, ciência do sistema terrestre, geografia, arquitetura, sociologia e ciência da complexidade. A teoria econômica faria bem em abraçar o que essas outras perspectivas têm a oferecer. Na dança dos intelectos, é hora de a economia deixar de dançar sozinha na ribalta e, em vez disso, juntar-se à trupe, entretecendo ativamente suas teorias com percepções surgidas em outras disciplinas.

Os economistas mais inteligentes sempre compreenderam a importância dessa dança de roda intelectual. John Stuart Mill acreditava que seu livro de 1848 *Princípios de economia política* foi aclamado em seu próprio tempo porque tratava a economia política "não como uma coisa em si, mas como um fragmento de um todo maior; um ramo da filosofia social, tão entrelaçado com todos os outros ramos que suas conclusões, mesmo no seu próprio domínio, são verdadeiras apenas de forma condicional, sujeitas a interferência e oposição de causas que não estão diretamente dentro do seu escopo".[2] John Maynard Keynes também teria claramente entrado nessa roda. "O economista superior deve possuir uma rara *combinação* de talentos", escreveu ele. "Deve ser matemático, historiador, estadista, filósofo ... Deve estudar o presente à luz do passado para os objetivos do futuro. Nenhuma parte da natureza do homem ou de suas instituições deve estar totalmente fora da sua visão."[3] Alguns importantes economistas contemporâneos fazem eco a essa opinião, tais como Joseph Stiglitz, que aconselhava possíveis alunos a "estudar economia, mas estudá-la com ceticismo e dentro de um contexto mais amplo".[4]

Então essa dança de roda intelectual está adquirindo igual popularidade nas cidadelas – os próprios departamentos de economia das universidades? Essa pergunta me levou a procurar Yuan Yang, a desiludida estudante de economia que ajudou a lançar um movimento de protesto e cuja história abriu este livro. Quase uma década depois – por mais incongruente que isso possa soar –, ela é agora correspondente em Pequim do *Financial Times*, o mais prestigioso jornal financeiro do Reino Unido, e ao mesmo tempo copresidente do comitê de gestão da Rethinking Economics, a rede estudantil internacional que ela ajudou a criar e que está exigindo uma revolução no ensino da economia. Como ela veio a transitar em dois mundos tão diferentes? Ao completar seu mestrado, Yuan recusou uma vaga num programa de doutorado porque estava convencida de que aprenderia mais sobre a economia real trabalhando como jornalista especializada do que estudando num departamento de economia. E, assim, escreve sobre questões na vanguarda da economia em rápida transformação da China, desde a perda de empregos em larga escala nas indústrias de carvão e aço até a ascensão de Pequim como capital mundial dos bilionários.

Ao mesmo tempo, Yuan ajudou a fortalecer gradualmente a Rethinking Economics. Desde a sua fundação, em 2013, esse movimento liderado por estudantes construiu uma ampla coalizão, associando-se a empregadores igualmente frustrados com o largo abismo entre o que os recém-formados que recrutam sabem e o funcionamento da economia real. O movimento também ganhou o apoio da opinião pública mais ampla. "Quando viajamos pelo Reino Unido dando palestras, conhecemos pessoas no trem que nos perguntam o que estamos fazendo", contou-me Yuan. "Quando dizemos que achamos que os economistas estão errados, elas sabem imediatamente do que estamos falando. A crise financeira transformou a economia – essa profissão estranha e desajeitada – num tema de discussão e debate públicos."

Para contrabalançar os limitados currículos oferecidos, estudantes em universidades do mundo todo organizaram seminários, criaram grupos de leitura, ajudaram a conceber cursos online abertos a todos e pressionaram seus próprios professores a reformar e diversificar os currículos que estão sendo ensinados. Algumas universidades, segundo eles, abraçaram seu pedido por uma educação mais plural – incluindo Kingston e Greenwich, no Reino Unido; Siegen, na Alemanha; Paris 7 e 13, na França; e Aalborg, na

Dinamarca. Elas estão trazendo a história econômica e a história do pensamento econômico de volta para o programa de estudos, atualizando seus modelos macroeconômicos de modo a incluir o setor financeiro e introduzindo críticas de escolas de pensamento mais variadas, como as economias feminista, ecológica, comportamental, institucional e da complexidade.

As universidades menos receptivas até o momento, segundo os estudantes, têm sido as mais prestigiosas, como Harvard e London School of Economics. "Os departamentos de ranking mais elevado não querem fazer nada que os coloque em risco de perder seu lugar nas tabelas de classificação", disse-me Yuan. "Suas pontuações elevadas vêm da publicação de pesquisas naquelas revistas conhecidas como 'de primeira linha', mas essas revistas simplesmente mantêm o status quo." Além disso, essas prestigiosas universidades estabelecem as normas que outras devem seguir; assim, universidades na China, na Índia, no Brasil e em outros lugares formam seus alunos para que consigam um lugar nos seus cursos de pós-graduação de elite. Essa inércia intelectual no topo da tabela deixa Yuan longe de estar satisfeita. "Temos que tomar de assalto as cidadelas", disse-me ela, "não podemos simplesmente montar nossos acampamentos do lado de fora. Podemos ter tantos cursos online e grupos de leitura extracurriculares quanto quisermos, mas, a menos que a universidade aceite que aquilo que estamos fazendo é economia, isso não é visto como economia. No fim das contas, não queremos apenas falar sobre as limitações do ensino atual, queremos transformá-lo."

Suas palavras me fizeram lembrar o prazer que Paul Samuelson sentia em ser aquele a quem coube definir o que é visto ou não como boa economia. Ele afinal sabia muito bem que "o primeiro contato é o privilegiado, porque afeta a *tabula rasa* do iniciante no seu estado mais impressionável". A *tabula rasa* – ou página em branco – era como ele via a mente do estudante novato. Então, para um estudante de economia de hoje, eu simplesmente diria o seguinte: esteja atento às ideias que outros tentam impor à sua mente. Leia bem as palavras, tenha cuidado com as equações. Porém, acima de tudo, preste atenção às imagens, sobretudo as fundamentais, porque elas penetram fundo sem que você sequer perceba. E mais, não deixe que ninguém faça a presunção extraordinária de que, tenha você dezoito ou 81 anos, a sua *tabula* é *rasa*, de que a sua página econômica está em branco. Na verdade, desde o nascimento ela vem sendo gravada com experiências, a começar por anos de cuidados como criança na economia essencial, respaldada pela dependência de cada um de nós do mundo vivo. E cada um de nós desempenha múltiplos papéis na economia ao longo da vida, seja como cidadão, trabalhador, consumidor, empreendedor, poupador ou utilizador dos bens comuns. Por isso, não deixe ninguém tentar apagar a sua página: recorra a seu rico banco de experiências como um ponto de referência pessoal para verificar o sentido das teorias econômicas que lhe são apresentadas – inclusive as deste livro, é claro.

Evolução econômica: um experimento por vez

A frustração de Yuan com a posição privilegiada dada à velha teoria econômica é palpável. "Muitos departamentos universitários – como os de sociologia ou ciências políticas – ensinam seus alunos a pensar de maneiras diferentes sobre a economia", disse-me ela, "mas só aqueles que estudam teoria econômica neoclássica em departamentos de economia saem para o mundo rotulados de 'economistas', com todo o poder que esse rótulo lhes concede. Temos de romper com o poder do especialista que está concentrado nesse título e fazer com que signifique muitas coisas diferentes."[5]

Uma maneira promissora de redefinir o significado de "economista" é olhar para aqueles que foram além do novo pensar econômico para o novo fazer econômico: os inovadores que estão desenvolvendo a economia com um experimento de cada vez. Seu impacto já se reflete no lançamento de novos modelos de negócios, no dinamismo comprovado dos bens comuns de colaboração, no vasto potencial das moedas digitais e nas inspiradoras possibilidades da concepção regenerativa. Como deixou claro Donella Meadows, o poder de auto-organização – a capacidade que um sistema tem de aumentar, alterar e fazer evoluir sua própria estrutura – é um ponto de alavancagem elevado para mudar todo um sistema. E isso desencadeia um pensamento revolucionário: faz de todos nós economistas.

Se as economias mudam evoluindo, então cada experimento – seja um novo modelo de empresa, uma moeda complementar ou uma colaboração de código aberto – ajuda a diversificar, selecionar e amplificar um novo futuro econômico. Todos participamos na tarefa de dar forma a essa evolução, porque as nossas escolhas e ações estão refazendo continuamente a economia, e não apenas por meio dos produtos que compramos ou não. Nós a refazemos de várias maneiras: transferindo nossas poupanças para bancos éticos; usando moedas complementares *peer-to-peer*; acalentando um propósito de vida nas empresas que criamos; exercendo nossos direitos de licença parental; contribuindo para os bens comuns de conhecimento; e fazendo campanha com movimentos políticos que compartilhem nossa visão econômica.

É claro que essas inovações enfrentam o desafio de tentar crescer e prosperar dentro de economias ainda fortemente dominadas pelo pensamento e a atitude econômica do século passado. Empreendimentos comprometidos com uma concepção industrial generosa podem por vezes sofrer quando postos lado a lado com empresas do século passado cuja intenção é apenas maximizar o retorno dos acionistas. Pode não ser fácil lançar uma moeda complementar se você acha que a primeira resposta do governo será prendê-lo. As finanças regenerativas devem parecer uma conversa fiada ambiciosa para clientes acostumados a focalizar retornos em curto prazo. Projetar um edifício que devolva coisas à cidade é algo difícil de vender se a primeira reação do seu cliente for "Mas por que eu faria isso?". No entanto, dos comerciantes comunitários que usam o bangla-pesa no Quênia e das impressoras 3D recicladas da Woelab no Togo até o plástico feito de metano da Newlight na Califórnia e o potencial mundial das moedas digitais *peer-to-peer*, os inovadores econômicos estão claramente tendo sucesso em remodelar a evolução da economia, tornando-a distributiva e regenerativa, projeto a projeto.

"Seja a mudança que você quer ver no mundo" é a frase mais famosa de Gandhi, e, em termos de refazer a economia, os inovadores econômicos de hoje o deixam orgulhoso. Mas, com o devido respeito, quero fazer uma variação sobre o tema de Gandhi. Quando se trata do novo pensamento econômico, *desenhe* também a mudança que você quer ver no mundo. Combinando o conhecido poder dos suportes verbais com o poder oculto dos suportes visuais, podemos dar a nós mesmos uma chance muito melhor de escrever uma nova história econômica – aquela de que tão desesperadamente precisamos para um século XXI seguro e justo.

É fácil começar. Basta pegar um lápis e desenhar.

Apêndice: o Donut e seus dados

O Donut de limites sociais e planetários é uma visualização simples das condições duais – sociais e ecológicas – que sustentam o bem-estar humano coletivo. O alicerce social demarca o limite interno do Donut, e estabelece as condições básicas de vida das quais ninguém deve ser privado. O teto ecológico demarca o limite externo do Donut, além do qual a pressão da humanidade sobre os sistemas terrestres geradores de vida constitui um excesso perigoso. Entre os dois conjuntos de limites encontra-se o espaço ecologicamente seguro e socialmente justo no qual a humanidade pode prosperar.

O alicerce social compreende doze dimensões que derivam das prioridades sociais especificadas nos Objetivos de Desenvolvimento Sustentável das Nações Unidas de 2015. A tabela 1 apresenta as variáveis e os dados usados para aferir e ilustrar a extensão do déficit da humanidade nessas doze áreas.

O teto ecológico compreende os nove limites planetários propostos por um grupo internacional de cientistas do sistema terrestre liderados por Johan Rockström e Will Steffen. Esses nove processos críticos são:

Mudanças climáticas. Quando gases do efeito estufa – como dióxido de carbono, metano e óxido nitroso – são liberados no ar, penetram na atmosfera e amplificam o efeito estufa natural da Terra, retendo mais calor no interior da atmosfera. Isso resulta em aquecimento global, cujos efeitos incluem aumento de temperaturas, condições climáticas extremas mais frequentes e elevação no nível dos oceanos.

Acidificação dos oceanos. Cerca de um quarto do dióxido de carbono emitido pela atividade humana acaba se dissolvendo nos oceanos, onde forma ácido carbônico e diminui o pH da água superficial. Essa acidez reduz a disponibilidade de íons carbonato, que são um bloco de construção essencial usado

TABELA 1. O alicerce social e seus indicadores de déficit

Dimensão	**Indicadores ilustrativos** (porcentagem da população global, a menos que indicado de outra forma)	%	Ano
Alimento	População subnutrida	11	2014-16
Saúde	População que vive em países com taxa de mortalidade de crianças com menos de 5 anos superior a 25 por 1.000 nascidos vivos	46	2015
	População que vive em países com expectativa de vida no nascimento inferior a 70 anos	39	2013
Educação	População adulta (com mais de 15 anos) analfabeta	15	2013
	Crianças com idades de 12 a 15 anos fora da escola	17	2013
Renda e trabalho	População que vive com menos do que a linha internacional da pobreza (US$3,10 por dia)	29	2012
	Proporção de jovens (entre 15 e 24 anos) que procuram trabalho mas não conseguem encontrar	13	2014
Água e saneamento	População sem acesso a água potável tratada	9	2015
	População sem acesso a tratamento de esgoto	32	2015
Energia	População sem acesso a eletricidade	17	2013
	População sem acesso a combustíveis limpos para cozinhar	38	2013
Redes	População que declara não ter ninguém com quem contar para ajuda em tempos de dificuldades	24	2015
	População sem acesso à internet	57	2015
Habitação	População urbana global que vive em favelas nos países em desenvolvimento	24	2012
Igualdade de gênero	Diferença de representatividade entre homens e mulheres em parlamentos nacionais	56	2014
	Diferença de renda entre homens e mulheres	23	2009
Igualdade social	População que vive em países com um índice de Palma de 2 ou mais (a razão entre a fatia de renda dos 10% mais ricos e a dos 40% mais pobres)	39	1995-2012
Voz política	População que vive em países com pontuação igual ou inferior a 0,5 (de um máximo de 1,0) no Índice de Voz e Prestação de Contas	52	2013
Paz e justiça	População que vive em países com pontuação igual ou inferior a 50 (de um máximo de 100) no Índice de Percepção de Corrupção	85	2014
	População que vive em países com taxa de homicídios de 10 ou mais por 100.000 habitantes	13	2008-13

Fontes: FAO, Banco Mundial, WHO, UNDP, Unesco, Unicef, OCDE, AIE, Gallup, ITU, ONU, Cobham and Summer, ILO, Unodc e Transparência Internacional. Todas as porcentagens estão arredondadas para o número inteiro mais próximo.

por muitas espécies marinhas para a formação de conchas e esqueletos. A carência desse ingrediente dificulta o crescimento e a sobrevivência de organismos como corais, crustáceos e plânctons, pondo em risco o ecossistema oceânico e sua cadeia alimentar.

Poluição química. Quando compostos tóxicos – como poluentes químicos orgânicos e metais pesados – são liberados na biosfera, podem persistir por muito tempo, com efeitos potencialmente irreversíveis. E quando se acumulam no tecido de criaturas vivas, como aves e mamíferos, reduzem a fertilidade e provocam danos genéticos, pondo em risco ecossistemas em terra e nos oceanos.

Carga de nitrogênio e fósforo. Nitrogênio e fósforo reativos são amplamente usados em fertilizantes agrícolas, porém apenas uma pequena proporção do que é aplicado é efetivamente absorvida pelas plantas. A maior parte do excesso escorre para rios, lagos e oceanos, onde causa proliferação de algas que tornam a água verde. Esse excesso de algas pode ser tóxico e matar outros organismos aquáticos, privando-os de oxigênio.

Retiradas de água doce. A água é essencial para a vida e amplamente utilizada pela agricultura, a indústria e as famílias. Retiradas excessivas de água, porém, podem prejudicar e até mesmo secar lagos, rios e aquíferos, danificando ecossistemas e alterando o ciclo hidrológico e o clima.

Conversão de terras. A conversão de terras para uso humano – como transformar florestas e pântanos em cidades, terrenos agrícolas e estradas – esgota os depósitos de carbono do planeta, destrói habitats ricos de vida selvagem e mina o papel da terra no ciclo contínuo de água, nitrogênio e fósforo.

Perda de biodiversidade. Um declínio no número e na variedade de espécies vivas prejudica a integridade dos ecossistemas e acelera a extinção de espécies. Desse modo, aumenta o risco de mudanças abruptas e irreversíveis em ecossistemas, reduzindo sua resiliência e minando sua capacidade de prover alimentos, combustível e fibras, e de sustentar a vida.

Poluição atmosférica. As micropartículas, ou aerossóis, emitidas no ar – tais como fumaça, poeira e gases poluentes – podem danificar os organismos vivos. Além disso, interagem com o vapor d'água no ar, afetando a formação de nuvens. Quando emitidas em grande volume, podem alterar significativamente os padrões de chuvas, inclusive modificando a época e o local das monções em regiões tropicais.

Destruição da camada de ozônio. A camada de ozônio, na estratosfera, filtra a radiação ultravioleta do Sol. Algumas substâncias químicas criadas pelo homem, como os clorofluorcarbonetos (CFCs), quando liberadas, penetram na estratosfera e destroem a camada de ozônio, expondo a Terra e seus habitantes aos perniciosos raios ultravioleta.

A tabela 2 apresenta os indicadores e dados utilizados para avaliar o atual grau de transgressão desses limites planetários.

TABELA 2. O teto ecológico e seus indicadores de transgressão

Pressão sobre o sistema terrestre	Variável de controle	Limite planetário	Valor atual e tendência
Mudanças climáticas	Concentração de dióxido de carbono na atmosfera, partes por milhão (ppm)	No máximo 350ppm	400ppm e aumentando (piorando)
Acidificação dos oceanos	Saturação média de aragonita (carbonato de cálcio) na superfície oceânica, como porcentagem de níveis pré-industriais	Pelo menos 80% dos níveis de saturação pré-industriais	Cerca de 84% e caindo (intensificando)
Poluição química	Ainda não definida nenhuma variável de controle global	–	–
Carga de nitrogênio e fósforo	Fósforo aplicado à terra como fertilizante, milhões de toneladas/ano	No máximo 6,2 milhões de toneladas/ano	Cerca de 14 milhões de toneladas/ano e subindo (piorando)
	Nitrogênio reativo aplicado à terra como fertilizante, milhões de toneladas/ano	No máximo 62 milhões de toneladas/ano	Cerca de 150 milhões de toneladas/ano e subindo (piorando)
Retiradas de água doce	Consumo de água azul, quilômetros cúbicos por ano	No máximo 4.000km^3 por ano	Cerca de 2.600km^3 por ano e subindo (intensificando)
Conversão de terras	Área de terra florestada como proporção de terras florestadas antes da alteração humana	Pelo menos 75%	62% e caindo (piorando)
Perda de biodiversidade	Taxa de extinção de espécies por milhão de espécies por ano	No máximo 10	Cerca de 100-1.000 e aumentando (piorando)
Poluição atmosférica	Ainda não definida nenhuma variável de controle global	–	–
Destruição da camada de ozônio	Concentração de ozônio na estratosfera, em unidades Dobson	Pelo menos 275UD	283UD e subindo (melhorando)

Fonte: Steffen et al. (2015b).

Notas

Quem quer ser economista? (p.9-39)

1. "Open Letter from Economic Students to Professors and Others Responsible for the Teaching of this Discipline", Autisme-Économie, 17 jun 2000, disponível em: <www.autisme-economie.org/article142.html>.
2. J. Delreal, "Students Walk Out of Ec 10 in Solidarity with 'Occupy'", *The Harvard Crimson*, 2 nov 2011, disponível em: <www.thecrimson.com/article/2011/11/2/mankiw-walkout-economics-10>.
3. International Student Initiative for Pluralism in Economics, "An International Student Call for Pluralism in Economics", 2014, disponível em: <www.isipe.net/open-letter>.
4. K. Harrington, "Jamming the Economic High Priests at the AEA", 7 jan 2015, disponível em: <www.kickitover.org/jamming-the-economic-high-priestsat-the-aea>.
5. Kick It Over, *Manifesto Kick It Over*, 2015, disponível em: <www.kickitover.org/kick-it-over/manifesto>.
6. M. Roser, *Life Expectancy*, 2016, disponível em: <www.ourworldindata.org/life-expectancy>.
7. UNDP, *Human Development Report 2015*, p.4.
8. World Food Programme, *Hunger*, 2016, disponível em: <www.wfp.org/hunger>.
9. World Health Organization, *Children: Reducing Mortality*, 2016, disponível em: <www.who.int/mediacentre/factsheets/fs178/en>.
10. International Labour Organisation, *Global Employment Trends for Youth 2015*.
11. D. Hardoon, R. Fuentes e S. Ayele, *An Economy for the 1%*.
12. Climate Action Tracker, *Climate Action Tracker*, 2016, disponível em: <www.climateactiontracker.org>.
13. Global Agriculture, *Soil Fertility and Erosion*, 2015, disponível em: <www.globalagriculture.org/report-topics/soil-fertility-and-erosion.html>; e Undesa, *International Decade for Action "Water for Life" 2005-2015*, 2014, disponível em: <www.un.org/waterforlifedecade/scarcity.shtml>.
14. FAO Fisheries Department, *State of the World Fisheries and Aquaculture* (Sofia), 2010, disponível em: <www.fao.org/docrep/013/i1820e/i1820e01.pdf>; e Fundação Ellen MacArthur, *The New Plastics Economy: Rethinking the Future of Plastics*, 2016, disponível em: <www.ellenmacarthurfoundation.org/publications/the-new-plastics-economy-rethinking-the-future-of-plastics>.
15. United Nations, *World Population Prospects*, p.1.

16. PwC, *The World in 2050: Will the Shift in Global Economic Power Continue?*, 2015, disponível em: <www.pwc.com/gx/en/issues/the-economy/assets/world-in-2050-february-2015.pdf>.
17. OECD Observer, *An Emerging Middle Class*, 2015, disponível em: <www.oecdobserver.org/news/fullstory.php/aid/3681/An_emerging_middle_class.html>.
18. F.S. Michaels, *Monoculture*, p.9, 131.
19. J.M. Keynes, *The General Theory of Employment, Interest and Money*, p.383.
20. F. Hayek, "Friedrich von Hayek", discurso no banquete da Fundação Nobel, 10 dez 1974, disponível em: <www.nobelprize.org/nobel_prizes/economic-sciences/laureates/1974/hayek-speech.html>.
21. L. Brander e K. Schuyt, "Benefits Transfer: The Economic Value of the World's Wetlands", 2010, disponível em: <www.TEEBweb.org>; e Centre for Food Security, Universidade de Reading, "Sustainable Pollination Services for UK Crops", 2015, disponível em: <www.reading.ac.uk/web/FILES/food-security/CFS_Case_Studies_-_Sustainable_Pollination_Services.pdf>.
22. A. Toffler, *Future Shock*, Londres, Pan Books, 1970, p.374-5.
23. J. Berger, *Ways of Seeing*, p.7.
24. S. Thorpe, D. Fize e C. Marlot, "Speed of Processing in the Human Visual System", p.520-2.
25. M. Kringelbach, *The Pleasure Center*, p.86-7.
26. L. Burmark, *Why Visual Literacy?*, disponível em: <www.tcpd.org/Burmark/Handouts/WhyVisualLit.html>.
27. L. Rodriguez e D. Dimitrova, "The Levels of Visual Framing", p.48-65.
28. S. Christianson, *100 Diagrams that Changed the World*.
29. A. Marshall, *Principles of Economics*, prefácio, p.10-1.
30. R. Parker, *Reflections on the Great Depression*, p.25.
31. P. Samuelson, "Credo of a Lucky Textbook Author".
32. P. Samuelson, *Economics: An Introductory Analysis*, p.264, apud Y. Giraud, "The Changing Place of Visual Representation in Economics".
33. G. Frost, "Nobel-Winning Economist Paul A. Samuelson Dies at Age 94", *MIT News*, 13 dez 2009, disponível em: <www.newsoffice.mit.edu/2009/obit-samuelson-1213>.
34. P. Samuelson, "Foreword", in P. Saunders e W. Walstad, *The Principles of Economics Course: A Handbook for Instructors* (Nova York, McGraw Hill, 1990), p.ix.
35. J. Schumpeter, *History of Economic Analysis*, p.41.
36. T. Kuhn, *The Structure of Scientific Revolutions*, p.46.
37. E. Goffman, *Frame Analysis*.
38. J.M. Keynes, *The General Theory of Employment, Interest and Money*, p.viii.
39. G. Box e N. Draper, *Empirical Model Building and Response Surfaces*, p.424.
40. G. Lakoff, *The All New Don't Think of an Elephant*.
41. Tax Justice Network, disponível em: <www.taxjustice.net>; e Global Alliance for Tax Justice, disponível em: <www.globaltaxjustice.org>.

1. **Mudar o objetivo** (p.41-71)

1. "G20 Summit: Leaders Pledge to Grow Their Economies by 2.1%", BBC News, 16 nov 2014, disponível em: <www.bbc.co.uk/news/world-australia-30072674>.
2. "EU 'Unhappy' Climate Change Is off G20 Agenda", *The Australian*, 3 abr 2014.
3. J. Steuart, *An Inquiry into the Principles of Political Economy*.
4. A. Smith, *An Inquiry into the Nature and Causes of the Wealth of Nations*, livro 4.
5. J.S. Mill, "On the Definition of Political Economy" (1844), in *Essays on Some Unsettled Questions of Political Economy*, disponível em: <www.econlib.org/library/Mill/mlUQP5.html>.
6. H.W. Spiegel, "Jacob Viner (1892-1970)".
7. L. Robbins, *Essay on the Nature and Significance of Economic Science*.
8. G. Mankiw, *Principles of Economics*.
9. R. Lipsey, *An Introduction to Positive Economics*, p.90.
10. L. Fioramenti, *Gross Domestic Product*, p.29-30.
11. H. Arndt, *The Rise and Fall of Economic Growth*, p.56.
12. Convenção da OCDE, 1961, artigo 1(a).
13. G. Lakoff e M. Johnson, *Metaphors We Live by*, p.14-24.
14. P. Samuelson, *Economics*, 6ª ed., apud H. Arndt, *The Rise and Fall of Economic Growth*, p.75.
15. S. Kuznets, *National Income 1929-1932*, 73º Congresso dos Estados Unidos, 2ª sessão, documento do Senado n.124, 1934, p.7.
16. D. Meadows, "Sustainable Systems", palestra na Universidade de Michigan, 18 mar 1999, disponível em: <www.youtube.com/watch?v=HMmChiLZZHg>.
17. S. Kuznets, "How to Judge Quality" (1962), in H. Croly (org.), *The New Republic*, 147, p.16, 29.
18. J. Ruskin, *Unto this Last*, ensaio 4, "Ad valorem", seção 77.
19. E.F. Schumacher, *Small Is Beautiful*; e M. Max-Neef, *Human Scale Development*.
20. N. Shaikh, "Amartya Sen: A More Human Theory of Development", *Asia Society*, 2004, disponível em: <www.asiasociety.org/amartya-sen-more-human-theory-development>.
21. A. Sen, *Development as Freedom*, p.285.
22. J.E. Stiglitz, A. Sen e J.-P. Fitoussi, *Report by the Commission on the Measurement of Economic Performance and Social Progress*, 2009, p.9.
23. United Nations, *Sustainable Development Goals*, 2015, disponível em: <https://sustainabledevelopment.un.org/?menu=1300>.
24. W. Steffen et al., "The Trajectory of the Anthropocene".
25. International Geosphere-Biosphere Programme, "Planetary Dashboard Shows 'Great Acceleration' in Human Activity since 1950", press release, 15 jan 2015, disponível em: <www.igbp.net/news/pressreleases/pressreleases/planetarydashboardshowsgreataccelerationinhumanactivitysince1950.5.950c2fa1495db7081eb42.html>.

26. Este gráfico é adaptado de O.R. Young e W. Steffen, "The Earth System: Sustaining Planetary Life-Support Systems", in F.S. Chapin III, G.P. Kofinas e C. Folke (orgs.), *Principles of Ecosystem Stewardship*, p.295-315.
27. J. Diamond, "Evolution, Consequences and Future of Plant and Animal Domestication".
28. A. Berger e M.F. Loutre. "An Exceptionally Long Interglacial Ahead?".
29. W. Steffen et al., "The Anthropocene".
30. J. Rockström et al., "A Safe Operating Space for Humanity"; W. Steffen et al., "Planetary Boundaries".
31. C. Folke et al., "Reconnecting to the Biosphere".
32. WWF, *Living Planet Report*, Gland, WWF International, 2014.
33. Comunicação pessoal com Katherine Richardson, 10 mai 2016.
34. R. Heilbroner, "Ecological Armageddon".
35. B. Ward e R. Dubos, *Only One Earth*.
36. Friends of the Earth, "Action Plan for a Sustainable Netherlands", 1990, disponível em: <www.iisd.ca/consume/fjeld.html>.
37. E. Gudynas, "Buen Vivir: Today's Tomorrow".
38. Governo do Equador, Constituição do Equador, 2008, artigo 71, disponível em: <www.therightsofnature.org/wp-content/uploads/pdfs/Rights-for-Nature-Articles-in-Ecuadors-Constitution.pdf>.
39. J. Rockström, "The Great Acceleration", palestra 3 do curso online *Planetary Boundaries and Human Opportunities*.
40. M. Sayers e K. Trebeck, *The Scottish Doughnut*; M. Sayers, *The Welsh Doughnut*; M. Sayers, *The UK Doughnut*; e M. Cole, *Is South Africa Operating in a Safe and Just Space?*.
41. Dearing, J. et al. "Safe and Just Operating Spaces for Regional Socialecological Systems", *Global Environmental Change*, 28, 2014, p.227-38.
42. City Think Space, *Kokstad & Franklin Integrated Sustainable Development Plan*, 2012, p.15, disponível em: <www.issuu.com/city_think_space/docs/kisdp_final_report>.
43. D. Dorling, *Population 10 Billion*, p.303-8.
44. L. Chancel e T. Piketty, *Carbon and Inequality*.
45. Institute of Mechanical Engineers, *Global Food*.
46. T. Jackson, "An Economic Reality Check", palestra TED, 2010, disponível em: <www.ted.com/talks/tim_jackson_s_economic_reality_check/trans-cript?language=en>.
47. Secretariat of the Convention on Biological Diversity, *Cities and Biodiversity Outlook*.

2. Analisar o quadro geral (p.72-105)

1. S. Palfrey e T. Stern, *Shakespeare in Parts*.
2. W. Shakespeare, *Mr William Shakespeares Comedies, Histories and Tragedies*, p.19.
3. T. Harford, *The Undercover Economist Strikes Back*, 2013, p.8-14.

4. J.D. Sterman, "All Models Are Wrong", p.513.
5. O website da Sociedade Mont Pèlerin está disponível em: <www.montpelerin.org>.
6. D. Stedman Jones, *Masters of the Universe*, p.8-9.
7. N. Klein, *The Shock Doctrine*.
8. A. Smith, *An Inquiry into the Nature and Causes of the Wealth of Nations*, livro 1, cap.2.
9. E. Fama, "Efficient Capital Markets".
10. D. Ricardo, *On the Principles of Political Economy and Taxation*, in Piero Sraffa (org.), *Works and Correspondence of David Ricardo*, p.135.
11. M. Friedman, *Capitalism and Freedom*.
12. G. Hardin, "The Tragedy of the Commons", 1968.
13. Entrevista com Margaret Thatcher feita por Douglas Keay, *Woman's Own*, 23 set 1987.
14. J. Simon e H. Kahn, *The Resourceful Earth*.
15. M. Friedman, "The Role of Government in a Free Society", palestra proferida na Universidade Stanford, 1978, disponível em: <www.youtube.com/watch?v=LucOUSpTB3Y>.
16. Diagrama inspirado por H. Daly, *Beyond Growth*, p.46; M. Bauwens, "Commons Transition Plan", 2014, disponível em: <www.p2pfoundation.net/Commons_Transition_Plan>; e N. Goodwin et al., *Microeconomics in Context*, p.350-9.
17. D. Ricardo, *On the Principles of Political Economy and Taxation*, cap.2.
18. M. Schabas, "John Stuart Mill and Concepts of Nature", p.452.
19. M. Gaffney e F. Harrison, *The Corruption of Economics*.
20. M. Wolf, "Why Were Resources Expunged from Neo-Classical Economics?", *Financial Times*, 12 jul 2010.
21. T. Green, "Introductory Economics Textbooks: What Do They Teach about Sustainability?", 2012.
22. H. Daly e J. Farley, *Ecological Economics*, p.16.
23. H. Daly, "Toward Some Operational Principles of Sustainable Development".
24. Intergovernmental Panel on Climate Change, *Climate Change 2013*.
25. R. Putnam, *Bowling Alone*, p.19.
26. Ibid., p.290.
27. "Election Day Will Not Be Enough", entrevista com Howard Zinn, 14 nov 2008, in J. Lee e J. Tarleton, *The Indypendent*, disponível em: <www.howardzinn.org/election-day-will-not-be-enough-an-interview-with-howard-zinn>.
28. K. Marçal, *Who Cooked Adam Smith's Dinner?*.
29. N. Folbre, *Who Pays for the Kids?*.
30. A. Coote e N. Goodwin, *The Great Transition*.
31. A. Coote e J. Franklin, *Time on Our Side*.
32. A. Toffler, "Life Matters", entrevista de Norman Swann à Australian Broadcasting Corporation, 5 mar 1998, disponível em: <www.ghandchi.com/iranscope/Anthology/Alvin_Toffler98.htm>.
33. S. Razavi, *The Political and Social Economy of Care in a Development Context*.

34. Salary.com, *2014 Mother's Day Infographics*, 2014, disponível em: <www.salary.com/how-much-are-moms-worth-in-2014/slide/13>.
35. A. Fälth e M. Blackden, *Unpaid Care Work*.
36. H.J. Chang, *23 Things They Don't Tell You About Capitalism*, p.1.
37. F. Block e M. Somers, *The Power of Market Fundamentalism*, p.20-1.
38. E. Ostrom, "Coping with Tragedies of the Commons".
39. J. Rifkin, *The Zero Marginal Cost Society*, p.4.
40. M. Friedman, "The Role of Government in a Free Society", op.cit.
41. P. Samuelson, *Economics*, 11ª ed., p.592.
42. M. Mazzucato, *The Entrepreneurial State*.
43. H.J. Chang, op.cit., p.136.
44. D. Acemoglu e J. Robinson, *Why Nations Fail*.
45. P. Goodman, "Taking a Hard New Look at Greenspan Legacy", *The New York Times*, 8 out 2008, disponível em: <www.nytimes.com/2008/10/09/business/economy/09greenspan.html?pagewanted=all>.
46. K. Raworth, *Trading Away Our Rights*.
47. H.J. Chang, op.cit.
48. T. Ferguson, *Golden Rule*, p.8.
49. "US Supreme Court Strikes Down Overall Donor Limits", BBC News, 2 abr 2014, disponível em: <www.bbc.co.uk/news/world-us-canada-26855657>.
50. J. Hernandez, "The New Global Corporate Law", in *The State of Power 2015*, Amsterdã, The Transnational Institute, 2015.

3. Estimular a natureza humana (p.106-42)

1. M. Morgan, *The World in the Model*, p.157-67.
2. A. Smith, *An Inquiry into the Nature and Causes of the Wealth of Nations*, livro 1, cap.2.1, 2.2.
3. A. Smith, *The Theory of Moral Sentiments*, parte 1, seção 1, cap.1.
4. J.S. Mill, "On the Definition of Political Economy" (1844), in *Essays on Some Unsettled Questions of Political Economy*, disponível em: <www.econlib.org/library/Mill/mlUQP5.html>.
5. C.S. Devas, *Groundwork of Economics*, p.27, 43.
6. W.S. Jevons, *The Theory of Political Economy*, cap.3, n.47.
7. M. Morgan, op.cit., p.145-7.
8. A. Marshall, *Principles of Economics*, livro 3, cap.2, §1.
9. F. Knight, *Selected Essays by Frank H. Knight*, p.18.
10. M. Friedman, *Essays in Positive Economics*, p.40.
11. M. Morgan, op.cit., p.157.
12. B. Frank e G.G. Schulze, "Does Economics Make Citizens Corrupt?".
13. R. Frank, T. Gilovich e D. Regan, "Does Studying Economics Inhibit Cooperation?"; e L. Wang, D. Malhotra e K. Murnighan, "Economics Education and Greed".

14. R. Frank, T. Gilovich e D. Regan, op.cit.
15. R. Frank, *Passions within Reason*, p.xi.
16. D. MacKenzie e Y. Millo, "Constructing a Market, Performing Theory: The Historical Sociology of a Financial Derivatives Exchange", *American Journal of Sociology*, 109: 1, 2003, apud F. Ferraro, J. Pfeffer e R. Sutton, "Economics Language and Assumptions".
17. A. Molinsky, A. Grant e J. Margolis, "The Bedside Manner of Homo Economicus".
18. M. Bauer et al., "Cueing Consumerism".
19. G. Shrubsole, "Consumers Outstrip Citizens in the British Media", *Open Democracy UK*, 5 mar 2012.
20. J. Lewis et al., *Citizens or Consumers?*, apud G. Shrubsole, op.cit.
21. J. Henrich, S. Heine e A. Norenzayan, "The Weirdest People in the World?".
22. K. Jensen, A. Vaish e M. Schmidt, "The Emergence of Human Prosociality".
23. S. Bowles e H. Gintis, *A Cooperative Species*, p.20.
24. D. Helbing, "Economics 2.0".
25. J. Kagel e A. Roth, *The Handbook of Experimental Economics*, p.253-348, apud E. Beinhocker, *The Origin of Wealth*, p.120.
26. J. Henrich et al., "In Search of Homo Economicus".
27. E. Bernays, *Propaganda*, p.37-8.
28. Edward L. Bernays, entrevista em vídeo sobre a Beech-Nut Packing Co, disponível em: <www.youtube.com/watch?v=6vFz_FgGvJI>, e em Torches of Freedom: <www.youtube.com/watch?v=6pyyP2chM8k>.
29. R. Ryan e E. Deci, "Intrinsic and Extrinsic Motivations".
30. S. Schwartz, "Are There Universal Aspects in the Structure and Content of Human Values?".
31. T. Veblen, "Why is Economics Not an Evolutionary Science?".
32. M. Salganik, P. Sheridan Dodds e D. Watts, "Experimental Study of Inequality and Unpredictability in an Artificial Cultural Market", p.854.
33. P. Ormerod, "Networks and the Need for a New Approach to Policymaking", p.28-9.
34. J. Stiglitz, "Of the 1%, for the 1%, by the 1%".
35. P. Ormerod, op.cit., p.30.
36. Wikipédia, *List of Cognitive Biases*, 2016, disponível em: <en.wikipedia.org/wiki/List_of_cognitive_biases>.
37. R. Thaler e C. Sunstein, *Nudge*, p.6.
38. J. Marewzki e G. Gigerenzer, "Heuristic Decision Making in Medicine".
39. *The Economist*, "Q&A: Gerd Gigernzer", 28 mai 2014, disponível em: <www.economist.com/blogs/prospero/2014/05/qa-gerd-gigerenzer>.
40. F. Bacon, *Novum Organon*, livro 1, aforismo CXXIX.
41. A. Leopold, *A Sand County Almanac*, p.204.
42. O. Scharmer, "From Ego-System to Eco-System Economies", *Open Democracy*, 23 set 2013, disponível em: <www.opendemocracy.net/transformation/otto-scharmer/from-ego-system-to-eco-system-economies>.

43. J. Henrich, S. Heine e A. Norenzayan, "The Weirdest People in the World?".
44. H. Arendt, *Origins of Totalitarianism*, p.287.
45. Discurso proferido por Oren Lyons, chefe da nação iroquesa Onondaga, na Berkeley College of Natural Resources, 22 mai 2005, disponível em: <nature.berkeley.edu/news/2005/05/fall-2005-commencement-address-chief-oren-lyons>.
46. C. Eisenstein, *Sacred Economics*, p.159.
47. Jo Cox, discurso inaugural no Parlamento, Parliament TV, 3 jun 2015, disponível em: <www.theguardian.com/politics/video/2016/jun/16/labour-mp-jo-cox-maiden-speech-parliament-video>.
48. C. Winter, "Germany Reaches New Levels of Greendom, Gets 31 Percent of Its Electricity from Renewables", *Newsweek*, 14 ago 2014.
49. R. Titmuss, *The Gift Relationship.*
50. F. Barrera-Osorio et al., "Improving the Design of Conditional Transfer Programs".
51. M. Sandel, *What Money Can't Buy.*
52. U. Gneezy e A. Rustichini, "A Fine Is a Price".
53. M. Sandel, op.cit.
54. M. Bauer et al., "Cueing Consumerism", p.517.
55. J. Kerr et al., "Prosocial Behavior and Incentives".
56. L.R. García-Amado, M. Ruiz Pérez e S. Barrasa García, "Motivation for Conservation".
57. J. Rode, E. Gómez-Baggethun e T. Krause, "Motivation Crowding by Economic Incentives in Conservation Policy".
58. D. Wald et al., "Randomized Trial of Text Messaging on Adherence to Cardiovascular Preventive Treatment".
59. C. Pop-Eleches et al., "Mobile Phone Technologies Improve Adherence to Antiretroviral Treatment in Resource-Limited Settings".
60. iNudgeyou, "Green Nudge: Nudging Litter into the Bin", 16 fev 2012, disponível em: <https://inudgeyou.com/en/green-nudge-nudging-litter-into-the-bin/>; e G. Webster, "Is a 'Nudge' in the right Direction All We Need to Be Greener?", CNN, 15 fev 2012, disponível em: <edition.cnn.com/2012/02/08/tech/innovation/green nudge-environment-persuasion/index.html>.
61. J. Ayers et al., "Do Celebrity Cancer Diagnoses Promote Primary Cancer Prevention?".
62. L. Beaman et al., "Female Leadership Raises Aspirations and Educational Attainment for Girls".
63. J. Bolderdijk et al., "Comparing the Effectiveness of Monetary Versus Moral Motives in Environmental Campaigning", 2012.
64. M. Bjorkman e J. Svensson, "Power to the People".
65. T. Crompton e T. Kasser, *Meeting Environmental Challenges.*
66. S. Montgomery, *The Soul of an Octopus.*

4. Compreender o funcionamento dos sistemas (p.143-77)

1. W.S. Jevons, *The Theory of Political Economy*, cap.7.
2. L. Walras, *Elements of Pure Economics*, p.86.
3. W.S. Jevons, op.cit., cap.1, n.17.
4. K. Arrow e G. Debreu, "Existence of an Equilibrium for a Competitive Economy".
5. S. Keen, *Debunking Economics*, p.56-63.
6. R. Solow, "Dumb and Dumber in Macroeconomics", discurso proferido em homenagem ao sexagésimo aniversário de Joseph Stiglitz (2003), disponível em: <txtlab.io/doc/927882/dumb-and-dumber-in-macroeconomics-robert-m.-solow-so>.
7. R. Solow, "The State of Macroeconomics".
8. W. Weaver, "Science and Complexity", p.536.
9. D. Colander, "New Millennium Economics".
10. J.D. Sterman, *Business Dynamics*, p.13-4.
11. O. Gal, "Understanding Global Ruptures", in T. Dolphin e D. Nash (orgs.), *Complex New World*, p.156.
12. D. Meadows, *Thinking in Systems*, p.181.
13. S. Keen, op.cit., p.184.
14. K. Marx, *Capital*, vol.1, cap.25, seção 1.
15. T. Veblen, "Why is Economics Not an Evolutionary Science?", p.373.
16. A. Marshall, *Principles of Economics*.
17. J.M. Keynes, *A Tract on Monetary Reform*, p.80.
18. J. Schumpeter, *Capitalism, Socialism and Democracy*.
19. J. Robinson, *Essays in the Theory of Economic Growth*, p.25.
20. F. Hayek, "The Pretence of Knowledge", palestra em memória de Alfred Nobel, 11 dez 1974, disponível em: <www.nobelprize.org/nobel_prizes/economic-sciences/laureates/1974/hayek-lecture.html>.
21. H. Daly, *Steady State Economics*, p.88.
22. J.D. Sterman, "Sustaining Sustainability", in M.P. Weinstein e R.E. Turner (orgs.), *Sustainability Science*, p.24.
23. G. Soros, "Soros: A General Theory of Reflexivity", *Financial Times*, 26 out 2009, disponível em: <www.ft.com/cms/s/2/0ca06172-bfe9-11de-aed2-00144feab49a.html#axzz3dtwpK502>.
24. E. Holodny, "Isaac Newton Was a Genius but Even He Lost Millions in the Stock Market", 20 jan 2016, disponível em: <www.businessinsider.com/isaac-newton-lost-a-fortune-on-englands-hottest-stock-2016-1?r=UK>.
25. S. Keen, *Rethinking Economics Kingston 2014*, 19 nov 2014, disponível em: <www.youtube.com/watch?v=dR_75cdCujI>.
26. G. Brown, discurso para o Congresso do Partido Trabalhista, 27 set 1999, disponível em: <news.bbc.co.uk/1/hi/uk_politics/458871.stm>.
27. B. Bernanke, "The Great Moderation", comentários na reunião da Eastern Economic Association, Washington, DC, 20 fev 2004, disponível em: <www.federalreserve.gov/boarddocs/speeches/2004/20040220>.

28. H. Minsky, "The Financial Instability Hypothesis".
29. A. Haldane, "Rethinking the Financial Network", discurso proferido na Associação de Estudantes de Finanças de Amsterdã, 28 abr 2009, disponível em: <www.bankofengland.co.uk/speech/2009/rethinking-the-financial-network>.
30. G. Brown, discurso proferido no Institute for New Economic Thinking em Bretton Woods, New Hampshire, 11 abr 2011, disponível em: <www.bbc.co.uk/news/business-13032013>.
31. Comunicação pessoal com Steve Keen, 3 out 2015.
32. P. Sraffa, "The Laws of Returns under Competitive Conditions", p.144.
33. S. Murphy, D. Burch e J. Clapp, *Cereal Secrets*.
34. B. Protess, "4 Wall Street Banks Still Dominate Derivatives Trade", *The New York Times*, 22 mar 2011, disponível em: <dealbook.nytimes.com/2011/03/22/4-wall-st-banks-still-dominate-derivatives-trade>.
35. M. Pilon, "Monopoly's Inventor: The Progressive Who Didn't Pass Go", *The New York Times*, 13 fev 2015, disponível em: <www.nytimes.com/2015/02/15/business/behind-monopoly-an-inventor-who-didnt-pass-go.html>.
36. J. Epstein e R. Axtell, *Growing Artificial Societies*.
37. E. Beinhocker, *The Origin of Wealth*, p.86.
38. B. Milanović, 2014, disponível em: <www.lisdatacenter.org/wp-content/uploads/Milanovic-slides.pdf>.
39. R. Kunzig, "The Big Idea: The Carbon Bathtub", *National Geographic*, dez 2009.
40. J.D. Sterman, "A Banquet of Consequences", apresentação na conferência System Design and Management do MIT, 21 out 2010, disponível em: <www.youtube.com/watch?v=yMNElsUDHXA>.
41. Ibid.
42. J. Diamond, "Why Do Societies Collapse?", palestra TED, fev 2003, disponível em: <www.ted.com/talks/jared_diamond_on_why_societies_collapse?language=en>.
43. J. Diamond, *Collapse*.
44. D. Meadows et al., *The Limits to Growth*; e D. Meadows et al., *Limits to Growth: The 30-Year Update*.
45. T. Jackson e R. Webster, *Limits Revisited: A Review of the Limits to Growth Debate* (Surrey, Universidade de Surrey, 2016), disponível em: <limits2growth.org.uk/wp-content/uploads/2016/04/Jackson-and-Webster-2016-Limits-Revisited.pdf>.
46. E. Liu e N. Hanauer, *The Gardens of Democracy*, p.11, 87.
47. E. Beinhocker, "New Economics, Policy and Politics", in T. Dolphin e D. Nash (orgs.), *Complex New World*, p.142-4.
48. E. Ostrom, "Green from the Grassroots", *Project Syndicate*, 12 jun 2012, disponível em: <www.project-syndicate.org/commentary/green-from-the-grassroots>.
49. D. Meadows, *Leverage Points: Places to Intervene in A System* (Hartland, VT, Sustainability Institute, 1999), p.1, disponível em: <donellameadows.org/archives/leverage-points-places-to-intervene-in-a-system>.
50. H. Lovins, *An Economy in Service to Life*, 2015, disponível em: <natcapsolutions.org/projects/an-economy-in-service-to-life/#.V3RD5ZMrLIE>.

51. G. DeMartino, "Professional Economic Ethics: Why Heterodox Economists Should Care", comunicação apresentada na conferência da World Economics Association, fev-mar 2012.
52. G. DeMartino, *The Economist's Oath*, p.142-50.
53. D. Meadows, *Thinking in Systems*, p.169-70.

5. Projetar para distribuir (p.178-222)

1. F. Cingano, *Trends in Income Inequality and its Impact on Economic Growth*.
2. Y. Jiang et al., *Basic Facts About Low-Income Children*, National Center for Children in Poverty, 2016, disponível em: <www.nccp.org/publications/pub_1145.html>; e "Foodbank Use Remains at Record High", The Trussell Trust, 15 abr 2016, disponível em: <www.trusselltrust.org/2016/04/15/foodbank-use-remains-record-high>.
3. A. Sumner, *From Deprivation to Distribution*.
4. J. Persky, "Retrospectives: Pareto's Law".
5. S. Kuznets, "Economic Growth and Income Inequality".
6. S. Kuznets, carta para Selma Goldsmith, US Office of Business Economics, 15 ago 1954; artigos de Simon Kuznets, arquivos da Universidade Harvard, HUGFP88.10 Misc. Correspondence, caixa 4, disponível em: <asociologist.com/2013/03/21/on-the-origins-of-the-kuznets-curve>.
7. S. Kuznets, "Economic Growth and Income Inequality".
8. W.A. Lewis, "Development and Distribution".
9. Banco Mundial, *World Development Report*, p.33.
10. A. Krueger, "Economic Scene: When It Comes to Income Inequality, More Than Just Market Forces Are at Work", *The New York Times*, 4 abr 2002, disponível em: <www.nytimes.com/2002/04/04/business/economic-scene-when-it-comes-income-inequality-more-than-just-market-forces-are.html?_r=0>.
11. T. Piketty, *Capital in the Twenty-First Century*.
12. J.D. Ostry et al., *Redistribution, Inequality, and Growth*, p.5.
13. J. Quinn e J. Hall, "Goldman Sachs Vice-Chairman Says: 'Learn to Tolerate Inequality'", *Daily Telegraph*, 21 out 2009, disponível em: <www.telegraph.co.uk/finance/recession/6392127/Goldman-Sachs-vice-chairman-says-Learn-to-tolerateinequality.html>.
14. R. Lucas, *The Industrial Revolution*.
15. F. Ossa, "The Economist Who Brought You Thomas Piketty Sees 'Perfect Storm' of Inequality Ahead", *New York Magazine*, 24 mar 2016, disponível em: <nymag.com/daily/intelligencer/2016/03/milanovic-millennial-on-millennial-war-is-next.html>.
16. *Newsnight*, entrevista com Tony Blair e Jeremy Paxman, 4 jun 2001, disponível em: <news.bbc.co.uk/1/hi/events/newsnight/1372220.stm>.

17. R. Wilkinson e K. Pickett, *The Spirit Level*.
18. R. Wilkinson e K. Pickett, "*The Spirit Level* Authors: Why Society Is More Unequal Than Ever", *The Guardian*, 9 mar 2014, disponível em: <www.theguardian.com/commentisfree/2014/mar/09/society-unequal-the-spirit-level>.
19. D. West, "Billionaires: Darrell West's Reflections on the Upper Crust", 2014, disponível em: <www.brookings.edu/blogs/brookings-now/posts/2014/10/watch-rural-dairy-farm-writing-billionaires-political-power-great-wealth>.
20. A. Gore, "The Future: Six Drivers of Global Change", palestra proferida na Oxford Martin School, 31 out 2013, disponível em: <www.oxfordmartin.ox.ac.uk/videos/view/317>.
21. N. Islam, *Inequality and Environmental Sustainability*.
22. S. Datta et al., "A Behavioral Approach to Water Conservation: Evidence from Costa Rica", *Ideas*, 42, 2015, disponível em: <https://openknowledge.worldbank.org/handle/10986/22156>; e I. Ayres, S. Raseman e A. Shih, *Evidence from Two Large Field Experiments that Peer Comparison Can Reduce Residential Energy Usage*.
23. J.K. Boyce et al., "Power Distribution, the Environment, and Public Health".
24. T. Holland et al., "Inequality Predicts Biodiversity Loss".
25. M. Kumhof e R. Rancière, *Inequality, Leverage and Crises*.
26. J.D. Ostry et al., op.cit., p.5.
27. J.D. Ostry, "We Do Not Have to Live with the Scourge of Inequality", *Financial Times*, 3 mar 2014, disponível em: <www.ft.com/cms/s/0/f551b3b0-a0b0-11e3-a72c-00144feab7de.html#axzz4AsgUK8pa>.
28. S. Goerner, *Regenerative Development: The Art and Science of Creating Durably Vibrant Human Networks* (Connecticut, Capital Institute, 2015), disponível em: <capitalinstitute.org/wp-content/uploads/2015/05/000-Regenerative-Devel-Final-Goerner-Sept-1-2015.pdf>.
29. S. Goerner et al., "Quantifying Economic Sustainability", p.79.
30. The Asia Floor Wage, disponível em: <asia.floorwage.org>.
31. S. Pizzigati, *Greed and Good*.
32. The Mahatma Gandhi National Rural Employment Guarantee Act 2005, disponível em: <www.nrega.nic.in/netnrega/home.aspx>.
33. Basic Income Earth Network, disponível em: <www.basicincome.org>.
34. G. Alperovitz, *What Then Must We Do?*, p.26.
35. Landesa, disponível em: <www.landesa.org/resources/suchitra-deys-story>.
36. "Educating the People", *Ottawa Free Trader*, 7 ago 1914, p.3.
37. J.S. Mill, *Principles of Political Economy*, livro 5, cap.2, §28.
38. H. George, *Progress and Poverty*, livro 7, cap.1.
39. E.P. Thompson, *The Making of the English Working Class*, p.218.
40. Land Matrix, disponível em: <www.landmatrix.org>.
41. F. Pearce, *Common Ground*.
42. E. Ostrom, "A General Framework for Analyzing Sustainability of Social-Ecological Systems", p.419.

43. E. Ostrom, "Beyond Markets and States: Polycentric Governance of Complex Economic Systems", conferência do Prêmio Nobel, 8 dez 2009, disponível em: <www.nobelprize.org/prizes/economic-sciences/2009/ostrom/lecture>.
44. E. Ostrom, M. Janssen e J. Anderies, "Going beyond Panaceas".
45. T. Greenham, "Money Is a Social Relationship", TEDx Leiden, 29 nov 2012, disponível em: <www.youtube.com/watch?v=f1pS1emZP6A>.
46. J. Ryan-Collins et al., *Where Does Money Come From?*.
47. Bank of England Interactive Database, tabela C, "Further Analyses of Deposits and Lending", série "Industrial Analysis of Sterling Monetary Financial Institutions Lending to UK Residents: Long Runs", disponível em: <www.bankofengland.co.uk/boeapps/iadb/index.asp?first=yes&SectionRequired=C&HideNums=-1&ExtraInfo=false&Travel=NIxSTx>.
48. M. Hudson e D. Bezemer, "Incorporating the Rentier Sectors into a Financial Model", p.6.
49. J. Benes e M. Kumhof, *The Chicago Plan Revisited.*
50. J.M. Keynes, *General Theory of Employment, Interest and Money*, cap.24.
51. J. Ryan-Collins et al., *Strategic Quantitative Easing.*
52. M. Blyth, E. Lonergan e S. Wren-Lewis, "Now the Bank of England Needs to Deliver QE for the People", *The Guardian*, 21 mai 2015.
53. R. Murphy e C. Hines, "Green Quantitative Easing".
54. T. Greenham, op.cit.
55. "Community Currency", Grassroots Economics, 2016, disponível em: <www.grassrootseconomics.org/community-currencies>.
56. W. Ruddick, "Kangemi-Pesa Launch Prep & More Currency News", Grassroots Economics, 2015, disponível em: <www.grassrootseconomics.org/single-post/2015/03/27/Kangemi-Pesa-Launch-Prep-and-More-Currency-News>.
57. Disponível em: <www.zeitvorsorge.ch>.
58. I. Strassheim, "Zeit statt Geld fürs Alter sparen" *Migros-Magazin*, 1º set 2014, disponível em: <www.zeitvorsorge.ch/#!/DE/24/Medien.htm>.
59. DEVCON1, *Transactive Grid: A Decentralized Energy Management System*, apresentação na conferência Ethereum Developer, Londres, 9-13 nov 2015, disponível em: <www.youtube.com/watch?v=kq8RPbFz5UU>.
60. D. Seaman, "Bitcoin vs. Ethereum Explained for NOOBZ", 30 nov 2015, disponível em: <www.youtube.com/watch?v=rEJKLFH8q5c>.
61. Trades Union Congress, *The Great Wages Grab.*
62. L. Mishel e H. Shierholz, *A Decade of Flat Wages.*
63. J. Miller, "German Wage Repression" Dollars & Sense, set 2015, disponível em: <dollarsandsense.org/archives/2015/0915miller.html>.
64. International Labour Organization, *Global Wage Report.*
65. M. Kelly, *Owning Our Future*, p.18.
66. International Cooperative Alliance, *World Cooperative Monitor.*
67. John Lewis, The John Lewis Partnership Bond, 2011, disponível em: <www.partnershipbond.com/content/jlbond/about.html>.

68. Apud M. Kelly, *Owning Our Future*, p.12.
69. M. Kelly, op.cit., p.212.
70. J. Rifkin, *The Zero Marginal Cost Society*, p.204.
71. E. Brynjolfsson e A. McAfee, "Jobs, Productivity and the Great Decoupling", *The New York Times*, 11 dez 2012, disponível em: <www.nytimes.com/2012/12/12/opinion/global/jobs-productivity-and-the-great-decoupling.html?_r=0>.
72. E. Brynjolfsson e A. McAfee, "Will Humans Go The Way of Horses?".
73. World Economic Forum, *The Future of Jobs*.
74. M. Zuo, "Rise of the Robots: 60,000 Workers Culled from Just One Factory as China's Struggling Electronics Hub Turns to Artificial Intelligence", *South China Morning Post*, 21 mai 2016, disponível em: <www.scmp.com/news/china/economy/article/1949918/rise-robots-60000-workers-culled-just-one-factory-chinas>.
75. E. Brynjolfsson e A. McAfee, op.cit.
76. Ibid.
77. M. Mazzucato, *The Entrepreneurial State*, p.188-91.
78. M. Frumkin, "The Origin of Patents", *Journal of the Patent Office Society*, 27: 3, 1945, p.143.
79. J. Schwartz, "Cancer Patients Challenge the Patenting of a Gene", *The New York Times*, 12 mai 2009, disponível em: <www.nytimes.com/2009/05/13/health/13patent.html>.
80. J. Stiglitz, *The Price of Inequality*, p.202.
81. The Open Building Institute, disponível em <openbuildinginstitute.org>.
82. M. Jakubowski, "The Open Source Economy", palestra proferida na conferência Connecting for Change: Bioneers by the Bay, realizada no Marion Institute, 28 out 2012, disponível em: <www.youtube.com/watch?v=MIIzogiUHFY>.
83. J. Pearce, "Quantifying the Value of Open Source Hardware Development".
84. M. Bauwens, *Blueprint for P2P Society*.
85. C. Lakner e B. Milanović, "Global Income Distribution", p.1-30.
86. OECD, *Detailed Final 2013 Aid Figures Released by OECD/DAC*, 2014, disponível em: <www.oecd.org/dac/stats/final2013oda.htm>.
87. OECD, "Non-ODA Flows to Developing Countries: Remittances", 2015, disponível em: <www.oecd.org/dac/stats/beyond-oda-remittances.htm>.
88. Financial Inclusion Insights, *Kenya: Country Context*, 2015, disponível em: <finclusion.org/country/africa/kenya.html>.
89. Statistica, *Mobile Phone User Penetration as a Percentage of the Population Worldwide, 2012 to 2018*, 2015, disponível em: <www.statista.com/statistics/470018/mobile-phoneuser-penetration-worldwide>.
90. A. Banerjee et al., *Debunking the Stereotype of the Lazy Welfare Recipient*; e P. Gertler, S. Martinez e M. Rubio-Codina, *Investing Cash Transfers to Raise Long-term Living Standards*.
91. Global Basic Income Foundation, *What Is a Global Basic Income?*, disponível em: <www.globalincome.org/English/Global-Basic-Income.html>.

92. M. Faye e P. Niehaus, "What If We Just Gave Poor People a Basic Income for Life? That's What We Are about to Test", *Slate*, 14 abr 2016, disponível em: <www.slate.com/blogs/moneybox/2016/04/14/universal_basic_income_this_nonprofit_is_about_to_test_it_in_a_big_way.html>.
93. Hurun Global Rich List 2015, disponível em: <www.hurun.net/EN/HuList/Index?num=185122B9E8D1>.
94. E. Seery e A. Caistor Arendar, *Even It Up*, p.17.
95. Icrict, Declaration of the Independent Commissions for the Reform of International Corporate Taxation.
96. P. Barnes, "Capitalism, the Commons and Divine Right", Schumacher Center for a New Economics, 2003, disponível em: <www.centerforneweconomics.org/publications/lectures/barnes/peter/capitalism-the-commons-and-divine-right>.
97. P. Barnes, *Capitalism 3.0*.
98. J. Sheerin, "Malawi Windmill Boy with Big Fans", BBC News, 2009, disponível em: <news.bbc.co.uk/1/hi/world/africa/8257153.stm>.
99. J. Pearce et al., "A New Model for Enabling Innovation in Appropriate Technology for Sustainable Development".
100. J. Pearce, "The Case for Open Source Appropriate Technology".
101. W. Kamkwamba, "Updates from the Past Two Years", blog de William Kamkwamba, 6 out 2014, disponível em: <williamkamkwamba.typepad.com>.
102. Correspondência pessoal por e-mail com William Kamkwamba, 19 out 2015.

6. Criar para regenerar (p.223-61)

1. V. Mallet, "Environmental Damage Costs India $80bn a Year", *Financial Times*, 17 jul 2013, disponível em: <www.ft.com/cms/s/0/0a89f3a8-eeca-11e2-98dd-00144feabdc0.html#axzz3qz7RoUIf>.
2. G. Grossman e A. Krueger, "Economic Growth and the Environment".
3. Ibid., p.369.
4. B. Yandle et al., *The Environmental Kuznets Curve: A Primer*, The Property and Environment Research Centre Research Study 02, 2002.
5. M. Torras e J.K. Boyce, "Income, Inequality, and Pollution".
6. T.O. Wiedmann et al., "The Material Footprint of Nations".
7. United Nations Environment Programme, *Global Material Flows and Resource Productivity*.
8. C. Goodall, *Sustainability*.
9. Global Footprint Network, "National Footprint Accounts", 2016, disponível em: <www.footprintnetwork.org/en/index.php/GFN/page/footprint_data_and_results>.
10. Heinrich Böll Foundation, "Energy Transition: Environmental Taxation", 2012, disponível em: <http://wiki.energytransition.org/the-book/policies-for-clean-energy/environmental-taxation/>.

11. California Environmental Protection Agency, "Cap-and-Trade Program", 2016, disponível em: <www.arb.ca.gov/cc/capandtrade/capandtrade.htm>.
12. D. Schwartz, "Water Pricing in Two Thirsty Cities: In One, Guzzlers Pay More, and Use Less", *The New York Times*, 6 mai 2015, disponível em: <www.nytimes.com/2015/05/07/business/energy-environment/water-pricing-in-two-thirsty-cities.html?_r=0>.
13. "'Most Progressive Water Utility in Africa' Wins 2014 Stockholm Industry Water Award", press release da SIWI, disponível em: <www.siwi.org/prizes/winners/2014-2>.
14. D. Meadows, *Leverage Points: Places to Intervene in A System*, The Donella Meadows Institute, 1997, disponível em: <donellameadows.org/archives/leverage-points-places-to-intervene-in-a-system>.
15. J.T. Lyle, *Regenerative Design for Sustainable Development*, p.5.
16. R. Hotten, "Volkswagen: The Scandal Explained", BBC News, 2015, disponível em: <www.bbc.co.uk/news/business-34324772>.
17. "Nedbank Fair Share 2030 Starts with Targeted Lending of R6 billion", Nedbank, 3 mar 2014, disponível em: <www.nedbank.co.za/content/nedbank/desktop/gt/en/news/nedbankstories/fair-share-2030/2014/nedbank-fair-share-2030-starts-with-targeted-lending-of-r6-billion.html>.
18. Nestlé, "Nestlé Opens Its First Zero Water Factory Expansion in Mexico", 22 out 2014, disponível em: <www.wateronline.com/doc/nestle-zero-water-factory-expansion-mexico-0001>.
19. W. McDonough, "Upcycle and the Atomic Bomb", entrevista em *Renewable Matter*, 06-07 (Milão, Edizioni Ambiente, 2015), p.12.
20. E. Andersson et al., "Reconnecting Cities to the Biosphere: Stewardship of Green Infrastructure and Urban Ecosystem Services", *AMBIO*, 43: 4, 2014, p.445-53.
21. Biomimicry 3.8, "Conversation with Janine", 2014, disponível em: <biomimicry.net/the-buzz/resources/conversation-author-janine-benyus>.
22. K. Webster, *The Circular Economy.*
23. Ellen MacArthur Foundation, *Towards the Circular Economy.*
24. M. Braungart e W. McDonough, *Cradle to Cradle.*
25. Ellen MacArthur Foundation, *In-Depth: Mobile Phones*, 2012, disponível em: <www.ellenmacarthurfoundation.org/circular-economy/infographic>.
26. J. Benyus, "The Generous City".
27. Comunicação pessoal com Janine Benyus, 23 nov 2015.
28. Park 20|20, disponível em: <www.park2020.com>.
29. Newlight Technologies, disponível em: <www.newlight.com/company>.
30. Sundrop Farms, disponível em: <www.sundropfarms.com>; e Sundrop Farms ABC Landline Coverage, 20 abr 2012, disponível em: <www.youtube.com/watch?v=KCup_B_RHM4>.
31. C. Arthur, "Women Solar Entrepreneurs Transforming Bangladesh", 2010, disponível em: <www.renewableenergyworld.com/articles/2010/04/women-solar-entrepreneurs-transforming-bangladesh.html>.

32. J. Vidal, "Regreening Program to Restore One-Sixth of Ethiopia's Land", *The Guardian*, 30 out 2014, disponível em: <www.theguardian.com/environment/2014/oct/30/regreening-program-to-restore-land-across-one-sixth-of-ethiopia>.
33. Sanergy, disponível em: <saner.gy>.
34. ProComposto, disponível em: <www.procomposto.com.br>.
35. J. Margolis, "Growing Food in the Desert: Is this the Solution to the World's Food Crisis?", *The Guardian*, 24 nov 2012, disponível em: <www.theguardian.com/environment/2012/nov/24/growing-food-in-the-desert-crisis>.
36. P. Lacy e J. Rutqvist, *Waste to Wealth*, p.79-80.
37. S. Muirhead e L. Zimmermann, "Open Source Circular Economy", The Disruptive Innovation Festival, 2015.
38. Open Source Circular Economy, declaração de missão, disponível em: <oscedays.org/open-source-circular-economy-mission-statement>.
39. Comunicação pessoal com Sam Muirhead, 27 jan 2016.
40. Apertus°, disponível em: <www.apertus.org>.
41. OSVehicle, disponível em: <www.osvehicle.com>.
42. "Sénamé Kof Agbodjinou and the W. Afate 3D Printer at NetExplo 2015", disponível em: <www.youtube.com/watch?v=ThTRqfhMLcA>; e "Woelab and the e-Waste 3D Printer", disponível em: <www.myafricais.com/woelab_3dprinting>.
43. T. Greene, "Ballmer: 'Linux is a Cancer'", 2001, disponível em: <www.theregister.co.uk/2001/06/02/ballmer_linux_is_a_cancer>; e K. Finley, "Whoa. Microsoft Is Using Linux to Run Its Cloud", 2015, disponível em: <www.wired.com/2015/09/microsoft-using-linux-run-cloud>.
44. Comunicação pessoal com Sam Muirhead, 27 jan 2016.
45. Asknature.org e comunicação pessoal com Janine Benyus, 31 mai 2016.
46. M. Friedman, "The Social Responsibility of Business Is to Increase Its Profits".
47. Satya.com, "A Dame of Big Ideas: The Satya Interview with Anita Roddick", 2005, disponível em: <www.satyamag.com/jan05/roddick.html>.
48. Ibid.
49. Benefit Corporation, disponível em: <benefitcorp.net>; e CIC Association, disponível em: <www.cicassoc.ning.com>.
50. Satya.com, op.cit.
51. Discurso de John Fullerton no lançamento de *Regenerative Capitalism*, disponível em: <www.youtube.com/watch?v=6KDvo6YOjxw>.
52. J. Fullerton, *Regenerative Capitalism*.
53. Capital Institute, *A Year in the Life of a Regenerative Bank*, 2015, disponível em: <regenerativebankproject.capitalinstitute.org>.
54. G. Herman, "Alternative Currency Has Great Success: Rabot Loves Torekes", *Nieuwsblad*, 30 abr 2011, disponível em: <www.nieuwsblad.be/cnt/f839i9vt>.
55. The Ex'Tax Project et al., *New Era. New Plan. Fiscal Reforms for An Inclusive, Circular Economy*, 2014, disponível em: <ex-tax.com/files/4314/1693/7138/The_Extax_Project_New_Era_New_Plan_report.pdf>.

56. K. Crawford et al., *Demolition or Refurbishment of Social Housing?*.
57. A. Wijkman e K. Skanberg, *The Circular Economy and Benefits for Society*.
58. M. Mazzucato, "What We Need to Get A Real Green Revolution", 10 dez 2015, disponível em: <marianamazzucato.com/2015/12/10/what-we-need-to-get-a-real-green-revolution>.
59. M. Mazzucato, G. Semieniuk e J. Watson, *What Will It Take to Get Us a Green Revolution?*.
60. Oberlin Project, disponível em: <www.oberlinproject.org>.
61. "David Orr: The Oberlin Project", no Garrison Institute, fev 2012, disponível em: <www.youtube.com/watch?v=K5MNI9kowWU>.
62. Oberlin College Environmental Dashboard, 2016, disponível em: <environmentaldashboard.org>.
63. D. Meadows, *Indicators and Information Systems for Sustainable Development*.
64. Economy for the Common Good, disponível em: <www.ecogood.org/en>; B Corps, disponível em: <www.bcorporation.net>; e MultiCapital Scorecard, disponível em: <www.multicapitalscorecard.com>.

7. Ser agnóstico em relação ao crescimento (p.262-304)

1. T. Mali, "Like Lily Like Wilson", in T. Mali, *What Learning Leaves*.
2. Al Bartlett, disponível em: <www.albartlett.org>.
3. W.W. Rostow, *The Stages of Economic Growth*, p.6.
4. Ibid., p.16.
5. A. Smith, *An Inquiry into the Nature and Causes of the Wealth of Nations*, livro 1, cap.9, p.14.
6. D. Ricardo, *On the Principles of Political Economy and Taxation*, cap.4.
7. J.S. Mill, *Principles of Political Economy*, livro 4, cap.6, §6.
8. J.M. Keynes, *First Annual Report of the Arts Council (1945-46)*.
9. E. Rogers, *Diffusion of Innovations*.
10. N. Georgescu-Roegen, *The Entropy Law and the Economic Process* (Cambridge, MA, Harvard University Press, 2013).
11. A. Marshall, *Principles of Economics*, livro 4, cap.7, §7.
12. IMF, "World Economic Outlook Update", jan 2016, disponível em: <www.imf.org/external/pubs/ft/weo/2016/update/01>.
13. World Bank, *GDP Growth (Annual %), 2011-2015*, 2016, disponível em: <data.worldbank.org/indicator/NY.GDP.MKTP.KD.ZG>.
14. T. Jackson, *Prosperity without Growth*, p.56-8.
15. United Nations, *World Population Prospects*, p.26.
16. Global Footprint Network, *Footprint for Nations*, 2015 (dados de 2011), disponível em: <www.footprintnetwork.org/en/index.php/GFN/page/footprint_for_nations>.

17. U. Sinclair, *I, Candidate for Governor: And How I Got Licked* (Oakland: University of California Press, 1994), p.109.
18. M. Bonaiuti, *The Great Transition*, imagem 3.1.
19. R. Gordon, *The Demise of US Economic Growth*; e T. Jackson e R. Webster, *Limits Revisited: A Report for the All Party Parliamentary Group on Limits to Growth*, 2016, disponível em: <limits2growth.org.uk/revisited>.
20. OECD, *Policy Challenges for the Next 50 Years*, p.11.
21. M. Carney, "Redeeming an Unforgiving World", discurso na 8ª Conferência Anual do Instituto Internacional de Finanças do G20, Xangai, 26 fev 2016, disponível em: <www.bankofengland.co.uk/speech/2016/redeeming-an-unforgiving-world>.
22. C. Borio, "The Movie Plays on: A Lens for Viewing the Global Economy", apresentação para o Banco de Compensações Internacionais no FT Debt Capital Markets Outlook, Londres, 10 fev 2016, disponível em: <www.bis.org/speeches/sp160210_slides.pdf>.
23. M. Obsfeld, "Global Growth: Too Slow for Too Long", *IMFdirect*, 12 abr 2016, disponível em: <blog-imfdirect.imf.org/2016/04/12/global-growth-too-slow-for-too-long>.
24. OECD, "Global Economy Stuck in Low-Growth Trap: Policymakers Need to Act to Keep Promises, OECD Says in Latest Economic Outlook", 1º jun 2016, disponível em: <www.oecd.org/newsroom/global-economy-stuck-in-low-growth-trap-policymakers-need-to-act-to-keep-promises.htm>.
25. L. Summers, "The Age of Secular Stagnation".
26. W. Beckerman, *In Defense of Economic Growth*, p.100-1.
27. B. Friedman, *The Moral Consequence of Economic Growth*, p.4.
28. D. Moyo, "Economic Growth Has Stalled. Let's Fix It", TED Global, Genebra, 2015, disponível em: <www.ted.com/talks/dambisa_moyo_economic_growth_has_stalled_let_s_fix_it?language=en>.
29. E. Brynjolfsson e A. McAfee, *The Second Machine Age* (Nova York, W.W. Norton & Co, 2014).
30. "The 35 Countries Cutting the Link Between Economic Growth and Emissions", relatório do Projeto Carbono, 5 abr 2016, disponível em: <www.carbonbrief.org/the-35-countries-cutting-the-link-between-economic-growth-and-emissions>. Dados de PIB do Banco Mundial são fornecidos na moeda local constante e dados sobre emissões de carbono com base em consumo provêm do banco de dados do Projeto Carbono Global.
31. K. Anderson e A. Bows, "Beyond 'Dangerous' Climate Change".
32. A. Bowen e C. Hepburn, *Prosperity with Growth*; e E. Brynjolfsson, "The Key to Growth? Race with the Machines", palestra TED, fev 2013, disponível em: <www.ted.com/talks/erik_brynjolfsson_the_key_to_growth_race_em_with_em_the_machines?language=en>.
33. A. Bowen e C. Hepburn, *Prosperity with Growth*, op.cit., p.20.
34. R. Solow, "Technical Change and the Aggregate Production Function", p.320.
35. M. Abramovitz, "Resource and Output Trends in the United States since 1870", p.11.

36. R. Ayres e E. Ayres, *Crossing the Energy Divide*, p.14.
37. Let the Sun Work, "The Energy in A Barrel of Oil", 2015, disponível em: <letthesunwork.com/energy/barrelofenergy.htm>.
38. R. Ayres e B. Warr, *The Economic Growth Engine*, p.297, 309.
39. D.J. Murphy, "The Implications of the Declining Energy Return on Investment of Oil Production", p.16.
40. G. Semieniuk, "The Digital Revolution's Energy Costs", Schwartz Center for Economic Policy Analysis, The New School, 21 abr 2014, disponível em: <www.economicpolicyresearch.org/insights-blog/the-digital-revolution-s-energy-costs>.
41. Swishing, disponível em: <swishing.com>.
42. J. Rifkin, *The Zero Marginal Cost Society*, p.20.
43. R. Easterlin, "Does Economic Growth Improve the Human Lot?".
44. B. Stevenson e J. Wolfers, *Economic Growth and Subjective Well-Being*.
45. M. Wolf, "The Dangers of Living in A Zero-Sum World Economy", *Financial Times*, 19 dez 2007, disponível em: <next.ft.com/content/0447f562-ad85-11dc-9386-0000779fd2ac>.
46. W.W. Rostow, op.cit., p.6.
47. K. Rogoff, "Rethinking the Growth Imperative", *Project Syndicate*, 2 jan 2012, disponível em: <www.project-syndicate.org/commentary/rethinking-the-growth-imperative>.
48. K. Polanyi, *The Great Transformation*.
49. K. Marx, *Capital*, vol.1, parte 2, cap.4.
50. Aristóteles, *Politics*, livro 1, parte 10.
51. J. Fullerton, "Can Financial Reform Fight Climate Change?", entrevista no Laura Flanders Show, 8 jul 2012, disponível em: <www.youtube.com/watch?v=NyVE K6A61Z8>.
52. Capital Institute, *Evergreen Direct Investing: Co-creating the Regenerative Economy*, 2015, disponível em: <fieldguide.capitalinstitute.org/evergreen-direct-investing.html>.
53. Comunicação pessoal com John Fullerton, 23 jun 2014.
54. S. Gessel, *The Natural Economic Order*, p.121.
55. J.M. Keynes, *The General Theory of Employment, Interest and Money*, cap.23.
56. B. Lietaer, *The Future of Money*, p.247-8.
57. G. Lakoff, *The All New Don't Think of an Elephant*.
58. Oxfam, "Tax on the 'Private' Billions Now Stashed Away in Havens Enough to End Extreme World Poverty Twice Over", 22 mai 2013, disponível em: <www.oxfam.org/en/pressroom/pressreleases/2013-05-22/tax-private-billions-now-stashed-away-havens-enough-end-extreme>.
59. Tax Justice Network "The Scale of Base Erosion and Profit Shifting", 2015, disponível em: <www.taxjustice.net/scaleBEPS>.
60. Global Alliance for Tax Justice, disponível em: <www.globaltaxjustice.org>.

61. J.M. Keynes, "Economic Possibilities for our Grandchildren", p.5.
62. A. Coote, J. Franklin e A. Simms, *21 Hours*.
63. A. Coote, "The 21 Hour Work Week", TEDxGhent, 2012, disponível em: <www.youtube.com/watch?v=1IMYV31tZZ8>.
64. S. Smith e J. Rothbaum, *Cooperatives in a Global Economy*.
65. P. Kennedy, *The Rise and Fall of World Powers*.
66. C40 Cities Climate Leadership Group, disponível em: <www.c40.org>.
67. K. Rogoff, op.cit.
68. J. Berger, *Ways of Seeing*, p.131.
69. M. Wolf, "The Dangers of Living in A Zero Sum World", *Financial Times*, 19 dez 2007.
70. H. Wallich, "Zero Growth", *Newsweek*, 24 jan 1972, p.62.
71. R. Brightman, *Grateful Prey*, p.249-51.
72. A. Phillips, "Insatiable Creatures", *The Guardian*, 8 ago 2009, disponível em: <www.theguardian.com/books/2009/aug/08/excess-adam-phillips>.
73. S. Gerhardt, *The Selfish Society*, p.32-3.
74. J. Aked et al., *Five Ways to Wellbeing*.

Agora somos todos economistas (p.305-12)

1. M. Leach, K. Raworth e J. Rockström, *Between Social and Planetary Boundaries*.
2. J.S. Mill, *Autobiography*, p.178-9.
3. J.M. Keynes, "Alfred Marshall, 1842-1924", p.322.
4. J. Stiglitz, "Questioning the Value of Economics", 2012. Entrevista em vídeo com World Business of Ideas, disponível em: <www.wobi.com/wbftv/joseph-stiglitz-questioning-value-economics>.
5. Comunicação pessoal com Yuan Yang, 15 jun 2016.

Bibliografia

Abramovitz, M. "Resource and Output Trends in the United States since 1870". *American Economic Review*, 46: 2, 1956, p.5-23.

Acemoglu, D. e J. Robinson. *Why Nations Fail: The Origins of Power, Prosperity and Poverty*. Londres, Profile Books, 2013.

Aked, J. et al. *Five Ways to Wellbeing: The Evidence*. Londres, New Economics Foundation, 2008.

Alperovitz, G. *What Then Must We Do?*. White River Junction, VT, Chelsea Green, 2015.

Anderson, K. e A. Bows. "Beyond 'Dangerous' Climate Change: Emissions Scenarios for a New World". *Philosophical Transactions of the Royal Society A*, 369, 2011, p.20-44.

Arendt, H. *Origins of Totalitarianism*. Nova York, Harcourt Brace Jovanovich, 1973. [Ed. bras.: *As origens do totalitarismo*. São Paulo, Companhia das Letras, 1989.]

Aristóteles. *Politics*. Disponível em: <classics.mit.edu/Aristotle/politics.1.one.html>. [Ed. bras.: *Política*. Diversas edições.]

Arndt, H. *The Rise and Fall of Economic Growth*. Chicago, University of Chicago Press, 1978.

Arrow, K. e G. Debreu. "Existence of an Equilibrium for a Competitive Economy". *Econometrica*, 22, 1954, p.265-90.

Ayers, J. et al. "Do Celebrity Cancer Diagnoses Promote Primary Cancer Prevention?". *Preventive Medicine*, 58, 2013, p.81-4.

Ayres, I., S. Raseman e A. Shih. *Evidence from Two Large Field Experiments that Peer Comparison Can Reduce Residential Energy Usage*. National Bureau of Economic Research, 2009, documento de trabalho n.15.386. Disponível em: <www.nber.org/papers/w15386>.

Ayres, R. e E. Ayres. *Crossing the Energy Divide: Moving from Fossil Fuel Dependence to a Clean Energy Future*. Nova Jersey, Wharton School Publishing, 2010.

______ e B. Warr. *The Economic Growth Engine*. Cheltenham, Edward Elgar, 2009.

Bacon, F. *Novum Organon* (1620). Disponível em: <www.constitution.org/bacon/nov_org.htm>.

Banerjee, A. et al. *Debunking the Stereotype of the Lazy Welfare Recipient: Evidence From Cash Transfer Programs Worldwide*. HKS, 2015, documento de trabalho n.76. Disponível em: <papers.ssrn.com/sol3/papers.cfm?abstract_id=2703447>.

Barnes, P. *Capitalism 3.0: A Guide to Reclaiming the Commons*. Berkeley, Berrett-Koehler, 2006.

Barrera-Osorio, F. et al. "Improving the Design of Conditional Transfer Programs: Evidence from a Randomized Education Experiment in Colombia". *American Economic Journal: Applied Economics*, 3: 2, p.167-95, 2011.

Bauer, M. et al. "Cueing Consumerism: Situational Materialism Undermines Personal and Social Well-Being". *Psychological Science*, 23, 2012, p.517-23.

Bauwens, M. *Blueprint for P2P Society: The Partner State and Ethical Society* (2012). Disponível em: <www.shareable.net/blog/blueprint-for-p2p-society-the-partner-state-ethical-economy>.

Beaman, L. et al. "Female Leadership Raises Aspirations and Educational Attainment for Girls: A Policy Experiment in India". *Science*, 335: 6068, 2012, p.582-6.

Beckerman, W. *In Defense of Economic Growth*. Londres, Jonathan Cape, 1972.

Begg, D., S. Fischer e R. Dornbusch. *Economics*. Maidenhead, McGraw-Hill, 1987.

Beinhocker, E. *The Origin of Wealth*. Londres, Random House, 2007.

______. "New Economics, Policy and Politics", in T. Dolphin e D. Nash (orgs.), *Complex New World*. Londres, Institute for Public Policy Research, 2012.

Benes, J. e M. Kumhof. *The Chicago Plan Revisited*. IMF, 2012, documento de trabalho n.12/202. Disponível em: <www.imf.org/external/pubs/ft/wp/2012/wp12202.pdf>.

Benyus, J. "The Generous City". *Architectural Design*, 85: 4, 2015, p.120-1.

Berger, A. e M.F. Loutre. "An Exceptionally Long Interglacial Ahead?". *Science*, 297, 2002, p.1287.

Berger, J. *Ways of Seeing*. Londres, Penguin, 1972.

Bernays, E. *Propaganda*. Nova York, Ig Publishing, 2005.

Bjorkman, M. e J. Svensson. "Power to the People: Evidence from a Randomized Field Experiment on Community-Based Monitoring in Uganda". *Quarterly Journal of Economics*, 124: 2, 2009, p.735-69.

Block, F. e M. Somers. *The Power of Market Fundamentalism: Karl Polanyi's Critique*. Londres, Harvard University Press, 2014.

Bolderdijk, J. et al. "Comparing the Effectiveness of Monetary Versus Moral Motives in Environmental Campaigning". *Nature Climate Change*, 3, 2012, p.413-6.

Bonaiuti, M. *The Great Transition*. Londres, Routledge, 2014.

Bowen, A. e C. Hepburn. "Prosperity with Growth: Economic Growth, Climate Change and Environmental Limits". Centre for Climate Change Economic and Policy, 2012, documento de trabalho n.109.

Bowles, S. e H. Gintis. *A Cooperative Species: Human Reciprocity and Its Evolution*. Princeton, Princeton University Press, 2011.

Box, G. e M. Draper. *Empirical Model Building and Response Surfaces*. Nova York, John Wiley & Sons, 1987.

Boyce, J.K. et al. "Power Distribution, the Environment, and Public Health: A State-Level Analysis". *Ecological Economics*, 29, 1999, p.127-40.

Braungart, M. e W. McDonough. *Cradle to Cradle: Re-making the Way We Make Things*. Londres, Vintage Books, 2009.

Brightman, R. *Grateful Prey: Rock Cree Human-Animal Relationships*. Berkeley, University of California Press, 1993.

Brynjolfsson, E. e A. McAfee. "Will Humans Go The Way of Horses?". *Foreign Affairs*, jul-ago 2015. Disponível em: <www.foreignaffairs.com/articles/2015-06-16/will-humans-go-way-horses>.

Chancel, L. e T. Piketty. *Carbon and Inequality: From Kyoto to Paris*. Paris, Paris School of Economics, 2015.

Chang, H.J. *23 Things They Don't Tell You About Capitalism*. Londres, Allen Lane, 2010.

Chapin, F.S. III, G.P. Kofinas e C. Folke (orgs.). *Principles of Ecosystem Stewardship: Resilience-Based Natural Resource Management in a Changing World*. Nova York, Springer, 2009.

Christianson, S. *100 Diagrams that Changed the World*. Londres, Salamander Books, 2012.

Cingano, F. *Trends in Income Inequality and its Impact on Economic Growth*. OECD Social, Employment and Migration Working Papers. OECD Publishing, 2014, documento de trabalho n.163. Disponível em: <dx.doi.org/10.1787/5jxrjncwxv6j-en>.

Colander, D. "New Millennium Economics: How Did It Get this Way, and What Way Is It?". *Journal of Economic Perspectives*, 14: 1, 2000, p.121-32.

Cole, M. *Is South Africa Operating in a Safe and Just Space? Using the Doughnut Model to Explore Environmental Sustainability and Social Justice*. Oxford, Oxfam GB, 2015.

Coote, A. e J. Franklin. *Time on Our Side: Why We All Need a Shorter Working Week*. Londres, New Economics Foundation, 2013.

______ e N. Goodwin. *The Great Transition: Social Justice and the Core Economy*. Londres, New Economics Foundation, 2010, documento de trabalho n.1.

______, J. Franklin e A. Simms. *21 Hours: Why a Shorter Working Week Can Help Us All Flourish in the 21st Century*. Londres, New Economics Foundation, 2010.

Crawford, K. et al. *Demolition or Refurbishment of Social Housing? A Review of the Evidence*. Londres, UCL Urban Lab and Engineering Exchange, 2014. Disponível em: <www.engineering.ucl.ac.uk/engineering-exchange/files/2014/10/Report-Refurbishment-Demolition-Social-Housing.pdf>.

Crompton, T. e T. Kasser. *Meeting Environmental Challenges: The Role of Human Identity*. Surrey, WWF, 2009. Disponível em: <assets.wwf.org.uk/downloads/meeting_environmental_challenges___the_role_of_human_identity.pdf>.

Daly, H. "Toward Some Operational Principles of Sustainable Development". *Ecological Economics*, 2, 1990, p.1-6.

______. *Steady State Economics*. Londres, Earthscan, 1992.

______. *Beyond Growth*. Boston, Beacon Press, 1996.

______ e J. Farley. *Ecological Economics*. Washington, Island Press, 2011.

Dearing, J. et al. "Safe and Just Operating Spaces for Regional Social-Ecological Systems". *Global Environmental Change*, 28, 2014, p.227-38.

DeMartino, G. *The Economist's Oath*. Oxford, Oxford University Press, 2011.

Devas, C.S. *Groundwork of Economics*. Longmans, Green and Company, 1883.

Diamond, J. "Evolution, Consequences and Future of Plant and Animal Domestication". *Nature*, 418, 2002, p.700-17.

______. *Collapse: How Societies Choose to Fail or Survive*. Londres, Penguin, 2005.

Dorling, D. *Population 10 Billion*. Londres, Constable, 2013.

Easterlin, R. "Does Economic Growth Improve the Human Lot? Some Empirical Evidence", in P. David e M. Reder (orgs.), *Nations and Households in Economic Growth: Essays in Honour of Moses Abramovitz*. Nova York, Academic Press, 1974.

Eisenstein, C. *Sacred Economics: Money, Gift and Society in the Age of Transition*. Berkeley, Evolver Books, 2011.

Ellen MacArthur Foundation. *Towards the Circular Economy*. Isle of Wight, Ellen MacArthur Foundation, 2012. Disponível em: <www.ellenmacarthurfoundation.org/assets/downloads/publications/Ellen-MacArthur-Foundation-Towards-the-Circular-Economy-vol.1.pdf>.

Epstein, J. e R. Axtell. *Growing Artificial Societies*. Washington, DC, Brookings Institution Press; Cambridge, MA, MIT Press, 1996.

Fälth, A. e M. Blackden. *Unpaid Care Work. UNDP Policy Brief on Gender Equality and Poverty Reduction*. Nova York, UNDP, 2009. Disponível em: <www.undp.org/content/dam/undp/library/gender/Gender%20and%20Poverty%20Reduction/Unpaid%20care%20work%20English.pdf>.

Fama, E. "Efficient Capital Markets: A Review of Theory and Empirical Work". *Journal of Finance*, 25: 2, 1970, p.383-417.

Ferguson, T. *Golden Rule: The Investment Theory of Party Competition and the Logic of Money-Driven Political Systems*. Londres, University of Chicago Press, 1995.

Ferraro, F., J. Pfeffer e R. Sutton. "Economics Language and Assumptions: How Theories Can Become Self-Fulfilling". *Academy of Management Review*, 30: 1, 2005, p.8-24.

Fioramenti, L. *Gross Domestic Product: The Politics Behind the World's Most Powerful Number*. Londres, Zed Books, 2013.

Folbre, N. *Who Pays for the Kids?*. Londres, Routledge, 1994.

Folke, C. et al. "Reconnecting to the Biosphere". *AMBIO*, 40, p.719, 2011.

Frank, B. e G.G. Schulze. "Does Economics Make Citizens Corrupt?". *Journal of Economic Behavior and Organization*, 43, 2000, p.101-13.

Frank, R. *Passions within Reason*. Nova York, W.W. Norton, 1988.

______, T. Gilovich e D. Regan. "Does Studying Economics Inhibit Cooperation?". *Journal of Economic Perspectives*, 7: 2, 1993, p.159-71.

Friedman, B. *The Moral Consequence of Economic Growth*. Nova York, Vintage Books, 2006. [Ed. bras.: *As consequências morais do crescimento econômico*. Rio de Janeiro, Record, 2009.]

Friedman, M. *Capitalism and Freedom*. Chicago, University of Chicago Press, 1962. [Ed. bras.: *Capitalismo e liberdade*. São Paulo, Nova Cultural, 1988.]

______. *Essays in Positive Economics*. Chicago, University of Chicago Press, 1966.

______. "The Social Responsibility of Business Is to Increase Its Profits". *The New York Times Magazine*, 13 set 1970. Disponível em: <umich.edu/~thecore/doc/Friedman.pdf>.

Fullerton, J. *Regenerative Capitalism: How Universal Principles and Patterns Will Shape Our New Economy*. Greenwich, CT, Capital Institute, 2015.

Gaffney, M. e F. Harrison. *The Corruption of Economics*. Londres, Shepheard-Walwyn, 1994.

Gal, O. "Understanding Global Ruptures: A Complexity Perspective on the Emerging Middle Crisis", in T. Dolphin e D. Nash (orgs.), *Complex New World*. Londres, Institute of Public Policy Research, 2012.

García-Amado, L.R., M. Ruiz Pérez e S. Barrasa García. "Motivation for Conservation: Assessing Integrated Conservation and Development Projects and Payments for Environmental Services in La Sepultura Biosphere Reserve, Chiapas, Mexico". *Ecological Economics*, 89, 2013, p.92-100.

George, H. *Progress and Poverty*. Nova York, The Modern Library, 1879. [Ed. bras.: *Progresso e pobreza*. São Paulo, Companhia Editora Nacional, 1935.]

Gerhardt, S. *The Selfish Society: How We All Forgot to Love One Another and Made Money Instead*. Londres, Simon & Schuster, 2010.

Gertler, P., S. Martinez e M. Rubio-Codina. *Investing Cash Transfers to Raise Long-term Living Standards. World Bank Policy Research*. Washington, DC, World Bank, 2006, documento de trabalho n.3.994. Disponível em: <www1.worldbank.org/prem/poverty/ie/dime_papers/1082.pdf>.

Gesell, S. *The Natural Economic Order* (1906). Disponível em: <www.community-exchange.org/docs/Gesell/en/neo>.

Giraud, Y. "The Changing Place of Visual Representation in Economics: Paul Samuelson between Principle and Strategy, 1941-1955". *Journal of the History of Economic Thought*, 32, 2010, p.175-97.

Gneezy, U. e A. Rustichini. "A Fine Is a Price". *Journal of Legal Studies*, 29, 2000, p.1-17.

Goerner, S. et al. "Quantifying Economic Sustainability: Implications for Free-Enterprise Theory, Policy and Practice". *Ecological Economics*, 69, 2009, p.76-81.

Goffman, E. *Frame Analysis: An Essay on the Organization of Experience*. Nova York, Harper & Row, 1974. [Ed. bras.: *Quadros da experiência social: uma perspectiva da análise*. Petrópolis, Vozes, 2012.]

Goodall, C. *Sustainability*. Londres, Hodder & Stoughton, 2012.

Goodwin, N. et al. *Microeconomics in Context*. Nova York, Routledge, 2009.

Gordon, R. *The Demise of US Economic Growth: Restatement, Rebuttals and Reflections*. NBER, fev 2014, documento de trabalho n.19.895. Disponível em: <www.nber.org/papers/w19895>.

Green, T. "Introductory Economics Textbooks: What Do They Teach about Sustainability?". *International Journal of Pluralism and Economics Education*, 3: 2, 2012, p.189-223.

Grossman, G. e A. Krueger. "Economic Growth and the Environment". *Quarterly Journal of Economics*, 110: 2, 1995, p.353-77.

Gudynas, E. "Buen Vivir: Today's Tomorrow". *Development*, 54: 4, 2011, p.441-7.

Hardin, G. "The Tragedy of the Commons". *Science*, 162: 3.859, 1968, p.1243-8.

Hardoon, D., R. Fuentes e S. Ayele. *An Economy for the 1%: How Privilege and Power in the Economy Drive Extreme Inequality and How this Can Be Stopped*. Oxford, Oxfam International, 2016, documento de trabalho n.210.

Harford, T. *The Undercover Economist Strikes Back*. Londres, Little, Brown, 2013.

Heilbroner, R. "Ecological Armageddon". *New York Review of Books*, 23 abr 1970.

Helbing, D. "Economics 2.0: The Natural Step Towards a Self-Regulating, Participatory Market Society". *Evolutionary and Institutional Economics Review*, 10: 1, 2013, p.3-41.

Henrich, J. et al. "In Search of Homo Economicus: Behavioral Experiments in 15 Small-Scale Societies". *Economics and Social Behavior*, 91: 2, 2001, p.73-8.

______, S. Heine e A. Norenzayan. "The Weirdest People in the World?". *Behavioural and Brain Sciences*, 33: 2/3, 2010, p.61-83.

Hernandez, J. "The New Global Corporate Law", in *The State of Power 2015*. Amsterdã, The Transnational Institute, 2015. Disponível em: <www.tni.org/files/download/tni_state-of-power-2015.pdf>.

Holland, T. et al. "Inequality Predicts Biodiversity Loss". *Conservation Biology*, 23: 5, 2009, p.1304-13.

Hudson, M. e D. Bezemer. "Incorporating the Rentier Sectors into a Financial Model". *World Economic Review*, 1, 2012, p.1-12.

Icrict. *Declaration of the Independent Commissions for the Reform of International Corporate Taxation* (2015). Disponível em: <www.icrict.com>.

Institute of Mechanical Engineers. *Global Food: Waste Not, Want Not*. Londres, Institute of Mechanical Engineers, 2013.

Intergovernmental Panel on Climate Change. *Climate Change 2013: The Physical Science Basis. Contributions of Working Group I to the Fifth Assessment Report of the Intergovernmental Panel on Climate Change*. Cambridge, Cambridge University Press, 2013.

International Cooperative Alliance. *World Cooperative Monitor*. Genebra, ICA, 2014. Disponível em: <www.euricse.eu/publications/world-cooperativemonitor-report-2014>.

International Labour Organisation. *Global Wage Report*. Genebra, ILO, 2014. Disponível em: <www.reuters.com/article/2014/12/04/us-employment-wages-ilo-idUSKCN0JI2JP20141204>.

International Labour Organisation. *Global Employment Trends for Youth 2015*. Genebra, ILO, 2015.

Islam, N. *Inequality and Environmental Sustainability*. United Nations Department for Economic and Social Affairs, 2015, documento de trabalho ST/ESA/2015/DWP/145. Disponível em: <www.un.org/esa/desa/papers/2015/wp145_2015.pdf>.

Jackson, T. *Prosperity without Growth*. Londres, Earthscan, 2009. [Ed. bras.: *Prosperidade sem crescimento*. São Paulo, Planeta Sustentável, 2013.]

Jensen, K., A. Vaish e M. Schmidt. "The Emergence of Human Prosociality: Aligning with Others Through Feelings, Concerns, and Norms". *Frontiers in Psychology*, 5, 2014, p.822. Disponível em: <journal.frontiersin.org/article/10.3389/fpsyg.2014.00822/full>.

Jevons, W.S. *The Theory of Political Economy*. Library of Economics and Liberty, 1871. Disponível em: <www.econlib.org/library/YPDBooks/Jevons/jvnPE.html>.

Kagel, J. e A. Roth. *The Handbook of Experimental Economics*. Princeton, NJ, Princeton University Press, 1995.

Keen, S. *Debunking Economics*. Londres, Zed Books, 2011.

Kelly, M. *Owning Our Future: The Emerging Ownership Revolution*. São Francisco, Berrett-Koehler, 2012.

Kennedy, P. *The Rise and Fall of World Powers*. Nova York, Vintage Books, 1989.

Kerr, J. et al. "Prosocial Behavior and Incentives: Evidence from Field Experiments in Rural Mexico and Tanzania". *Ecological Economics*, 73, 2012, p.220-7.

Keynes, J.M. "A Tract on Monetary Reform", in *The Collected Writings of John Maynard Keynes*, vol.4. Londres, Palgrave Macmillan, 1923.

______. "Alfred Marshall, 1842-1924". *The Economic Journal*, 34: 135, 1924, p.311-72.

_____. "Economic Possibilities for our Grandchildren", in *Essays in Persuasion*. Londres, Rupert Hart-Davis, 1931. Disponível em: <www.econ.yale.edu/smith/econ116a/keynes1.pdf>.

_____. *The General Theory of Employment, Interest and Money*. Londres, Macmillan, 1936. [Ed. bras.: *Teoria geral do emprego, do juro e da moeda*. São Paulo, Saraiva, 2012.]

_____. *First Annual Report of the Arts Council (1945-46)*. Londres, Arts Council, 1945.

Klein, N. *The Shock Doctrine*. Londres, Penguin, 2007. [Ed. bras.: *A doutrina do choque*. Rio de Janeiro, Nova Fronteira, 2008.]

Knight, F. *Selected Essays by Frank H. Knight*, vol.2. Chicago, University of Chicago Press, 1999.

Kringelbach, M. *The Pleasure Center: Trust Your Animal Instincts*. Oxford, Oxford University Press, 2008.

Kuhn, T. *The Structure of Scientific Revolutions*. Londres, University of Chicago Press, 1962. [Ed. bras.: *A estrutura das revoluções científicas*. São Paulo, Perspectiva, 1978.]

Kumhof, M. e R. Rancière. *Inequality, Leverage and Crises*. Washington, DC, IMF, 2010, documento de trabalho WP/10/268.

Kuznets, S. "Economic Growth and Income Inequality". *American Economic Review*, 45: 1, 1955, p.1-28.

Lacy, P. e J. Rutqvist. *Waste to Wealth: The Circular Economy Advantage*. Nova York, Palgrave Macmillan, 2015.

Lakner, C. e B. Milanovic. "Global Income Distribution: From the Fall of the Berlin Wall to the Great Recession". *World Bank Economic Review*, 2015, p.1-30.

Lakoff, G. *The All New Don't Think of an Elephant*. White River Junction, VT, Chelsea Green Publishing, 2014.

____ e M. Johnson. *Metaphors We Live by*. Chicago, University of Chicago Press, 1980. [Ed. bras.: *Metáforas da vida cotidiana*. Campinas, Mercado das Letras, 2002.]

Leach, M., K. Raworth e J. Rockström. *Between Social and Planetary Boundaries: Navigating Pathways in the Safe and Just Space for Humanity. World Social Science Report*. Paris, Unesco, 2013.

Leopold, A. *A Sand County Almanac*. Nova York, Oxford University Press, 1989.

Lewis, J. et al. *Citizens or Consumers? What the Media Tell Us About Political Participation*. Maidenhead, Open University Press, 2005.

Lewis, W.A. "Development and Distribution", in A. Cairncross e M. Puri (orgs.), *Employment, Income Distribution, and Development Strategy: Problems of the Developing Countries*. Nova York, Holmes & Meier, 1976, p.26-42.

Lietaer, B. *The Future of Money*. Londres, Century, 2001.

Lipsey, R. *An Introduction to Positive Economics*. Londres, Weidenfeld & Nicolson, 1989. [Ed. bras.: *Introdução à economia positiva*. São Paulo, Martins Fontes, 1986.]

Liu, E. e N. Hanauer. *The Gardens of Democracy*. Seattle, Sasquatch Books, 2011.

Lucas, R. *The Industrial Revolution: Past and Future. 2003 Annual Report Essay*. The Federal Reserve Bank of Minneapolis, 2004. Disponível em: <www.minneapolisfed.org/publications/the-region/the-industrial-revolution-past-and-future>.

Lyle, J.T. *Regenerative Design for Sustainable Development*. Nova York, John Wiley & Sons, 1994.

MacKenzie, D. e Y. Millo. "Constructing a Market, Performing a Theory: The Historical Sociology of a Financial Derivatives Exchange". *American Journal of Sociology*, 109: 1, 2003, p.107-45.

Mali, T. *What Learning Leaves*. Newtown, CT, Hanover Press, 2002.

Mankiw, G. *Principles of Economics*, 6ª ed. Déli: Cengage Learning, 2012. [Ed. bras.: *Introdução à economia: princípios de micro e macroeconomia*. São Paulo, Campus, 2001.]

Marçal, K. *Who Cooked Adam Smith's Dinner?*. Londres, Portobello, 2015.

Marewzki, J. e G. Gigerenzer. "Heuristic Decision Making in Medicine". *Dialogues in Clinical Neuroscience*, 14: 1, 2012, p.77-89.

Marshall, A. *Principles of Economics*. Londres, Macmillan, 1890. [Ed. bras.: *Princípios de economia*. São Paulo, Abril Cultural, 1982.]

Marx, K. *Capital*, vol.1 (1867). Disponível em: <www.econlib.org/library/YPDBooks/Marx/mrxCpA.html>. [Ed. bras.: *O capital*. Diversas edições.]

Max-Neef, M. *Human Scale Development*. Nova York, Apex Press, 1991.

Mazzucato, M. *The Entrepreneurial State*. Londres, Anthem Press, 2013. [Ed. bras.: *O Estado empreendedor*. São Paulo, Companhia das Letras, 2014.]

______, G. Semieniuk e J. Watson. *What Will It Take to Get Us a Green Revolution?*. SPRU Policy Paper, Universidade de Sussex, 2015.

Meadows, D. *Indicators and Information Systems for Sustainable Development*. Vermont, The Sustainability Institute, 1998. Disponível em: <www.comitatoscientifico.org/temi%20SD/documents/@@Meadows%20SD%20indicators.pdf>.

______. *Thinking in Systems: A Primer*. White River Junction, VT, Chelsea Green, 2008.

______ et al. *The Limits to Growth*. Nova York, Universe Books, 1972. [Ed. bras.: *Limites do crescimento*. São Paulo, Perspectiva, 1973.]

______ et al. *Limits to Growth: The 30-Year Update*. Londres, Earthscan, 2005.

Michaels, F.S. *Monoculture: How One Story Is Changing Everything*. Canadá, Red Clover Press, 2011.

Mill, J.S. *Essays on Some Unsettled Questions of Political Economy* (1844). Disponível em: <www.econlib.org/library/Mill/mlUQP5.html>.

______. *Principles of Political Economy* (1848). Disponível em: <www.econlib.org/library/Mill/mlP.html>. [Ed. bras.: *Princípios de economia política*. São Paulo, Nova Cultural, 1988.]

______. *Autobiography* (1873). Londres, Penguin, 1989. [Ed. bras.: *Autobiografia*. São Paulo, Iluminuras, 2007.]

Minsky, H. "The Financial Instability Hypothesis: An Interpretation of Keynes and An Alternative to Standard Theory". *Challenge*, mar-abr 1977, p.20-7.

Mishel, L. e H. Shierholz. *A Decade of Flat Wages*. Washington, DC, Economic Policy Institute, 2013, documento de trabalho n.365. Disponível em: <www.epi.org/files/2013/BP365.pdf>.

Molinsky, A., A. Grant e J. Margolis. "The Bedside Manner of Homo Economicus: How and Why Priming an Economic Schema Reduces Compassion". *Organizational Behavior and Human Decision Processes*, 119: 1, 2012, p.27-37.

Montgomery, S. *The Soul of An Octopus*. Londres, Simon & Schuster, 2015.

Morgan, M. *The World in the Model*. Cambridge, Cambridge University Press, 2012.

Murphy, D.J. "The Implications of the Declining Energy Return on Investment of Oil Production". *Philosophical Transactions of the Royal Society A*, 372, 2014.

Murphy, R. e C. Hines. "Green Quantitative Easing: Paying for the Economy We Need". Norfolk, Finance for the Future, 2010. Disponível em: <www.financeforthefuture.com/GreenQuEasing.pdf>.

Murphy, S., D. Burch e J. Clapp. *Cereal Secrets: The World's Largest Grain Traders and Global Agriculture*. Oxford, Oxfam International, 2012. Disponível em: <www.oxfam.org/sites/www.oxfam.org/files/rr-cereal-secrets-grain-traders-agriculture-30082012-en.pdf>.

OECD. *Policy Challenges for the Next 50 Years*. Paris, OECD, 2014, documento de política econômica n.9.

Ormerod, P. "Networks and the Need for a New Approach to Policymaking", in T. Dolphin e D. Nash (orgs.), *Complex New World*. Londres, Institute of Public Policy Research, 2012.

Ostrom, E. "Coping with Tragedies of the Commons". *Annual Review of Political Science*, 2, 1999, p.493-535.

_____. "A General Framework for Analyzing Sustainability of Social-Ecological Systems". *Science*, 325: 5.939, 2009, p.419-22.

_____, M. Janssen e J. Anderies. "Going beyond Panaceas". *Proceedings of the National Academy of Sciences*, 104: 39, 2007, p.15176-8.

Ostry, J.D. et al. *Redistribution, Inequality, and Growth*. Nota de discussão da equipe do FMI, fev 2014. Disponível em: <www.imf.org/external/pubs/ft/sdn/2014/sdn1402.pdf>.

Palfrey, S. e T. Stern. *Shakespeare in Parts*. Oxford, Oxford University Press, 2007.

Parker, R. *Reflections on the Great Depression*. Cheltenham, Edward Elgar, 2002.

Pearce, F. *Common Ground: Securing Land Rights and Safeguarding the Earth*. Oxford, Oxfam International, 2016.

Pearce, J. "Quantifying the Value of Open Source Hardware Development". *Modern Economy*, 6, 2015, p.1-11.

_____. "The Case for Open Source Appropriate Technology". *Environment, Development and Sustainability*, 14: 3, 2012.

_____ et al. "A New Model for Enabling Innovation in Appropriate Technology for Sustainable Development". *Sustainability: Science, Practice and Policy*, 8: 2, 2012, p.42-53.

Persky, J. "Retrospectives: Pareto's Law". *Journal of Economic Perspectives*, 6: 2, 1992, p.181-92.

Piketty, T. *Capital in the Twenty-First Century*. Cambridge, MA, Harvard University Press, 2014. [Ed. bras.: *O capital no século XXI*. Rio de Janeiro, Intrínseca, 2014.]

Pizzigati, S. *Greed and Good*. Nova York, Apex Press, 2004.

Polanyi, K. *The Great Transformation*. Boston, Beacon Press, 2001. [Ed. bras.: *A grande transformação*. São Paulo, Campus, 1980.]

Pop-Eleches, C. et al. "Mobile Phone Technologies Improve Adherence to Antiretroviral Treatment in Resource-Limited Settings: A Randomized Controlled Trial of Text Message Reminders". *AIDS*, 25: 6, 2011, p.825-34.

Putnam, R. *Bowling Alone: The Collapse and Revival of American Community*. Nova York, Simon & Schuster, 2000.

Raworth, K. *Trading Away Our Rights: Women Workers in Global Supply Chains*. Oxford, Oxfam International, 2002.

_____. *A Safe and Just Space for Humanity: Can We Live within the Doughnut?*. Documento de discussão da Oxfam. Oxford, Oxfam International, 2012.

Razavi, S. *The Political and Social Economy of Care in A Development Context*. Documento n.3 do programa Gender and Development. Genebra, United Nations Research Institute for Social Development, 2007. Disponível em: <www.unrisd.org/80256B3C005BCCF9/(httpAuxPages)/2DBE6A93350A7783C12573240036D5A0/$file/Razavi-paper.pdf>

Ricardo, D. *On the Principles of Political Economy and Taxation* (1817). Disponível em: <www.econlib.org/library/Ricardo/ricP.html>. [Ed. bras.: *Princípios de economia política e tributação*. São Paulo, Abril Cultural, 1982.]

Rifkin, J. *The Zero Marginal Cost Society*. Nova York, Palgrave Macmillan, 2014. [Ed. bras.: *Sociedade com custo marginal zero*. São Paulo, M.Books, 2016.]

Robbins, L. *Essay on the Nature and Significance of Economic Science*. Londres, Macmillan, 1932.

Robinson, J. *Essays in the Theory of Economic Growth*. Londres, Macmillan, 1962. [Ed. bras.: *Um ensaio sobre a natureza e importância da ciência econômica*. São Paulo, Saraiva, 2012.]

Rockström, J. et al. "A Safe Operating Space for Humanity". *Nature*, 461, 2009, p.472-5.

Rode, J., E. Gómez-Baggethun e T. Krause. "Motivation Crowding by Economic Incentives in Conservation Policy: A Review of the Empirical Evidence". *Ecological Economics*, 117, 2015, p.270-82.

Rodriguez, L. e D. Dimitrova. "The Levels of Visual Framing". *Journal of Visual Literacy*, 30: 1, 2011, p.48-65.

Rogers, E. *Diffusion of Innovations*. Nova York, The Free Press, 1962.

Rostow, W.W. *The Stages of Economic Growth: A Non-Communist Manifesto*. Cambridge, Cambridge University Press, 1960. [Ed. bras.: *Etapas do desenvolvimento econômico*. Rio de Janeiro, Zahar, 1960.]

Ruskin, J. *Unto this Last* (1860). Disponível em: <archive.org/details/untothislastoorusk>.

Ryan-Collins, J. et al. *Where Does Money Come From?*. Londres, New Economics Foundation, 2012.

_____ et al. *Strategic Quantitative Easing: Stimulating Investment to Rebalance the Economy*. Londres, New Economics Foundation, 2013.

Ryan, R. e E. Deci. "Intrinsic and Extrinsic Motivations: Classic Definitions and New Directions". *Contemporary Educational Psychology*, 25, 1999, p.54-67.

Salganik, M., P. Sheridan Dodds e D. Watts. "Experimental Study of Inequality and Unpredictability in an Artificial Cultural Market". *Science*, 311, 2006, p.854-6.

Samuelson, P. *Economics: An Introductory Analysis*. 1ª ed. Nova York, McGraw-Hill, 1948. [Ed. bras.: *Economia*. São Paulo, McGraw-Hill Brasil, 1993.]
_____. *Economics*. 6ª ed. Nova York, McGraw-Hill, 1964.
_____. *Economics*. 11ª ed. Nova York, McGraw-Hill, 1980.
_____. "Credo of a Lucky Textbook Author". *Journal of Economic Perspectives*, 11: 2, 1997, p.153-60.
Sandel, M. *What Money Can't Buy: The Moral Limits of Markets*. Londres, Allen Lane, 2012. [Ed. bras.: *O que o dinheiro não compra*. Rio de Janeiro, Civilização Brasileira, 2012.]
Sayers, M. *The UK Doughnut: A Framework for Environmental Sustainability and Social Justice*. Oxford, Oxfam GB, 2015.
_____. *The Welsh Doughnut: A Framework for Environmental Sustainability and Social Justice*. Oxford, Oxfam GB, 2015.
_____ e K. Trebeck. *The Scottish Doughnut: A Safe and Just Operating Space for Scotland*. Oxford, Oxfam GB, 2014.
Schabas, M. "John Stuart Mill and Concepts of Nature". *Dialogue*, 34: 3, 1995, p.447-66.
Schumacher, E.F. *Small Is Beautiful*. Londres, Blond & Briggs, 1973.
Schumpeter, J. *Capitalism, Socialism and Democracy*. Nova York, Harper & Row, 1942. [Ed. bras.: *Capitalismo, socialismo e democracia*. São Paulo, Unesp, 2017.]
_____. *History of Economic Analysis*. Londres, Allen & Unwin, 1954. [Ed. bras.: *História da análise econômica*. São Paulo, Fundo de Cultura, 1954.]
Schwartz, S. "Are There Universal Aspects in the Structure and Content of Human Values?". *Journal of Social Issues*, 50: 4, 1994, p.19-45.
Secretariat of the Convention on Biological Diversity. *Cities and Biodiversity Outlook*. Montreal, 2012, p.19. Disponível em: <www.cbd.int/doc/health/cbo-action-policy-en.pdf>.
Seery, E. e A. Caistor Arendar. *Even It Up: Time to End Extreme Inequality*. Oxford, Oxfam International, 2014.
Sen, A. *Development as Freedom*. Nova York, Alfred A. Knopf, 1999. [Ed. bras.: *Desenvolvimento como liberdade*. São Paulo, Companhia de Bolso, 2010.]
Simon, J. e H. Kahn. *The Resourceful Earth: A Response to Global 2000*. Oxford, Basil Blackwell, 1984.
Smith, A. *The Theory of Moral Sentiments* (1759). Disponível em: <www.econlib.org/library/Smith/smMS.html>. [Ed. bras.: *A teoria dos sentimentos morais*. São Paulo, Saraiva, 2015.]
_____. *An Inquiry into the Nature and Causes of the Wealth of Nations* (1776). Nova York, Modern Library, 1994. [Ed. bras.: *A riqueza das nações*. Diversas edições.]
Smith, S. e J. Rothbaum. *Cooperatives in a Global Economy: Key Economic Issues, Recent Trends, and Potential for Development*. Institute for International Economic Policy Working Paper Series, George Washington University, 2013-16. Disponível em: <www.gwu.edu/~iiep/assets/docs/papers/Smith_Rothbaum_IIEPWP2013-6.pdf>.
Solow, R. "Technical Change and the Aggregate Production Function". *Review of Economics and Statistics*, 39: 3, 1957, p.312-20.

_____. "The State of Macroeconomics". *Journal of Economic Perspectives*, 22: 1, 2008, p.243-9.

Spiegel, H.W. "Jacob Viner (1892-1970)", in J. Eatwell, M. Milgate e P. Newman (orgs.), *The New Palgrave: A Dictionary of Economics*, vol.4. Londres, Macmillan, 1987.

Sraffa, P. "The Laws of Returns under Competitive Conditions". *Economic Journal*, 36: 144, 1926, p.535-50.

_____. *Works and Correspondence of David Ricardo*, vol.1. Cambridge, Cambridge University Press, 1951.

Stedman Jones, D. *Masters of the Universe: Hayek, Friedman and the Birth of Neoliberal Politics*. Oxford, Princeton University Press, 2012.

Steffen, W. et al. "The Anthropocene: From Global Change to Planetary Stewardship". *AMBIO*, 40, 2011, p.739-61.

_____ et al. "The Trajectory of the Anthropocene: The Great Acceleration". *Anthropocene Review*, 2: 1, 2015, p.81-98.

_____ et al. "Planetary Boundaries: Guiding Human Development on a Changing Planet". *Science*, 347, 2015b, p.6223.

Sterman, J.D. "All Models Are Wrong: Reflections on Becoming a Systems Scientist". *System Dynamics Review*, 18: 4, 2002, p.501-31.

_____. *Business Dynamics: Systems Thinking and Modeling for a Complex World*. Nova York, McGraw-Hill, 2000.

_____. "Sustaining Sustainability: Creating a Systems Science in A Fragmented Academy and Polarized World", in M.P. Weinstein e R.E. Turner (orgs.), *Sustainability Science: The Emerging Paradigm and the Urban Environment*. Nova York, Springer Science, 2012.

Steuart, J. *An Inquiry into the Principles of Political Economy* (1767). Disponível em: <www.marxists.org/reference/subject/economics/steuart>.

Stevenson, B. e J. Wolfers. *Economic Growth and Subjective Well-Being: Reassessing the Easterlin Paradox*. National Bureau of Economic Research, 2008, documento de trabalho n.14.282. Disponível em: <www.nber.org/papers/w14282>.

Stiglitz, J.E. "Of the 1%, for the 1%, by the 1%". *Vanity Fair*, mai 2011. Disponível em: <www.vanityfair.com/news/2011/05/top-one-percent-201105>.

_____. *The Price of Inequality*. Londres, Allen Lane, 2012.

_____, A. Sen e J.-P. Fitoussi. *Report of the Commission on the Measurement of Economic Performance and Social Progress*. Paris, 2009.

Summers, L. "The Age of Secular Stagnation". *Foreign Affairs*, 15 fev 2016.

Sumner, A. *From Deprivation to Distribution: Is Global Poverty Becoming a Matter of National Inequality?*. Sussex, Institute of Development Studies, 2012, documento de trabalho n.394. Disponível em: <www.ids.ac.uk/files/dmfile/Wp394.pdf>.

Thaler, R. e C. Sunstein. *Nudge: Improving Decisions About Health, Wealth and Happiness*. Londres, Penguin, 2009. [Ed. bras.: *Nudge: o empurrão para a escolha certa*. Rio de Janeiro, Elsevier, 2008.]

Thompson, E.P. *The Making of the English Working Class*. Nova York, Random House, 1964. [Ed. bras.: *A formação da classe operária inglesa*. Rio de Janeiro, Paz e Terra, 2012.]

Thorpe, S., D. Fize e C. Marlot. "Speed of Processing in the Human Visual System". *Nature*, 381: 6.582, 1996, p.520-2.

Titmuss, R. *The Gift Relationship: From Human Blood to Social Policy*. Nova York, Pantheon Books, 1971.

Torras, M. e J.K. Boyce. "Income, Inequality, and Pollution: A Reassessment of the Environmental Kuznets Curve". *Ecological Economics*, 25, 1998, p.147-60.

Trades Union Congress. *The Great Wages Grab*. Londres, TUC, 2012. Disponível em: <www.tuc.org.uk/sites/default/files/tucfiles/TheGreatWagesGrab.pdf>.

United Nations. *World Population Prospects: The 2015 Revision*. Nova York, Nações Unidas, 2015.

United Nations Development Programme. *Human Development Report 2015*. Nova York, Nações Unidas, 2015.

United Nations Environment Programme. *Global Material Flows and Resource Productivity: A Report of the International Resource Panel*. Paris, Unep, 2016. Disponível em: <www.uneplive.org/material#.V1rkAeYrLIG>.

Veblen, T. "Why is Economics Not an Evolutionary Science?". *Quarterly Journal of Economics*, 12: 4, 1898, p.373-97.

Wald, D. et al. "Randomized Trial of Text Messaging on Adherence to Cardiovascular Preventive Treatment". *Plos ONE*, 9, 2014, p.12.

Walras, L. *Elements of Pure Economics* (1874). Londres, Routledge, 2013. [Ed. bras.: *Manual de elementos de economia pura*. São Paulo, Abril Cultural, 1982.]

Wang, L., D. Malhotra e K. Murnighan. "Economics Education and Greed". *Academy of Management Learning and Education*, 10: 4, 2011, p.643-60.

Ward, B. e R. Dubos. *Only One Earth*. Londres, Penguin Books, 1973.

Weaver, W. "Science and Complexity". *American Scientist*, 36, 1948, p.536-44.

Webster, K. *The Circular Economy: A Wealth of Flows*. Ilha de Wight, Ellen MacArthur Foundation, 2015.

Wiedmann, T.O. et al. "The Material Footprint of Nations". *Proceedings of the National Academy of Sciences*, 112: 20, 2015, p.6271-6.

Wijkman, A. e K. Skanberg. *The Circular Economy and Benefits for Society*. Zurique, Clube de Roma, 2015. Disponível em: <www.clubofrome.org/wp-content/uploads/2016/03/The-Circular-Economy-and-Benefits-for-Society.pdf>.

Wilkinson, R. e K. Pickett. *The Spirit Level*. Londres, Penguin, 2009.

World Bank. *World Development Report*. Washington, DC, World Bank, 1978.

World Economic Forum. *The Future of Jobs*. Genebra, World Economic Forum, 2016. Disponível em: <reports.weforum.org/future-of-jobs-2016>.

Créditos das imagens

Diagramas desenhados por:
Christian Guthier: 19, 55, 61
Marcia Mihotich: 36-7, 50, 57, 65, 75, 82, 108, 121, 141, 146, 154, 183, 224, 229, 238, 266, 270, 279

Fizemos todos os esforços para localizar os detentores dos direitos autorais das imagens utilizadas neste livro e obter sua permissão para reproduzi-las. Pedimos desculpas por quaisquer erros ou omissões na lista acima e agradecemos que nos informem de eventuais correções a serem incorporadas em futuras reimpressões ou edições desta obra.

Agradecimentos

Este livro é resultado de 25 anos aprendendo, desaprendendo e reaprendendo economia, e há muitas pessoas a quem eu gostaria de agradecer, por terem me inspirado durante essa longa jornada. Meus primeiros agradecimentos são para meus tutores em economia Andrew Graham, Frances Stewart, Wilfred Beckerman e David Vines, porque, sem o seu ensinamento inspirador, para início de conversa, eu jamais teria sido estimulada a pensar como uma economista. Sou extremamente grata, por outro lado, aos alunos a quem tive o privilégio de ensinar, especialmente os do Environmental Change Institute da Universidade de Oxford e os da Schumacher College. Em grande parte, é graças à sua criatividade e abertura a novas formas de pensar que tenho tanta confiança nos futuros gestores do lar planetário.

Muitas das ideias neste livro se desenvolveram a partir de discussões sobre o Donut que tive numa série de países ao longo dos últimos cinco anos, com colegas da Oxfam, estudantes universitários, manifestantes do movimento Occupy, executivos de empresas, negociadores da ONU, grupos comunitários, formuladores de políticas governamentais, ONGs, acadêmicos e cientistas. Agradeço a todos vocês – e em especial à Oxfam – por me darem a oportunidade de criar o Donut.

Minhas esplêndidas agentes literárias, Maggie Hanbury, Robin Strauss e Harriet Poland, me deram, todas elas, um extraordinário apoio desde o primeiro momento. Também sou profundamente grata a meus editores, Nigel Wilcockson, na Penguin Random House, e Joni Praded, na Chelsea Green, pelos excelentes e incisivos conselhos e sugestões; à minha editora de texto, Beth Humphries, e a Rowan Borchers, na Penguin Random House, que me ajudaram a conduzir o livro através das suas etapas de produção. Obrigada a Joss Saunders, na Oxfam, Marla Guttman e Laura Crowley, na Reed Smith, e a John Fullerton e Nora Bouhaddada, no Capital Institute, todos eles por me fornecerem apoio e consultoria técnica especializada. Meus agradecimentos especiais a Diane Ives e ao Kendeda Fund, por generosamente apoiarem este livro e suas ideias: o apoio de vocês foi inestimável.

Sou extremamente grata a Alan Doran, Carl Gombrich, Andrew Graham, George Monbiot e Garry Peterson por lerem e fazerem excelentes comentários sobre rascunhos do texto inteiro. Agradecimentos especiais também a Richard King pela extraordinária análise de dados, Marcia Mihotich pelos belos gráficos e Christian Guthier pelas icônicas imagens do Donut.

Recebi comentários, ideias e sugestões perspicazes para o livro de muitas pessoas generosas, entre as quais Adam Alagiah, Myles Allen, Graham Bannock, Alex Cobham, Sarah Cornell, Anna Cowen, Ian Fitzpatrick, Josh Floyd, Antonio Hill, Erik Gómez-Baggethun, Tony Greenham, Hugh Griffith, Emily Jones, William Kamkwamba, Finn Lewis, Bernard Lietaer, Nick Lloyd, Eric Lonergan, André Maia Chagas, George Marshall, Clive Menzies, Forrest Metz, Asher Miller, Tom Murphy, Cathy O'Neill, Rob Patterson, Joshua Pearce, Johan Rockström, Emma Smith, Niki Sporrong, Robin Stafford, Will Steffen, Joss Tantram, Ken Webster, Tommy Wiedmann, Rachel Wilshaw e John Ziniades. Um enorme agradecimento especial a Janine Benyus, Sam Muirhead e Yuan Yang pelas inspiradoras conversas que tivemos em entrevistas para este livro.

Reconheço imensamente o apoio que tive de muitos colegas e amigos, entre eles Sasha Abramsky, Al-Hassan Adam, Steve Bass, Sarah Best, Sumi Dhanarajan, Konstantin Dierks, Joshua Farley, Flora Gathorne-Hardy, Maja Göpel, Alissa Goodman, Duncan Green, Thalia Kidder, Sarah Knott, Diana Liverman, Ruth Mayne, Eka Morgan, Annalise Moser, Tim O'Riordan, Angelique Orr, Trista Patterson, Pete Shepherd, Claire Shine, Kitty Stewart, Julia Tilford, Tom Thornton, Katherine Trebeck, Aris Vrettos, Kevin Watkins, Stewart Wallis, Tim Weiskel, Anders Wijkman e Rebecca Wrigley. Nos momentos mais difíceis de elaboração, cinco pessoas me deram formidáveis conselhos: meus mais profundos agradecimentos a Phil Bloomer, Alan Buckley, Jo Confino, Julian Masters e Jo de Waal.

Em anos de exploração de um novo pensar econômico, fui inspirada por muitos pensadores cujos escritos me proporcionaram aqueles momentos de descoberta após os quais não existe retorno: obrigada a Michel Bauwens, Eric Beinhocker, John Berger, Janine Benyus, David Bollier, Ha-Joon Chang, Robert Costanza, Herman Daly, Diane Elson, Nancy Folbre, John Fullerton, Yann Giraud, Sally Goerner, Tim Jackson, Steve Keen, Marjorie Kelly, George Lakoff, Bernard Lietaer, Hunter Lovins, Manfred Max-Neef, Donella Meadows, Mary Mellor, Elinor Ostrom, Jeremy Rifkin, Johan Rockström, Amartya Sen, Juliet Schor, Fritz Schumacher, Will Steffen, John Sterman, Arron Stibbe e Ken Webster.

Sou profundamente grata a meus pais, Jenny e Ricky Raworth, e à minha irmã, Sophie, pelo seu inabalável apoio para minhas aventuras em economia.

Por fim, e acima de tudo, sou grata ao meu companheiro de vida, Roman Krznaric, porque sem o seu amor, conversas e coparentalidade eu jamais teria escrito este livro. E aos nossos filhos, Siri e Cas, que, como todas as crianças, merecem prosperar num século XXI seguro e justo.

Índice remissivo

Números de página em *itálico* indicam ilustrações.

1ª EDIÇÃO [2019] 2 reimpressões

ESTA OBRA FOI COMPOSTA POR MARI TABOADA EM
DANTE PRO E IMPRESSA EM OFSETE PELA GEOGRÁFICA
SOBRE PAPEL PÓLEN SOFT DA SUZANO S.A. PARA A
EDITORA SCHWARCZ EM AGOSTO DE 2021

A marca FSC® é a garantia de que a madeira utilizada na fabricação do papel deste livro provém de florestas que foram gerenciadas de maneira ambientalmente correta, socialmente justa e economicamente viável, além de outras fontes de origem controlada.